华章经典·金融投资

笑傲股市

·原书第4版·

HOW TO MAKE MONEY IN STOCKS
A Winning System in Good Times and Bad, 4th Edition

|典藏版|

[美] 威廉·欧奈尔 著　宋三江 王洋子 韩靖 关旭 译
WILLIAM J. O'NEIL

图书在版编目（CIP）数据

笑傲股市（原书第4版·典藏版）/（美）威廉·欧奈尔（William J.O'Neil）著；宋三江等译．—北京：机械工业出版社，2018.5（2025.6重印）

（华章经典·金融投资）

书名原文：How to Make Money in Stocks：A Winning System in Good Times and Bad

ISBN 978-7-111-59766-7

I. 笑… II. ① 威… ② 宋… III. 股票投资－基本知识 IV. F830.91

中国版本图书馆 CIP 数据核字（2018）第 085362 号

北京市版权局著作权合同登记　图字：01-2009-4961 号。

William J.O'Neil . How to Make Money in Stocks: A Winning System in Good Times and Bad, 4th Edition.

ISBN 978-0-07-161413-9

Original edition Copyright © 2009 by William J. O'Neil.

All Rights reserved. No part of this publication may be reproduced or transmitted in any form or by any means, electronic or mechanical, including without limitation photocopying, recording, taping, or any database, information or retrieval system, without the prior written permission of the publisher.

This edition is authorized for sale in the Chinese mainland (excluding Hong Kong SAR, Macao SAR and Taiwan).

Simple Chinese translation edition copyright © 2018 China Machine Press. All rights reserved.

版权所有。未经出版人事先书面许可，对本出版物的任何部分不得以任何方式或途径复制或传播，包括但不限于复印、录制、录音，或通过任何数据库、信息或可检索的系统。

此中文简体翻译版本经授权仅限在中国大陆地区（不包括香港、澳门特别行政区和台湾地区）销售。

翻译版权 © 2018 由机械工业出版社所有。

本书封面贴有 McGraw-Hill 公司防伪标签，无标签者不得销售。

笑傲股市（原书第4版·典藏版）

出版发行：机械工业出版社（北京市西城区百万庄大街22号　邮政编码：100037）	
责任编辑：黄姗姗	责任校对：李秋荣
印　　刷：北京科信印刷有限公司	版　次：2025年6月第1版第22次印刷
开　　本：170mm×230mm　1/16	印　张：32.75
书　　号：ISBN 978-7-111-59766-7	定　价：128.00元

客服电话：（010）88361066　68326294

版权所有·侵权必究
封底无防伪标均为盗版

| 推荐语 |

相较于上一版本的《笑傲股市》来说,欧奈尔先生的选股法则更为与时俱进,数据更为丰富,方法更为精湛。同时,宋三江先生的中文翻译也更为通俗易懂,更为通达优雅。

上海华宝基金管理有限公司总经理　黄小薏

投资股市不仅要严守投资纪律和选股法则,而且要规避各种人性难以克服的昏招错误,书中归纳了许多美国股民常犯的错误,譬如涨就卖、跌就捂等,这对中国股民也有警醒和借鉴作用。归根到底来说,战胜股市的不二法则就是要克服人性的弱点。

中信建投证券股份有限公司总裁　李格平

欧奈尔的 CAN SLIM 法则可谓是股市投资之道与术的有机融合,既高度提炼出了大牛股的基本面特征,又透过技术面揭示其对基本面的反映,具有很强的可操作性,并大大提升了把握大牛股机会的成功率。对应这一法则,中国股市同样不乏大牛股的成功范例。因此真正理解运用好这一法则，将使我们受益匪浅。

深圳菁英时代基金管理股份有限公司董事长　陈宏超

据我所知，巴菲特和欧奈尔是同时代的杰出投资家。巴菲特先生是值得我们价值投资者信奉的偶像，欧奈尔先生在本书中则解决了一个优秀的价值投资者也会犹豫不决的问题——那就是如何将牛股获利了结，这一点具有重大的借鉴意义。

深圳东方港湾投资管理股份有限公司董事长　但斌

择时和选股，哪个更重要？投资界一直莫衷一是。随着股市规模的扩大，国际化、市场化、规范化程度的提升，选股变得越来越重要，投资永远是对具体对象的投资。欧奈尔的选股方法历经岁月打磨，自成一体，自然值得我辈研习。真理不怕重复，感谢三江先生翻译了该书第4版，让经典重现！

上海乘安资产管理有限公司董事长　郑安国

《笑傲股市》之所以能够在美国和中国不断再版和重印，可见CAN SLIM选股法则历经牛熊，普适中外，值得投资者反复研读，不断实践。

北京信中利投资股份有限公司董事长　汪超涌

股市投资失利，有时候是错买造成的，有时候是错卖导致的。欧奈尔先生从不拘泥于任何股市投资的基本面分析派或技术分析派，通过几十年来对美国股市的大数据分析，尤其是对超级牛股的跟踪研究，不断提炼并完善了一整套股海淘金的买卖策略，完全可以让我们从容买卖，处变不惊，"斗牛"成功！

深圳智诚海威资产管理有限公司董事长　冷国邦

这是每一位股票投资人都应该深入阅读的一本著作。不像大部分着重于理论的金融类读物，威廉·欧奈尔结合美股历史上大牛股的实例，总结出 CAN SLIM 投资法。书中的 CAN SLIM 方法被美国的独立投资者协会评选为"最佳表现奖"。此书出版至今，大量的国内外投资者都严格遵从书中的投资方法与技巧，并取得了成功。

北京汇盛基金管理有限公司（筹）拟任总经理　王巍

对于有志于投资欧美股市的投资者来说，可以首选威廉·欧奈尔先生的《笑傲股市》来研读，而且还可以借助《投资者商业日报》、investors.com 和相关 app，反复地进行实际应用。

深圳大潮汕股权投资基金有限公司总裁　陈华

曾经拜读过三江学兄伉俪翻译出版的《彼得·林奇教你理财》，足以领略他们"信、达、雅"的功夫，如今拜读由美国投资畅销书翻译出版的《笑傲股市》，再次欣赏到他的良苦用心之作，一百个点赞！

国信证券股份有限公司首席行业分析师　方焱

《笑傲股市》的作者欧奈尔先生是《投资者商业日报》和网站 investors.com 的创始人，其中《投资者商业日报》的发行量和流量不亚于《华尔街日报》，可见他造福美国投资者的作用巨大。

《中国基金报》总编辑　史月萍

《笑傲股市》以其实用性入选当代投资经典是名至实归。书中提供的众多原则、技巧以及对于股票 K 线图的解读方法，都是对一百多年来的经典领军股归因分析的结论，具有极强的可操作性。

深圳中资海派文化传播有限公司董事长　黄河

从利弗莫尔的《股票作手回忆录》中我们学习了十个股票交易法则，从欧奈尔的《笑傲股市》中我们学到了 CAN SLIM 选股法则及其买卖策略，相较来说，后者的系统性和实操性更强，而且有机地结合了基本面和技术面，更值得学习和研究。

深圳久久益资产管理有限公司董事长　吴军

| 译者序 |

炒股可以更美的

威廉·欧奈尔是 CAN SLIM 选股投资法则的创始人。40 多年来，在股票投资领域，他运用这一法则，取得了可以和巴菲特、彼得·林奇等投资大师相媲美的投资业绩。在财经媒体领域，他运用这一法则创办的《投资者商业日报》(简称 IBD)，也取得了与《华尔街日报》相提并论的市场地位。最新修订出版的《笑傲股市》(第 4 版) 一书，第 3 版曾畅销全美，销量已逾 200 万册，在投资类书籍中名列前茅。

那么，CAN SLIM 法则为什么具有如此魅力呢？从英文词汇的来源来看，这七个英文字母是威廉·欧奈尔从美国百年股市中总结归纳出来的、选择超级牛股应该看重的七大特征的首字字母。CAN SLIM 英文词汇的本义是"可以更为苗条"。我们将它翻译为中文的引申含义：炒股可以更美的。

从译者的角度来看，我们认为《笑傲股市》这本书，对于中国人来说，真的可以让炒股变得更美。具体而言，它具有让炒股更为美妙的如下三大功效。

第一，我们既不必做买入并持有的价值投资的殉道士，也不必做波段操作的趋势投资的牺牲品，完全可以按照中国人中庸之道的处事方法，从容应对牛市和熊市。

改革开放以来，在介绍国外投资大师和投资方法方面，应当首推巴菲特和他的价值投资策略。巴菲特一般集中投资几只股票，持有时间长达几年以上，连续 40 多年取得了平均年收益率 20% 以上的投资奇迹，令人叹为观止。但是，古今中外又有几人能够学到和做到这一点呢？即便是彼得·林奇这样的明星基金经理，也在哀叹对此不能完全做到知行合一。其实，大部分股民还是更加青睐做短线投资、趋势投资和波段操作，倾向于急功近利，有的人甚至更偏好做杠杆交易、期货和期权投资。所以，在实际投资领域，股民们更加热衷于各种技术流派的操作手法，甚至于崇拜索罗斯之类的超级趋势投资大师。结果如何呢？大部分股民的命运就像赌徒一样，十赌九输，因为股市发展的历史无情地昭示了"7-2-1"这条铁的规律（即长期来看，股民的命运是 70% 的亏钱、20% 的保本、10% 的赚钱）。如果价值投资和趋势投资都不甚理想，有什么合适的第三条道路或者中庸之道可走呢？在我们看来，在美国久经考验、屡试不爽的 CAN SLIM 法则就是股民的出路之一，尤其是中国股民的希望所在。因为 CAN SLIM 法则既不固守长期投资的价值投资理念，迫使人们持续经受股市的煎熬，又不拘泥于烦琐的技术分析手段，迫使人们在不同的技术流派面前不知所措，而是基于历史事实和股市数据推导出将技术面分析和基本面分析有机结合的操作准则。比如，威廉·欧奈尔认为股票没有什么好坏之分，只有在它的基本面情况（每股收益、销售额等）和技术面情况（形成良好的价格形态、成交量配合突破价格新高）都非常良好的时候才是诞生超级牛股的最佳时机。对于这样的股票，一旦买入就可以期待至少 20% 的盈利，倘若出错，就得在下跌 8% 之前果断止损。由此可见，这些方法是多么适中，又是多么有效。

第二，炒股者不必弄懂高深的投资理论，也不必听从专家媒体的意见，完全可以自学成才，操之在我。不唯理论，不唯专家，只看事实，只看市场，有钱就赚，有错就改。

的确，股市纷繁复杂、瞬息万变，面对变幻莫测的大盘，多数投资者有如雾里看花般无所适从，甚至迷失其中、回天乏术。回首 2009 年，全世界股民受伤的心依然在隐隐作痛。本为投资良径的股市何以变得如此难以捉摸，炒股难道真的那么虚无缥缈、无理可循吗？其实，任何事物都有特定的规律，股市当然也不例外，而你所缺少的只是一些有益的指导罢了。对于多数股民来说，一旦出现投资失误，就常常归咎于技术不熟、专业不精，自叹不如专业的机构投资者，威廉·欧奈尔并不认同这种观点。通过创办 IBD，欧奈尔公司深入浅出地将那些原本属于机构投资者专用独享的股市信息及时、全面地呈现给广大投资者，的确具有大道至简、大道无形的效果。从无数 IBD 的读者反馈来看，即便是对投资知识了解甚少的新手，即便是从不听信所谓专业媒体意见的股民，也都能够借助 IBD 的帮助学会 CAN SLIM 法则，战胜股市，战胜自我。

本书具有很强的实用性。书中所提供的众多技巧、原则以及对于股票线图的解读方法，都是在对近百年来的经典领军股进行了详尽而周密的分析后得出的结论，具有极强的可操作性。面对众多的投资书籍，困惑之余，很多人还会担心自己无法理解书中高深难懂的专业知识。本书则完全不会存在这一问题，它所面对的读者并不限于经验老到的专业人士抑或睿智机敏的精英分子，而是心怀梦想、想要在股市中有所作为的芸芸众生。正如书中所说的那样，任何人都可以通过自己的努力实现所有梦想，成败与否只取决于你的欲望和态度。无论你来自何方、外表如何或是毕业于什么院校，这些都无关紧要。只要有坚定的信念和果敢的勇气，任何人都可以在股市中纵横驰骋、笑傲其中。

第三，炒股不仅仅是人们智商的运用，更是情商的历练。学会 CAN

SLIM 法则，不仅有助于在投资领域克服人性的弱点，而且能够在生活领域锻造完美的人格。

威廉·欧奈尔认为，股市千变万化，人性始终未变，几十年前如此，几十年后依旧如是。由股价和成交量构成的 K 线图，与其说是股市的线图，不如说是投资者的心电图，从这个意义上来说，美国股市是美国人的心电图，中国股市是中国人的心电图。地域虽然不同，但投资方面的人性却是共通的。基于这种人类共性的特质，美国股市的规律在很大程度上同样适用于中国股市。譬如，在分析投资者常犯的错误中，威廉·欧奈尔认为美国股民普遍倾向于购买下跌的股票，购买低价的股票，卖出盈利的股票，捂住亏本的股票。对于中国股民来说，这些误区不也比比皆是吗？

由此可见，股市看似复杂，却不过是投资者心理波动的真实写照。正所谓万变不离其宗，无论大盘如何变动，人的本性早已化作永恒，沉淀于股市最深的一隅，并伴随着历史不断地循环往复。人类真是一种很奇怪的动物，有时候，明明知道自己错了，却仍然执迷不悟，在错误的泥沼中越陷越深，甚至无法自拔，投资者当然也不例外。也许是贪婪使然，股市中总有这样一批人，他们从不对市场进行理性的分析与思考，而是急功近利，试图寻求一条通往成功的捷径，做着一夜暴富的黄粱美梦，最终却要为此付出惨痛的代价，甚至丢了性命。恐惧则是人性中另外一个致命的弱点，放眼股市，因恐惧而与成功失之交臂的人比比皆是。股价飙升时，担心大盘已经到达顶点而迟迟不肯入市；股价下跌时，却又空怀着上涨的希望，与一堆垃圾股厮守终身。这种行为虽然看似可笑，却是很多投资者的真实心理写照。理性与人性本来就是一对矛盾体，想要克服存在于人性中几千年的弱点也实属不易，并不是一朝一夕所能完成的，但本书至少能为我们带来一些有益的启发。作者总结的 CAN SLIM 法则以及对投资者最常犯的 21 条错误所进行的分析，都是从人性的角度出发，一语点醒了仍处于混沌状态的投资者，并为其今后的投资道路指明了方向，读后确实会有"听君一席话，胜读十年书"之感。

全书分为三部分，第一部分是对 CAN SLIM 法则的详细介绍。值得一提的是在第 1 章"最重要的选股秘诀"中，穿插了美国股市自从 19 世纪 80 年代以来，100 只牛股在大规模的涨势呈现之前的周线图变化，从中你可以归纳出它们在发迹之前的共同特征。在此，欧奈尔将股票价格形态总结为杯柄、双重底、平底、旗形形态等几种，从而让投资者可以按图索骥、择肥而噬——第 2 章的内容就是这几个形态的具体介绍。接下来的内容就是 CAN SLIM 法则的理论讲解，包括第 3~9 章，每一章对应了 CAN SLIM 中的一个字母，也就代表了一个基础分析的重要因素，从当季每股收益和每股销售收入，年度收益增长率，新公司、新产品、新管理层、股价新高到供给与需求、领军者、机构认同度以及市场走势。通过第一部分基础的学习，你将能够熟练地把图形分析与基本因素分析结合起来，唯有双剑合璧，才能成绩卓越。

第二部分"赢在起跑处"包含了第 10~13 章的内容，主要是一些在股市交易中应该注意的基本问题，比如说什么时候应当卖出离场，什么时候应当分散投资。这一部分主要是从投资心理学的角度来教化你的行为，让你清楚"止损"这一概念，并且要坚定"止损没有任何例外"。唯有这样你才能够在股市萧条时尽早抽身而出，也可以在股市虚增时适时华丽转身，从而得以保存收益，不至于辛苦所得被股市的泡沫所吞噬。

第 14~20 章的内容属于第三部分——像专家一样投资。这里列举了一些大牛股模型，有许多都是近两年的股市新秀；另外还有行业分析、基金投资的一些实战方法。难能可贵的是，这一部分还详细地向投资者讲解了如何利用《投资者商业日报》与 investors.com，实际运用 CAN SLIM 选股模型及其交易策略。相信通过这一部分的学习，假以时日大家都能够成为专家级的投资者。

| 目 录 |

推荐语
译者序

| 第一部分 |

股海淘金的CAN SLIM法则

引言　百年以来美国股市超级牛股的有益启示 / 2

第1章　最重要的选股秘诀 / 9

第2章　学会识图以提高选股和选时能力 / 110

第3章　C=可观或者加速增长的当季每股收益和每股销售收入 / 161

第4章　A=年度收益增长率：寻找收益大牛 / 171

第5章　N=新公司、新产品、新管理层、股价新高 / 182

第6章　S=供给与需求：关键点上的大量需求 / 193

第7章　L=领军股或拖油瓶：孰优孰劣 / 200

第8章　I=机构认同度 / 209

第9章　M=判断市场走势 / 217

| 第二部分 |
赢在起跑处

第10章　抛售止损策略 / 262

第11章　卖出获利策略 / 281

第12章　资产配置策略问题 / 304

第13章　投资者常犯的21个错误 / 338

| 第三部分 |
像专家一样投资

第14章　解读更多典型的牛股 / 346

第15章　强势行业孕育超级牛股 / 362

第16章　如何运用《投资者商业日报》寻找潜在的牛股 / 382

第17章　紧跟大盘采取行动 / 431

第18章　投资共同基金成为百万富翁 / 446

第19章　熟悉专业机构的投资管理 / 459

第20章　谨记重要的投资法则 / 485

投资领域的成功范例 / 490

译者简介 / 508

| 第一部分 |

HOW TO MAKE MONEY IN STOCKS

股海淘金的
CAN SLIM 法则

| 引言 |

百年以来美国股市超级牛股的有益启示

经历了2000年和2008年的市场崩溃之后,大多数投资者现在都清楚,用辛辛苦苦赚来的钱进行储蓄和投资时,应当做到操之在我,而且要既知其然又知其所以然。但是,尽管很多人都想在投资中大赚特赚,他们却不知道该去哪里寻求帮助,能够相信谁以及应该立即摒弃哪些错误投资行为。

你当然不能将资金交给伯纳德·麦道夫(Bernie Madoff)这样的人,他们只会骗取资金进行暗箱操作。相反,你可以并且应该读几本好的投资书籍,参加一些投资课程,或者加入一个投资交流小组。这样一来,你便能学会如何信心十足地进行投资。即使不这样做,你至少应该学习并深刻理解一些合理的原则以及经过验证的规则、方法,这样有助于你在长期构建和动态调整自己的投资组合。要知道,有一半的美国人在进行储蓄和投资,然而,如何才能做出明智的选择呢?现在开始掌握一些重要知识刻不容缓。

当我初涉投资领域时,也曾犯过你现在可能已经经历过的大多数错误,但是,我从中得到了如下几点启示。

- 应该在股价上涨而不是下跌时买进股票,并且,只有当股价高于购买价时,才能继续加码买入。
- 当股价涨至接近年度最高点时买入股票,千万不要在股价跌得很低从而看似很便宜的情况下买入。应该买那些价格更高而不是价格最低的股票。

- 学会稍有损失便迅速止损，而不是守株待兔般地希望股价能够回升。

- 大幅度降低你对公司的账面价值、红利或者市盈率的关注程度。在过去的 100 年中，这些指标在寻找美国最成功的公司方面很少具有预见价值。相反，你应该集中关注那些经过验证的、更为重要的因素，比如收益增长率、股价和成交量的变动以及该公司是不是在其领域内拥有卓越产品的利润赢家。

- 不必订阅一堆市场通讯或是咨询服务这类刊物，也不必受到分析师建议的影响，他们毕竟只是在表达个人观点，而且常常会出错。

- 自己必须熟练掌握各类线图，这可是大多数专家离不开的无价之宝。业余人士往往认为它们繁杂不堪或是无关紧要，从而对其不屑一顾。

上述提到的所有这些重要的投资行为都与人的本性背道而驰。实际上，股票市场每天都在上演人性与大众的心理，并依据由来已久的供求规律运行。由于这些因素经久未变，因此，我们发现了一个值得注意而且千真万确的事实：现今股市中的图形与 50 年前或是 100 年前完全相同。鲜有投资者知道或理解这一点，而它正可以成为令你有所启发的优势。

本书的第 1 章，就会向你展示 100 张经过标注的彩色图。它们涵盖了美国从 19 世纪 80 年代到 2008 年间每一个 10 年中最牛的共计 100 只股票。其中，不仅包括 1885 年的里士满－丹维尔铁路（Richmond and Danville Railroad）和在股市陷入困境的 1901 年股价仍然能在一周内从 115 美元飙升至 700 美元的北太平洋（Northern Pacific），还包括 21 世纪的苹果和谷歌。

通过研习这些成功的案例，你会受益良多。由此可见，有一些成功的图形会重复出现。本书列举了 105 个例子（包括上述的 100 只股票）用于说明一些经典的图形。从侧面看，它们大都很像带柄的茶杯，而且大小各异。

除了这种带柄茶杯的形态，我们还总结了 8 种截然不同的图形。它们应用于投资中都极其成功，而且可以循环使用。譬如，1915年的伯利恒钢铁（Bethlehem Steel）是我们发现的第一个表现出色的高而窄的旗形（high, tight flag）图的例子，它与之后的先达（Syntex）、罗林斯（Rollins）、西蒙斯精密仪器（Simmonds Precision）、雅虎和塔色（Taser）的图形如出一辙。所有这些股票都曾有过股价大幅上涨的良好表现。

学会"按图索骥"，你就能筛选出股价表现较好的股票以及风险程度较低的市场。对于那些表现较弱、风险更高的股票和市场，必须避而远之。我们在第1章加注列举这些成功的案例，旨在帮助你更加形象地学会投资技巧，从而使你的投资生涯更美好、更聪慧，甚至改写你的一生。

一张清晰明了的图胜过千言万语。一直以来，被人们忽略的当然并不止本书中的这100个例子，为此，我们归纳了过去100年中股市里1 000多个表现强劲的股票模型。你只需要掌握其中的一两个，便可以一年甚至一生都笑傲股市。但前提是必须态度谨慎，而且在投资时要学而时习之。要知道，"只要功夫深，铁杵磨成针"。

你很可能会发现，这是看待美国及其股市的一种全新方式。从铁路到汽车、飞机，从广播到电视、计算机，从喷气式飞机到太空探索，从大批的折扣店到半导体、互联网，这个国家在每一个领域都展现了其迅速持久的发展能量。对于绝大多数美国民众来说，其生活水平同100年前、50年前，甚至30年前相比，都有了显著的提高。

是的，问题总会存在，而人们也总喜欢用挑剔、批判的眼光看待一切。但是，美国的改革家、企业家以及发明家们一直以来都是这个国家无与伦比的发展成果背后的主要驱动力。他们创造了新产业、新技术、新产品、新服务以及每个人都能从中受益的大部分工作岗位。

美国的自由使得数不胜数的发展机会变为可能，而且企业家们也不断将这些机会在不同的经济周期呈现到每个人面前。现在就轮到你自己学习如何明智地把握这些机会了。

在接下来的几章中，你不仅会具体学习如何挑选股市中的超级牛股，牢牢抓住它们给你带来的收益，还会学到如何大量减少投资中的错误以及因此导致的损失。

由于缺少相关知识，很多涉足股市的人不是赔钱就是表现平平。然而，没有人命中注定就会赔钱，而你绝对可以学会如何理智地投资。如果想成为一个更为成功的投资者，本书可以告知你投资所需要的洞察力、技巧和方法。

我相信，美国乃至整个自由世界里的大多数人，不论老少，也无须考虑职业、教育程度、家庭背景或者经济情况，都应该学会攒钱投资股市。本书不是写给精英人士看的，而是献给全世界想要寻找机会改善自身经济情况的普通民众的。对于想要开始明智投资的人来说，年龄从来都不是问题。

- **可以从零起步**——如果你是典型的工薪阶层或投资新手，你应该清楚一点：投资之初无须太多资金。初始资金可以只需 500～1 000 美元，之后随着不断赚钱和储蓄，你可以继续追加投资。我的投资之路就是从 21 岁高中毕业那年买下 5 股宝洁股票开始的。

我们公司的经理人之一，迈克·韦伯斯特（Mike Webster）的投资生涯也是从零开始起步的。实际上，迈克当初是卖掉了包括他个人音乐 CD 收藏在内的一些私人物品后才凑够钱进行投资的。为我们公司管理资金以前，在 1999 年这个与众不同的年份里，他的个人账户里的资金已经超出了当年初始资金的 1 000%。

我们公司的另一名经理人，史蒂夫·伯奇（Steve Birch）的投资之路起步得更早一些。他抓住了 20 世纪 90 年代后期强劲的牛市机会，并且在熊市时抛出股票，从而保住了大部分收益。1998～2003 年，他已经赚得了 1 300% 的利润。迈克和史蒂夫两个人虽然都有过投资不顺的经历，犯过很多我们大家都会犯的错误，但是他们也从中吸取了教训，进而取得了骄人的成就。

我们生活在一个拥有无限机会的绝佳时期，这是一个新理念、新产业和新领域层出不穷的时代。但是，你只有系统地学好本书，才能学会如何认清并充分利用这些令人惊叹的新机遇。

机会摆在每个人的面前。你现在正处于一个日新月异、蒸蒸日上的新美国。我们引领了世界高科技、互联网、医疗、计算机软件、军事以及创新型企业的发展。

当今世界，仅靠按部就班地工作、领取工资已经远远不够。为了能够随心所欲地做想做的事，去想去的地方，拥有想要拥有的东西，毫无疑问你必须明智地进行储蓄与投资。投资所得以及净收益能够让你实现人生理想并获得真正的安全感。从这个意义上来说，本书可以改变你的整个人生。除了你自己之外，没有人能够阻挡你的前进步伐。

- **选股秘诀**——学习如何去挑选股市超级牛股的第一步是研究该领域过去的领军者。正如那些你即将看到的强势股，从它们身上你可以发现最成功的股票应具备什么样的特征。通过这些观察，你便能识别出这些股票在价格飙升前所形成的不同类型的价格形态。

你会发现其他一些关键因素，包括这些公司当时的季度收益、之前 3 年的年度收益情况、当前的成交量表现、股价飙升前在价格方面的相对优势程度以及每家公司股本总额中普通股所占的比例。

你还会发现，很多超级牛股都有成功的新产品或是新的管理方式，而它们往往与整个产业中发生的重大变化所带来的强劲整体趋势一致。

对所有过去的股市领军者进行这种实证的、常识性的分析并不复杂。我已经完成了这项综合性研究，在进行过的分析中，我们选择了过去 125 年间股市中每年表现最强劲的股票（以年度股价涨幅为标准）。

我们将这项研究称作"超级牛股手册"。后来，我们又进一步充实了之前的内容，使其涵盖了能追溯到 19 世纪 80 年代的股票。这本手册对股市中 1 000 多家最成功的公司进行了详细的分析。这些超级强势股票包括如下几个。

- 德州仪器（Texas Instruments），其股价从1958年1月的25美元飙升到1960年5月的250美元。
- 施乐公司，1963年3月～1966年6月，其股价由160美元涨至超过1 340美元。
- 先达公司，其股价在1963年下半年的短短6个月内从100美元迅速升至570美元。
- 多姆石油（Dome Petroleum）和普莱莫计算机（Prime Computer），它们在1978～1980年的股市中分别上涨1 000%和1 595%。
- 利米特百货（Limited Stores），1982～1987年，这只股票涨幅达3 500%，着实令那些幸运的股东狂喜不已。
- 思科系统，1990年10月至2000年3月，股价从复权以后的0.10美元涨至82美元。

家得宝（Home Depot）和微软两家公司的股价在20世纪80年代至90年代初上涨了20倍以上。其中，家得宝在各个时期都可谓成绩斐然，其股价在1981年9月首次公开募股之后不到两年时间里涨了20倍，之后的1988～1992年又攀升了10倍之多。所有这些公司都提供了令人兴奋的新产品及企业理念。我们一共总结了10种不同的范例手册，涵盖了美国各大领域极其成功且具有创新精神的公司。

我们对过去股市中所有的领军者进行了广泛、彻底的研究，想知道我们从中发现的这些股市赢家的共同点以及成功的法则吗？

对于这些内容我们都会使用一种简单易记的公式在以下几章向你介绍，为此，我们将这种股海淘金的选股秘诀命名为CAN SLIM。那些表现最强劲的股票处在为股东和国家（公司及其员工都会缴税，这有助于改善我们的生活水平）带来巨大收益之前的初始阶段时，往往就具备了7个最主要的特征，而CAN SLIM中的每一个字母则分别代表了其中的一个特征。写下这个公式，重复几次直至完全记住。

CAN SLIM 之所以能够屡试不爽，是因为它完全基于股市本身运作的实际情况，而非基于我们自己或是其他人的个人观点，华尔街也不例外。不仅如此，在股市中起作用的人性也不会改变。所以，尽管人们的喜好、流行的时尚以及经济周期会不断变化，但是 CAN SLIM 永不过时，它会使那些自大的心态和个人观点都相形见绌。

你绝对可以学会如何挑选牛股，而且你也可以成为世界上最优秀公司的股东之一。所以，让我们现在就开始学习之旅。为此，对于 CAN SLIM 的具体内容，我们还是先睹为快。

- C 代表当季每股收益：越高越好。
- A 代表年度收益增长率：找出增长最为引人注目的股票。
- N 代表新公司、新产品、新管理层、股价新高：选择正确时机买入。
- S 代表供给与需求：兼顾考虑流通股份的供给数量加上大量需求。
- L 代表领军股或拖油瓶：孰优孰劣？
- I 代表机构认同度：关注主力机构动向。
- M 判断市场走势：如何判断大盘趋势。

现在我们就从第 1 章开始吧。有志者，事竟成！

| 第 1 章 |

最重要的选股秘诀

在本章，你会看到100张图，涵盖了1880~2008年表现最为强劲的股票。它们在股价飙升之前总是有迹可循，仔细研究这些图后，你便会掌握洞察这些迹象的秘诀。

如果你初涉投资领域，最初还无法理解这些图，那也不必担心。毕竟，从某种意义上来说，每一个成功的投资者都曾是新手。而本书则会告诉你如何从图中寻找买卖股票的最佳时机。若想成功，你就要了解那些经过事实验证的、合理的买卖规则。

研究这些图的同时，你会发现，无论是在1900年还是在2000年，有几种图形是被反复应用的。它们可以告诉你某只股票是否处于价格形态的形成过程中。所以，一旦学会如何分辨这几种不同的图形，你绝对会受益匪浅。

销售额、收益和股本回报率的增长，加上强有力的图形（表明有机构投资者的大量买入），两者相结合才能显著提高你选股和把握时机的能力。对于最优秀的专业人士来说，图是不可或缺的。

你同样可以学会这一宝贵的技巧。

本书实际上也是一部美国的发迹史，而你也可以像美国一样取得辉煌。只要你锲而不舍、孜孜以求，在任何时候都不抛弃、不放弃，你的梦就一定可以成真！

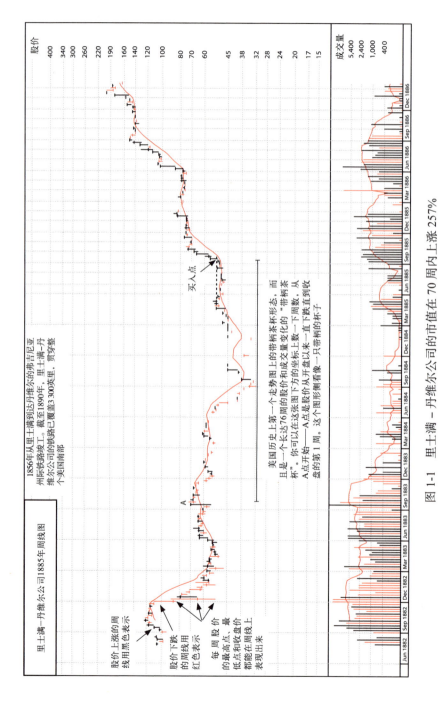

图 1-1　里士满-丹维尔公司的市值在 70 周内上涨 257%

注：此书图中股票趋势的日期，一律采用英文的表达方式，Dec 1886 即为 1886 年 12 月，1～12 月的缩写分别为：Jan、Feb、Mar、Apr、May、Jun、Jul、Aug、Sep、Oct、Nov、Dec。

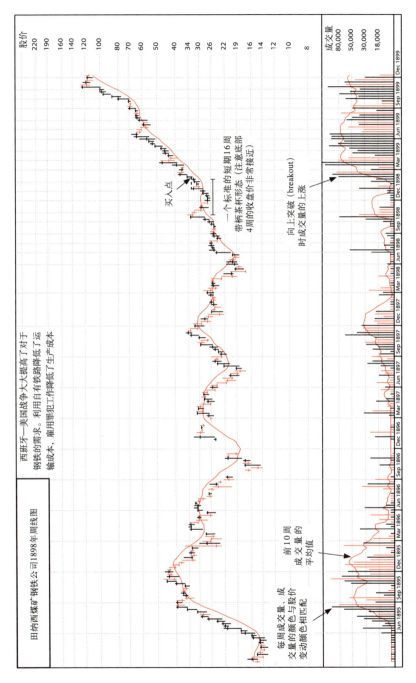

图 1-2 田纳西煤矿"钢铁公司的市值在 39 周内上涨 265%

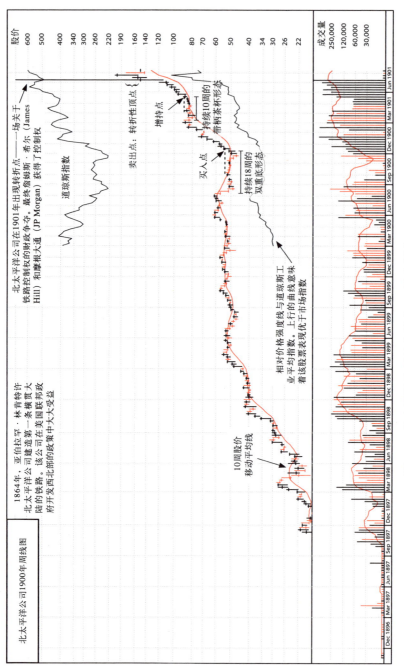

图 1-3 北太平洋公司的市值在 29 周内飙涨 1 181%

第1章 | 最重要的选股秘诀 13

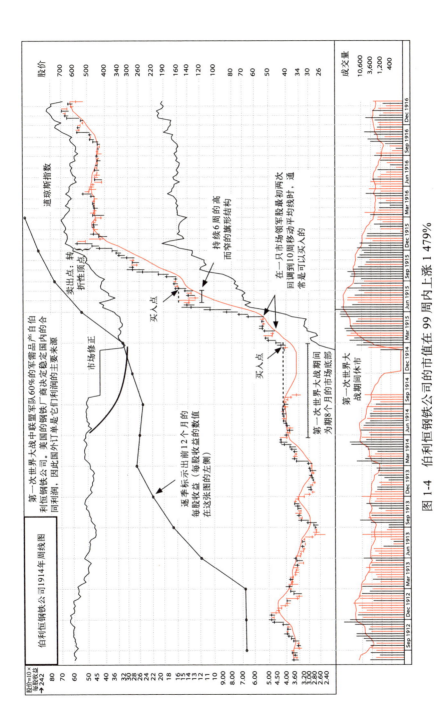

图1-4 伯利恒钢铁公司的市值在99周内上涨1 479%

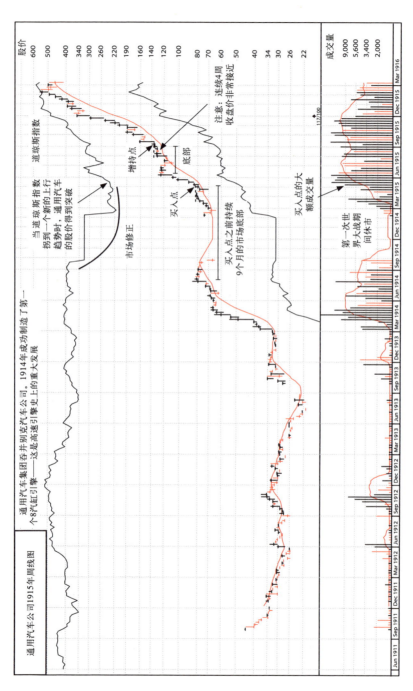

图1-5 通用汽车公司的市值在39周内上涨471%

第1章 | 最重要的选股秘诀　15

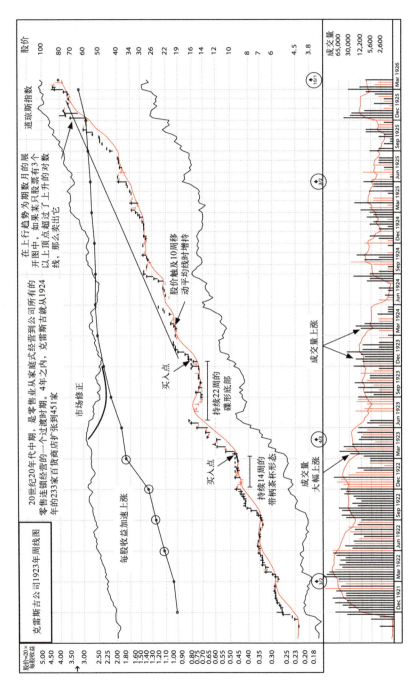

图1-6　克雷斯吉公司的市值在154周内上涨836%

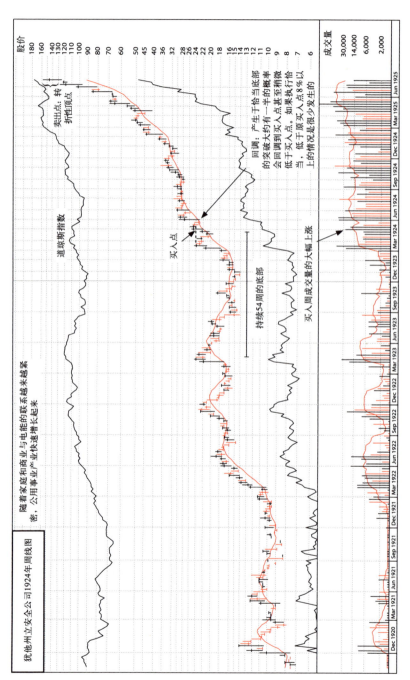

图1-7 犹他州立安全公司的市值在63周内上涨538%

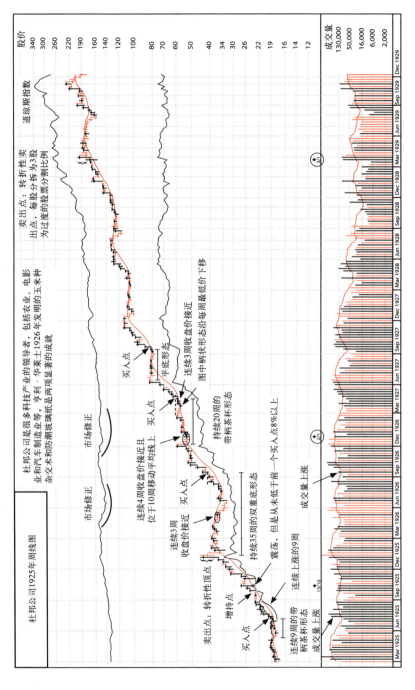

图1-8 杜邦公司的市值在225周内上涨1 074%

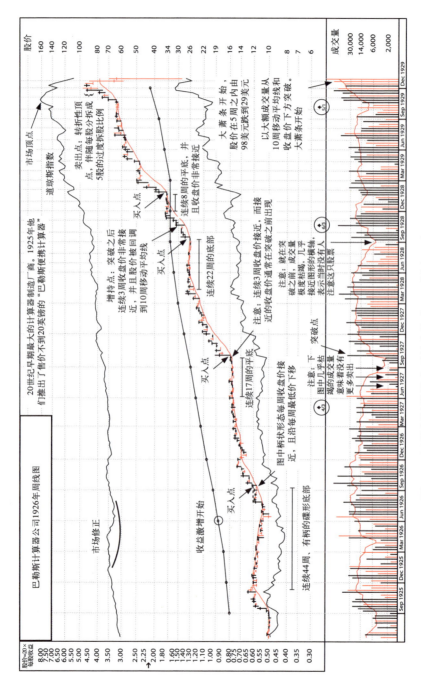

图1-9 巴勒斯计算器公司的市值在168周内上涨1 992%

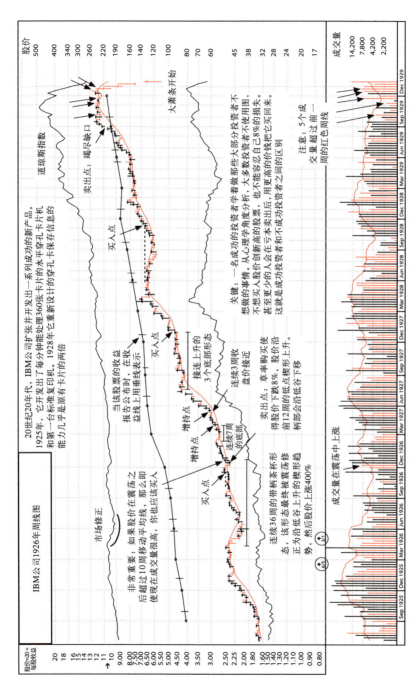

图 1-10 IBM 公司的市值在 161 周内上涨 400%

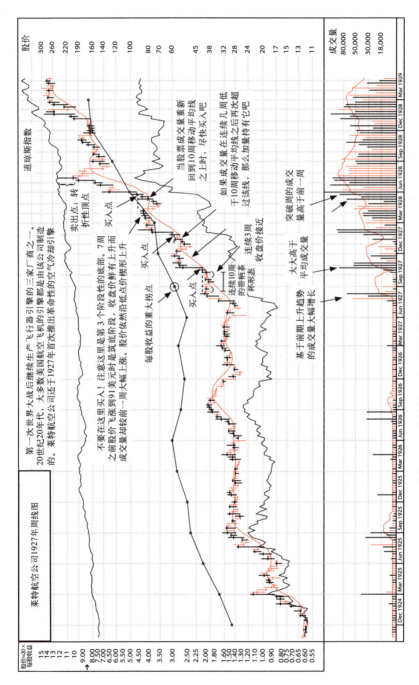

图 1-11 莱特航空公司的市值在 76 周内上涨 464%

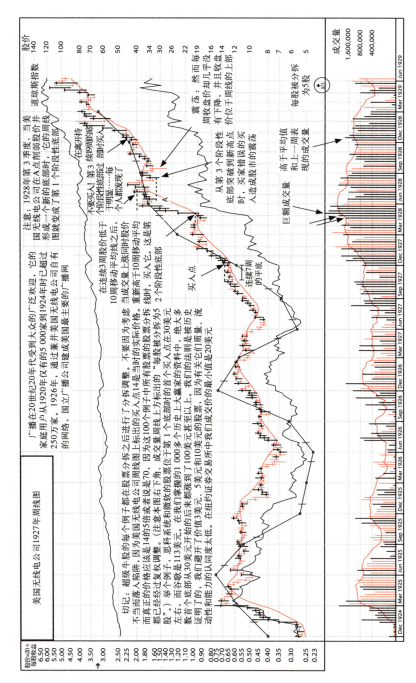

图 1-12 美国无线电公司的市值在 74 周内上涨 739%

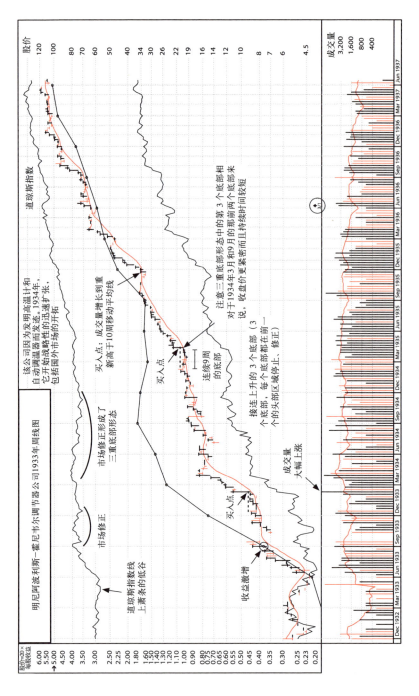

图 1-13 明尼阿波利斯-霍尼韦尔调节器公司的市值在 170 周内上涨 987%

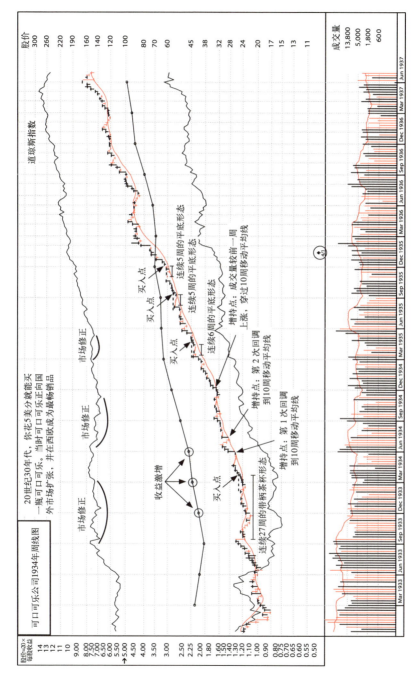

图1-14 可口可乐公司的市值在165周内增长565%

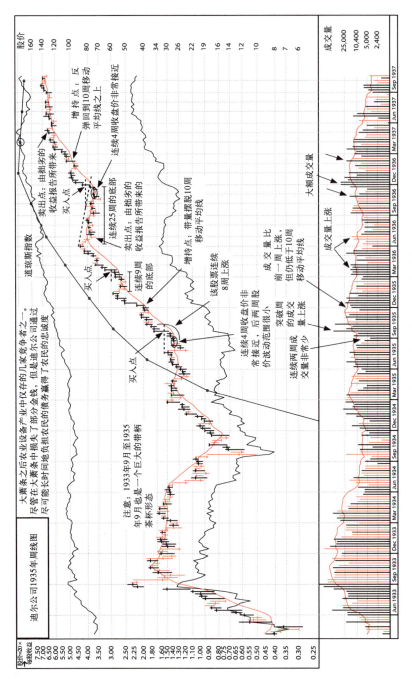

图1-15 迪尔公司的市值在104周内增长307%

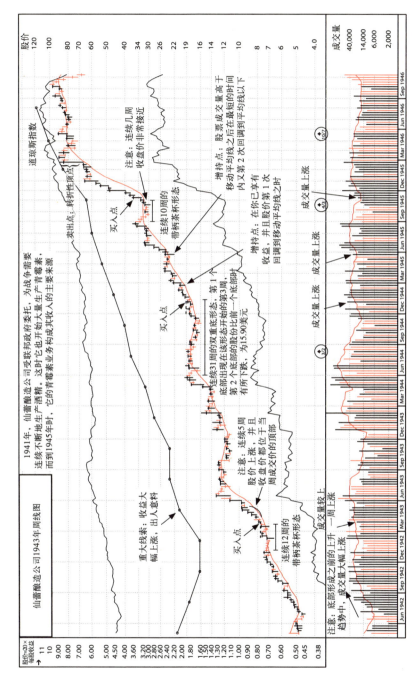

图1-16 仙蕾酿造公司的市值在185周内上涨1 164%

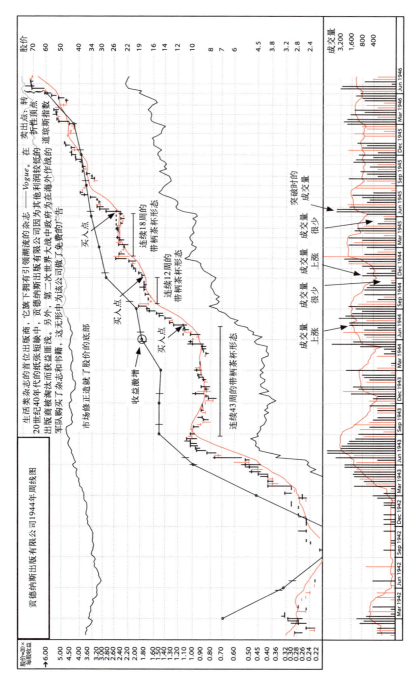

图 1-17 贡德纳斯出版有限公司的市值在 101 周内上涨 514%

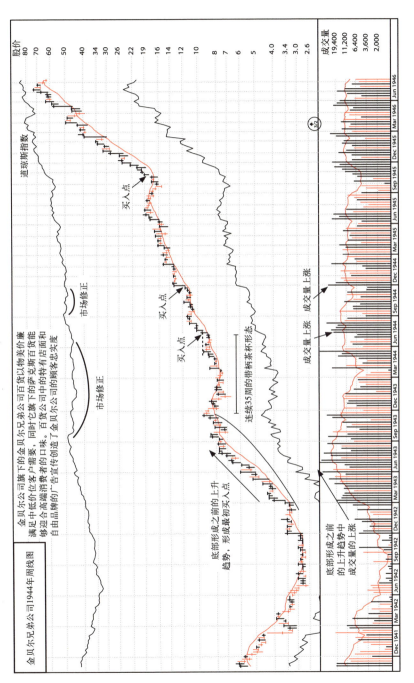

图 1-18 金贝尔兄弟公司的市值在 103 周内上涨 674%

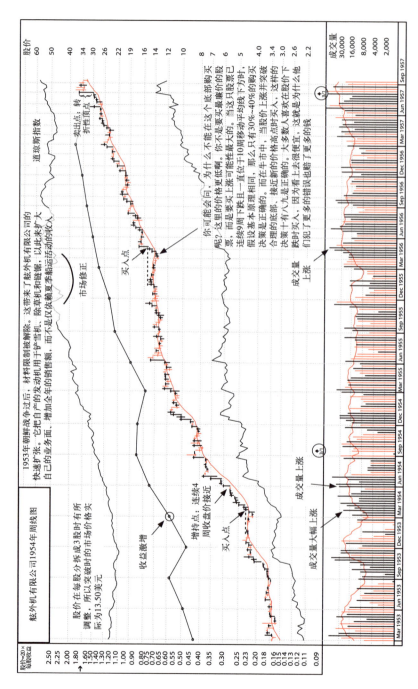

图1-19 舷外机有限公司的市值在177周内上涨720%

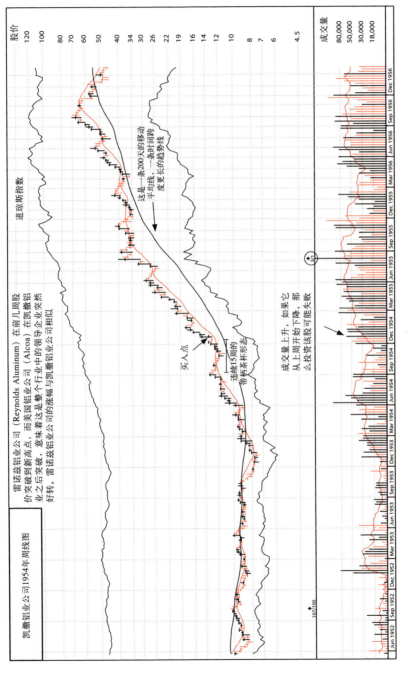

图 1-20 凯撒铝业公司的市值在 93 周内上涨 379%

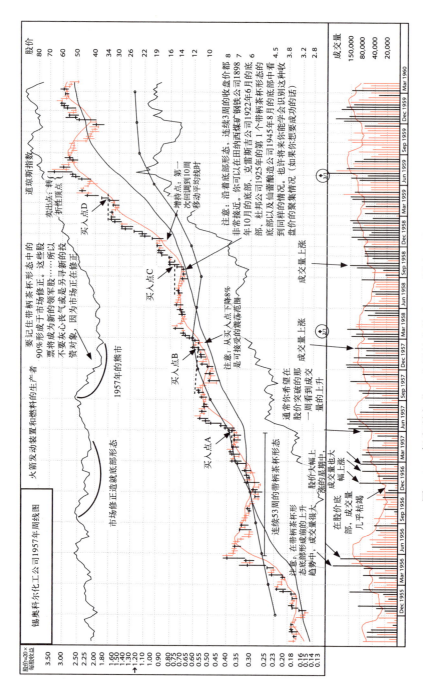

图 1-21 锡奥科尔化工公司的市值在 109 周内上涨 860%

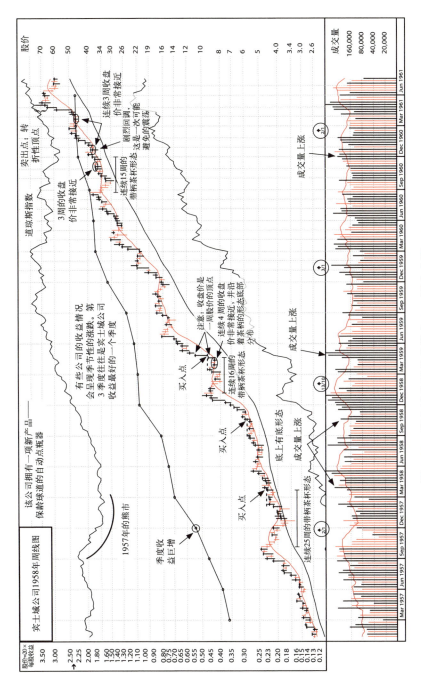

图1-22 宾士域公司的市值在162周内上涨1 500%

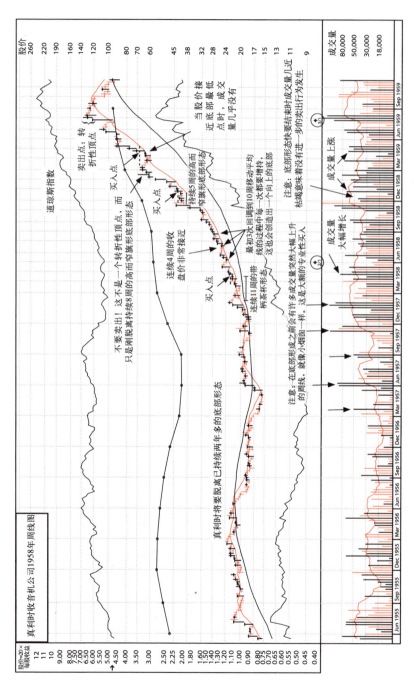

图1-23 真利时收音机公司的市值在66周内上涨493%

第1章 | 最重要的选股秘诀 33

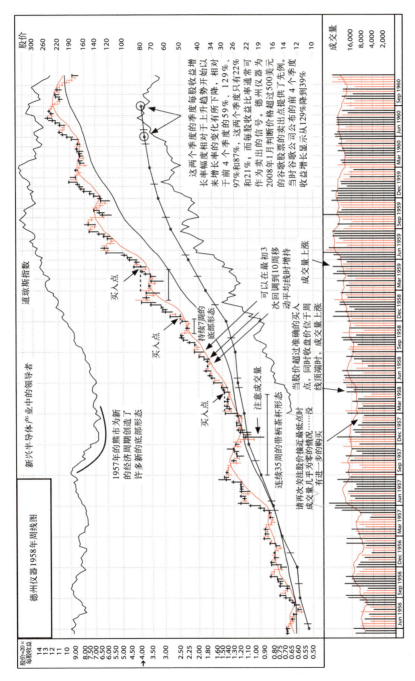

图 1-24 德州仪器的市值在 116 周内上涨 772%

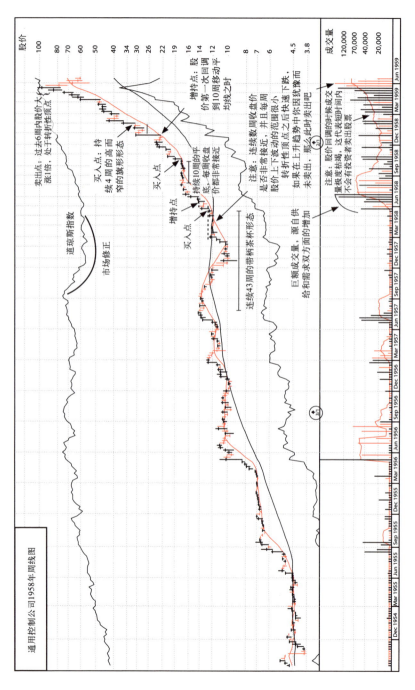

图 1-25 通用控制公司的市值在 51 周内上涨 645%

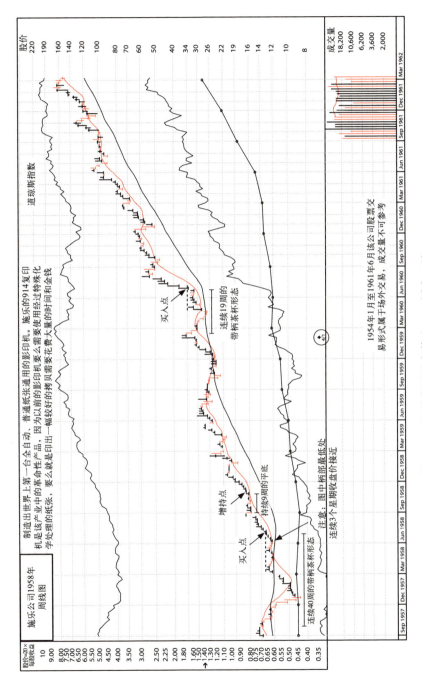

图1-26 施乐公司的市值在188周内上涨1 201%

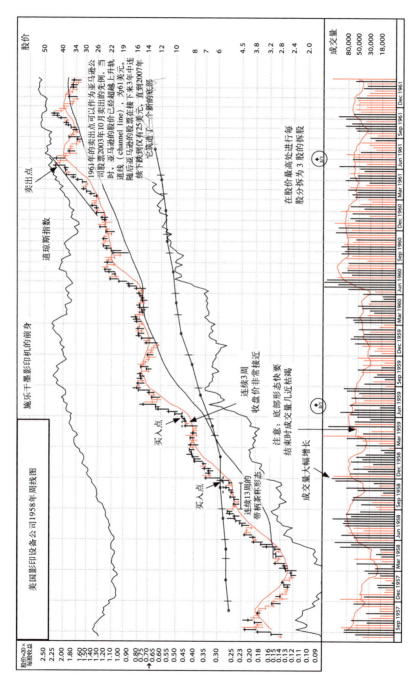

图 1-27 美国影印设备公司的市值在 133 周内上涨 696%

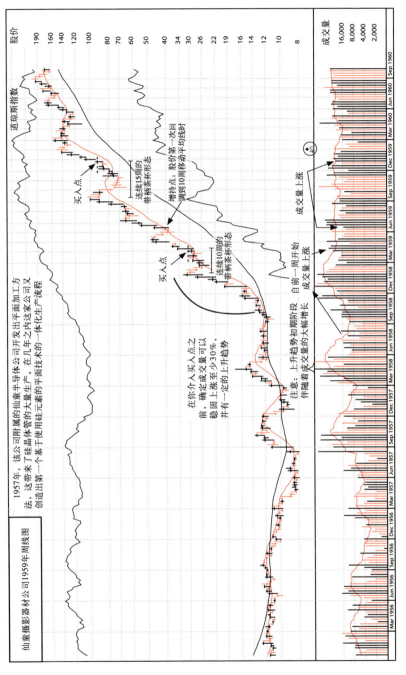

图1-28 仙童摄影器材公司的市值在73周内上涨582%

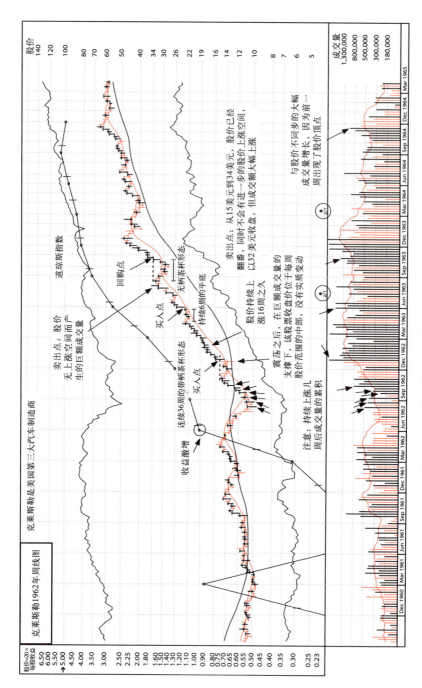

图 1-29 克莱斯勒的市值在 51 周内增长 215%

第1章 | 最重要的选股秘诀 39

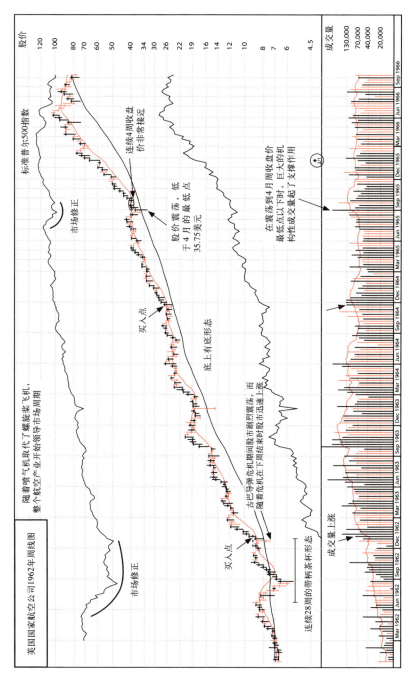

图1-30 美国国家航空公司的市值在179周内上涨1 004%

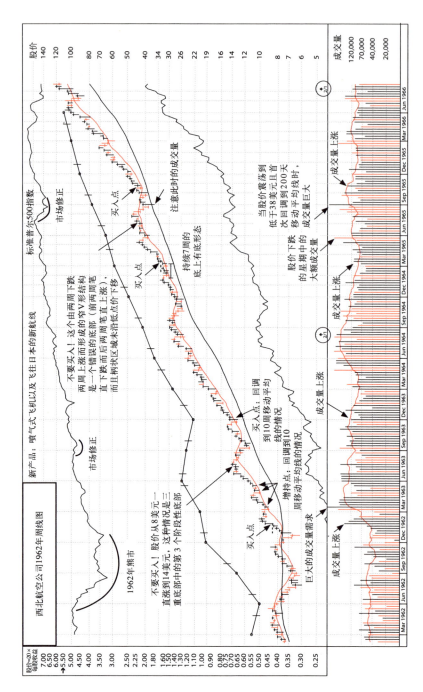

图1-31 西北航空公司的市值在186周内上涨1 240%

第 1 章 | 最重要的选股秘诀 41

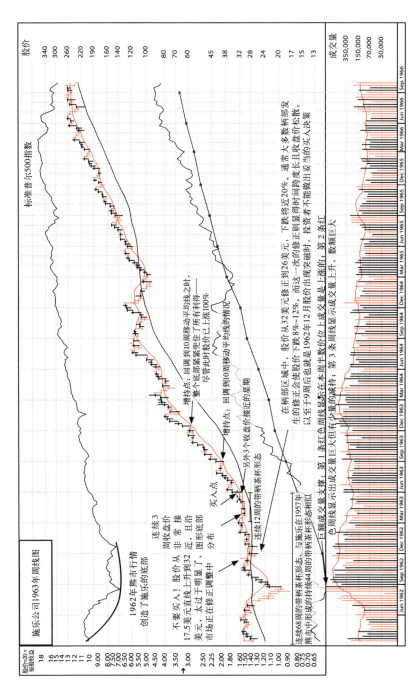

图 1-32 施乐公司的市值在 168 周内上涨 660%

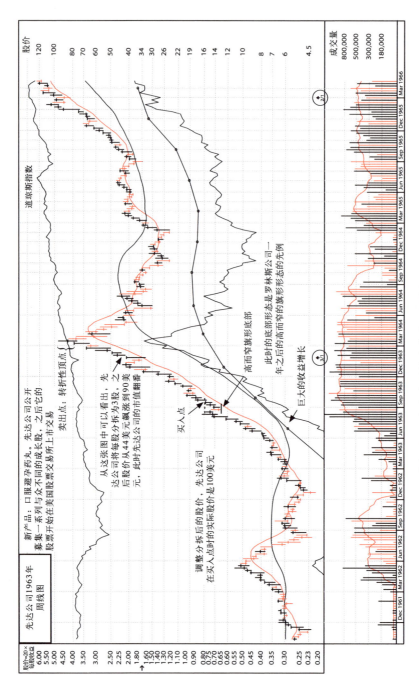

图 1-33　先达公司的市值在 25 周内上涨 451%

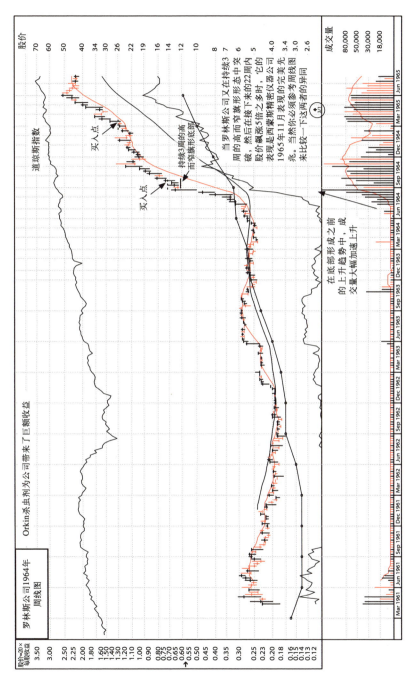

图1-34 罗林斯公司的市值在36周内上涨254%

44 | 笑傲股市 |

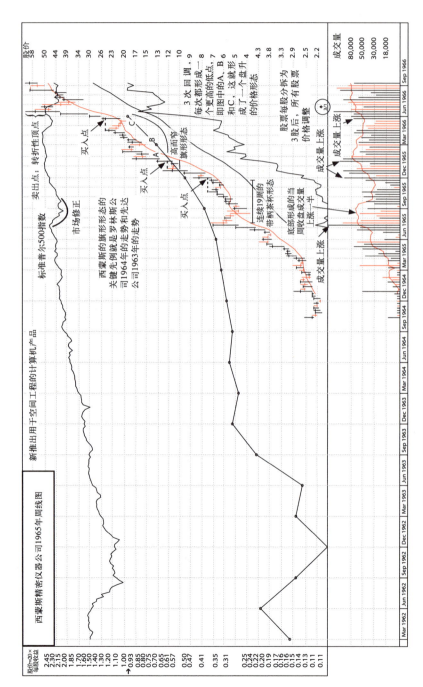

图 1-35 西蒙斯精密仪器公司的市值在 38 周内上涨 672%

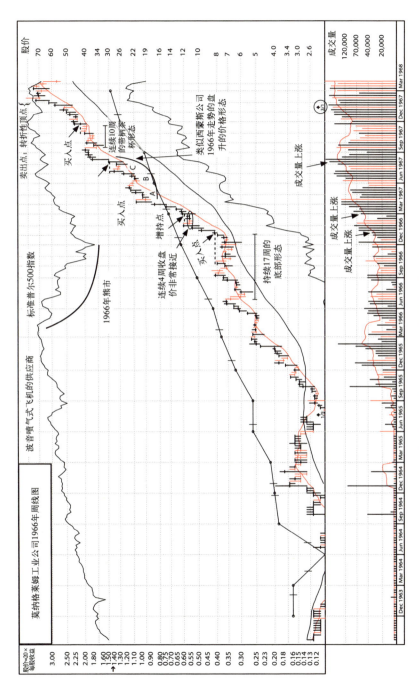

图 1-36 莫纳格莱姆工业公司的市值在 57 周内上涨 891%

46 | 笑傲股市

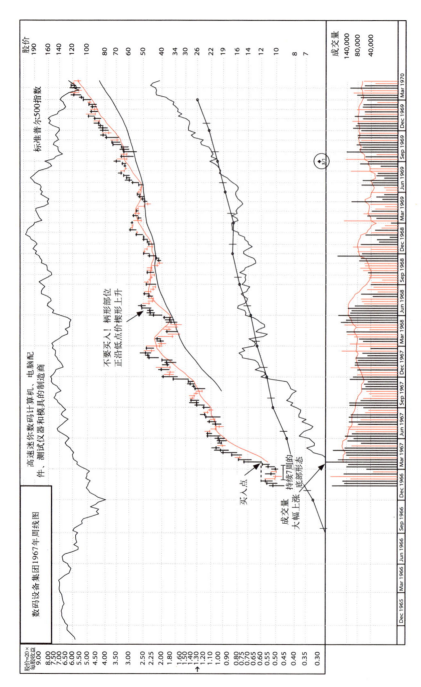

图 1-37　数码设备集团的市值在 156 周内上涨 743%

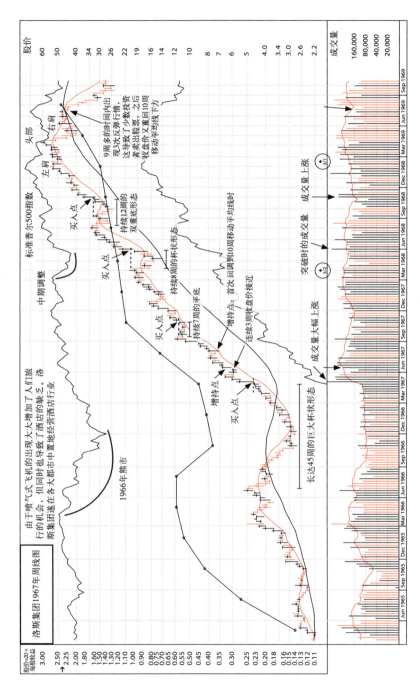

图1-38 洛斯集团的市值在101周内上涨1 025%

48 | 笑傲股市

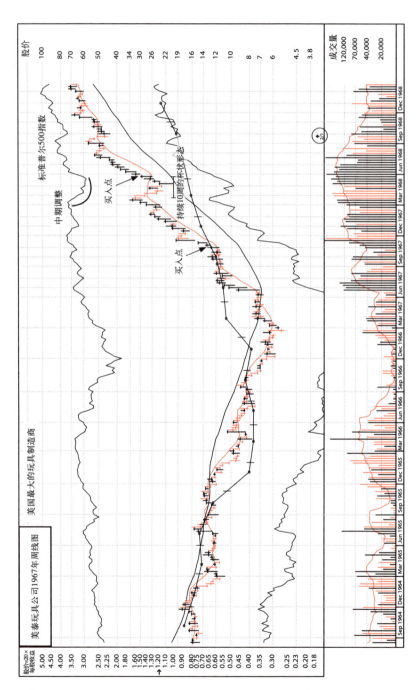

图 1-39 美泰玩具公司的市值在 66 周内上涨 441%

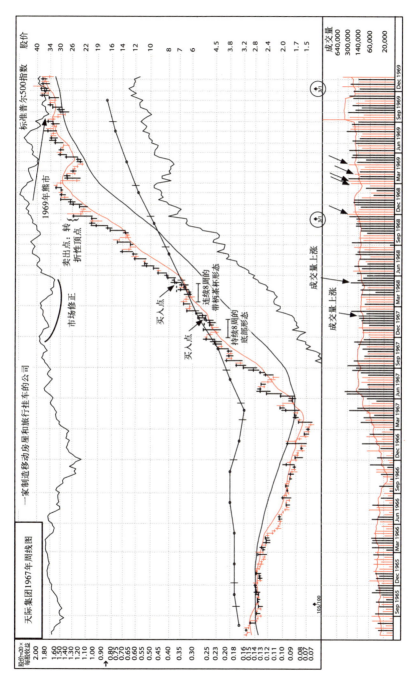

图1-40 天际集团的市值在98周内上涨715%

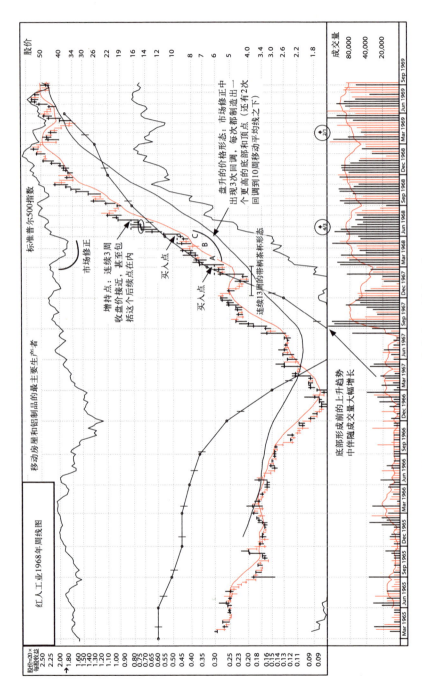

图1-41 红人工业的市值在49周内上涨683%

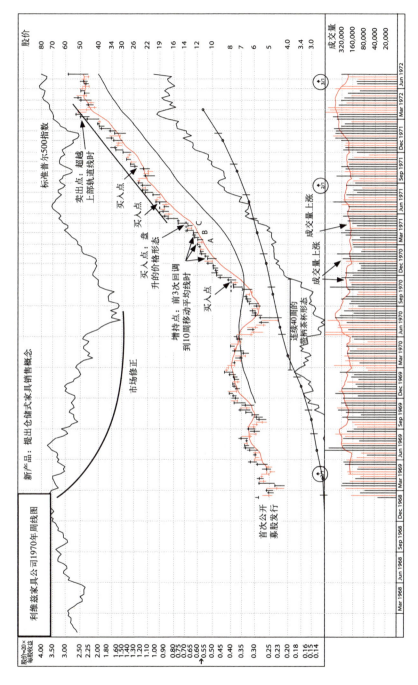

图 1-42 利维兹家具公司的市值在 87 周内上涨 608%

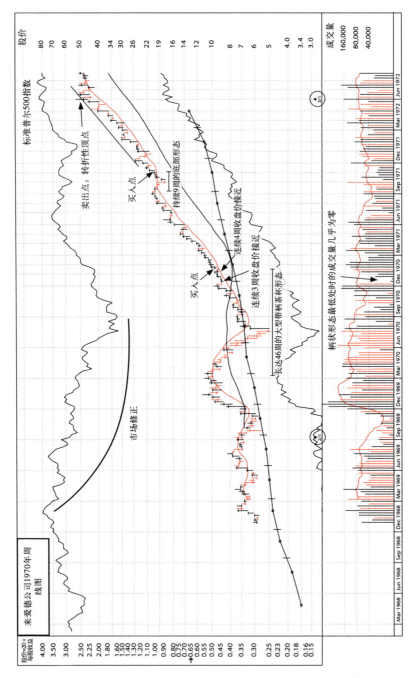

图 1-43 来爱德公司的市值在 71 周内上涨 421%

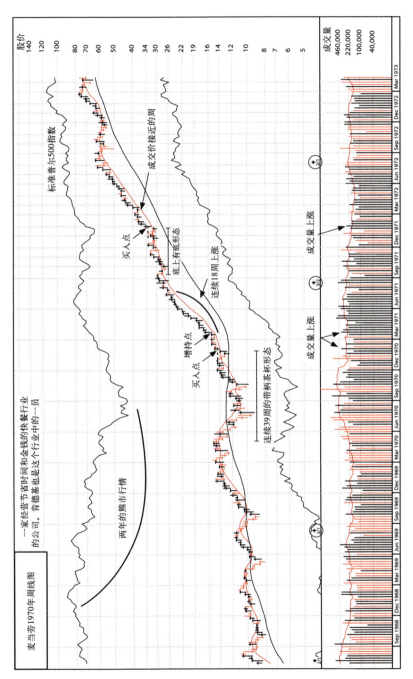

图 1-44 麦当劳的市值在 108 周内上涨 422%

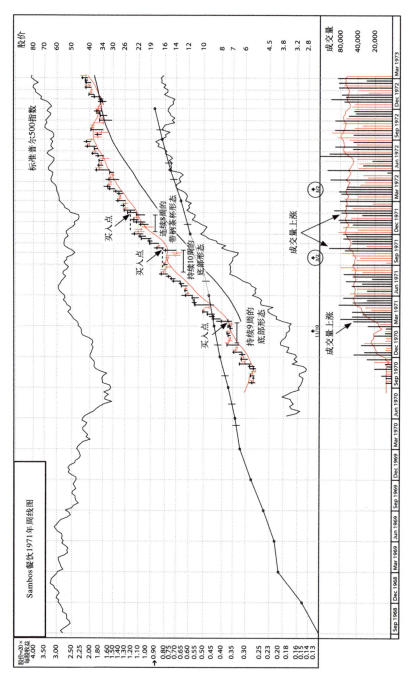

图 1-45 Sambos 餐饮的市值在 104 周内上涨 458%

第1章 | 最重要的选股秘诀 55

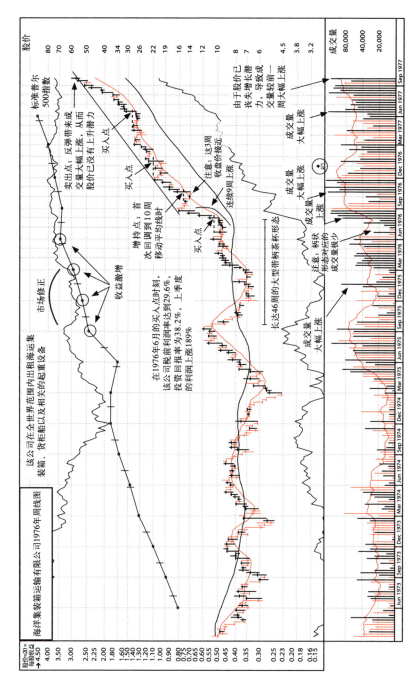

图1-46 海洋集装箱运输有限公司的市值在59周内上涨448%

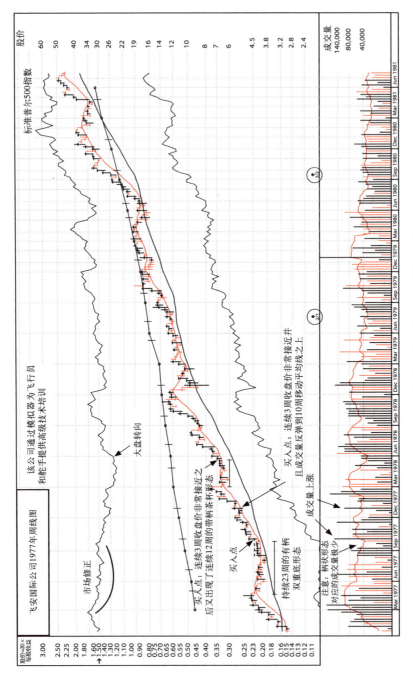

图 1-47 飞安国际公司的市值在 195 周内上涨 958%

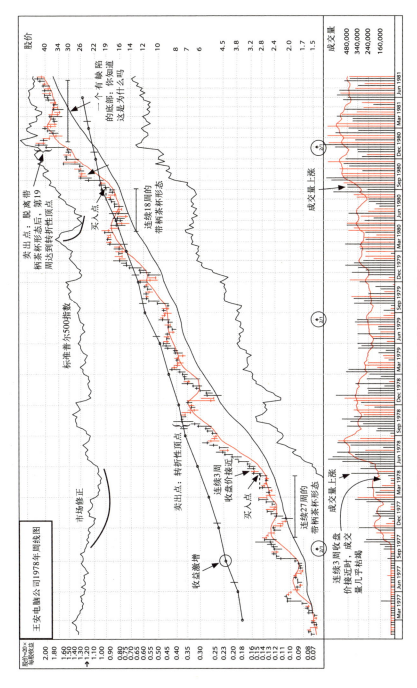

图 1-48 王安电脑公司的市值在 139 周内上涨 1 348%

58 | 笑傲股市

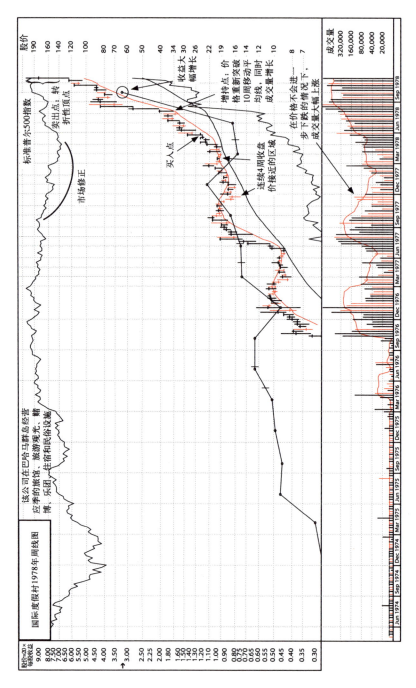

图 1-49　国际度假村的市值在 24 周内上涨 630%

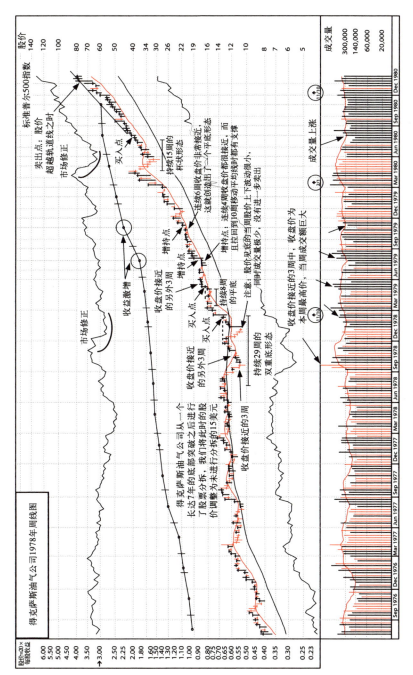

图 1-50 得克萨斯油气公司的市值在 101 周内上涨 529%

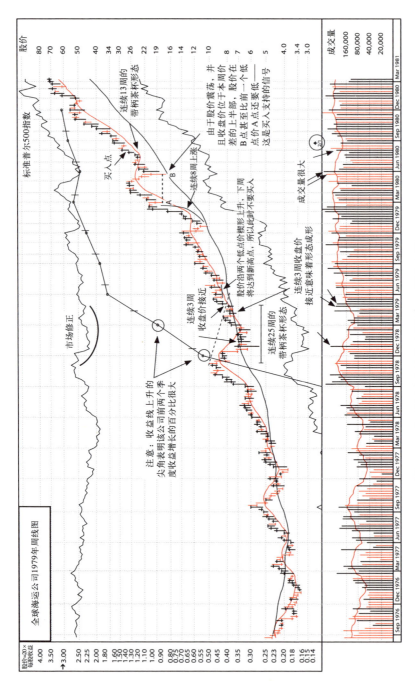

图 1-51　全球海运公司的市值在 94 周内上涨 752%

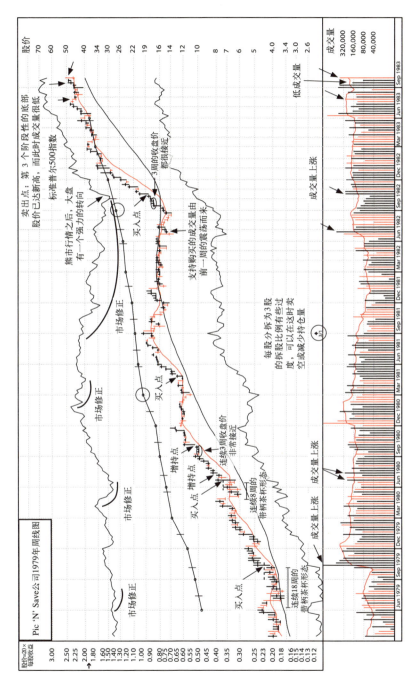

图 1-52 Pic 'N' Save 公司的市值在 206 周内上涨 546%

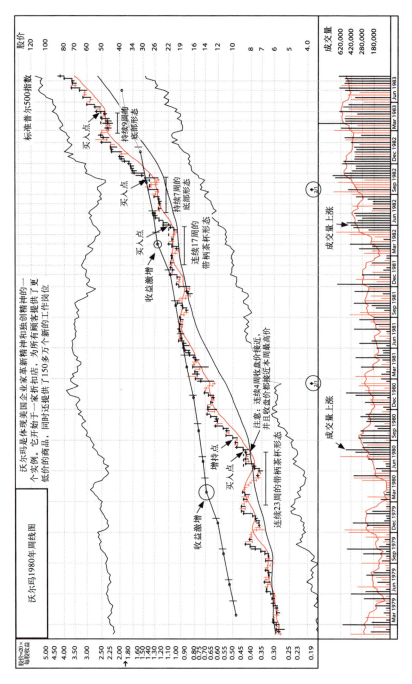

图 1-53 沃尔玛的市值在 158 周内上涨 882%

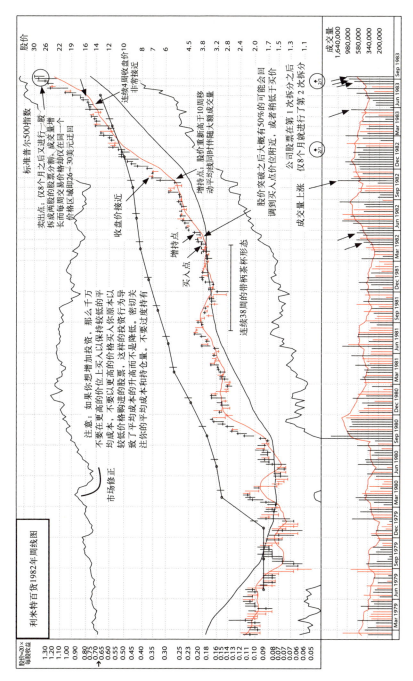

图 1-54 利米特百货的市值在 71 周内上涨 673%

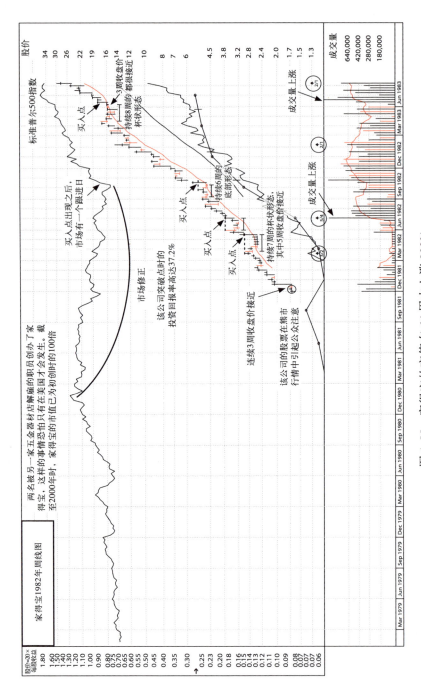

图1-55 家得宝的市值在64周内上涨892%

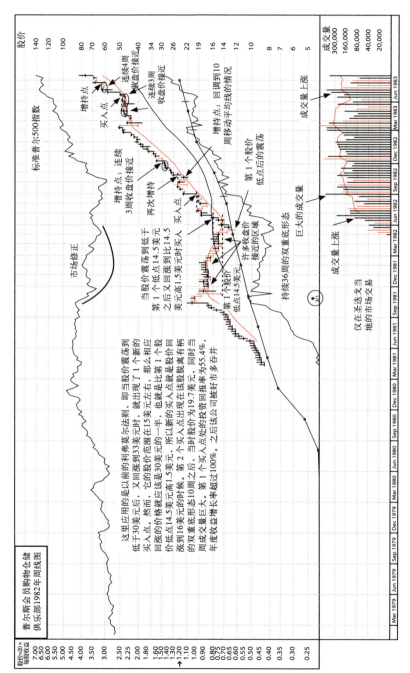

图1-56 普尔斯会员购物仓储俱乐部的市值在60周内上涨417%

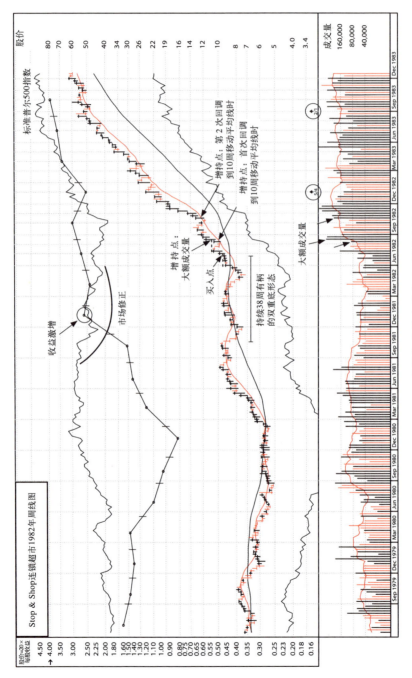

图 1-57 Stop & Shop 连锁超市的市值在 74 周内上涨 536%

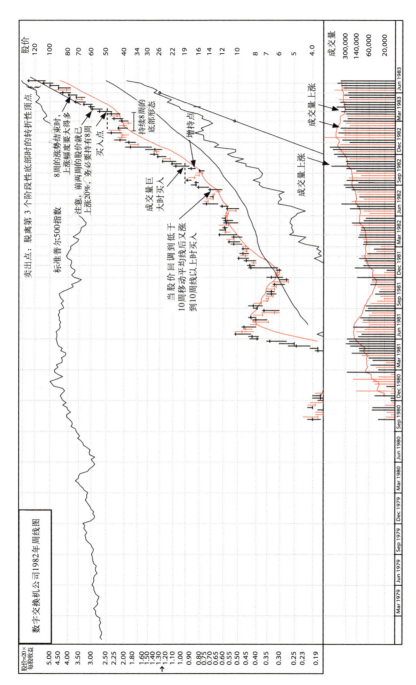

图 1-58　数字交换机公司的市值在 46 周内上涨 843%

68 | 笑傲股市 |

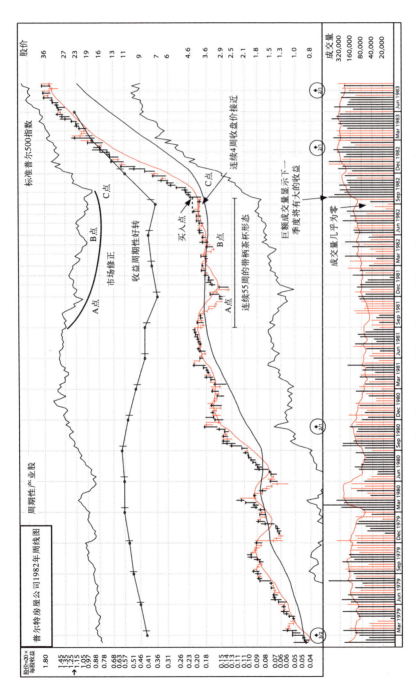

图1-59 普尔特房屋公司的市值在47周内上涨733%

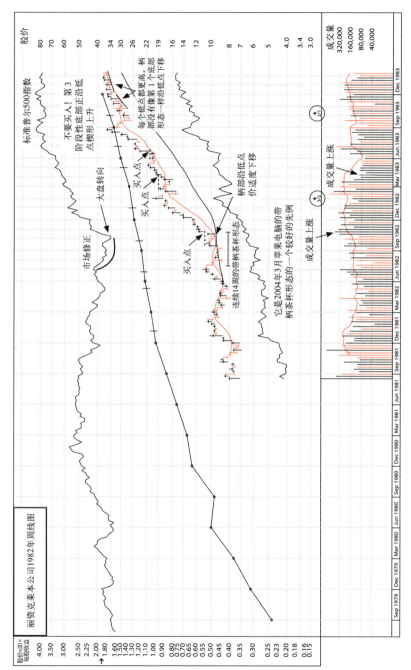

图1-60 丽资克莱本公司的市值在43周内上涨211%

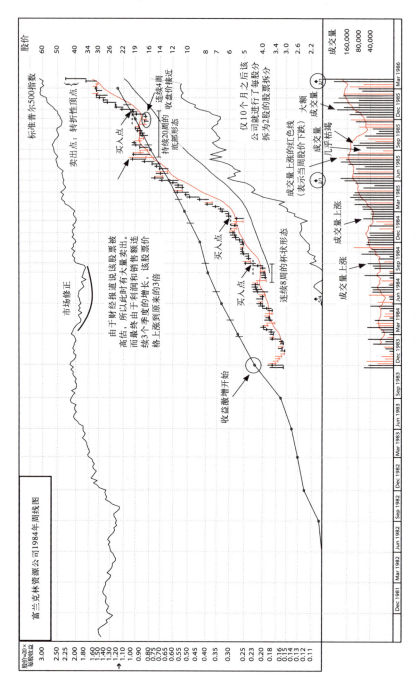

图 1-61 富兰克林资源公司的市值在 78 周内上涨 811%

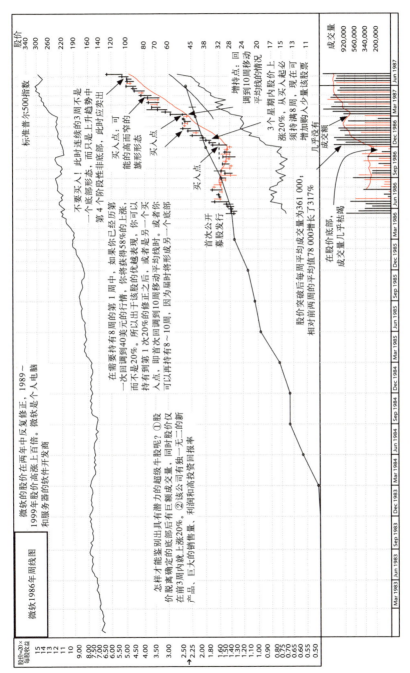

图 1-62 微软的市值在 30 周内上涨 272%

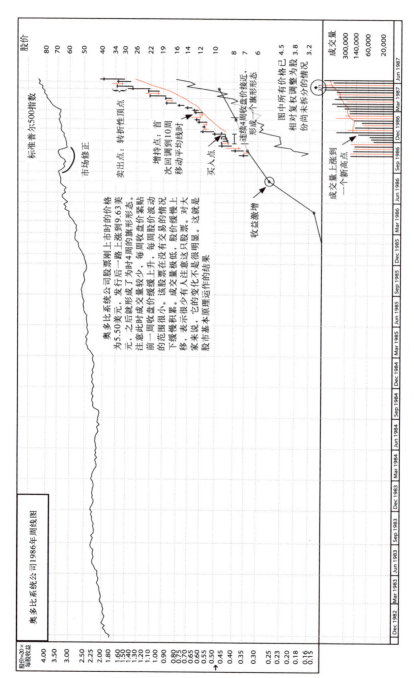

图 1-63 奥多比系统公司的市值在 23 周内上涨 307%

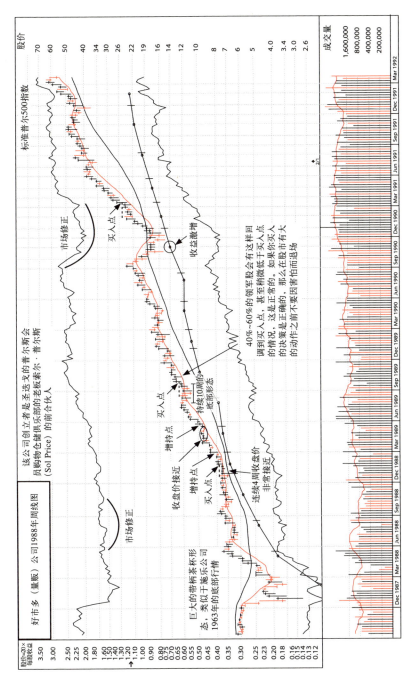

图1-64 好市多（量贩）公司的市值在163周内上涨712%

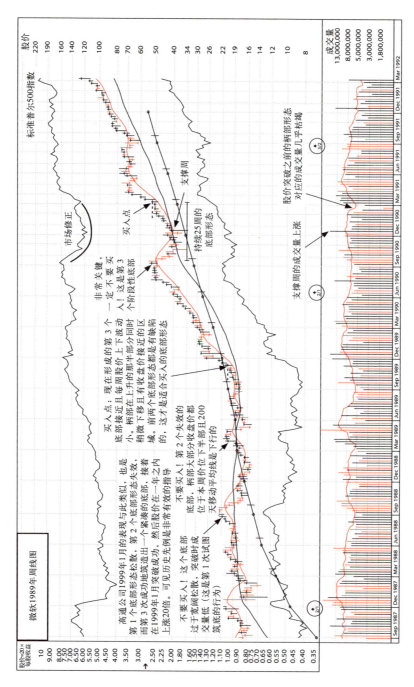

图 1-65 微软的市值在 121 周内上涨 517%

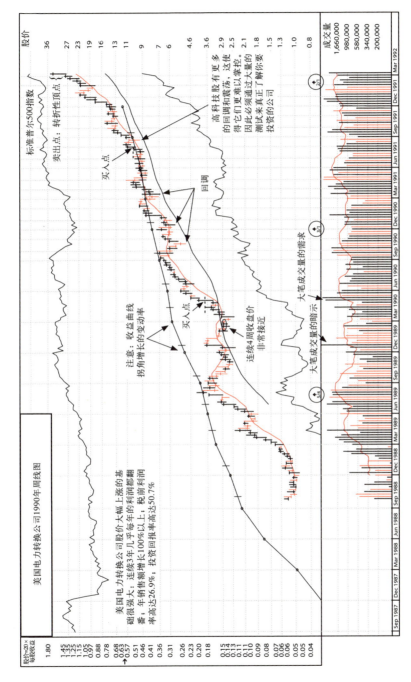

图1-66 美国电力转换公司的市值在96周内上涨745%

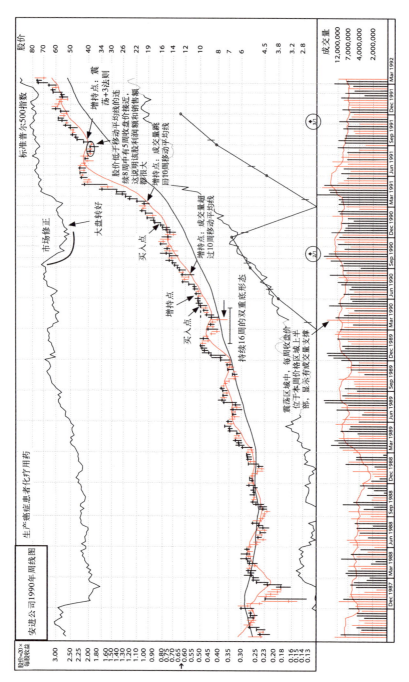

图 1-67　安进公司的市值在 96 周内上涨 681%

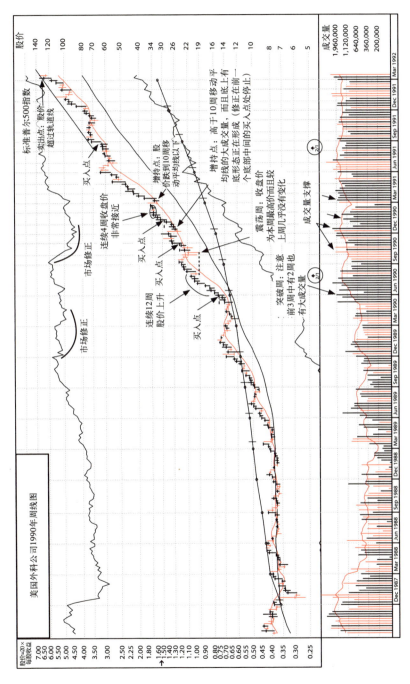

图 1-68 美国外科公司的市值在 93 周内上涨 786%

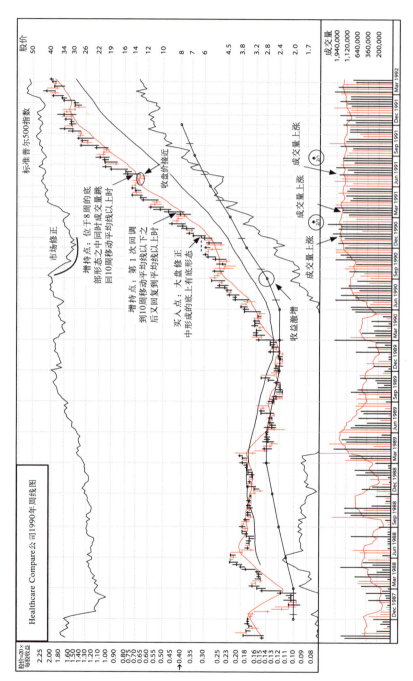

图 1-69 Healthcare Compare 公司的市值在 61 周内上涨 540%

第1章 | 最重要的选股秘诀 79

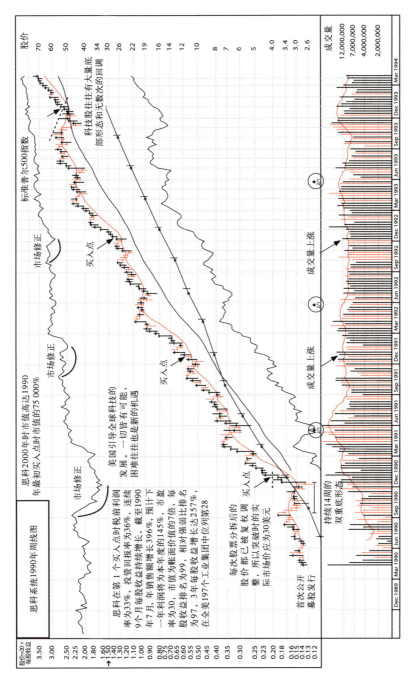

图1-70 思科系统的市值在169周内上涨1 602%

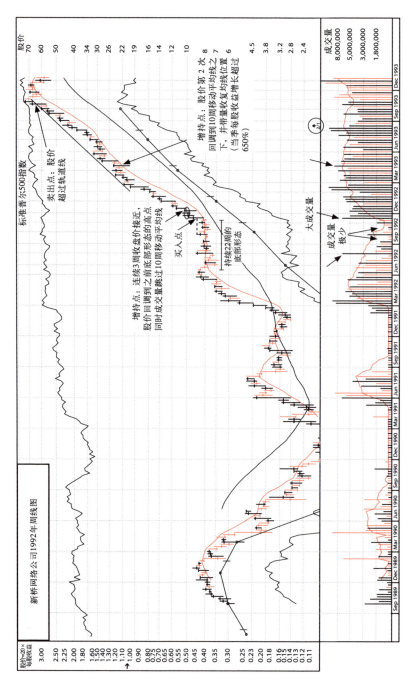

图 1-71 新桥网络公司的市值在 49 周内上涨 699%

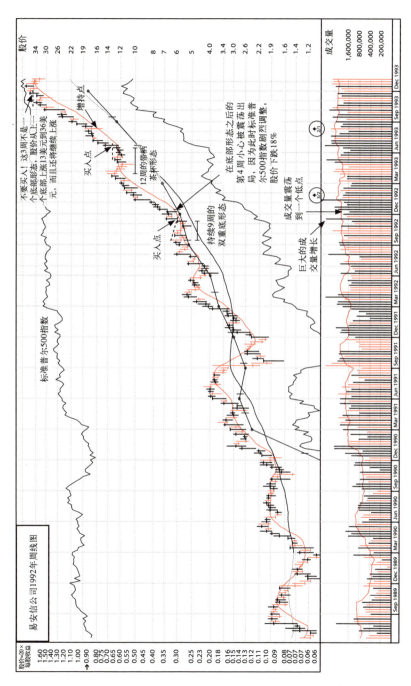

图 1-72　易安信公司的市值在 56 周内上涨 471%

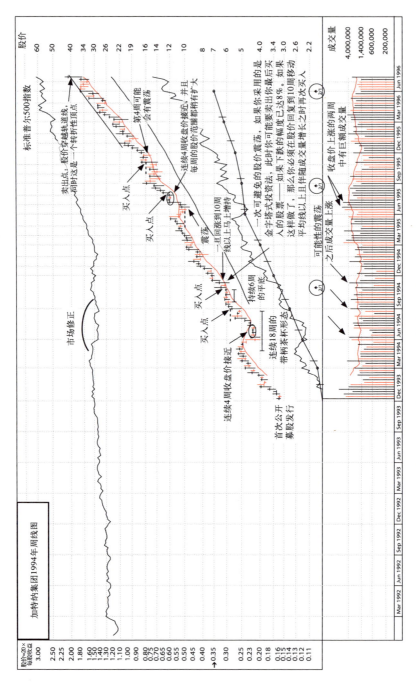

图 1-73 加特纳集团的市值在 98 周内上涨 667%

第 1 章 | 最重要的选股秘诀　83

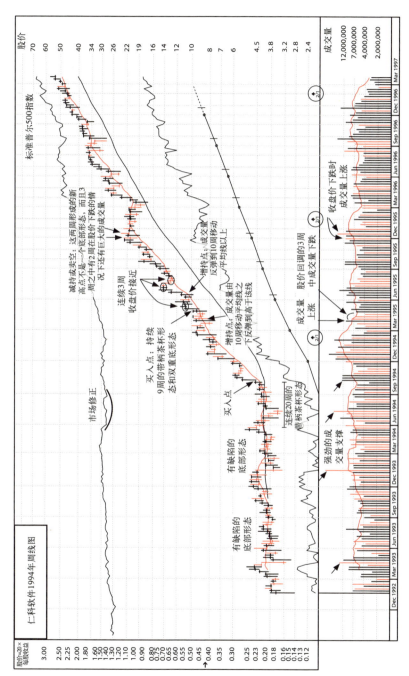

图 1-74　仁科软件的市值在 129 周内上涨 1 145%

84 | 笑傲股市 |

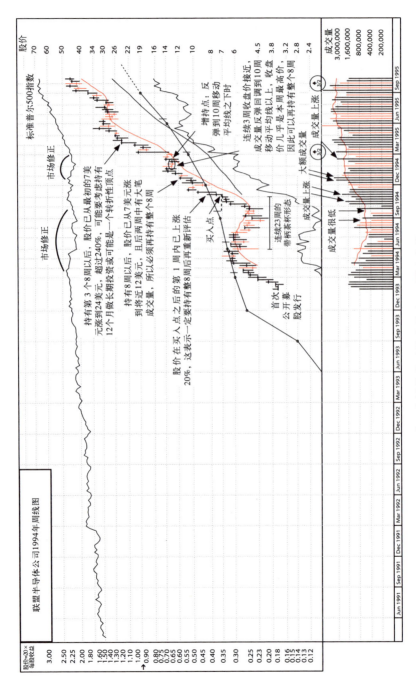

图1-75 联盟半导体公司的市值在47周内上涨539%

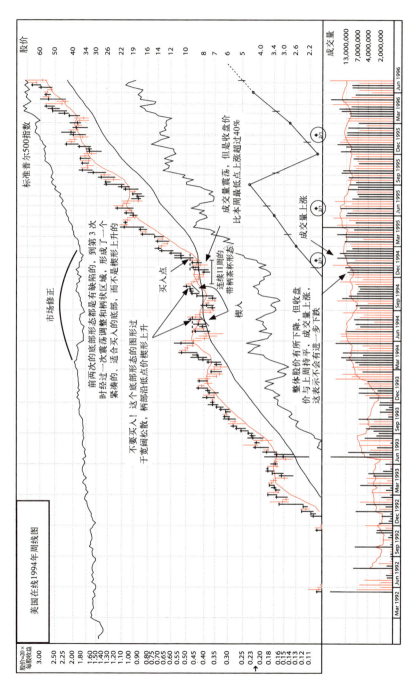

图1-76 美国在线的市值在75周内上涨570%

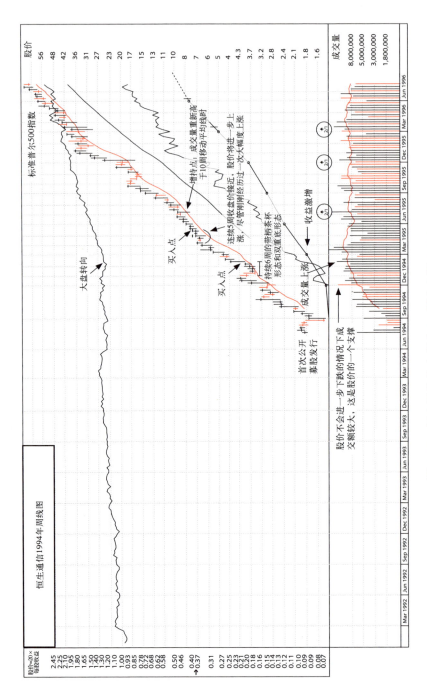

图1-77 恒生通信的市值在75周内上涨1 384%

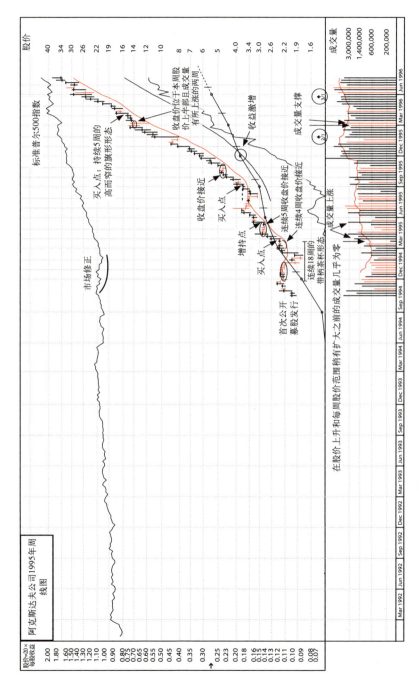

图 1-78 阿克斯达夫公司的市值在 68 周内上涨 1 359%

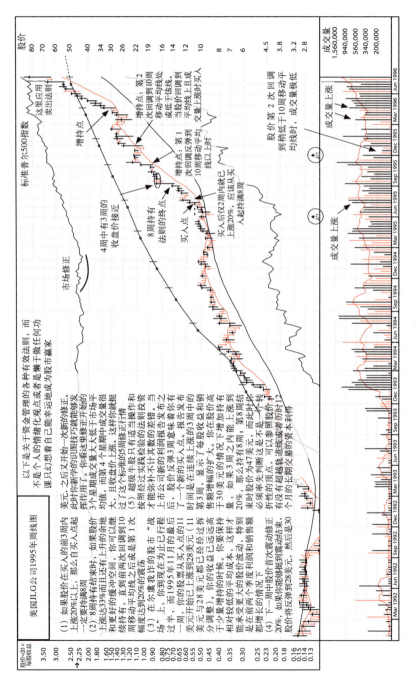

图 1-79 美国 JLG 公司的市值在 53 周内上涨 670%

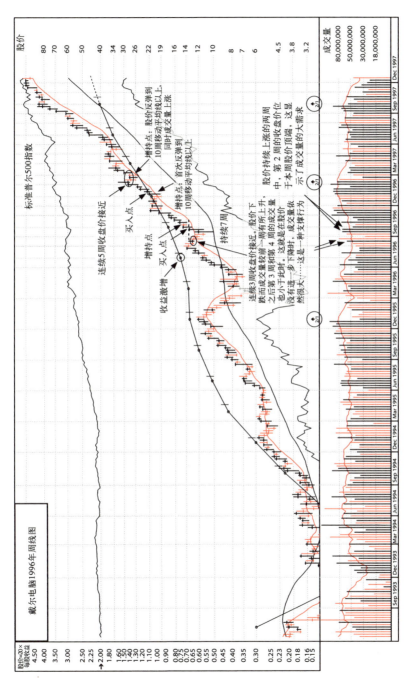

图 1-80 戴尔电脑的市值在 61 周内上涨 587%

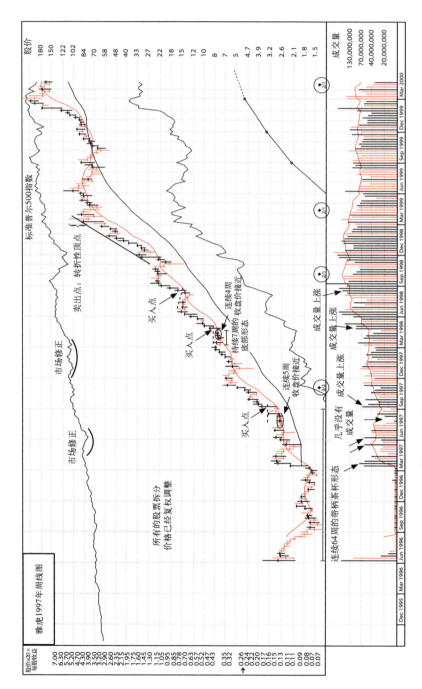

图 1-81 雅虎的市值在 130 周内上涨 6 723%

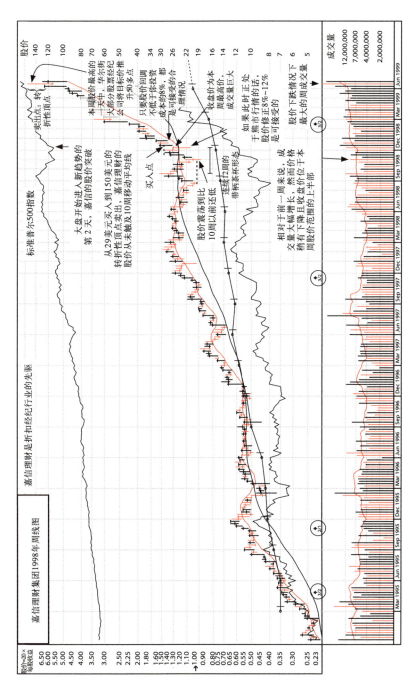

图 1-82 嘉信理财集团的市值在 26 周内上涨 409%

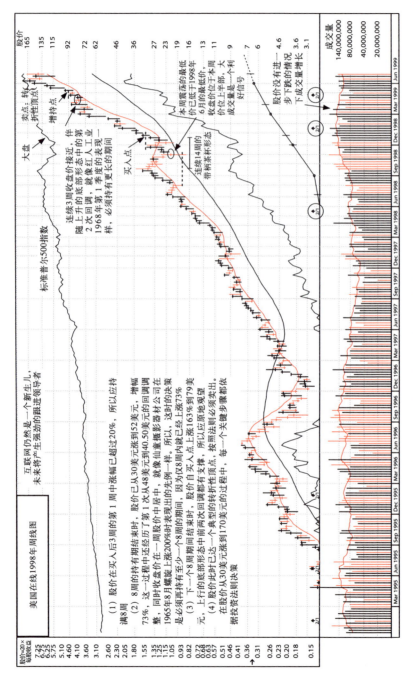

图 1-83　美国在线的市值在 23 周内上涨 451%

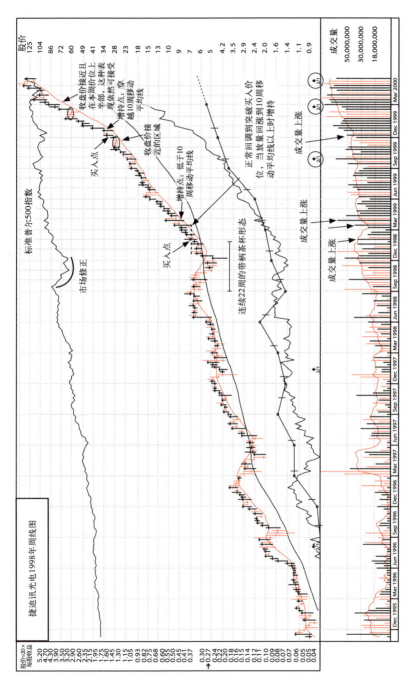

图 1-84 捷迪讯光电的市值在 66 周内上涨 1 946%

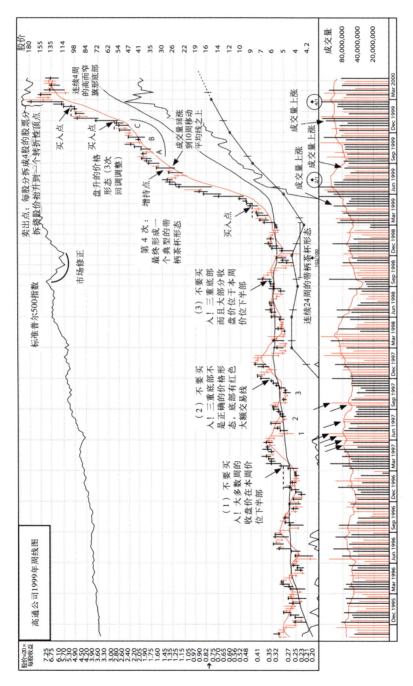

图 1-85　高通公司的市值在 45 周内上涨 2 091%

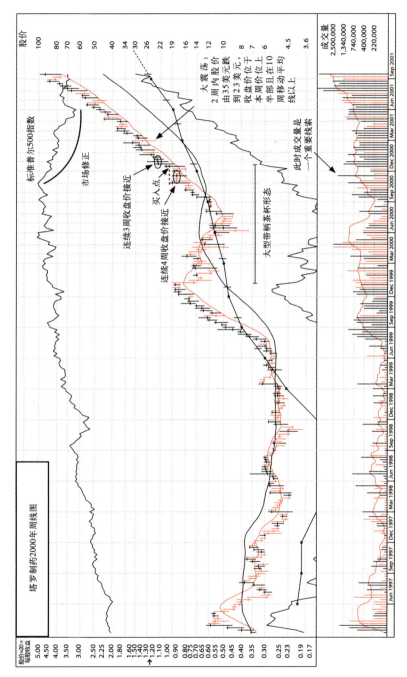

图1-86 塔罗制药的市值在39周内上涨382%

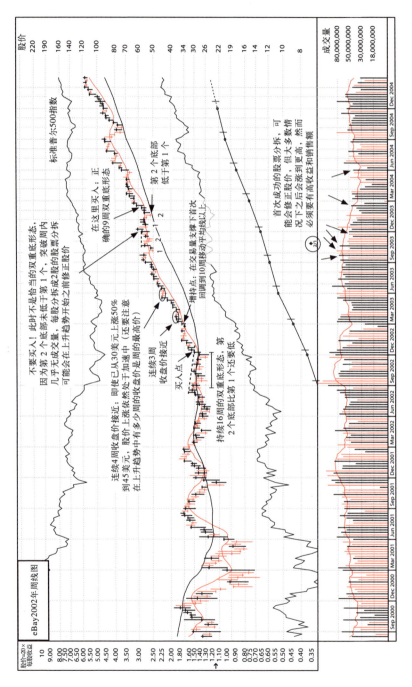

图 1-87 eBay 的市值在 115 周内上涨 282%

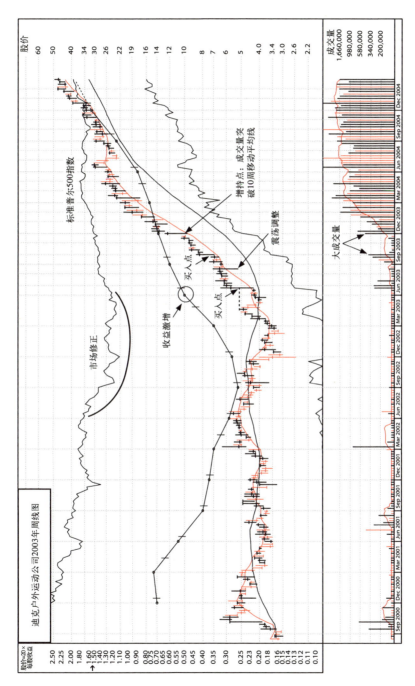

图 1-88 迪克户外运动公司的市值在 88 周内上涨 766%

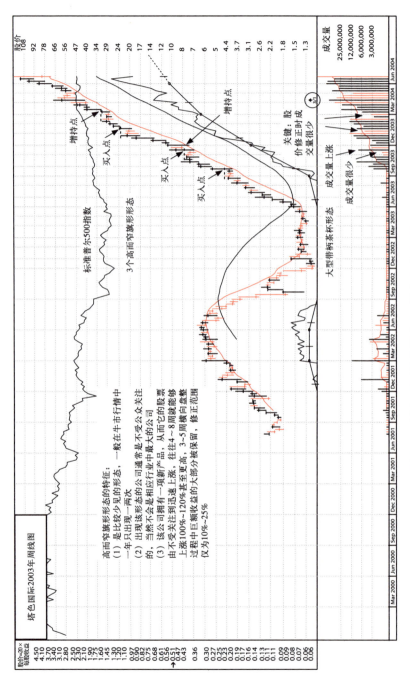

图 1-89 塔鱼国际的市值在 39 周内上涨 2 228%

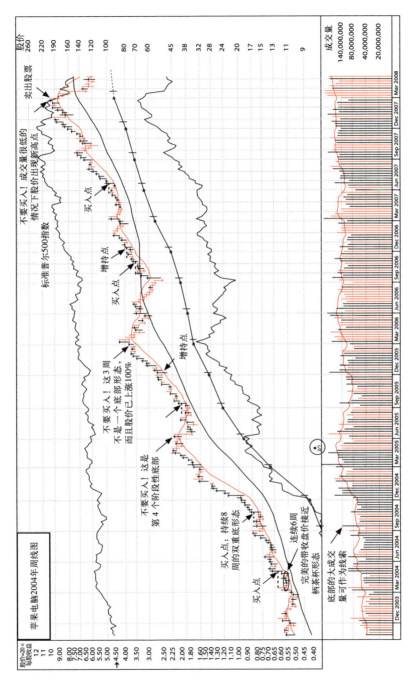

图1-90 苹果电脑的市值在199周内上涨1 418%

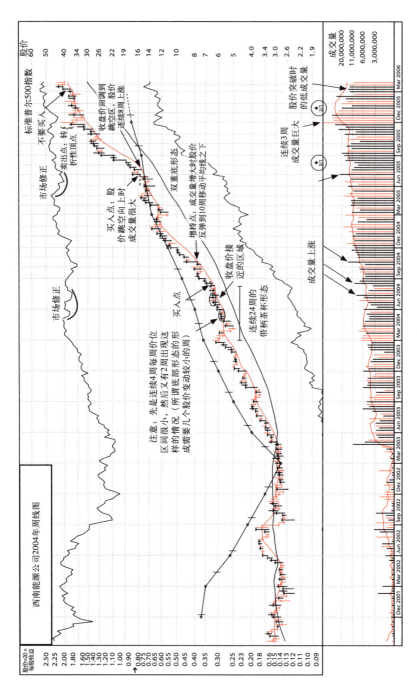

图 1-91 西南能源公司的市值在 83 周内上涨 556%

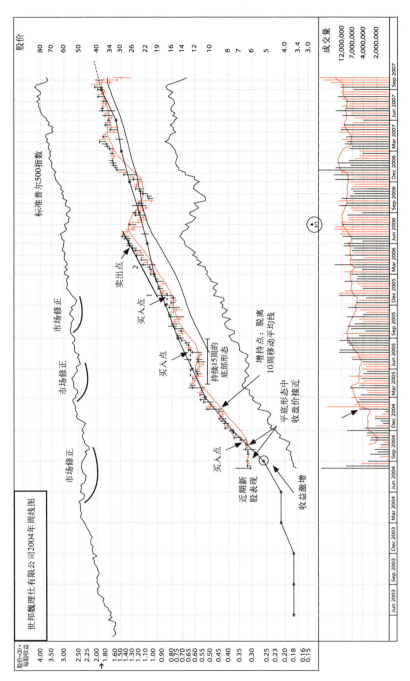

图 1-92 世邦魏理仕有限公司的市值在 149 周内上涨 538%

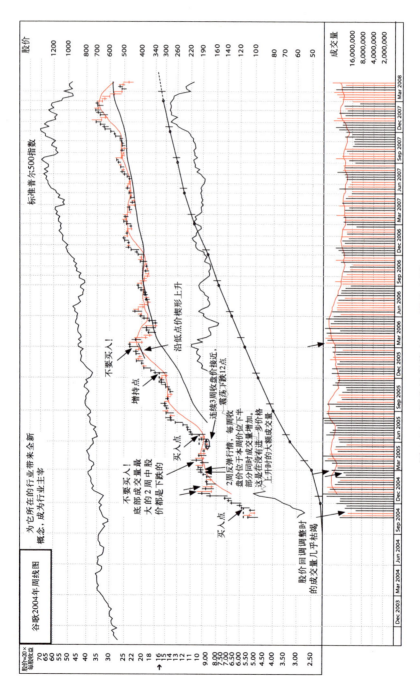

图 1-93　谷歌的市值在 164 周内上涨 536%

第1章 | 最重要的选股秘诀 103

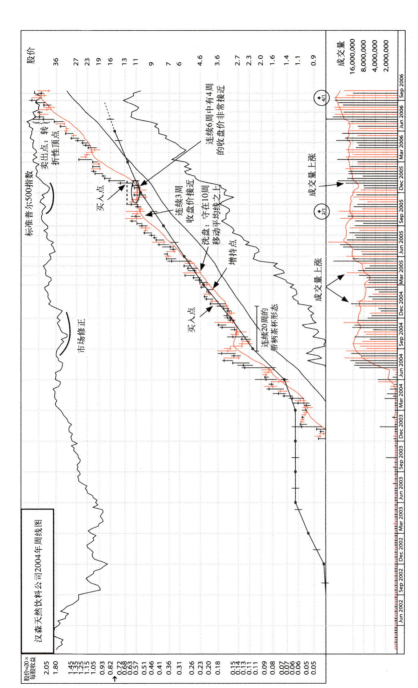

图1-94 汉森天然饮料公司的市值在86周内上涨1 219%

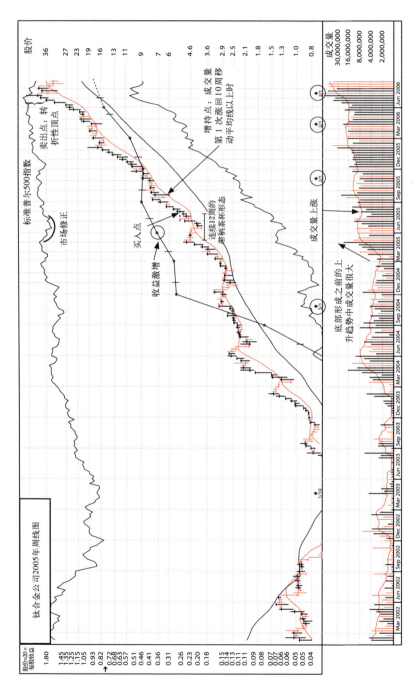

图1-95 钛合金公司的市值在49周内上涨764%

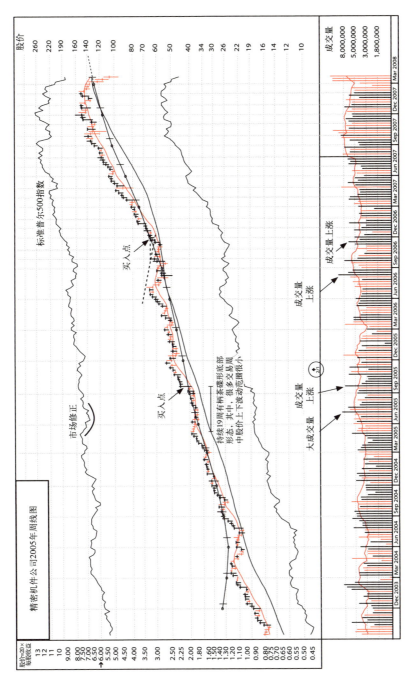

图 1-96 精密机件公司的市值在 115 周内上涨 259%

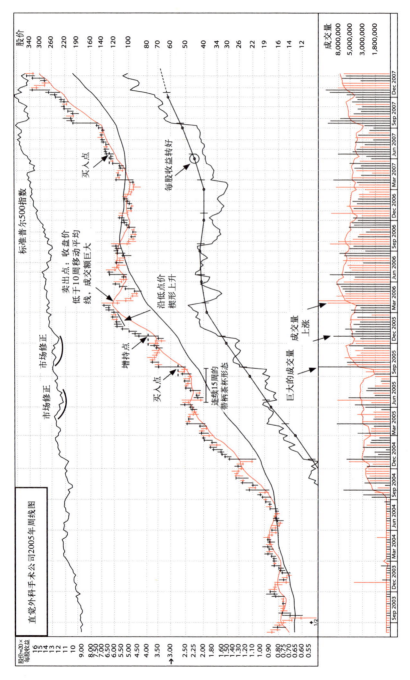

图 1-97 直觉外科手术公司的市值在 123 周内上涨 418%

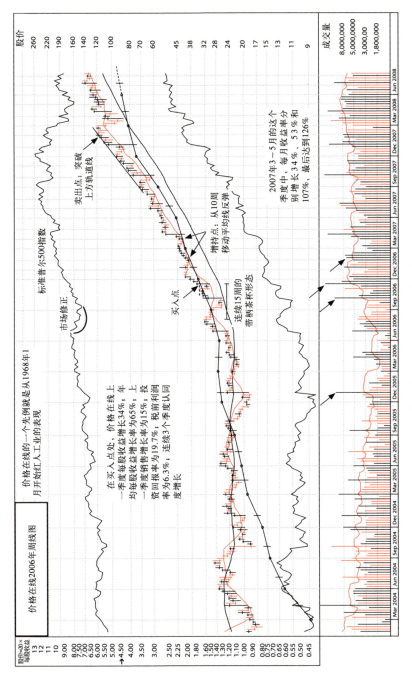

图 1-98 价格在线的市值在 85 周内上涨 320%

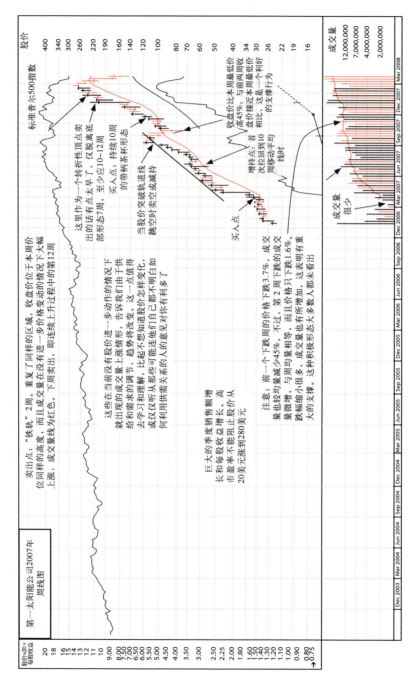

图 1-99　第一太阳能公司的市值在 47 周内上涨 807%

第1章 | 最重要的选股秘诀

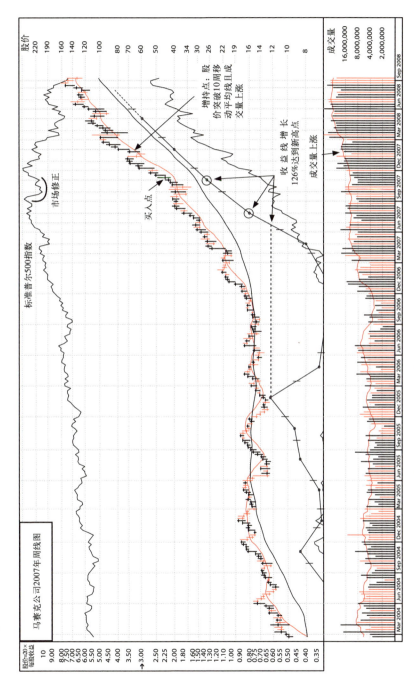

图 1-100 马赛克公司的市值在 40 周内上涨 265%

| 第 2 章 |

学会识图以提高选股和选时能力

在医学界，医生通过 X 光、核磁共振以及脑部扫描的结果来分析诊断病症。而借助纸张或类似电视机屏幕的显示器，心电图和超声波的结果就可以说明人体心脏的情况。

同样，有了带标尺的地图，人们就可以清楚地知道身处何方以及怎样到达目的地。地质学家也可以通过图上显示的地震相关数据来研究哪种地质结构或形态最有可能储藏石油。

几乎在每个领域，都有相关工具供人们正确估测当前的情况并收集准确的信息，投资领域也不例外。标注在图上的经济指标可以帮助人们更好地理解这些图。当投资者需要把握某只股票到底是强势还是正常，到底是形成强势形态还是弱势形态时，配有股票历史价格和成交量的图可以大显身手。

如果少了必要的关键器材，你还会允许医生帮你做心脏手术吗？答案当然是否定的，这样的手术完全是不负责任的。但是，很多投资者在买卖股票的时候，却没有借助任何相关图，这种做法与之前提到的医生又有什么区别呢？为病人诊断治疗时不使用 X 光、CAT 扫描或心电图的医生是不负责任的，而不会解读股票图上价格和成交量形态的投资者，则离明智投资更是相去甚远。在没有其他辅助工具的情况下，图可以告诉你股票是否表现正常以及是否应该买入 / 卖出。

如果不懂得如何分辨某只股票是否已经涨到阶段高点且开始进行回调，个人投资者会损失一大笔钱，而如果一直听信于同样没有相关知识的其他人，结果也是一样。

看图基础

图记录了成千上万只股票的真实价格表现，而股价的变动则是世界上最大的拍卖市场每天供求变化的结果。有些人不愿意学习如何识图，或者对其意义一无所知，当然，也有可能是缺少了点勤奋，与他们相比，那些受过相关训练并能够从图中正确解读出股价变动的投资者，则具备了极大的优势。

你会乘坐没有配备相关设备的飞机或者在没有地图的情况下开始长途越野之旅吗？可以说，图就是你的投资地图。实际上，著名经济学家米尔顿·弗里德曼（Milton Friedman）和罗丝·弗里德曼（Rose Friedman）在其著作《自由选择》⊖（Free to Choose）中，用了大量篇幅来阐述市场和价格在为决策者提供重要、精准的信息方面所具有的无可比拟的重要性。

简单说来，线图价格形态，这里也称为"基底"，就是指经过前期的上涨之后的一段价格回调并筑底的区域。它们大都（80%～90%）形成于总体市场调整的过程中。要想分析这些形态，就要学会判断价格和成交量是否正常，辨别它们到底标志着股票走强还是走弱。

明显强有力的价格形态（在本章后半部分会涉及）往往预示着股价的大幅度上涨。而股票的跌势也总是可以从带有缺陷或是显而易见的形态中寻得痕迹。

那些肯花时间来研究如何正确解读图的人，每年都有可能通过投资赚钱。而那些没有有效利用图的专家，则往往因为忽略了极其重要的衡量标准和择机技巧而懊悔不已。我曾见过许多高级专业投资人士因为这个原因而业绩不佳，从而丢了饭碗，这也进一步证实了我之前的观点。

⊖ 此书中文版已由机械工业出版社出版。

这些所谓的专家之所以会有这样的表现，往往是因为他们对于市场情况和图的解读知之甚少。一些教授金融或者投资学课程的高校认为图无足轻重，而事实却证明，它们不仅缺乏相关知识，而且完全不了解市场的运作情况以及最优秀的投资专家是如何行事的。

个人投资者也需要学习股市图并从中获益。仅仅凭借强劲的收益或销售额这样的基本面分析来挑选股票是远远不够的。实际上，《投资者商业日报》的任何读者都不该仅仅依照它的独家"明智投资"排名来购买股票。投资者应该先查看备选股票的相关图，从而明确该公司股票价格是否处在买入的合适时点，还是虽然公司基本面优良，价格却早已经涨上了天，脱离了基本面的支撑，如果是这样，则应该暂时避免买入。

随着近几年股市中投资者的不断增多，简单的价格和成交量线图也更加容易获取了。（《投资者商业日报》的订阅者可以在 investors.com 网站上免费查阅 10 000 张每日及每周图。）而有关线图方面的书籍以及网上服务则可以令你系统、高效地随时了解成百上千只股票的情况。除了股价和成交量的变动，一些更为高级的服务还同时提供基本面分析和技术分析的数据。你只需订购其中较好的一种，便可以轻而易举地掌握到别处不易获取的信息了。

历史总会重复：学会以史为鉴

如前所述，我们选取成功股票的体系是基于市场的实际运作情况，而不是我或者其他任何人的建议或是学术理论。我们对过去最成功的股票进行了分析，发现它们有 7 个共同特征，总结为两个简单易记的单词：CAN SLIM。我们还发现，有一些成功的价格形态和调整过程是重复出现的。在股市中，历史总是一再重演。这是因为人的本性是不变的，供求规律也是如此。过去那些强势股票的价格形态当然可以成为你以后投资选择的典范。在分析是否应该购买某只股票时，你可以观察一下它是否具有某几种价格形态。我还会注意研究一些预示着某一价格形态可能有缺陷的信号。

最普遍的价格形态："带柄茶杯形态"

从侧面观察其轮廓时，最重要的价格形态之一看起来就像是一个带柄的茶杯，如图2-1所示。杯状形态可以持续7～65周不等，但多数为3～6个月。一般来说，这种价格形态从最高点（杯顶）到最低点（杯底）的回调幅度介于12%～15%，最高不会超过33%。对于一种强势的价格形态而言，在"基底"阶段开始形成之前，一般会有一个明确的股价上涨阶段，这个阶段的股价上涨幅度至少在30%，并且，这个价格上升阶段还伴随着相对其他股票的相对优势的出现，以及在部分时点成交量的显著增多。

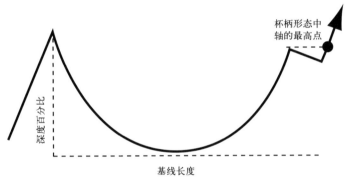

图2-1　带柄茶杯侧面图

在大多数（并非所有）情况下，杯底部分的形状应该是圆滑的。也就是说，整个杯子应该呈现出"U"形，而不是狭窄的"V"形。这一特点使得股票有时间进行必要的自然调整。调整阶段的最后，在杯子的底部会出现两三个小小的弱势反弹。"U"形区域非常重要，因为它会吓退或是拖垮剩余的意志薄弱的股票持有者，并且使其他投机者的视线转向他处。这时，由那些在下一轮价格上涨过程中不会轻易卖出股票的坚定持有者所构成的牢固基础也就形成了。图2-2来自每日图表在线（Daily Graphs Online®），它展现了2004年2月苹果电脑公司的每日股价和成交量变化趋势。

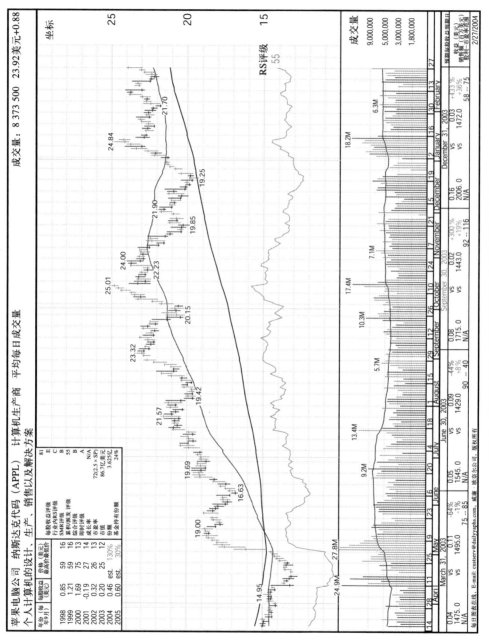

图 2-2 苹果电脑公司每日股价和成交量变化走势图

对于成长股来说，在市场的中期调整中仍有可能形成杯形形态，而且其调整幅度可达到市场平均标准的 1.5～2.5 倍。一般来说，你应该选取那些在市场中期调整中价格回落最小的股票。无论牛市还是熊市，股价下跌幅度超过市场平均标准的 2.5 倍，它的跌幅基本上都过大，必须谨慎考虑。很多以前的高科技强势股，比如捷迪讯光电，在 2000 年的第 2 季度和第 3 季度都形成了既宽又深的杯形价格形态。它们基本都是有缺陷的、易于失败的形态，表明这些股票即使是在试图突破价格新高时，投资者也应该避免购入。

牛市中，有极少数波动性大的领军股跌价幅度可达 40% 或 50%，（如果图形态的回调幅度下跌得如此大，甚至大于这个比例的话）那么，这些股票在重拾升势、欲创新高的过程中风险是非常大的。为什么会这样呢？因为股价从最高点直跌 50% 以上，意味着这只股票必须要在现在低价的基础上至少上涨 100%，才能恢复到先前的最高价。历史研究表明，经历如此高的跌幅后，那些想要创新高的股票往往上涨 5%～15% 后便宣告失败。直接从底部冲过杯顶，价格攀上又一高峰的股票风险更加大，因为它们之前没有进行过回调。

海洋集装箱运输有限公司的股票是一个典型的特例。1975 年牛市的中期调整时，其股价下降了 50% 左右。但是，它当时形成了完美的带柄茶杯形的价格形态，并在之后的 101 周中连续上涨了 554%。1975 年 6 月初，我去波士顿参加一个月度会议，当时在富达研究与管理公司（Fidelity Research & Management）做演讲时提到了几只典型的带柄茶杯形的股票，而海洋集装箱运输有限公司就是其中之一。当时，它前一年的收益增长率为 54%，最新季度的收益增长率高达 192%。对于如此惊人的数字，会议上的一名基金经理立即对其产生了兴趣。

由此可见，一些在牛市的中级调整或者是大熊市中回调幅度高达 50%～60% 甚至更多的价格形态也可以取得成功（参见海洋集装箱运输有限公司周线图（见图 2-3）和利米特百货周线图（见图 2-4））。在这些例子中，股价下跌的百分比是与大盘总体回落情况以及该股票之前的飙升程度相关的。

杯柄区域的基本特征

杯柄区域的形成一般要经过至少一两周的时间，并且有一个价格下行的阶段（股价跌到杯柄区域数周前创下的阶段低点以下），这一阶段会进一步淘汰一部分投资者。一般在杯柄处的价格下跌到较低点的最后阶段，成交量也萎缩到很低的水平。除了一些特例，牛市中杯柄处调整时，成交量一般不会增多。

尽管无杯柄的茶杯形价格形态失败的概率更大一些，但还是有很多股票无须形成杯柄区域也能成功上扬。而且，1999年几只较为不稳定的科技股在大幅上涨之前只保持了一两周的杯柄状态。

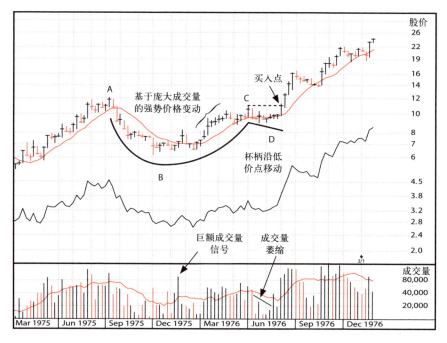

图2-3　海洋集装箱运输有限公司周线图

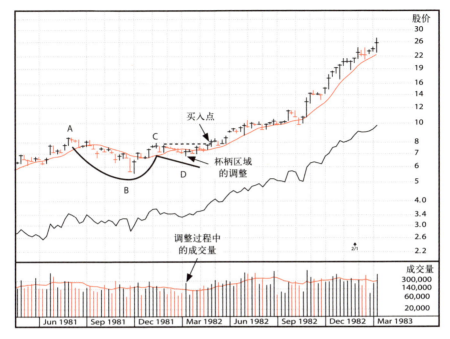

图 2-4　利米特百货周线图

如果以整个形态的最高点到杯底处的距离来衡量，杯柄几乎总是形成于总体结构的上半部分，而且还应该位于 10 周移动平均线之上。如果杯柄出现在下半部分或者完全处于 10 周移动平均线以下，这个形态比较脆弱，而且易于失败，因为该点的需求量甚至不足以拉动这只股票反弹到之前跌幅的一半。

不仅如此，当要创出价格新高时，持续楔形上涨（沿着价格最低点向上或者与最低点持平）的杯柄的失败概率也大为提高。因为这种楔形上涨的情况使得股票在从形态的较低点上涨到上半部分以后，无法经历必要的大幅价格回落或者淘汰部分投资者的过程。追随者过多而变得过于引人注目的市场领军股也有可能出现这一特征。可见，需要谨防楔形杯柄模式。

牛市中，杯柄区域处价格调整幅度应该介于最高价的 8%～12%。除非就像在 1975 年海洋集装箱有限公司的特例中那样。一般来说，如果回调幅度超过了这一水平，价格形态看起来就会松散而又无规律。在大多数情况下，这是极其不当且危险的。但是，如果你处于熊市谷底的最后一次价格下跌，这种罕见的大盘疲软状态就会导致一些杯柄区域迅速跌落 20%～30%。可是，如果大盘紧接着上扬的话，这一价格形态仍然会健康合理，并会带来新一轮的价格上涨（参见第 9 章）。

价格形态形成阶段包含窄幅波动区间

处于形态形成的股票，其价格形态中至少应该有一些窄幅波动。在周线图中，窄幅被定义为当周价格从高到低的波动幅度较小，而且连续几周的收盘价都不变或与前几周的收盘价极为相近。如果每周的最高价与最低价都相差很大，那么，它往往由于市场过于关注而无法成功突破现有价格。但是，对于那些股票线图的门外汉来说，可能看不出有什么区别。而且，该股票可能还会上涨 5%～15%，从而吸引来一些缺乏鉴别能力的交易者（他们没能预见到这只股票之后会惨败）。

找到中轴点并关注"成交量变化幅度"

一旦某只股票形成了有效的带柄茶杯形态，并且随后股价涨过买入点（杰西·利弗莫尔称之为"中轴点"或是"最小阻力线"），当天的成交量应该会比平常高出 40%～50%。而在一些大规模的突破中，新兴市场领军股的每日成交量会比平时猛增 200%、500%，甚至 1 000% 也不稀奇。在几乎所有的实例中，对于那些处于突破关键点上的高价、优质、成长型的股票来说，正是专业机构的买入使得它们的成交量有了高于平均标准的大幅度增长。95%

的投资者通常不敢在这时买入，因为在股价最高点上购买股票看似十分冒险而又相当荒谬，会让他们感到惶恐不安。

你的目标并不是在股价最低或接近谷底时抄底，而是选择最佳时机买入，这时，你成功的概率最大。这也就意味着你需要学会在做出最初的投资决定前耐心等待该股票上涨，并在合适的买入点进行交易。如果你忙于工作，不能一直关注市场动向的话，一些小的报价设备或者手机和网站上的报价信息能够为你提供相关的信息，一切可能的突破点都尽在掌握。

成功的个人投资者总是静观其变，在最精确的中轴点买入。这才是股票真正启动的起点，令人激动人心的好戏刚刚上演。如果想要在这一点之前购入股票，那你可能还不够成熟老练。在很多情况下，股票可能永远都到不了突破点，而且会停滞不前甚至价格下跌。投资任何股票之前，你都要探清它的真正实力。同样，如果你在突破点以后，股票上涨了至少5%～10%的情况下买进，那么你就错失了良机，而且很有可能在下一个股价调整中被套牢。8%自动减损规则（参见第10章）会迫使你必须卖出，因为该股票在你买入之前就已经上涨了很多，已经没有足够的空间来继续完美上扬并小幅调整了。所以，千万不要养成在股价过高时买入的习惯。

正确的价格形态中的中轴买入点并不是基于股票之前的最高价，大多数都比这个价位低5%～10%。杯柄区域的最高价决定了大多数买入点，而它往往比形态的实际最高价要低一些。这一点要切记，如果你还在等待一个新高价出现后再买入的话，基本上就已经错过了最佳机会。有时候，你可以从整体价格形态的最高点向下画一条经过杯柄起始点的趋势线，这可以让你得到一点先动优势。几周后，上半部分的趋势线突破时就可以开始买入了。但是，这一方法能够成功的前提是，你对线图和股票的分析必须正确无误。

在接近价格形态的低点处寻找成交量萎缩的时点

几乎所有有效的形态都会表现出股票成交量的明显缩减，它有可能沿着价格形态的最低点和低价区域持续一两周，或是在杯柄处持续数周。这说明股票已经很难卖出，市场上可供交易的股票非常有限。处于形态形成过程的股票几乎总是显现这一征兆：价格的窄幅波动以及关键时点上成交量的缩减，这两者相结合往往大有裨益。

大额成交量的信号很有价值

每日及每周股票成交量的大幅度攀升，这是对受过专业训练的线图专家的又一珍贵信号。微软就是这样一个典型的例子，它在股价飙升之前就出现过成交量激增的现象，如图2-5所示。

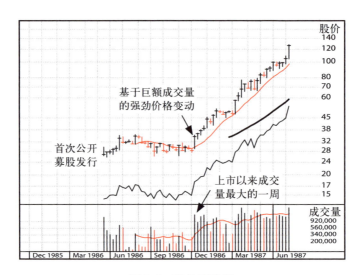

图2-5　微软周线图

股价上涨的起初数周内成交量巨大，而在接下来几周内又极度萎缩，这也是一个有益的信号。如果你使用每日图表在线服务的同时也关注每周线图，你就会发现，有时候只有某一天的交易会不同寻常。微软股价涨过其买入点32.5美元的当天，其成交量比平均标准高出545%，表明有非常重要的机构性买入行为。微软之后历经了13年的上涨，股价由经过复权后的10美分涨到53.98美元。这可真是飙升啊！

成交量是一个值得仔细研究的重要对象。它可以帮你区分某只股票是处于形态形成过程（机构性买入）还是形态失效过程（机构性卖出）。一旦掌握了这个技巧，你就无须依赖分析师和那些所谓的专家的个人观点了。在某些关键的时点上，大额成交量必不可少。

成交量是你用来衡量供求以及股票多大程度上得到机构投资者青睐的最佳标尺，这两者可是成功进行股票分析的重要因素。因此，必须学会如何应用线图来把握买入的正确时机。在错误的时间买入股票，甚至更糟糕的是，买进那些并不处于形态形成过程或是价格形态不理想、有缺陷的股票，将会付出惨重的代价。

由此可见，下次想要买股票的时候，记住查看一下它的每周股票成交量。对于价格形态有效形成的股票，如果它的周股票成交量高于平均标准，且其收盘价高于前周的次数大于收盘价低于前周的次数，这通常就是一个有益的信号。

一些典型的带柄茶杯价格形态

无论是价格形态的长度还是深度，德州仪器、苹果电脑、通用电缆以及精密机件公司都很相似。如图2-6～图2-9所示，你能看出它们的相似之处吗？随着相关技巧应用得越来越熟练，以后你会发现有很多和这些过去的股市赢家一样的带柄茶杯形的价格形态。

图 2-6　德州仪器公司周线图

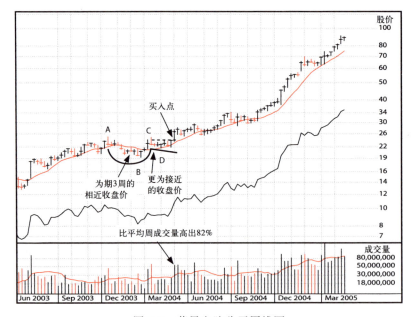

图 2-7　苹果电脑公司周线图

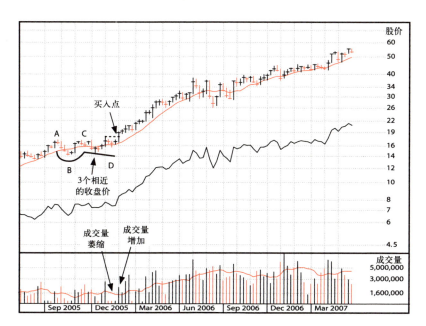

图 2-8 通用电缆周线图

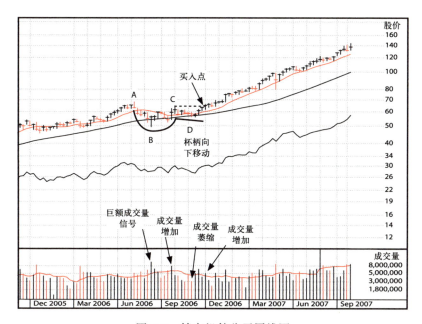

图 2-9 精密机件公司周线图

市场调整的价值

既然80%~90%的价格形态都形成于市场调整阶段，对于大盘中期的抛售现象、做空或是持续的熊市状态，千万不要气馁，也不要放弃股市上扬的希望。美国经济总能走出阴霾，因为它拥有众多的投资者和企业家，以及自由和无限的机会。

熊市长短不一，一般会持续3个月、6个月或9个月，也可能长达2年，当然，在一些罕见的例子中，熊市能够维持3年。如果仔细按照本书的卖出规则来投资，你就会择机抛出并稳得大部分利润，还可以将损失降到最低，并能在每一熊市的最初阶段规避融资融券可能造成的损失（参见本书投资领域的成功范例）。

实际上，《投资者商业日报》在2008年下半年进行了4次调查，结果表明，该报约60%的订户使用了我们的规则，在2007年12月或是2008年6月便将股票抛出，拿到了现金。因此也就在2008年年底次贷危机导致的更为严峻的下挫前保护了自己的大部分资金。

即使你已经完全清仓，已经将股票兑现为现金，也不要放弃股市投资。因为熊市为下一轮牛市奠定了新的基础，而其中一些股票完全有可能成为下一轮股市中暴涨1 000%的大牛股。当人生中最好的投资机遇正在慢慢发芽，而且转眼就会出现在你身旁时，千万不要愚蠢地放弃机会。

熊市正是对于之前的投资决策做一个事后分析的时机。在过去一年中交易过的所有股票的日线图或周线图上，标出你买入及卖出的具体时点。从以前的决策中汲取经验教训，并且总结出一些能够让你避免犯下和过去同样错误的新准则。然后，研究几个之前错过的或者是没能处理好的强势股，挖掘一些新的准则，从而确保你在下一轮牛市中能够买到真正的领军股，并且处理得当。有些投资机会是绝对会出现的，而现在由于价格形态刚开始形成，因此是关注这些股票的最佳时机。问题在于，到时候你是否能有一个周全的计划来利用它们进行投资。

其他价格形态

如何发现"带柄茶碟形"价格形态

"带柄茶碟形"价格形态与带柄茶杯形形态很相似,区别在于碟状部分向外延伸得更久,使得整个形态变得较浅。(如果觉得"带柄茶杯形"和"带柄茶碟形"听上去有些奇怪,不妨想想多少年来人们不也都把某些星座叫作"大熊星座"和"小熊星座"吗?)1967年4月的艾克德(Jack Eckerd)公司的股票就是这种价格形态的一个典型,如图2-10所示。

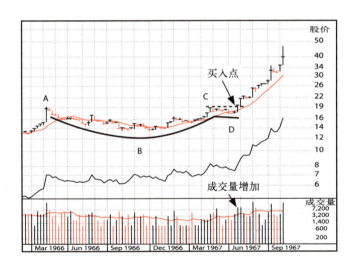

图2-10　艾克德公司周线图

认识"双重底"价格形态

"双重底"价格形态看起来很像英文字母"W"。如图2-11所示。它虽然不如带柄茶杯形态常见,但也经常能看到。比较重要的是,W的第2个底部应与第 1 个底部在价格水平上持平，或者，在大部分情况下，比第 1 个要低一两个基点。这样也就能够淘汰那些意志薄弱的投资者。如果第 2 个底部不比第 1 个低，就会形成一个有缺陷、更易于失败的"类"双底形态。虽然不是必需的，但双重底价格形态也可以有柄状区域。

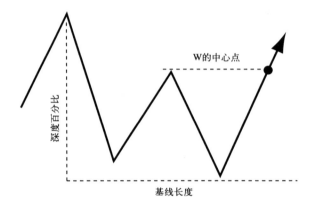

图 2-11　双重底价格形态

　　双重底价格形态的深度以及水平长度与茶杯形形态相似。它的中轴买入点位于 W 的右上方，在这一点上，股票正在从第 2 次价格回落后反弹。中轴点的价格应该与 W 中间的最高点相同，而且比整个形态中的最高点要低。如果双重底形态带柄，则中轴点由柄状区域的价格最高点决定。多姆石油、普尔斯会员购物仓储俱乐部和思科系统都是典型的案例，它们分别在 1977 年、1982 年和 1990 年形成了双重底价格形态。后来的易安信公司、NVR 以及 eBay 也都是这类形态的典型案例，如图 2-12～图 2-17 所示。

　　对于双重底形态来说，以下符号分别表示的是：A= 形态的起点；B= 第 1 个底部；C= 决定未来买入点价格水平的 W 中部；D= 第 2 个底部。如果这种形态有柄，那么 E= 柄状区域的顶点（决定买入点），F= 柄状区域的底部。

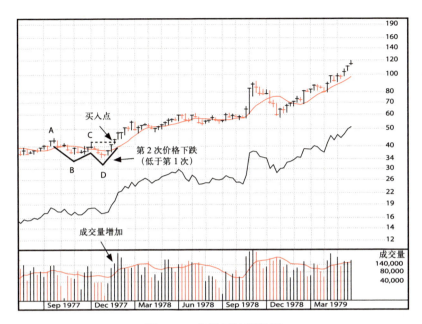

图 2-12　多姆石油周线图

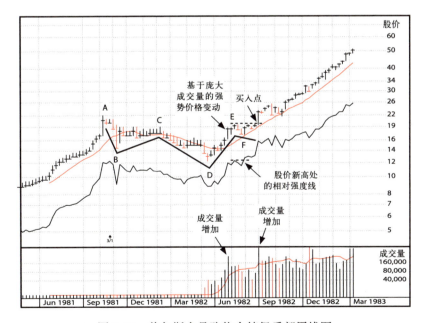

图 2-13　普尔斯会员购物仓储俱乐部周线图

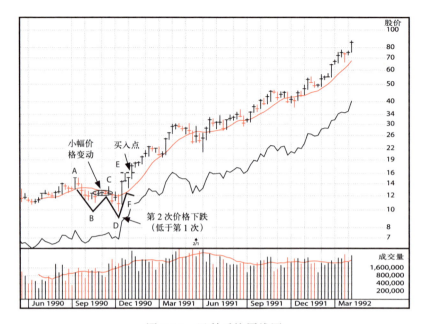

图 2-14　思科系统周线图

图 2-15　易安信公司周线图

第 2 章 | 学会识图以提高选股和选时能力　129

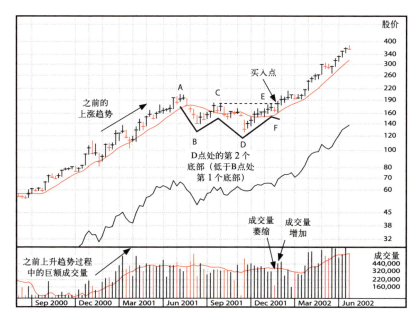

图 2-16　NVR 周线图

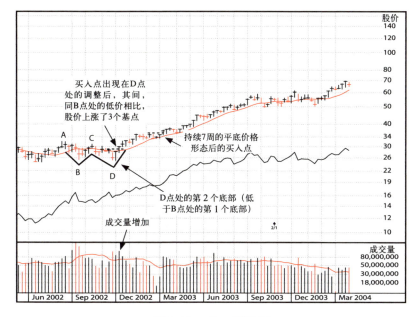

图 2-17　eBay 周线图

"平底"价格形态的定义

平底形态是一种有益的价格结构,它通常出现在第二阶段。当股票在带柄茶杯、带柄茶碟或是双重底形态等价格形态结束后已经上涨至少20%以后,平底形态才会形成。它以窄幅价格波动方式水平移动最少5~6周,而且其调整幅度不超过10%~15%。1979年5月的俄亥俄标准石油(Standard Oil of Ohio)、1978年3月的史克制药(SmithKline)以及1982年的达乐(Dollar General)都是平底价格形态的典型例子。

1981年3月的Pep Boys公司,就形成了一只较长的平底形态。如果你错失了某只股票在带柄茶杯形态中最初的突破点,那么就应该盯紧这只股票。因为它有可能会形成平底形态,从而再给你一次投资的机会。以下都是最近的一些例子:SCA公司(Surgical Care Affiliates)、世邦魏理仕有限公司和迪克户外运动公司,如图2-18~图2-20所示。

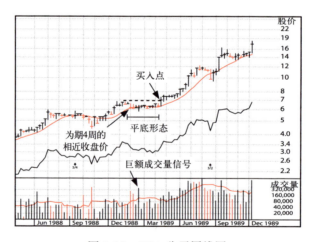

图 2-18　SCA 公司周线图

"方盒子"的新形态

股票从带柄茶杯形态或双重底形态中上涨后,方盒子形态会持续4~7

图 2-19　世邦魏理仕有限公司周线图

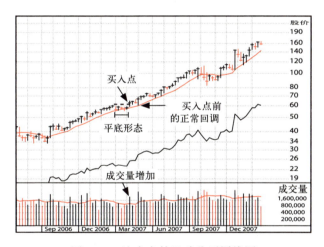

图 2-20　迪克户外运动公司周线图

周；调整幅度不大，通常为10%～15%；而且方方的，看起来像一个盒子。我注意到这种形态已经好几年了，但现在总算对其进行了研究、度量和归类。以下是一些相关的例子：罗瑞拉德公司（Lorillard）、考维特公司（Korvette）、德州仪器、家得宝、戴尔和塔罗制药的周线图见图 2-21～图 2-26。

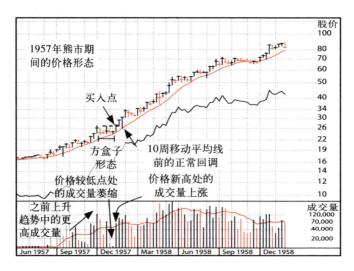

图 2-21　罗瑞拉德公司周线图

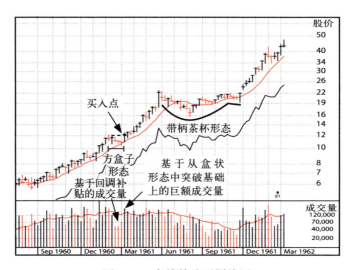

图 2-22　考维特公司周线图

罕见的高而窄旗形形态

高而窄旗形价格形态非常罕见，仅有几只股票会在牛市中形成这一模式。

起初，股票基本会在短期内（4～8 周）猛涨 100%～120%，然后横向回调幅度不超过 10%～25%，一般历时 3 周、4 周或 5 周。

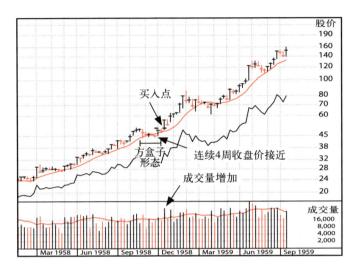

图 2-23　德州仪器周线图

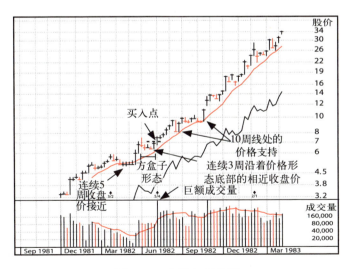

图 2-24　家得宝周线图

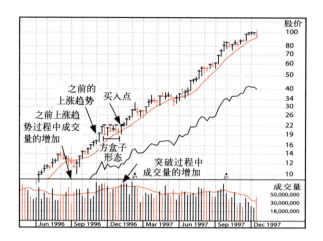

图 2-25　戴尔电脑周线图

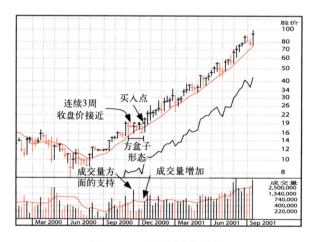

图 2-26　塔罗制药周线图

这种形态最为强劲，但也非常冒险，而且不易正确解读。很多股票可以在这种结构基础上飙升 200%。1915 年 5 月的伯利恒钢铁、1935 年 10 月的美国链条电缆公司（American Chain & Cable）、1958 年 6 月的 E. L. 布鲁斯公司（E.L.Bruce）、1958 年 10 月的真利时收音机公司、1958 年 11 月的通用控制公司、1961 年 1 月的瑟登帝公司（Certain-teed）、1963 年 7 月的先达公司、

1964年7月的罗林斯公司、1965年11月的西蒙斯精密仪器公司、1995年1月的阿克斯达夫公司、1999年10月的Emulex公司、1999年10月的捷迪讯光电公司、1999年12月的高通公司、2003年11月的塔色国际以及2004年9月的谷歌周线图见图2-27~图2-41。每一种价格形态都为之后的形态提供了先例,所以要仔细研究。

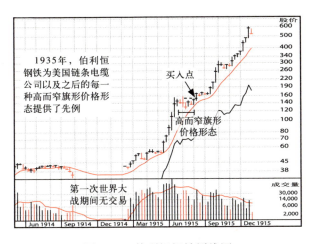

图2-27　伯利恒钢铁周线图

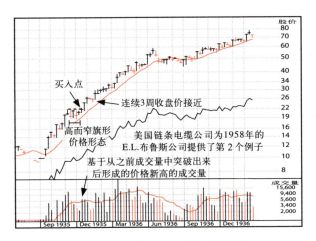

图2-28　美国链条电缆公司周线图

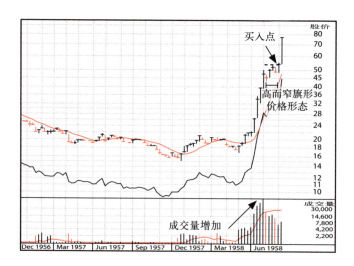

图 2-29　E.L. 布鲁斯公司的周线图

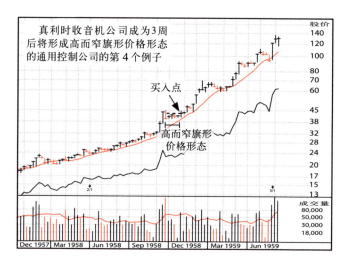

图 2-30　真利时收音机公司周线图

1958 年第 2 季度，E.L. 布鲁斯公司在 50 美元左右形成的价格模式，就为 1961 年瑟登帝的上涨开了先河。而后，瑟登帝便为我在 1963 年 7 月购入投资生涯中第一只超级强势股先达提供了线图范例。

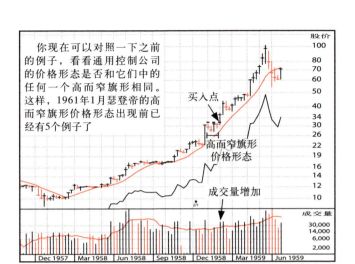

图 2-31 通用控制公司周线图

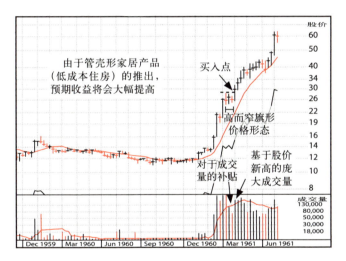

图 2-32 瑟登帝公司周线图

何谓"双重价格形态"

在熊市的后期,情况看似消极的股票却有可能在下一轮牛市中成为新的强势股。我将这种不寻常的情况称为"双重价格形态"。

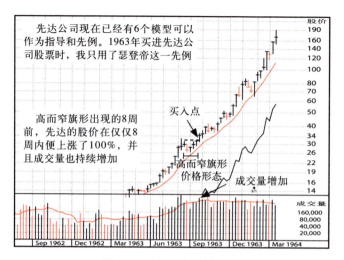

图 2-33　先达公司周线图

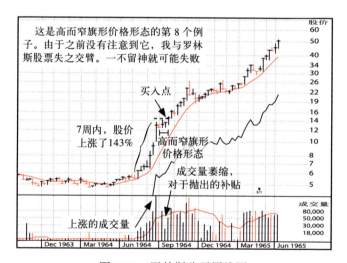

图 2-34　罗林斯公司周线图

实际上，某只强势的股票突破了其形态并继续上涨，但由于受累于大盘开始步入大幅度回调，使得股价无法实现20%～30%的上涨。因此，该股票便开始了价格回调，并且随着大盘持续走跌，它在原来价格形态的顶部区域上又构筑了一个回调和盘整的价格区域。

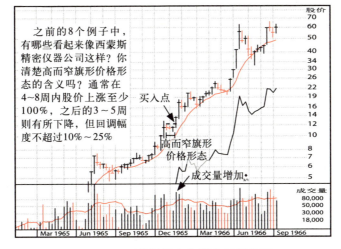

图 2-35 西蒙斯精密仪器公司周线图

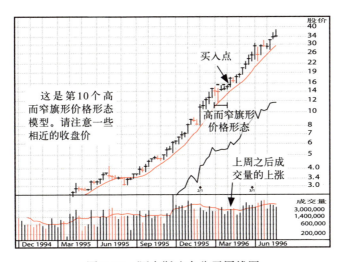

图 2-36 阿克斯达夫公司周线图

当熊市结束以后（总归有结束之时），这只股票很有可能率先创出新高，并获得巨额收益。这就像弹簧，之前一直被重物所压，而一旦重物（在本例中是指熊市）移开，弹簧就可以不受束缚、随心所欲了。这个例子再一次表明，由于市场情况不佳而心烦意乱、情绪化，或因此就丧失信心是愚蠢而冒失的。股市中下一轮大规模的轮涨可能在几个月之后就会展开。

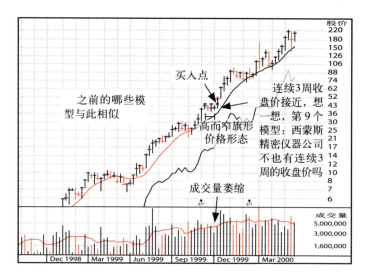

图 2-37　Emulex 公司周线图

图 2-38　捷迪讯光电周线图

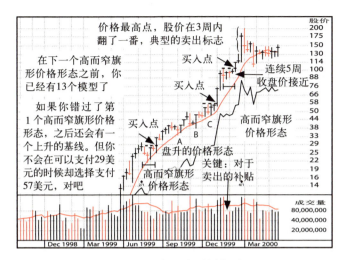

图 2-39　高通公司周线图

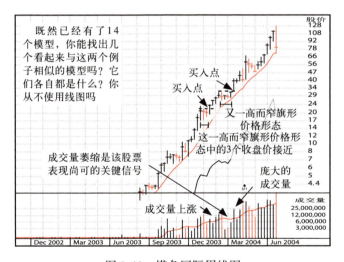

图 2-40　塔色国际周线图

1978 年，我们推荐给机构客户两个最佳选择——M/A-Com 和波音，它们都表现出了双重价格形态，其中前者上涨了 180%，后者则飙升了 950%。恒生通信和甲骨文是另外两个双重价格形态的案例。自从 1994 年 12 月突破了熊市谷底，恒生通信在随后的 17 个月内猛涨了近 1 500%；而甲骨文则在

1999年10月重复了相同的双重价格形态，价格上涨幅度近300%。1934年股市走出大萧条之后，同样的故事也曾在可口可乐身上上演过。上述公司周线图见图2-41～图2-44。

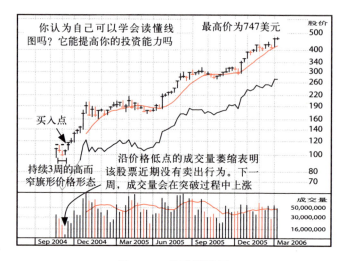

图 2-41　谷歌周线图

图 2-42　恒生通信周线图

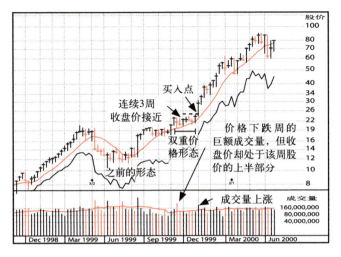

图 2-43 甲骨文公司周线图

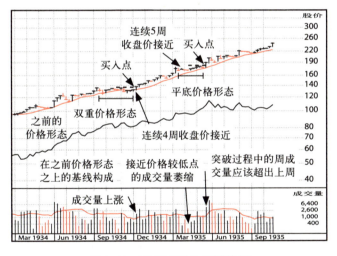

图 2-44 可口可乐公司周线图

盘升的价格形态

同平底价格形态相同,盘升的价格形态(ascending bases)也是出现在股票突破带柄茶杯形态或双重价格形态之后的上涨阶段。在这种形态中一般会有3次价格回落，幅度介于10%~20%。而每一次回调的最低点都高于前一次。正因为如此，我将其称为盘升的价格形态。

每一次价格回落基本都是受累于当时股市大盘的下挫。

1954年第2季度，波音形成了为期13周的盘升的价格形态，其股价之后涨了一倍。而1968年第1季度，身为活动住房建造商的红人工业，其盘升的价格形态持续了11周，并在短短的37周内上涨了500%。1998年10月，美国在线突破了为期14周的带柄茶杯形态，而在1999年第1季度，它同样形成了盘升的价格形态，并比突破价高出了500%。盘升的价格形态实例见图2-45~图2-49。

由此可见，历史确实会一再重演。对过去的价格形态了解得越多，辨别力越强，你就应该能在未来的股市中赚到更多的钱。

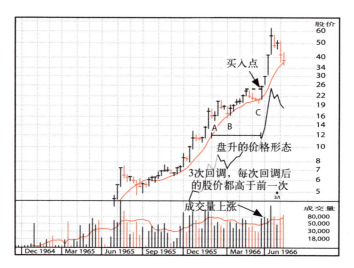

图2-45　西蒙斯精密仪器公司周线图

宽松的价格结构容易导致失败

看起来较为宽松的价格形态通常会导致失败，但之后也可能会收紧。图2-50新英格兰核公司（New England Nuclear）和图2-54休斯敦石油及矿业公司

（Houston Oil & Minerals）这两只股票便是这样。之所以在本书中提到这两个例子，是因为我当初与它们失之交臂。仔细研究曾经错过的强势股总是明智之举，这样就可以弄清，为什么当初没能在它们正要飙升之时慧眼识珠。

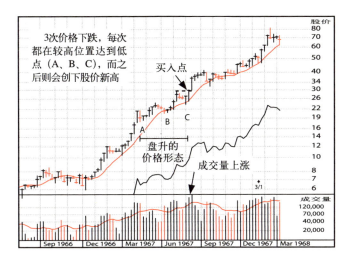

图 2-46　莫纳格莱姆工业公司周线图

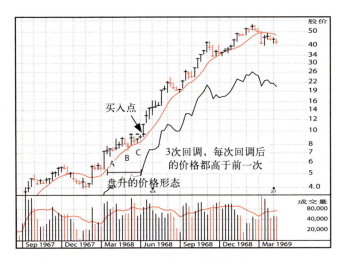

图 2-47　红人工业周线图

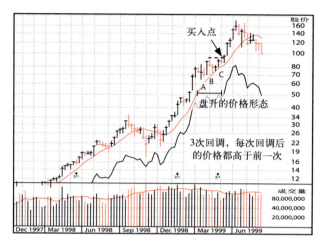

图 2-48　美国在线周线图

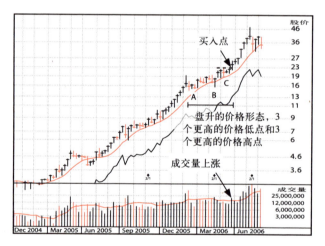

图 2-49　钛合金公司周线图

图 2-50 中，新英格兰核公司形成了一个宽松、有缺陷的价格形态。从 A、B、C、D、E 点来看，它就像一个双重价格形态，其股价从 A 点到 D 点直跌 40%，跌幅过大，而且触底的时间也太长（近 6 个月）。请注意，贯穿这个有缺陷的形态的相对趋势线，其下跌趋势提供了一些额外的线索。在 E 点买入是错误的，因为柄部太短并且没有形成一个挤出区域，其价格沿着较低点楔形上移。

第 2 章 | 学会识图以提高选股和选时能力 147

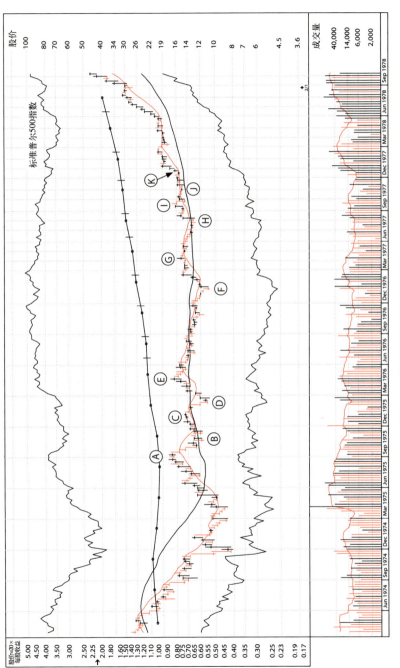

图 2-50 新英格兰核公司周线图

紧接着，新英格兰核公司从 E 点到 F 点，再到 G 点这个区域形成了第 2 个形态。但如果试图在 G 点买入，你就又错了。此时买入股票为时尚早，因为价格形态仍是宽松的。从 E 点向 F 点的移动延续了下跌趋势，并且大大削弱了该股票的相对优势。从底部的 F 点移动到伪突破点 G，仅仅花费了 3 个月时间，上升过快而且没有规则可循。与之前 17 个月的下降相比，短短 3 个月的上涨不足以扭转劣势。

该股票随后由 G 点跌到 H 点，而 E 点到 F 点再到 G 点的区域则看似是茶杯形态的柄状区域。如果你在尝试突破的 I 点买入，还是会以失败告终。原因就是：柄部过于松散，之后又下跌了 20%。

但是，经过这次下跌以后，这只股票的价格结构总算从 I 点到 J 点再到 K 点逐步收紧了。而 15 周后，在点 K 它突破了紧凑、合理的平台，之后其股价也上涨了两倍。在此，请注意观察这只股票从 F 点到 K 点为期 11 个月的强势拉升以及显著改进的相对趋势线。

所以说，购买股票确实有时机好坏一说，但需要做一些研究才能理解其差别。股市中没有真正的一夜暴富，成功也与运气或听信他人的小技巧无关。必须通过学习来武装自己，才能依靠自己的力量在投资领域取得成功。那么，就赶快多学点知识吧！尽管这在最初并非易事，但大有裨益。每个人都能学会如何投资，你能行！要相信自己的学习能力，千万要从脑海里清除那些没有必要的认识误区。

以下是一些有缺陷的宽松型的价格形态，它们欺骗了投资者，让人们在 2000 年 3 月开始的长期熊市中购入了股票：2000 年 10 月 20 日的维尔软件公司（Veritas Software），2000 年 12 月 28 日的 Anaren 微波公司（Anaren Microwave）以及 2001 年 1 月 24 日的康维科技（Comverse Technology），其周线图见图 2-51～图 2-53。

之前提到的休斯敦石油及矿业公司则是一个更具有戏剧性的例子（见图 2-54）。它从 F 点到 G 点的柄部回调区域结构松散，后来却收紧成一个有益的价格结构。从 A 点到 B 点再到 C 点的区域极为宽松而无规则（跌幅过大）。B 点则没有经过任何价格回调就直接从底部冲上 C 点，C 点和 D 点是试图冲出带有缺陷的价格形态的伪突破点。H 点也是如此，它想要突破松散的杯柄区域。之后，从 H 点到 I 点再到 J 点形成了一个为期 9 周的紧凑形态。（注意 1975 年 12 月价格较低点附近的极度萎缩的成交量。）

图 2-51　维尔软件公司周线图

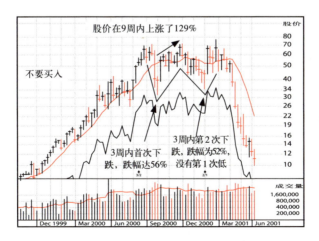

图 2-52　Anaren 微波公司周线图

图 2-53 康维科技周线图

康涅狄格州哈特福德市一位警觉性很高的股票经纪人唤起我对这一结构的注意。但是，我之前已经过于习惯关注这只股票前两年糟糕的价格形态和无法令人满意的收益，以至于它在仅仅 9 周内突然改变趋势时，我没能反应过来。我也可能是仍对 1973 年前期的牛市中，休斯敦石油及矿业公司股价的巨额涨幅心有余悸。这也证明了，个人观点和感觉经常会错，但市场几乎总是正确的。

由此可见一个非常重要的准则：冰冻三尺，非一日之寒，要想改变我们长期以来形成的观念需要花费很长的时间。在这个例子中，即使在连续 3 个季度的下跌后，每股季度收益上涨了 357%，也未能将我对于该股票的观点从不正确的看跌转变为看涨，从而错过了 1976 年 1 月出现的合适买入点。

1994 年 8 月，仁科软件出现了同新英格兰核公司及休斯敦石油及矿业公司一样的价格形态（见图 2-55）。1993 年 9 月，它没能成功突破宽松、楔形向上的形态。1994 年 3 月，突破再次失败。当时的柄状区域位于其带柄茶杯形价格形态的下半部分。最后，在价格形态转为有效、大盘走向配合的情况下，仁科软件股票从 1994 年 8 月开始暴涨。

第 2 章 | 学会识图以提高选股和选时能力 151

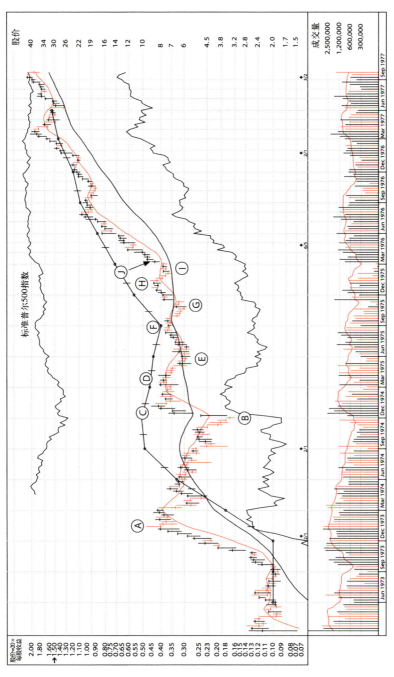

图 2-54 休斯敦石油及矿业公司周线图

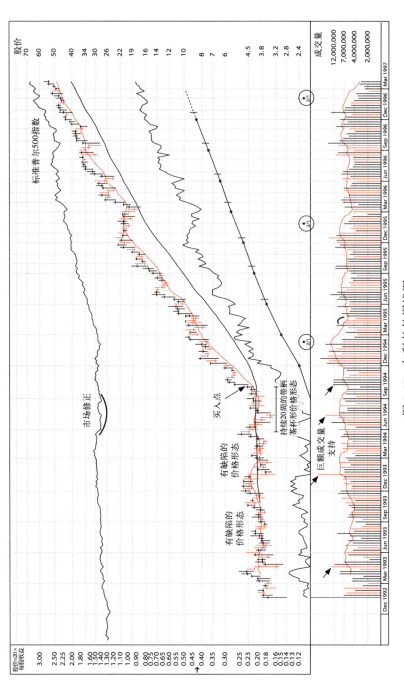

图 2-55 仁科软件周线图

1999年1月的第1周，总部位于圣迭戈的高通公司也重复了仁科软件的三阶段过程，如图2-56所示。高通公司股票之前的价格形态松散、有缺陷，而且形态的下半部分过大。而1997年10月，它却冲上了新的高价区域。高通之后又构建了一个有缺陷的形态，试图突破底部的柄状区域，却以失败告终。第3个价格形态才是成功的秘诀所在：构建适当的带柄茶杯形态，并且在1999年1月的第1周取得了成功。在仅仅一年中，高通的股价由复权后的7.5美元飙升到200美元。你也许应该多花点时间来研究历史范例，如果你之前购入7 500美元的高通公司股票，一年之后其价值则高达200 000美元，你觉得怎么样？

探究有缺陷的价格形态

很可惜，在过去的78年中，没有人对价格形态进行过独创性或彻底的分析。早期的分析可追溯到1930年，当时理查德·沙巴克（Richard Schabacker）是《福布斯》的一名编辑，他写了一本《技术分析与股市盈利预测》⊖。在此书中他谈到了很多形态，包括三角形、圆形和三角旗形。在过去几年中，我们对于价格结构所进行的具体模型构建和调查研究表明，运用这些形态风险很大，而且很不可靠。在19世纪20年代后期，它们可能还管用，当时大多数股票都曾疯狂无序地猛涨。1999年以及2000年的第1季度也出现了相似的情况，当时，很多松散、有缺陷的价格形态最初似乎还行得通，但最后仍然以失败告终。这就类似于17世纪的"荷兰郁金香球茎热"，失控的投机行为导致各种郁金香球茎的价格狂飙到天文数字，泡沫破灭后却又暴跌不止。

⊖ 此书中文版已由机械工业出版社出版。

154 | 笑傲股市 |

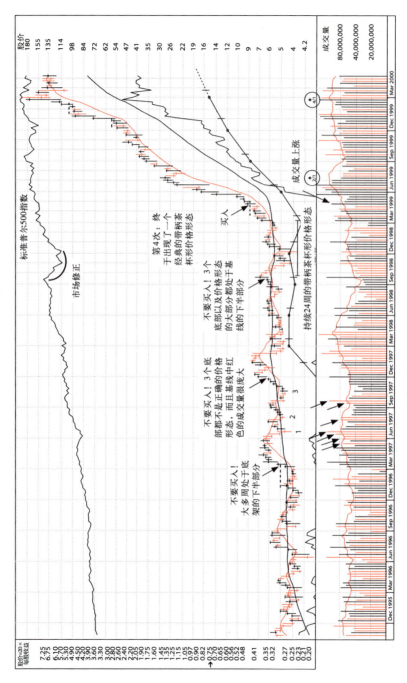

图 2-56 高通公司周线图

我们的研究表明，除了一些特例（如高而窄旗形形态罕见而又难以理解），平底形态一般需要 5~6 周的价格调整，方盒子形态需要 4~7 周的价格调整，最可靠的价格形态必须最少进行 7~8 周的价格调整。而大多数圆形、三角形以及三角旗形价格形态基础过弱，根本没有足够的时间或价格回调来使其形成有效的形态。这些形态的价格调整时间一般只有 1~3 周，运用起来都十分危险，所以，你基本上应该在任何时候都对其敬而远之。

1948 年，约翰·迈吉（John McGee）和罗伯特 D. 爱德华兹（Robert D. Edwards）合著了一本《股市趋势技术分析》⊖，书中也谈到一些价格形态，但大都是沙巴克之前介绍过的有缺陷的价格形态。

1962 年，威廉·吉勒（William Jiler）写了一本简单易懂的书，书名为《如何利用图表在股市中获利》。他在书中解释了很多技术分析背后的正确原则，但是，他似乎也只是在继续讨论大萧条前的几种易于失败的价格形态。

三重底和头肩顶形态是很多技术分析方面的书常常提及的两种价格形态。不过，我们发现它们也是弱势有效的。头肩顶形价格形态在有些情况下可能会成功，但是其前期涨势并不强劲，而这一点正是最为强势的牛股所不可或缺的。

当然，在识别某只股票是不是已经涨到最高价方面，头肩顶形是最可靠的形态之一。不过，需要注意的是：如果对于图知之甚少，你可能会分不清到底什么才是正确的头肩顶形，就连很多专家也无法正确地解读该形态。一般来说，右（第 2 个）肩应该比左肩稍微低一些（见图 2-57Alexander & Alex 周线图）。

同双重底形的价格形态相比，三重底形的价格形态更加松散、弱势，也更缺少吸引力。原因在于，三重底形的价格形态中，股票要经过三次的调整并大幅回落到最低点，而不是双重底形中的两次，或者是强势的带柄茶杯形

⊖ 此书最新版的中文版已由机械工业出版社出版。

中的一次。正如上文所述，楔形柄部的茶杯形往往也是存有缺陷、易于导致失败的价格形态，这一点可以在美国环球电信（Global Crossing）的例子中得到验证（见图 2-58）。在这家公司破产之前，能够正确识图的投资者就应该避免购入该股票或者是将其抛出。

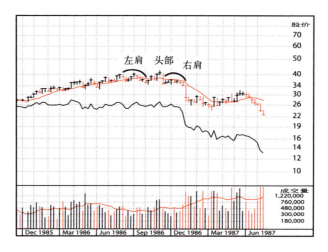

图 2-57　Alexander & Alex 周线图

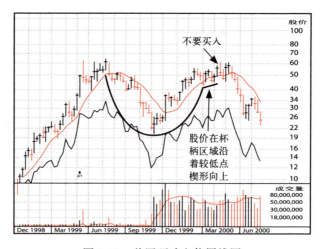

图 2-58　美国环球电信周线图

如何正确利用股价相对强度

很多知名的证券分析师都认为，技术分析意味着购入具有最大股价相对强度的股票。还有一些人认为，技术研究的目的旨在寻求"强势"的股票。这两种观点都不正确。

其实，仅仅买入具有最大股价相对强度的强势股票是远远不够的。你应该选择那些形将构建有效的价格形态，并且有望超出大盘整体表现的股票。涨势迅猛、早已完成形态构建，并且股价相对强度非常明显，这才是买入股票的最佳时机。要想发现这些变化，必须重点关注股票的日线图或周线图。

什么是保值型供给

学习价格走势分析，就要掌握一个非常重要的概念，即保值型供给原则。经历过下跌之后，股价上涨的途中有很多阻力区域，这时就容易出现源于投资者保值目的的股票供给。这些阻力区域代表之前的买入行为，而且会限制、妨碍股价上涨。这是因为，先前购买这只股票的投资者趋于在股价回升到买入点后便卖出（见图2-59）。举例来说，如果某只股票从25美元涨到40美元，然后又跌落到30美元。除非是迅速卖出从而降低损失（大多数人不会这样做），否则，大多数在30多美元或是40美元时买进的投资者都会有所亏损。而如果这只股票之后又重新涨至30多美元或40美元，那么之前亏本的投资者大都会趁此机会抽身而出，不赔也不赚。

这些被套的投资者曾经如此告诫自己："只要能不亏本，我就立刻抛售。"人的本性向来如此，永恒不变。所以，大跌之后，投资者大都希望有机会拿回自己曾经跌去的本钱，那么，许多投资者会在股价回升后将股票卖出也就不足为奇了。

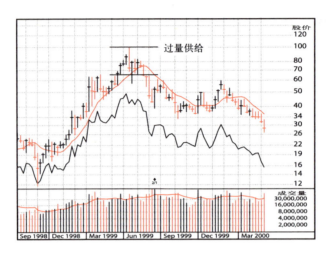

图 2-59 至家公司周线图

优秀的线图专家知道如何分辨可能出现保值型供给的价格区域，他们不会买入近期会有保值型供给的股票，这样致命的错误他们永远都不会犯。而很多只关注基本面的分析师确实会犯下这样严重的错误。尽管价格高了点，但是，买入那些能够冲出保值型供给区域的股票更为保险。事实证明，它有足够的需求来消化供给，并且会突破价格阻力区域。一般来说，持续超过两年的供给区域对价格的阻力较小。当然，首次创出价格新高的股票不存在要与保值型供给"做斗争"的问题，从而也增强了自身的吸引力。

在新股中寻觅绝佳机会

机敏的投资者应该以某种方式来记录过去 10 年间发行的新股。这一点很重要，因为其中一些比较年轻的公司会在一两年内成为行业中的佼佼者。其中的大部分股票是在纳斯达克市场交易。

一些新股小幅上涨后就会在熊市中又跌落到股价新低，从而留下不好的第一印象。但是，下一轮牛市开始时，其中一些早已被人遗忘的新股会在不经意间重振雄风，形成有效的价格形态。而且，如果收益和成交量表现得越来越好，它们会突飞猛涨，股价甚至还有可能翻一两番。

大部分投资者没能注意到这些显著的价格变动，因为这些公司的名字都比较陌生，多数人对它们都不熟悉。股市图表服务系统可以帮你发现这些不熟悉的新兴公司，但是要确定，你使用的图表服务会跟踪大量的股票（不仅仅是1 000只或是2 000只股票）。一般来说，成功的新兴公司会在第5~10年步入收益增长最快时期。所以，在增长阶段之初就要密切关注它们。

概括而言，学会理解和使用线图可以提高你的选股能力，改善总体的投资组合表现，因为股市线图可是提供信息的金矿。只要你肯花时间研究学习，就能精于此道，其实，正确理解线图比你想象的要简单。

- **对于投资智者有关熊市的警示！**

最后，让我再给你一点有用的提示：如果你初涉股市，或第一次听说本书中提到的经实践证明为正确的策略，或者，更重要的是，如果你读本书时，熊市刚刚到来或者尚处于中期，那么，千万不要奢望你自己能够成功应用本书讨论的买入形态。一般来说，在熊市中，大多数价格形态都是绝对有缺陷的，你当然不能轻率地在突破点买入股票，因为它们往往会以失败告终。

与之前相比，这时的价格形态回调的时间更长也更深，并且价格形态也更为松散。因为它们处于形态形成的第三阶段或第四阶段，柄部区域有可能呈现楔形或者过于松散，也可能位于形态的下半部分。如果从形态的底部径直向上直至新的价格最高点，可能会呈现出狭窄的"V"字形，但是没有构筑柄部区域。一些表现滞后的股票在价格形态上还可能会有如下表现：相对趋势线下倾、出现过多的不正常成交量或是每周价格变动幅度过大。

这些形态、突破点或是投资方法并非不再有效，而是时机与股票本身存在问题。此时的价格和成交量形态是有缺陷、不合理而且不可信的。既然整个大盘的走向不妙，就应该顺势出局观望。但是要有耐心，并且继续进行研究，做好百分之百的准备。之后，当市场充斥着各种各样的利空消息时，冬天即将悄然结束，代之以活力四射的新一轮牛市。在未来很多经济周期中，本书中所讨论的实用技巧和经过证明的准则都可以为你所用。所以，赶紧整装待发吧。当然，你也可以自己总结一些能够长期使用的买卖准则。

| 第 3 章 |

C= 可观或者加速增长的当季每股收益和每股销售收入

20世纪90年代，戴尔电脑、思科系统和美国在线三者的股东收益增幅分别达到1 780%、1 467%和557%。在成千上万只股票大军中，为何它们的表现最好呢？

再比如，2004年8月刚上市时，谷歌的股价为85美元，之后它持续上涨，直到2007年达到700美元以上的最高价，这又是为什么？还有苹果电脑，借助完美的带柄茶杯形的价格形态，其股价在45个月内飙升至202美元，而在此6个月前，其复权后价格为12美元。

有成百上千种特性可以使公司股票上下波动，但是，其中哪些是这些公司所共有的关键特点呢？

这可并不是一些无聊的问题，其答案能够破解股市中通向成功的秘密。我们对过去近125年来所有的超级明星股进行的研究表明，它们确实拥有一些共同的特点。

但是，同各公司股价大涨前所报出的最近1~2季度的盈利相比，任何其他特点都不够显而易见。例如：

- 戴尔电脑的股票从1996年11月开始上涨，而此前的两个季度内，其每股收益分别提高了 74% 和 108%。

- 思科系统在 1990 年 10 月前的两个季度内的收益上涨幅度分别为 150% 和 155%，而其股价在此后 3 年间突飞猛涨。
- 在 1998 年 10 月开始的为期 6 个月的飙升以前，美国在线前两个季度的收益分别上涨了 900% 和 283%。
- 在股市华丽首演之前，谷歌的两季度收益增幅分别为 112% 和 123%。
- 苹果电脑在其股价暴涨前的当季收益增加了 350%，这一数字在下一季度又上涨了 300%。

其实，这并不是一个近期才有的现象。在美国股市的历史长河中，股价和收益比翼双飞的案例随时可见。1914 年的 8 个月中，斯蒂庞克汽车（Studebaker's）的股价由 45 美元涨至 190 美元，而此前其收益上涨了 296%。1916 年，古美糖业（Cuban American Sugar）的收益飞涨了 1 175%，同一年内，其股价也从 35 美元攀升到 230 美元。

1919 年夏天，斯图兹汽车公司（Stutz Motor Car）的收益上涨幅度高达 70%，之后，这家享有盛誉的顶级跑车生产商（你应该还记得勇士（Bearcat）系列车型吧）的股价在短短 40 周内就从 75 美元飙升至 385 美元。

美国 Cast 钢管公司的每股收益则从 1922 年年底的 1.51 美元上涨到 1923 年年底的 21.92 美元，涨幅高达 1 352%。1923 年年底，其股价为 30 美元，而到了 1925 年年初，则上涨到 250 美元。

1926 年 3 月，杜邦公司的收益上升了 259%，之后，其股价也从同年 7 月的 41 美元涨至 1929 年股市崩盘前的 230 美元。

实际上，你只要看一下那些超级牛股每年的收入与支出，就会发现收益暴涨与股票飙升之间的关系了。

综上所述，我们的研究得出了如下结论：**你所选择的股票，其当季每股收益（最近季度报表数据）应该同比大幅上涨。**

寻找当期收益大幅增长的股票

通过研究 1952～2001 年表现最好的 600 只股票，我们发现：在其大涨之前，约有 75% 的股票最新季报的每股季度收益比之前平均上涨了 70% 以上，其余当季收益并没有较大涨幅的股票，其下一季度的收益却平均上涨了 90%！

2006 年第 2 季度末，就在价格在线公司的股价开始从 30 美元涨至 140 美元之前，其当季收益增幅仅为 34%。但在接下来几个季度内，这个数字逐步升至 53%、107% 和 126%。

1910～1950 年，大部分表现最为强势的股票，其季度收益都在股价飙升前上涨了 40%～400%。

所以，在股价大涨之前，如果最为强势的股票会有如此大幅度的盈利增长，你为什么还要选择那些收益增幅较小的股票呢？你可能会发现，在纳斯达克或是纽约证券交易所上市的所有股票中，仅有 2% 能有如此大的收益增幅。因此，请记住一点：你要找的是那些经营业绩表现出众的明星股，而不是平淡无奇的泛泛之辈。尽管保持耐心，股海淘金终有收获。

但是，任何的寻觅过程都伴随着陷阱与诱惑，所以，你要学会如何趋利避害。

通过将公司的税后总利润除以发行的普通股数量，便能算出你所要关注的每股收益（EPS）。现在对于选股而言，每股收益的变动百分比是唯一关键的要素，每股收益的涨幅越大越好。

但是，在 20 世纪 90 年代后期疯狂的网络股泡沫时期，一些人空怀梦想，以为网络公司的股票收益今后必会大涨，单凭这一点就买进其股票。结果，大部分网络公司即使到现在仍然处于亏损状态。既然美国在线和雅虎这样的公司当时确实在盈利，那么，完全没有必要把辛苦赚来的钱冒险投进未能证明其盈利实力的股票。

美国在线和雅虎绝对是当时的领军股。当不可避免的市场调整（下跌）无情袭来之时，那些劣质、更具投机性质的股票便狂跌不已，你完全不必承受这一额外的风险。

有些个人投资者，甚至还有一些专业资金管理人员，选择在当季收益平平（毫无起色）甚至下跌的时候买进股票，对此，我一直感到非常惊讶。如果某只股票的当期收益不佳，那它之后绝对没有理由持续上涨。

即使是5%~10%的盈利增长也不足以刺激股价大幅上涨。此外，收益增幅仅为8%~10%的公司，其下一季度的收益很可能有所下降或是增速放缓。

一些机构投资者，比如共同基金、银行以及保险公司，它们管理着数十亿美元的资金，可能受限于资金规模，不得不广种薄收。但与它们不同，个人投资者可以在每次牛市到来之际，只投资于经营业绩表现最好的几只股票。1998~1999年，一些没有任何盈利的公司（比如亚马逊和价格在线）的股价受到重挫。当时，如果买进美国在线和嘉信理财集团等收益丰厚的公司股票的话，大部分投资者的处境将会大大改善。

只要采取CAN SLIM的选股策略，重视当季每股收益的作用，无论在牛市还是熊市，也不必考虑是短期的投机性"泡沫"还是繁荣现象，投资者永远都会选择到最为强势的股票。当然，千万不要只考虑收益增长情况，我们在接下来几章中所要谈到的另外几个要素也很重要。不过，EPS仍然是最关键的。

警惕收益报表的误导

你是否看到过以下这样的公司季度收益报表：

> 我们前三个月的表现糟透了。由于总部效率低下，公司的前景着实不被看好。我们的竞争对手刚刚推出了一种更好的产品，这将对本公司的销售造成不利影响。不仅如此，由于管理层的失误，我们在中西部的业务也处于亏损状态。

绝对不可能！你看到的报表应该是这样的：

截至 3 月 31 日，Greatshakes 公司的第 1 季度销售额达 720 万美元，同比增长 20%（去年同期销售额为 600 万美元），创历史新高。

如果你是 Greatshakes 的股东，这听起来可真是好消息，至少不会让人感到失望。毕竟，你相信这是一家运作良好的公司（如果你不这么想的话，之前也不会购买它的股票了），而这份报表则进一步证实了你的想法。

但是，这份宣布了"创历史新高"的报表真有那么好吗？假设该公司创下新高的每股收益为 2.1 美元，较去年同期的 2 美元上涨 5%。这样的消息是否更加令人振奋呢？问题在于，在销售额上涨 20% 的情况下，为什么每股收益只增加了 5%？关于该公司的利润率，它能告诉我们一些什么呢？

这些报表给大部分投资者都留下了深刻、美好的印象，而公司也喜欢通过自己的出版物和电视传媒将最好的一面展现在世人面前。但是，尽管这家公司的销售额增长了 20%，确实创造了历史最高水平，但对其利润而言意义不大。成功的投资者总会问这样一个关键问题：当季每股收益同比上涨了（以百分比来衡量）多少？

假设你投资的公司公布，销售额攀升了 10%，而净收益则增加了 12%。听起来不错吧？实则未必。不应该只关注公司的净收益总额，毕竟你并不拥有整家公司，而只是持有它的股票。过去的 12 个月中，这家公司可能额外发行了股票，或者通过其他方式"稀释"了普通股。所以，尽管净收益上涨了 12%，但每股收益（投资者应该最为关注的）可能只增加了 5% 或 6%。

你必须要能够看穿有偏向性的陈述，当季每股收益才是你应该关注的最为重要的因素。千万不要让类似销售额和净收益这样的用词转移你的注意力。为此，我们将这一观点进一步明确如下：

为了避免由于季节性导致的扭曲，应该将公司的每股收益与上年同一季度而不是本年前一季度相比。举例来说，为了更准确地评估，应该将第 4 季度的每股收益同上一年的第 4 季度相比，而不是同本年的第 3 季度相比。

忽略昙花一现的巨额盈利

成功的投资者还应该避免陷入非经常性利润的陷阱。例如，假设一家计算机公司上一季度的收益包括房地产出售等类似行为所带来的非经常性利润，那么这部分收益应该从报表中去除。这样的收益只是一次性的，不能代表公司真实、持续的盈利能力。所以，以后遇到类似的收益可以直接忽略不计。

试想一下，在卷入次贷危机以前，纽约花旗银行在20世纪90年代有可能仅靠出售商业地产这样的非经常性收益来支撑吗？

设定当期每股收益增幅的最低标准

不论你是股市新手还是资深投资者，我绝对不建议投资者买入最近一季度每股收益同比增长幅度不到18%或20%的股票。对最成功的公司所进行的研究表明，它们的每股收益在股价飙升前都达到了这一水平。很多成功的投资者甚至将25%或30%作为其最低标准。

为保险起见，投资者所选择的股票过去两个季度的收益都应该有大幅增长。牛市（大盘整体上扬）中，我认为更应该关注那些收益增幅至少高达40%~500%的股票。既然可供你选择的股票成千上万，何不优中选优呢？

为了进一步提高选股能力，你可以试着预计未来一两个季度的收益，再和上一年同一时期的收益相比，看看是否会有增长。如果上一年的情况并非由季节性因素造成，那么，这一步能帮你预测未来几个月收益的强弱走势。

而且，记得关注一下对于未来几个季度，甚至1~2年的收益形势（可以参考大多数分析师对收益的估计），从而确保你要投资的公司的前景被看好。一些收益预测部门甚至能够提供对很多公司在未来5年内年度收益增长率的估计。

很多个人甚至机构投资者喜欢在最近一季度的收益下跌时买入股票，因为他们喜欢这家公司，而且认为现在的买入价很低。这些投资者大都认为该公司的利润会在短期内强势回升，有时候确实是这样，但大多数情况下并非如此。我再次重申这一点：可供投资的公司成千上万，而且其中有许多公司都取得了骄人的经营业绩，所以，你无须死守一些可能永远都无法兑现的盈利承诺。

有些聪明的投资者将当季收益大幅上涨作为必备要素，这确实是减少选股错误的另一种巧妙的方法。但你也必须清楚，在牛市的最后阶段，虽然收益增幅达100%，很多一路暴涨的领军股却有可能转升为跌。这一点往往让投资者和分析师们都执迷不悟。要知道，只有吃一堑，才能长一智。

回避那些安于现状的老牌大公司

实际上，美国很多老牌公司的管理层都碌碌无为，公司收益也一直处于二流水平。我把这些人叫作"墨守成规且安于现状的人"或"类似看门人的管理层"。除非有人敢于更换高层行政人员，否则，千万不要买它们的股票。并非巧合的是，这些公司还常常将当期收益鼓吹为固定的8%或10%。而收益真实增长的公司拥有杰出的产品和改革过的领导层，它们无须夸大当期的业绩。

寻找每季收益加速增长的公司

我们对于最成功的股票所做的分析还表明，在股价大涨以前10个季度中的某一时段，每只股票的收益都会加速增长。也就是说，并不只有收益的增加及增加幅度能带来股价大涨，更为重要的是盈利增长的加速度。如果某家公司的年收益增长率为15%，之后却突然飙升至40%~50%（华尔街称之为"收益奇迹"），那么，股价强势上扬也就顺理成章。

追踪某一股票的收益还有其他一些重要的方法，其中包括：先明确最近几个月内分析师们对该公司的预期值提高了几次，再找出前几个季度收益比当时的估计值实际高出的百分比。

寻找销售额和每股收益同步增长的股票

强劲增长的季度收益还需要上涨的销售额来支撑。最近一个季度的销售额增幅不应低于 25%，或者，过去 3 个季度中的销售额持续上涨。某些新发行的股票（首次公开募股发行）在最近 8 个、10 个或 12 个季度中，其销售额平均增幅甚至可能达到 100% 以上，不妨仔细研究一下这些股票。

如果某只股票的销售额和每股收益在过去 3 个季度中都加速上涨的话，你就要特别注意了。遇到这种情况，千万不要失去耐心，甚至想把股票抛售出去，而是要持股待涨。

一些专业投资者在 1998 年年初以 50 美元买入了废物处理公司（Waste Management）的股票，因为其收益增幅在 3 个季度中连续从 24% 涨到 75%，进而又跃升为 268%。但其销售额仅仅增加了 5%，因而几个月后，这只股票便跌落到 15 美元。

由此可见，通过降低成本或者减少在广告、研发以及其他有利方面的支出，公司可以使其收益膨胀数个季度。但是，要想有持续的收益增长，必须依靠高销售额来支撑。

如果所选股票的最近一个季度的税后利润率达到或接近新高，并且在该公司所处行业中出类拔萃的话，你成功的概率会更高。是的，没有付出就没有回报，要想提高自己的投资业绩就必须多做准备。

警惕连续两个季度的收益大幅回落

明确季度收益何时加速增长非常重要，同样，谨防季度收益何时明显下跌也不容忽视。如果某家季度收益增长率一直保持在 50% 的公司，突然报出仅有 15% 的收益增长，那么其前景可能不被看好，应该避免购入这类股票。

但是，即使是表现最好的公司，偶尔也会遇到业绩不佳的季度。所以，在对某家公司感到悲观以前，建议你先看一下其收益是否连续两个季度都有大的回落。如果确实存在这一情况，则该公司的收益增长率很可能下降了 2/3，甚至更多。比如，由 100% 降为 30%，或是由 50% 跌落至 15% 等。

研究对数坐标周线图

在此，掌握衡量收益加速增长或者加速下降的准则至关重要。

有些证券分析师之所以推荐某只股票，仅仅是因为预计它在未来一年的收益增长率很高，若果真如此，他的衡量标准很可能出现了错误。除非你知道某公司之前的收益变化百分比，否则，如果其每股收益有望在下一年由 5 美元增至 6 美元（"有利的" 20% 的增长），那么投资者很可能会被误导。也许之前的收益增长率为 60% 呢？这也部分解释了，为什么听取证券分析师关于买卖的建议很少能在股市中取得成功。

对数坐标图对于分析股票至关重要，因为它们清晰表明了季度收益增长率的加速上升或加速下降的程度。其价格或收益坐标轴上的每格都代表了相同的百分比变动幅度，而算术坐标图却并非如此。

在算术坐标图上，股价由 10 美元涨到 20 美元，或是从 20 美元涨到 30 美元，不论其涨幅是 100% 还是 50%，坐标距离的变化是一样的。但在对数坐标图上，100% 增幅在坐标轴上的距离是 50% 的两倍。

作为一名自力更生的投资者，你可以找出最近 4 个季度的每股收益，然后在对数坐标图上将它们标出，这样就能清晰地看出其收益增长是加速还是减速了。对于那些表现最好的公司来说，最近一年中的每股季度收益应该接近或者达到历史新高。

对比分析行业中的其他股票

为了进一步确认选股是否正确，可以对比分析一下同一行业中的其他股票。如果在该行业中无法找到另一只收益强劲的股票的话，那么，你很可能做出了错误的投资决定。

哪里可以找到当季收益报表

以前，公司的季度收益每天都会公布于大多数当地报纸和金融出版物上。但是，很多报刊现在都在缩减财经版面，把数据放在边边角角处，而投资者应该掌握的信息远远不止这些。但《投资者商业日报》并非如此，它不仅继续提供详尽的收益信息，而且按照每天报出的收益情况进一步将上市公司分为"上升型"和"下降型"，以便投资者可以清楚地了解不同公司的业绩表现。

还有一些有关线图的服务系统，比如每日图表和每日图表在线，则会提供它们所关注的每只股票每周报出的收益情况以及最新的相关数字。一旦你得到了每股季度收益同比增长的百分比，再关注一下环比变化幅度。对比分析第 1 季度的情况，再和第 2、3、4 季度做一下比较，就能知道该公司的收益增长速度是上升还是下降了。

到此为止，我们得出了提高选股的能力的第 1 条关键准则：

筛选适合投资的股票，其当季每股收益需要同比大幅度提高至少 25%～50%。如果想要优中选优，其每股收益增幅需要高达 100%～500% 甚至更高。

每股收益仅增长 10% 或 12% 是远远不够的。要知道，每股收益大幅增长可是挑选制胜股票的底线。

| 第 4 章 |

A= 年度收益增长率：寻找收益大牛

任何一家公司偶尔都会出现收益颇佳的季度，如前所述，强劲的当季收益对于挑选超级牛股来说是至关重要的，但是，仅有这一点还远远不够。

你还必须研究所关注公司的年度收益增长率，从而进一步确信其近期佳绩并非昙花一现，而是的确实力不俗。

真正值得投资的股票，在过去3年中，其每股收益每年都应有所增长。你当然不希望第2年的收益有所下降，即使它在第3年又能反弹到历史最高点。近几个季度的丰厚收益以及近几年的持续增长，这两者相结合才有可能成就一只超级牛股，至少也可以使其在大盘上扬时的胜算更大。

选择年度收益增长率至少为 25%～50% 的股票

值得投资的公司，其年度收益增长率应该至少达到25%～50%，甚至达到100%。1980～2000年，我们研究的所有表现优异的股票，其早期发展阶段的平均年度收益增长率为36%，其中，3/4的强势股在股价飙升前的3年或5年中都有较为可观的年度收益增长率。

股价大幅上扬前的5年内，每股收益的上涨过程可参见这样一个典型的例子：0.7美元、1.15美元、1.85美元、2.65美元和4美元。在有些情况下，其中一年的收益有所下降是可以接受的，当然，要保证随后几年的收益能够回涨到新的高度。

也有可能存在这样的情况：某一公司第 1 年的每股收益为 4 美元，接下来 3 年分别为 5 美元、6 美元、3 美元。如果第 5 年的每股收益回升至 4 美元，那么，即使与之前的 3 美元相比有了 33% 的增长，这一业绩仍不能让人满意。如果它看起来还算乐观的话，唯一可能的原因就是，第 4 年的收益（3 美元 / 股）实在过于低迷，以至于任何一点改善都令人感到鼓舞。问题在于，其利润回升速度太慢，而且仍低于公司的最高每股年收益——6 美元 / 股。

分析师们对于未来一年收益的主流预测也应该是上涨的，而且是越高越好。但请记住一点：所有预测都属于个人意见，而个人意见完全有可能出错（过高或过低），实际报出的收益才是真实情况。

寻找股本回报率高的股票

你还应该知道衡量利润率和收益增长的另外两个指标：股本回报率和每股现金流量。

用净收益除以股东的股本，就可以得出股本回报率（return on equity, ROE）。股本回报率能够说明资金的利用效率，从而区分出管理水平良莠不齐的公司。我们的研究表明，过去 50 年中几乎所有最牛的成长股，其股本回报率都至少达到 17%（超级成长股的股本回报率可以达到 25%～50%）。

为了确定真实的现金流量，应该加上公司年度的折旧金额。一般来说，一些成长型股票的年度每股现金流量可能比实际每股收益高出至少 20%。

检验公司过往 3 年的收益稳定性

通过研究，我们发现了选择成长型股票的另一个重要特征：过去 3 年间年度收益增长的稳定性和一致性。我们用 1~99 之间的数字来衡量稳定性，算法与其他大部分统计方式不同。数值越低，收益的稳定性就越高。具体计算方法如下：将过去 3~5 年中的季度收益点标出，然后用一条上涨趋势线将这些点连接起来，用以明确该股票偏离基本上涨趋势的程度。

收益稳定的成长股，其稳定性数值一般低于 20 或 25。麦当劳公司收益稳定性示例见表 4-1。稳定性高于 30 的股票则更易受经济形势的影响，而且在收益增长方面也不太可靠。在其他条件相似的情况下，应该挑选那些收益增长持久、连续且稳定的股票。一些年度收益增长率为 25% 的公司，其稳定性数值甚至高达 1、2 或 3。把某公司近几年的季度收益在对数坐标图上标出，如果形成的收益线近似于一条向上倾斜的直线，那么这家公司可能确实值得投资。而且在大多数情况下，公司近几个季度的收益增长率会有所加快。

表 4-1　麦当劳公司收益稳定性示例

每股收益增长率	19%
收益稳定性	4
市盈率（P/E ratio）	15（1.4×SP）
近 5 年的 P/E 值范围	12~21
资本回报率	29%
每股现金流量	4.85 美元

通常情况下，公司的稳定性数值会紧随其年度收益增长率出现，但大多数分析师和投资服务部门都懒于进行相关计算。而我们则会在大多数机构投资报告以及每日图表、每日图表在线这些专为个人投资者设计的服务中找到这一数字。

如果选股的范围仅限于那些历史收益增长情况良好的公司，那么，你就要避开成千上万只收益增长不规律，或者是利润受经济形势影响较大的股票，而其中一些甚至可能会在收益接近上一周期的最高点时转升为跌。

何谓正常的股市周期

历史证明，大多数牛市（大盘持续上扬）会在持续2~4年后转为衰退或熊市（大盘持续下跌），接下来又会迎来新的牛市。

在新一轮牛市的开始阶段，成长股往往最先带领股市回升，并且创下股价新高。这些公司的利润通常每一季度都有所上涨，但由于之前市场整体形势不佳，导致其股价停滞不前。大盘持续下跌而公司收益持续增长，这两者相结合会将市盈率压低到足以吸引机构投资者的眼球。要知道，他们是很看重市盈率的。

在一些基础行业中，如钢铁、化工、造纸、橡胶、汽车和机械行业等，股票的周期性比较强，而它们在新一轮股市的初始阶段表现通常相对滞后。

一般来说，新兴年轻的成长股会领跑至少两个牛市周期。股市的重心随之会在短期内移向那些周期性或业绩新近有所好转甚至逆转的产业。

尽管有3/4的超级牛股都是成长型的，但也有1/4是具有周期性或逆转性的股票。1982年，意气风发的克莱斯勒和福特就上演了这逆转性的一幕。周期性和逆转性投资机会引领了1953~1955年、1963~1965年和1974~1975年这三波市场浪潮。1987年，如造纸、铝业、汽车、化工和塑料等周期性行业重新加入领军股的队伍，而同样为周期性的住宅建设业则在其他阶段领跑。1994年的IBM公司和2003年的苹果电脑也都经历过经营形势上的逆转。

尽管周期型股票颇受人们青睐，但是投资者更应该选择一些表现极佳的新兴成长股。因为美国的周期型股票往往都属于较为老牌、低效的产业，其中一些公司只有当来自中国的对钢铁、铜、化工以及石油等市场需求上涨时才会具有竞争性。这也就是2000~2003年熊市结束后，周期型股票又开始复苏的原因。

但不管怎么说，它们仍然属于周期性产业，并不能够代表美国市场未来的真正走向。而且，美国大型的、作风比较保守的公司往往存在规模上的缺陷：它们往往过于庞大，从而不能通过有效的创新和不断改革来同灵敏的国外对手以及国内的年轻企业家竞争。周期型股票的回升可能较为短暂，而且一旦遇到经济衰退或是收益放缓等情况就会立即徘徊不前。如果你决定买入逆转型股票，应该确保年度收益增长率至少为5%～10%。而且连续两个季度的收益大幅回升，从而带动过去12个月的业绩达到或接近历史新高。查看一下股价图中近12个月的收益线：收益上倾的角度越陡越好。

如果利润的涨幅惊人，达到历史新高，那么，只要有一个季度的收益强势回升就足够了。譬如克利夫兰-克利夫斯（Cleveland Cliffs），这是一家为钢铁行业提供铁矿石的公司（现更名为克利夫斯自然资源公司），在2004年不仅扭亏为盈，而且收益强势上涨了64%，之后这一数字又达到241%。在它的驱动下，这只股票在随后的8个月中飙升了170%。

如何淘汰股票中的"失败者"

坚持以连续3年的收益增长作为选股标准，你就可以将任一行业中80%的股票迅速淘汰出局。在大多数行业中，多数股票收益增幅微乎其微，有的甚至根本不知增长为何物。相比之下，下列案例却并非如此。

- 施乐的股价从1963年3月至1966年6月飞升了700%，而此前其年度收益增长率为32%。
- 1977～1990年，沃尔玛的股票价格飙升了11 200%，而它之前的年度收益增长率一直维持在43%。
- 股价大幅上扬之前，思科系统的收益在1990年10月暴涨了257%，而微软的收益则在1986年10月增长了99%。
- 2004～2006年，价格在线公司的股票每股收益增长了两倍多，每股收益由96美分涨至2.03美元，而其股价也在之后的5个季度内翻了两番。

- 2007年时，谷歌的股价已经由200美元涨到700美元，而此前，其每股收益从2002年的55美分增加到2004年的2.51美元。

请你务必牢记一点：过去的收益增长并不能说明你选择的是一只强劲的成长股。实际上，一些所谓的成长股近期报出的收益远比之前要低。要知道，某一周期的领军股未必会在下一周期也续写辉煌。

如果某一公司的股票在过去3年都保持了显著的收益增长，但其增速却在近几个季度回落至10%～15%，说明这只股票已经完全发展成熟。较为老牌、庞大的公司往往具有收益增速放缓的特点，所以，你应该尽量避免购入其中大部分股票。美国一直是由新兴的、具有创新企业家精神的公司所引领和驱动的，正是它们而非美国政府，为我们创造了新兴产业。

年度收益和当季收益都应该出类拔萃

要想在股票大军中出类拔萃，收益不仅要在过去几年间涨势良好，还要保证近几个季度能够表现强劲。同时具备这两个关键要素，才能成就一只超级牛股，或者至少能使其成功的概率大为提高。

了解某家公司是否具有强势上升的当期收益，以及这一数字在过去3年内是否稳步上涨，最为快捷的方式就是查阅每股收益排名，它独家包含了《投资者商业日报》股票研究表中的每一只股票。

每股收益排名衡量了某一公司在最近两个季度内收益增幅的同比变化，同时还研究了它在过去3年中的收益增长率。之后，这一结果会同其他上市公司相比，并且按照1～99的标准来进行排名。其中，99为表现最佳，代表该公司在年度收益和近期季度收益方面超过其他99%的公司。

如果某只股票新近发行，公司并没有3年的收益记录，那就要保证在过去五六个季度里，收益有大幅增长且销售额的表现更为喜人。一两个季度的收益率并不足以说服投资者买入该股票，说不定这只未能证明自己实力的股票可能还会一路暴跌。

市盈率真的如此重要吗

对于多数投资者来说，也许都认为市盈率是投资者需要了解的关于股票的最重要因素。既然如此，那就做好心理准备，因为接下来的内容可能会完全颠覆人们之前的想法。

多少年来，分析师们都将市盈率作为其选股的基本衡量工具。如果市盈率低，说明股票被低估，应该买入，反之，则说明该股票被高估了，应该卖出。而我们现在所进行的分析（涵盖了从1880年到现在所有最成功的股票）则表明，同大多数投资者的想法正好相反，市盈率跟股价变动并无联系，对决定是否该买入还是卖出某只股票来说更是影响甚微。

我们发现，每股收益的上涨百分比更为重要。仅仅因为某股票的市盈率很低或是处于历史较低范围内便判断该股票被"低估"，这纯粹是一派胡言。问题的关键在于，收益的变化速度是上升还是下降。

1953~1985年，表现最佳的股票在其初始阶段的平均市盈率为20倍，而在同一时期，道琼斯工业股票的市盈率为15倍。随着价格的上涨，那些最牛的股票将其市盈率提高到45，增幅达125%。1990~1995年，真正领军股的初始平均市盈率为36，随后这一数字则上升到80多。而且，这仅仅是一个平均值，其实，多数超级牛股的初始市盈率介于25~50，而上涨幅度也为60~115不等。在20世纪90年代后期的股市繁荣时期，增幅还要惊人。可见，那些信奉低市盈率的投资者几乎错过了所有这些表现惊人的股票。

为何会与绝佳的股票失之交臂

以上分析表明，如果不想以高于每股收益至少25~50倍的价格买入成长股，那么，你就自动剔除了大多数可供选择的最佳投资机会！在其股价表现的最佳阶段，你错过了微软、思科系统、家得宝、美国在线以及很多其他股票。

研究显示，市盈率只是收益上涨所带来的末端效应。它随之又吸引了实力强大的机构投资者的眼球，从而带来了股价的强势上扬，但市盈率并非股票绝佳表现的原因。牛市会带来高市盈率，而熊市则通常会导致市盈率下降（周期型股票除外）。

在形势一片大好的牛市中，千万不要因为市盈率看似过高就轻视了某只股票。要知道，它很可能成为下一个股市王者。同样，也不要因为市盈率过低，从而使这只股票看上去很合算便将其买入。市盈率较低可以有很多原因，而且也没有什么黄金法则来保证股票的市盈率不会从 8 或 10 下降到 4 或 5。

很多年前，在我刚开始研究股市的时候，曾以 4 倍于每股收益的价格买进了诺斯洛普（Northrop）的股票，之后我半信半疑地看着它的市盈率下降到 2。

为什么市盈率会被误用

很多华尔街的分析师之所以将某只股票加入推荐"购买"的名单之列，仅仅是因为它的市盈率处于历史较低的范围内。他们会在股价下跌时力荐该股票，因为市盈率会随之下降，从而使其看上去更为"划算"。

1998 年，吉列公司和可口可乐公司的股票看上去很值得一买，因为它们的股价有所回落，从而使其市盈率看起来更具有吸引力。而实际上，当时这两家公司的收益都在明显下降，因此，对其估价也应该适当下调。很多有关市盈率的分析都是建立在个人观点和理论的基础上，而这些理论则是由分析师、学者和其他相关人士多年传承下来的，说到它们在股市中的应用结果到底如何，却是令人怀疑而又无据可查的。2008 年，一些华尔街的分析师还在推荐人们买进一路下跌的美国银行的股票。股市中没有任何保险、确定的事情。我们要么避而远之，要么坚持买卖的准则。

对于市盈率的依赖，往往会使投资者忽略更为基本的趋势。举例来说，大盘可能已经上涨到顶了，也就是说所有的股票都会有所下跌。此时，某只股票的市盈率由22降到15，由此便判断这家公司被低估了，这种做法是非常荒谬和幼稚的。

我有时也会利用市盈率，但我的做法是，在预计未来收益的基础上，用市盈率来估计某只成长股在6～18个月后的潜在价格目标。我会用未来两年收益的估计值乘以最初价格形态买入点时的市盈率，再将这一结果乘上100%或更高一点的值。如果某只成长股的价格有大幅上涨的话，这一计算结果就是市盈率可能出现的平均增幅。这一数值也表明了该股票在牛市中可能达到的卖出价。不过，在一些牛市中，某些成长股的市盈率只会略微增加，有的甚至完全不变。

举例来说，如果嘉信理财集团的股票以每股43.75美元的价格突破了它的第1个价格形态，而在最初买入点时的市盈率为40，再用40乘以130%，就可以得到股价飙升后市盈率可能会上涨到的数值92（=40+40×130%）。然后，再用潜在的市盈率92乘以对未来两年收益的主流预测值1.45美元。这样，就可以得到你所投资的成长股可能达到的价格目标了（92×1.45=133.40美元）。

分析同一行业公司的误区

不论业余人士还是专家，使用市盈率不当的另一种方式是：对某一行业内的股票进行评估，认为市盈率最低的股票就是被低估的，因此也最具吸引力。事实上，市盈率最低的公司可能有最糟糕的收益表现。

道理其实很简单，在任何时候，股价一般都接近于其当前的市场价值。某只股票的市盈率为20自然有它的原因，同样，市盈率为15的股票也有其道理。比如，某只股票的市盈率之所以为7，可能是因为它的总体表现不如市盈率更高的股票。而且，请记住一点：周期型股票的市盈率一般较低，即使在大盘形势好转的时候，它的市盈率涨幅也不会高过成长股。

你不可能以雪佛兰的价格买到一辆梅赛德斯汽车,也不会以深入内地好几英里⊖的地价买到靠海的房产。根据供求法则,任何事物的价格都与它当时的价值相符。

很多年前,一位名叫约瑟夫·杜温(Joseph Duveen)的画商,几乎仅靠一己之力便使得名画的价值有所提升。他当时到欧洲以高于市场的价格买下了一些伦勃朗和其他一些画家的独一无二的作品。然后,他回到美国,并把这些画作以大大高出买入价的价格卖给了亨利·福特和其他一些实业家。换句话说,杜温以高价买入了一些独一无二的代表作,又以更高的价格将其卖出。

问题的关键在于,任何人都能以低价买到一件平庸的艺术品,但是最精华的那些却是价格不菲。同这些珍品一样,一般来说,最好的股票,其价格也更高。

如果某一公司的股价或市盈率在短期内有所改变,那可能是环境、偶发事件、市场心理和收益得到了进一步改善或者开始恶化。最后,股票的市盈率总会达到一个最高点,但这时,大盘基本也开始由升转跌。这也可能预示着该公司的收益增长率要开始下降了。

高市盈率的股票的确会更为不稳定,在高科技领域尤其如此。不过,尽管高市盈率的股票可能会暂时超出其本身的价值,但低市盈率的股票也有可能出现这样的情况。

特别"划算"的高市盈率股票案例

在有些情况下,当一些规模不大却极具魅力的成长型公司推出革新性产品时,看似较高的市盈率实际却可能很低。比如:

- 施乐公司在1959年引进了第1台干墨影印机,1960年其市盈率达到100,此后,施乐的股价暴涨了3 300%(从复权后的5美元涨到170美元)。

⊖ 1英里=1 609.344米。

- 先达公司是第 1 家提交避孕药专利的公司，1963 年 7 月，它的市盈率为 45，之后，其股价上涨了 400%。
- 基因科技公司（Genentech）是应用基因信息来开发新特效药的先驱，也是第 1 家上市的生物科技公司。1985 年 11 月，它的初始市盈率为 200，随后 5 个月内，股价飙升了 300%。
- 美国在线造福于数百万人，为他们提供了可以接触到互联网这个具有革命性的新世界的机会。1994 年 11 月，它的市盈率为 100。而 1999 年 12 月，其股价猛涨了 14 900%，并达到最高点。
- 2004 年 9 月，谷歌的市盈率在 50～60 徘徊，而其股价则从 115 美元上涨到 2006 年 1 月初的 475 美元。

事实是，对那些所谓的高市盈率有偏见的投资者，他们现在或以后会错过很多绝佳的投资机会。尤其在熊市中，类似的偏见会让你付出惨痛的代价。

不要做空高市盈率的股票

1962 年 6 月，大盘处于谷底之际，一位贝弗利山庄的投资者冲进了我一个朋友的经纪行，抱怨说市盈率达到 50 倍的施乐公司被大大高估了。他接着以 88 美元的价格做空了（由于预期股票会下跌，先从经纪人处借入股票，然后在低价时购买股票，从中赚取差价）2 000 股施乐的股票。众所周知，这只股票随后立即开始大涨，并最终达到 1 300 美元（复权前），而市盈率也升顶至 80。

关于市盈率过高的观点如此之多！投资者的个人观点通常并不正确，而市场则几乎从没错过。所以，不要再同市场对抗、争论了。

应该关注这样的股票：在过去 3 年中，每年的收益增长都很显著，而且近期的季度收益又大幅地提升。切记，这是选股的最低标准。

| 第 5 章 |

N= 新公司、新产品、新管理层、股价新高

要想股价有惊人的上涨，公司就应该有一些新的变化。这个变化可以是一种畅销的产品或服务，从而使得收益的增长率较以前有所提高；也可以是管理层的变动，能为公司带来新活力、新理念，或者至少能够解决一些原有的问题；新的产业环境，比如供给短缺、价格提高或者是新技术的引入，这些都能对该产业内的大部分股票带来积极的影响。

我们对1880～2008年股市中表现最好的股票进行了研究，发现美国工业中那些收益增长惊人的成功股中，有95%以上至少满足上述条件之一。19世纪初的后期，铁路业将美国的各个部分连接了起来，同时还出现了电的应用、电话以及乔治·伊士曼（George Eastman）推出的相机。爱迪生则发明了留声机、电影摄像机和灯泡。之后，汽车、飞机和收音机也出现在了人们的生活中，冰箱则代替了装有冰块的箱子。电视、计算机、喷气式飞机、传真机、互联网、手机……美国这些执着的发明家和企业家不断为我们带来新的惊喜。他们发明了新产品，创建了新公司，使得美国的发展速度令世人叹为观止。这些产品和公司还创造了数以百万计的工作机会，并且为大部分美国民众带来了更高的生活水平。尽管发展的道路充满了坎坷，但同30年前或50年前相比，多数美国人的生活品质得到了极大改善。

引领股价大涨的新产品

通过研发令人瞩目的新产品，公司能够取得巨大的成功，投资者因而也能从其股票中获得不菲的收益。这里所说的可不是什么新配方的洗洁剂，而是能够给我们的生活带来革命性变化的产品。成千上万家企业带动了美国的发展，而且在其鼎盛时期创造了数以百万计的工作岗位，使美国人民的生活水平居世界首位。以下一些公司就是其中典型的案例。

- 北太平洋公司是第 1 家取得授权可以经营横贯大陆铁路业务的公司。1900 年前后，它的股价在短短 197 周内飙升了 4 000% 多。

- 通用汽车的前身是别克汽车公司（Buick Motor Company）。1913~1914 年，通用汽车的股价上涨了 1 368%。

- 到 1926 年时，美国无线电公司将无线电技术引入商业应用。之后，在 1929 年市场崩溃以前，其股价由 1927 年 6 月的 50 美元上涨到股票分拆前的 575 美元。

- 第二次世界大战后，雷氏（Rexall）旗下新建的特百惠（Tupperware）分部使其股价由 16 美元跃升为 1958 年的 50 美元。

- 1957~1959 年，锡奥科尔化工公司生产了新型导弹火箭燃料，这一新产品的推出也促使其股价由 48 美元上涨到约 355 美元。

- 1963 年，先达公司开始销售口服型避孕药。随后 6 个月内，它的股价从 100 美元猛涨到 550 美元。

- 通过低价的快餐特许经营方式，麦当劳在 1967~1971 年像滚雪球般地不断发展壮大，并给股东们创造了 1 100% 的利润。

- 利维兹家具公司的股票在 1970~1971 年飙升了 660%，原因在于，其大型家具折扣中心颇受消费者欢迎。

- 由于发现了新油田，休斯敦石油及天然气公司的股价在 1972~1973

年的 61 周内上涨了 968%，继而在 1976 年又上涨了 367%。

- 引进新的 CAD-CAM 工厂自动化设备以后，Computer Vision 公司的股价在 1978～1980 年上涨了 1 235%。

- 随着其新型文字处理办公设备的开发，王安电脑公司的 B 级股票从 1978 年到 1980 年增长了 1 350%。

- 普尔斯会员购物仓储俱乐部在南加利福尼亚率先开设了一些会员制仓储式连锁零售店，这一举动使其股价在 1982～1986 年猛涨了 15 倍还要多。

- 安进公司成功研发了 Epogen 和 Neupogen 两种新的生物科技药品，这也使得该公司的股价从 1990 年的 60 美元上涨到 1992 年年初的 460 美元左右。

- 思科系统开发了路由器和一些网络设备，从而使公司能够将不同区域的计算机网络连接起来。从 1990 年 11 月到 1994 年 3 月，思科的股价上涨了近 2 000%。而 1990～2000 年，股价上涨幅度则达到惊人的 75 000%。

- 凭借其以微型处理器为基础的游戏产品，IGT 公司（International Game Technology）的股票在 1991～1993 年猛涨了 1 600%。

- 随着微软的软件产品主导了个人计算机市场，1993 年 3 月至 1999 年年底，它的股票也上扬了近 1 800%。

- 仁科公司可谓是个人软件商中的佼佼者。从 1994 年 8 月开始，它的股票在 3 年半内上涨了 20 倍。

- 作为按单定制、电脑直销方面的先驱和领军者，戴尔电脑的股价从 1996 年 11 月到 1999 年 1 月上涨了 1 780%。

- 凭借其出众的电脑存储设备，易安信公司抓住了消费者对网络存储空间越来越高的需求商机，其股价从 1998 年 1 月开始的 14 个月内上涨了 478%。

- 美国在线和雅虎是网络产业中顶尖级的领军者，它们提供的新"门户"使人们能够接触到网络上有价值的服务及信息。从 1998 年秋天开始，这两家公司的股票都大涨了 500%，并于 1999 年达到最高点。
- 甲骨文的数据库和电子商务应用软件促使其股票从 1999 年开始的短短 29 周内由 20 美元上涨到 90 美元。
- 嘉信理财集团是排名第一的网上折扣经纪商，在它转向网络交易的同一时期，其收益从 1998 年后期开始的 6 个月内就上升了 414%。
- 汉森天然饮料公司推出的"魔兽"牌水果口味能量饮料在健身群体中非常畅销，而从 2004 年后期开始的短短 86 周内，它的股价也飙升了 1 219%。
- 谷歌能够让人们通过互联网即时掌握全世界的信息，其股价比 2004 年首次公开募股发行时上涨了 536%。
- 苹果电脑和新出的 iPod 音乐播放器引起了不小的轰动，这也带领了其股价暴涨 1 580%。如果研究其股价图的话，你很容易发现，2004 年 2 月 27 日时，苹果电脑的价格形态就是一个经典的带柄茶杯形。

即使你错过了上次的黄金机遇，也没有关系，因为苹果公司之后还形成过 4 种更为经典的价格形态，为你提供了投资良机。如果每周都查看股价图的话，你会发现这 4 次机会分别出现在：2004 年 8 月 27 日、2005 年 7 月 15 日、2006 年 9 月 1 日以及 2007 年 4 月 27 日。

在未来几年里，还会涌现出成百上千的创新型新兴领军者，它们正如以上所提及的这些公司一样，而你也完全有机会买入这些股票。股市一定会为你提供千载难逢的投资良机，所以，在任何时候都不要灰心或者放弃。如果你认真地进行相关研究，适当储蓄并做好各方面的准备，而且不时地为自己充电，那以后就一定可以分辨出多数的大牛股。只要你锲而不舍、孜孜以求，就一定能取得成功！无论你是谁、出身如何或是从事什么职业，这些都不重要，重要的是你有没有抓住投资机会的信心和准备。

股市中的"超级悖论"

我们发现，所有的强势股在其初始阶段都有一个非常有趣的现象。我们称之为"大悖论"。在做出具体解释之前，请先看一下图5-1～图5-3中3只典型的股票。

你觉得哪一只股票最值得投资，是A、B还是C呢？哪只股票绝对不会买入呢？我们会在本章末为你解答。

令人惊讶的是，不论是投资新手，还是驰骋沙场的老手，绝大部分个人投资者都很喜欢买入那些从最高点大幅回落的股票，认为这样做很合算。我在20世纪70～90年代，以及21世纪初期做过一些投资方面的讲座，在成百上千的听众中，很多人表示他们不会买入正在创造价格新高的股票。

图5-1　A股票周线图

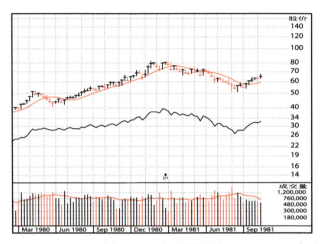

图 5-2　B 股票周线图

图 5-3　C 股票周线图

但是，并非只有个人投资者存在这种偏见。我对超过 600 家主要的机构投资者的历史投资行为进行了详尽地研究，发现它们很多也都是"抄底者"。它们也认为买进那些看似比较便宜的股票更为保险，因为这些股票不是在价格上有大幅回落，就是正以接近历史最低价进行交易。

我们对股市中的超级赢家所做的研究表明，传统的投资箴言"低买高卖"

是完全错误的。事实上，我们的研究结论正好相反。由此，我们得出了令人感到难以置信的股市"超级悖论"：

> 那些对绝大多数投资者来说价格过高、风险过大的股票，往往会百尺竿头，更进一步；而那些看似低价、便宜的股票却常常会进一步走低。

你是不是觉得这一"高深的悖论"有些难于操作呢？请再看看我们的另外一项研究。在这项研究中，我们分析了很多轮牛市中的两组股票，其中一些创下了股价新高，另外一些则创下了股价新低。研究结论是很具有说服性的：那些创出价格新高的股票往往会继续保持上升势头，而那些创出价格新低的股票则基本是每况愈下。

基于我们的研究，《投资者商业日报》中"价格新低"名单上的股票前景并不被看好，应该避免买入。实际上，早在这些股票被列入该名单之前，果断的投资者就应该将其卖出了。登上价格新高名单的股票，则可能是一只前途光明的潜力股。尤其是那些在熊市中仍能保证大宗成交量并第一次创下历史新高的股票，其前景则更被看好。

股票如何从50美元涨到100美元

如果某只股票的价格达到其前所未有的水平，而你却没法说服自己对它进行投资，那么就问自己这样一个问题：过去几个月价格一直处于40～50美元的股票，现在的交易价为50美元，怎么才能将股价翻一番呢？难道不是要从50美元依次涨到51美元、52美元、53美元、54美元、55美元等几个价格新高，最后达到100美元吗？

作为一名机智的投资者，你应该在大多数因循守旧的投资者认为股价过高时买入该股票，而当它涨幅惊人，并总算开始吸引那些之前对其并不看好的投资者时，将其卖出。1990年11月，思科系统的股价达到新高，而且高得有点吓人，如果在这时对其进行投资，那么，到2000年股价达到顶峰的时候，你就会享有接近75 000%的收益（见图5-4）。

第 5 章 | N= 新公司、新产品、新管理层、股价新高　189

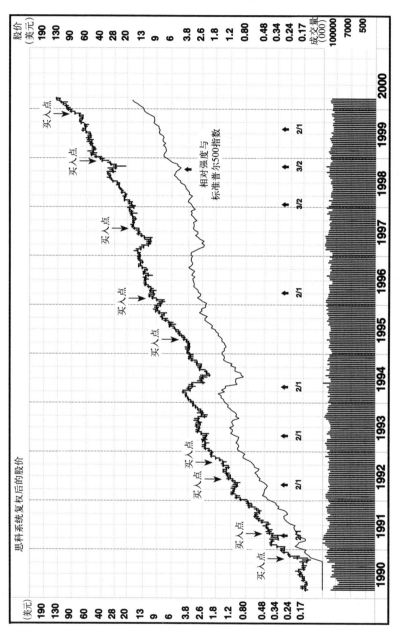

图 5-4　思科系统复权后的股价图

买入股票的正确时机

价格达到新高,并不代表这是买入股票的正确时机。在此之前,还要应用股票相关线图进行选股的技术分析。如果股价能从有效的价格形态中突破出来,并在这一过程中创造了价格新高,这才是你应该投资的股票。(关于如何看图以及分辨价格形态,请参见第 2 章中的具体信息。)本书第 1 章列示了 100 个经典的案例,应该能够令你有所启发。

股价的大幅上涨往往是从这些有效的突破点开始的,这时股票也最有可能显著上扬。而之前合理的调整,或者说价格形态的形成阶段可能会长达 7 周或 8 周到 15 个月不等。

正如在第 2 章所谈到的那样,买入的最佳时机是牛市中股票刚开始突破其价格形态的时候(见图 5-5 美国在线周线图)。如果某只股票已经突破其价格形态,并且比最佳买入点高出了 5% 或 10%,那么,你千万不要对其进行投资。因为在这一价格水平买入,大大提高了在下一轮常规价格调整或急剧下跌阶段被淘汰出局的可能性。可见,不能再像以往那样选择任何时点来买入最佳的股票,投资的真正良机只有一个,一旦错过就会失之交臂。

图 5-5 美国在线周线图

股市"超级悖论"的解决方法

既然已经了解了超级悖论,你现在仍会像之前那样挑选股票吗?正确的选择是股票 A,即先达公司(见图 5-6)。图中指向 1963 年 7 月周价格变动的箭头则代表买入点。1963 年 7 月买入点后,先达公司的股票出现大幅上涨。与此相反,你可以从图 5-7 和图 5-8 中看到,B 股票(哈利伯顿公司)和 C 股票(Comdata 网络公司)则双双走低。

图 5-6　A 股票:从买入箭头开始的 6 个月内上涨了 482%

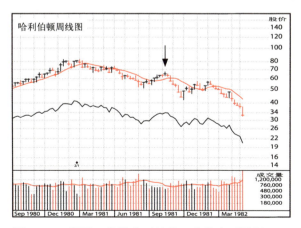

图 5-7　B 股票:从箭头开始的 6 个月内下跌了 42%

图 5-8　C 股票：从箭头开始的 5 个月内下跌了 21%

归纳而言，应该选择这样的公司：开发了重要的新产品或服务，或者从新管理层抑或是大为改善的产业环境中获益匪浅。然后，如果这些股票从有效的价格调整形态中突破出来，而且交易量增加，并接近或已经创下价格新高，就要果断买入。

| 第 6 章 |

S= 供给与需求：关键点上的大量需求

日常生活中，几乎每一种商品的价格都是由供求法则决定的。莴苣、西红柿、鸡蛋以及牛肉的价格，都取决于它们各自的供给量以及有多少人想购买这些物品。即使某些实行计划经济体制的国家，虽然理论上不存在贫富差距，但供求关系仍然处于支配地位。某些地方的国有商品处于短缺状态。

这一基本供求关系法则同样适用于股市，它比华尔街上所有分析师的观点都重要。无论他们毕业于什么学校，拿到什么学位，或者智商有多高，都无法与供求关系法则相提并论。

股票供给量的多少

假设某一公司发行了 50 亿股，供给量如此之大使其价格基本无法变动。只有极大的购买量或是需求，才能推动这些股票强势上涨。相比之下，对于发行量相对较少，如 5 000 万股的股票，适量的购买就能带动价格上扬。

所以，如果有两只股票可供你选择，一只发行量为 50 亿股，另一只则为 5 000 万股，在其他因素相同的情况下，发行量较少的股票往往会有更好的表现。但是，由于股本较低的股票缺乏流动性，同上涨阶段相比，它们下跌的速度可能有过之而无不及。换句话说，更好的投资机会总是伴随着额外的风险。但也不乏降低风险的方法，我们会在第 10 章和第 11 章中进一步介绍。

公司资本结构中的股票数量代表了它潜在的日后流通量。但股市专家同样还会关注"浮动供给量"，也就是去除当前的长期持有量后，可供以后买入的股票数量。高级管理层持有较大份额股票（大公司至少应为 1%~3%，小公司这一比例应该更高）的公司，其前景往往更被看好，因为管理人员的利益与该公司股票紧密相连。

除了供求关系，还有一个基本原因能够解释为什么发行量规模较大的公司收益的涨幅较慢：这些公司可能较为老牌，由于规模过于庞大，而且效率低下，因此发展速度也较为缓慢。

但是，在 20 世纪 90 年代的几年中，市值较高的股票的表现反而超过了市值较低的股票，这一现象的部分原因在于共同基金所出现的规模问题。随着越来越多的人购买基金，共同基金瞬间被资金的海洋所淹没。因此，大型基金公司被迫买入资本总额更高的股票。由于需要使最新募集的资金物尽其用，因此，它们更加青睐高市值的股票。但这看似有悖于常规的供求效应：市值低的股票本应更受欢迎，因为相对于机构投资者需求的增多，它较少的份额更有利于股价上涨。

高市值的股票确实有很多优势：流动性高，股价调整时的波动性低，更为优质，在某些情况下的风险也更低。而且，大型基金当前庞大的购买力能够让高市值股票同小公司一样上涨迅速。

看重管理层的创业精神

大公司看起来可能实力雄厚而且影响力强，但规模庞大经常会导致想象力与生产效率的缺失。经营这些大公司的管理人员往往都是一些循规蹈矩的"看门人"，他们不喜欢创新或冒险，而且也无法迅速、明智地紧跟日新月异的时代步伐。大多数情况下，大公司的管理层也并不持有大量本公司的股份。

这一严重的缺陷亟待改变。对那些具有相关常识的投资者来说，这表明该公司的管理层和工作人员的个人利益与公司成功与否并无关系。有些大公司的管理层繁杂不堪，从而使得高级行政人员对消费者群体的情况一无所知。而对于在资本主义经济环境中竞争的公司来说，消费者才是真正的老板。

现代社会日新月异，商机往往稍纵即逝。如果拥有一种新型热销商品的公司不继续推陈出新的话，它会发现其销售量在两三年内就开始下跌。大多数新产品、新服务以及新发明都来自那些年轻、渴望成功、创新性强并且管理层具有企业家精神的中小型公司。绝非偶然的是，这些小型的上市或未上市的公司，不仅发展速度更快，而且创造了美国80%~90%的新工作岗位。它们很多都属于服务、科技或信息产业，而美国未来的巨大发展很可能就要依靠这些产业了。20世纪八九十年代，有很多低市值的创新型公司收益持续增长，并最终发展成为资本总额较高的股票，微软、思科系统和甲骨文正是其中的佼佼者。

如果某一历史非常悠久的大型公司推出一个重要的新产品，它并不会带来股价的大幅上涨，因为该产品可能只占这家公司总销售量和收益的很小一部分，它就如同水桶中的一滴水那样微不足道。

过度分拆股票可能会有不利影响

有时，公司可能会犯股票过度分拆的错误。其中有些公司是因为采纳了华尔街投资银行家的建议。我个人认为，对于要进行股票分拆的公司来说，1∶2或是2∶3的比例要优于1∶3或是1∶5的比例。举例来说，当某只股票以1∶2的比例进行分拆时，你持有的股票量变为之前的2倍，但是新的股价则为之前的一半。一般来说，规模过大的分拆会使股票的供给量大大增多，该公司很快将处于一种发展缓慢、市值较高的情况。

顺便提一下，某只股票在新一轮牛市中的首次分拆，通常会引致股价出现进一步上扬。但在股价上涨前，它会经历一个为期几周的调整阶段。

对于在过去一两年内股价持续上涨的公司来说，在牛市后期或熊市初期就宣布要进行大规模股票分拆的做法可能并不明智，可惜很多公司正是这么做的。

这些公司基本都认为降低其股价能够吸引更多的投资者。对于一些小投资者来说，这可能确实奏效，但这一做法也可能起到反面作用——导致更多的抛售，如果这是该公司在一两年内的第 2 次股票分拆，情况就更加糟糕。这次大规模分拆将给市场带来一定刺激，而知识丰富的专家和一些精明的投资者会将它视为抛售的良机，并从中获利。另外，想要进行抛售的大股东可能会认为，在以 1:3 的比例进行股票分拆前卖出 100 000 股总比以后卖出 300 000 股要容易。而一些机敏的做空者则会挑选那些被机构投资者大量持有，而且在大幅价格上涨后股价走势开始摇摆不定的股票。

一般来说，股票总会在第 2 次或是第 3 次分拆时达到股价最高点。我们对超级牛股所做的研究表明，其中仅有 18% 的股票在进行分拆后的 1 年中价格大幅上涨。1999 年 12 月，就在高通公司进行 1:4 的股票分拆之后，其股价就达到最高点。

关注那些在公开市场中进行回购的公司

在大部分情况下，当某一公司，尤其是那些符合 CAN SLIM 标准的中小规模成长型公司，在某一时段内持续在公开市场上进行回购的话，这往往是一个好的预兆。10% 就属于大规模回购，这一行为会减少股票的数量，而且表明该公司预计其销售额和收益会有所提高。

由于回购行为，公司的净收益可以由较小的股票份额分享，因此也就提高了股票的每股收益。如前所述，每股收益的提高是促使股票表现优异的主要动力之一。

从 20 世纪 70 年代中期到 80 年代前期，坦迪公司、泰莱达因公司（Teledyne）和 Metromedia 公司都成功地进行了回购。回购之后，这 3 家公司的每股收益增长率都得到了进一步提高，股票收益也相当可观。查尔斯·坦迪（Charles Tandy）曾对我说，如果市场进入调整时期，并且公司股票也跟着下跌的话，他会去银行贷款对其进行回购，并在市场形势恢复或是公司收益稳步增长以后再将贷款归还。

1983 年，坦迪公司（复权后）的股价从 2.75 美元涨至 60 美元，Metromedia 公司的股价从 1971 年的 30 美元飙升到 1977 年的 560 美元，而泰莱达因公司则从 1971 年的 8 美元上涨到 1984 年的 190 美元。泰莱达因公司先后进行了 8 次回购，从而将其市值从 8 800 万美元降低至 1 500 万美元，而其每股收益也从 0.61 美元增加到近 20 美元。

1989 年和 1990 年，IGT 公司宣布将回购 20% 的股票。而到 1993 年 9 月，其股价已经上涨了 20 倍多。还有一个超级牛股，房屋制造商 NVR 公司，在 2001 年也进行了大规模回购。当然，所有这些都是成长型公司。但是，对于收益并不增长的公司进行回购是否也会带来积极的影响，我并不确定。

负债率低的公司往往较好

找到一只流通量合适的股票以后，还要关注一下该公司的总股本中长期负债以及债券所占的比重。通常来说，负债率越低，这家公司就更加保险，表现也更为优秀。债务成本比较高的公司，一旦遇到利率提高或是更为严重的经济衰退，其每股收益就会受到重创。这些高杠杆率的公司往往实力不济，而且承担的风险也大为提高。

1995～2007 年，高达 40∶1 甚至 50∶1 的杠杆率在银行、经纪商、按揭贷款机构以及类似于房利美和房地美这样的半政府机构中极为常见。联邦政府非常鼓励这些机构大力投资于为低收入消费者提供的次级贷款，而这也最终导致了 2008 年的金融及信用危机。

对于所有合格的投资者和自己拥有住房者来说，最重要的一点是：贷款额度永远不要超出自己的还款能力。过多的负债会使所有人、公司以及政府深受其害。

过去两三年内不断降低负债占所有者权益比例的公司是值得考虑的。如果没有其他影响因素，这样做会使得利息成本大大减少，有助于每股收益的提高。

投资者还需关注公司的资本结构中是否存在可转换债券；如果存在，那么当债券转换成普通股时，股票收益可能会被稀释。

评估供给与需求情况

衡量某只股票供求情况的最佳方式就是关注其每日成交量。这一点极其重要，正因为如此，《投资者商业日报》在股票表格中不仅提供了每日成交量，而且还会标明它与过去 3 个月内平均每日成交量相比的变化百分比。这些衡量方法，外加它对股票近期上涨或下跌幅度的独家排名，价值连城，也是包括《华尔街日报》在内的其他刊物所无法比拟的。

当某只股票价格回落时，你应该希望成交量在某一时点有所萎缩，进而说明不再有太多的抛售压力。而当股价上涨时，大多数情况下应该希望成交量上升，因为这通常代表机构投资者而非公众的买入。

股票突破价格调整区域时（参见第 2 章），成交量应该比正常水平提高至少 40% 或 50%。在很多情况中，成交量在一天之内会增加 100% 或更多，说明该股票需求旺盛并且股价有可能进一步上涨。股票日线图和周线图可以帮你分析并解读股票的价格和成交量变化，月度图也很有价值。

你应该对某只股票的价格形态进行逐周分析，从该股票开始形成有效的价格形态的那一周开始，直到你认为它已经突破价格形态的当周为止。还应该判断,该股票的价格每周上涨或是下降了多少,而且成交量同以前相比是增加还是减少。再注意一下股票介于每周最高价与最低价之间的收盘价。不仅要关注每周的价格形态,还要估测一下总体的价格形态,看看它是否正在形成有效的价格形态,抑或是缺陷百出。

综上所述,务请记住:只要应用 CAN SLIM 体系,任何规模市值的股票都可以买入。但低市值股票不论上涨还是下跌,波动都更为剧烈。有时,市场的重心会从低市值股票转为高市值股票,反之亦然。我们更为推荐在公开市场进行回购以及管理层持股比例可观的公司。

| 第 7 章 |

L= 领军股或拖油瓶：孰优孰劣

人们一般会选择那些让自己感觉较好或是安心的股票，但是，牛市中充满了活力四射、不断带给我们惊喜的领军股，这时仅靠感觉而做出的选择往往是一些最迟钝的滞涨股。

假设你想买入一只计算机产业的股票，如果选择了表现最好的那只股票，而且买入时机正确，那么，你便可以坐等股价上涨了。反之，如果所买股票涨幅微弱，甚或回落到使其看似便宜且保险的价格，那么，你选择的股票可能潜力甚微。毕竟，股价在产业内垫底是一定有原因的。

不要游戏股市，单纯地跟着感觉走。而是要认真准备，多做研究，找出某只股票能够成为佼佼者的原因。归根到底，功夫不负有心人！

优中选优方可买入

一般来说，强势行业中的前三甲公司往往会涨势惊人，而其他股票则会波澜不惊。

1979 年和 1980 年牛市中的杰出计算机股票：王安电脑公司、普莱莫计算机公司、数据处理公司（Datapoint）、罗尔姆公司（Rolm）和坦迪公司，在股价达到最高点并转而下跌前，它们大都上涨了 5~7 倍。投资者凭感觉选择的老牌 IBM 公司，则是毫无动静，而行业巨头巴勒斯计算器公司、NCR 公司以及斯佩里－兰德公司（Sperry Rand）也是毫无生机。不过，在 1981～1983 年的牛市中，IBM 却重整旗鼓，取得了骄人的成绩。

零售业中，家得宝的股价 1988～1992 年上涨了 10 倍，而表现相对滞后的 Waban 公司和海金格公司（Hechinger）却一直表现不佳。

你应该选择实力真正强劲的公司——那些领跑其所在行业并且在专业领域里出类拔萃的公司。回顾那些我投资过的最为强势的公司，在我买入其股票的时候，都是各自领域中的佼佼者。其中包括：1963 年的先达公司，1976～1983 年间的 Pic'N'ave 公司，1982～1985 年的普尔斯会员购物仓储俱乐部，1985～1986 年的富兰克林资源公司，1986～1987 年的基因科技公司，1990～1991 年的安进公司，1998～1999 年的美国在线、嘉信理财集团、太阳微系统公司（Sun Microsystems），1999 年的高通公司，2002～2004 年的 eBay，2004～2007 年的谷歌以及苹果电脑。

我所说的佼佼者，并不一定是指规模最大或者品牌最为知名，而是指季度和年度收益涨势最强，股权收益率和利润率最高，销售额增幅最大，股价上涨也最有活力。这一类公司通常会推出独树一帜、卓尔不群的产品或服务，而且能从那些老牌、缺乏创新的竞争者手中得到更多的市场份额。

切忌东施效颦

我们的研究表明，股市中少有新意，历史总是在重复上演。

先达公司是避孕药的开发者，1963 年 7 月，我在它形成高而窄旗形价格形态（之后迅速上涨 400%）时买入其股票，而大部分投资者当时都对其避而远之。先达公司这时在美国证券交易所刚刚创下 100 美元的价格新高，而且市盈率为 45，看起来高得有点吓人。当时，没有任何经纪商有先达公司的研究报告，而作为唯一持有其股票的共同基金，价值线基金早在一个季度前股价开始上涨的时候就将其卖出了。几家华尔街的投资公司后来则将西尔制药公司（G.D. Searle）作为"跟进性投资"进行推荐。西尔制药公司生产了一种与先达相似的产品，但是其股价看起来更便宜，因为它还没有像先达那样强势上涨过。但是，西尔的股票却没能续写先达的辉煌。毕竟先达是领军股，而西尔是滞后股。

跟进性投资行为是指买进某只股票，并期望同一行业内真正的领军股带动它的股价上涨。但是，这类公司的收益往往相形见绌，它们的股价最后很难跟上领军者，结果只是东施效颦。

1970年，当时新兴的特许经营的领军者——利维兹家具公司，成为引人注目的市场王者。威克斯公司（Wickes）模仿了其经营方式，而很多人因为威克斯的股价"更便宜"而对其进行投资，但威克斯从未成功过，最终还遇到了财务问题。与此同时，利维兹则在股价封顶以前大涨了900%。

作为钢铁行业的先驱，安德鲁·卡内基（Andrew Carnegie）曾在其自传中说："第一个下海的人能够找到牡蛎，第二个人却只能捡到牡蛎壳了。"美国每一轮新的商业周期都是由年轻的创新家、发明家和企业家带动的。

如果我们的政府真想创造就业，而不是发放福利待遇，最有效的做法就是，为那些想要新建小规模创新型企业的人提供前两三年的税收优惠政策。我们的数据显示，在过去25年中，中小企业为美国创造了80%~90%的新工作岗位。这一比例比政府数据要高很多，因为后者并没有用现实、综合的方式来分析新工作岗位的构成。

比如，美国中小企业管理局将中小企业定义为员工人数少于500人的企业。毫无疑问，萨姆·沃尔顿和比尔·盖茨分别创建沃尔玛和微软时，每家公司可能只有30人或40人。一年后，员工人数可能增加为75人，再过一年变为120人，然后逐步增加为200人、320人，最后达到501人。而从这时起，它们就不再被认为是中小型公司了。但是，在之后的10年或15年中，其中一家公司创造了100多万个工作岗位，另一家则创造了50万个工作岗位。这些工作岗位都是由创建了崭新公司的活力四射的企业家所带来的，人们应该认识到这一点，并将其归为中小企业的贡献。

我们有一个包含所有上市公司的庞大数据库，分析数据表明，在过去25年中，大型企业创造的新增工作岗位为零。当某一大企业并购了另一企业，负责其薪酬发放时，并不意味着它创造了新工作岗位。实际上，它往往会对企业进行整合，并在人浮于事的部分进行裁员。很多类似的公司之后都会进行人员精简。新创建的或中小型企业在其最初15年或20年内创造了很多新工作岗位，而低效、官僚主义盛行的美国政府却立即着手将这些功绩归于大型企业。

如何区分领军股和滞后股：使用股价相对强度

如果你有一个股票组合，就必须学会先卖出表现最差的股票，表现最好的则可以先按兵不动。换言之，永远在损失尚小时卖出错误买入的股票，进而观察那些较好的选择，看它们是否会演变为你的超级牛股。由于人性的作用，大多数投资者本末倒置：持有"失败股"，卖出"制胜股"，这一做法永远会导致更大的失败。

如何分辨什么股票好什么股票差呢？最为简单快捷的方法就是在《投资者商业日报》中查找它的股价相对强度（RS）评级。

《投资者商业日报》独有的RS评级衡量了某一给定股票在过去52周内相对股市中其他股票的表现。市场上的每一只股票都被指定了1~99范围内的某一数值，99代表相对强度最高。RS值为99，说明该股票在价格表现方面比其他99%的公司更为优秀。RS值为50，代表该股票比其他50%的股票好，但比其他50%的公司表现差。

如果你所选股票的RS数值低于70，说明它正落后于股市中表现更好的股票。但这并不意味着其股价不会上涨。它仅表明，即使这只股票上涨，速度可能也会比较慢。

从20世纪50年代早期到2008年，表现最好的股票在其股价大涨前的平均RS值为87。换句话说，最出众的股票在开始其最具爆炸性的股价上扬以前，就已经比其他近90%的股票更优秀了。所以，那些立志成为股市中大赢家的投资者一定要记住这一准则：寻找真正的领军股，避免滞后股以及跟随性投资行为。不要购入股价相对强度在40多、50多或60多的股票。

《投资者商业日报》每天都会提供其股票表格中列出的所有股票的股价相对强度评级。这一信息是其他任何商业日报或是本地报纸所没有的。而且，每日图表在线的图表服务还会更新RS评级信息。

你还可以在图中画出某一股票的相对强度。如果RS线已经至少连续7个月出现下降，或是至少连续4个月急剧反常下跌，这只股票的价格变化趋势就很值得怀疑了，你也许应该将其卖出。

选择RS值为80或90以上、价格形态合适的股票

如果你想提高自己的选股水平，以便于锁定那些领军股，那么，就要将选股的范围严格限定为RS值至少为80的股票。买入那些滞后股完全没有意义，但很多投资者恰恰这么做了，其中甚至包括一些美国最大的投资公司的工作人员。

我不喜欢买入那些股价相对强度评级低于80的股票。实际上，真正的大牛股在其突破第1个或是第2个价格形态之前，RS值就已经至少达到90了。而潜力股的RS值则应该和棒球投手所投出的快球处于一个级别。质量很高的快球，其平均速度可以达到每小时86英里，而最出色的投手则可以投出每小时速度达90多英里的快球。

买入某只股票时，一定要明确它之前的价格形态或者价格调整区域是否合适。而且要确定你投资的时机正好是其买入点或是中轴点。正如之前提到

的那样，如果有些股票已经比其最初的买入点上涨了 5% 或是 10%，那么就千万不要买进了。这样，你就不会去追逐那些价格上涨过快的股票，而在突如其来的市场抛售中被淘汰的概率也降低了。

投资者不愿意设定并遵循选股的最低标准，这令我联想到，很多年前的医生们不知道应该在每次手术前对器具进行消毒。病人们不断因为这个原因死亡，最后，外科医生们总算不太情愿地接受了路易斯·巴斯德（Louis Pasteur）和约瑟夫·李斯特（Joseph Lister）两位研究人员所做的研究。在生活的每一个角落，无知都会付出一定代价，股市当然也不例外。

在市场调整阶段寻找新的领军股

如果你知道要寻找什么的话，市场中的调整，或者说价格下跌，能帮你辨认出新的领军股。收益增长令人满意的股票，其调整幅度一般为股市平均水平的 1.5～2.5 倍。也就是说，如果大盘下跌了 10%，涨势突出的股票的调整幅度则为 15%～25%。但是，在牛市或总体趋势上涨的市场中，价格回落幅度最低的成长股通常才是你的最佳选择。股价下跌最厉害的股票往往是最不堪一击的。

假设大盘平均指数经历了一次中期价格调整，幅度为 10%，而你投资的最成功的股票的下跌幅度分别为 15%、25% 和 35%。跌幅只有 15% 和 25% 的股票在大盘恢复上涨以后很可能成为你的最佳投资。在 10% 的股市调整中，价格下降 35%～45% 的股票可能是一个预警信号，大多数情况下，你应该对其多加留心。

一旦大盘下跌彻底结束，最先反弹到价格新高的股票基本上就是你要寻找的真正领军股。普通股票的突破行为会持续约 13 周，而最优秀的股票通常在前 3 周或前 4 周就突破出来。这是不容错过的绝佳投资机会，不过，一定要仔细阅读关于大盘走向的章节，学会如何辨别大盘走势。

专家也会经常犯错

许多专业投资管理者都会犯下这一严重错误：在股价刚刚遭受大幅下跌时买进。我们的研究表明，这一做法绝对会让你身陷困境。

1972年6月，马里兰的一家机构投资者在利维兹家具公司首次出现反常的股价回落（一周内从60美元降到40美元左右）后即买入其股票。虽然这只股票持续上涨了几周，但此后却一路跌到18美元。

Memorex是一家领先的计算机外部设备的供应商。1978年10月，股价首次大幅度下跌后，几家机构投资者对其进行了投资，认为它看似便宜，很值得购买。但其股价之后大幅跳水。

1981年9月，一些资金管理人员在股价从16美元降至12美元后购买了多姆石油公司的股票。他们认为这个价格很便宜，而且当时在华尔街盛传有关多姆石油公司的利好消息。几个月后，它的股价跌为1美元。

自从20世纪90年代中期从美国电话电报公司分离出来以后，朗讯科技（Lucent Technologies）就成为华尔街的宠儿。当其股价从78美元下跌至50美元时，机构投资者纷纷进行抢购。而同年后期，朗讯的股价就降到了5美元。

同样，在2000年，思科系统从上一年的最高点82美元降至50美元时，很多投资者都买进了它的股票。这家计算机网络设备制造商在20世纪90年代是一个超级赢家，股价曾飙升75 000%，所以50美元的价格看似确实便宜。但它进而又跌到8美元，再也没能恢复到50美元。2008年，距每股50美元的时代已经时隔8年，思科系统这时的价格仅为17美元。要想在股市中取得成功，必须摒弃那些曾令你在过去陷入困境的投资行为，并且创造一些大大改善的新准则和方法来为你指引未来的方向。

假设卡骆驰（Crocs）这家制鞋公司，在2006年9月冲破了完美的带柄茶杯形价格形态，并且复权后的股价为15美元，而一名叫乔的投资者却错过了这一投资良机。再假设他又错过了2007年4月28美元的带柄茶杯形价格形态。之后，股价在 10 月涨到了 75 美元，每季度的收益增幅为 100%。但是，一个月后，卡骆驰的股价跌至 47 美元，由于价格较低，乔在一路错失良机之后总算看到了投资这家强势公司的机会。但这只股票持续下跌，到 2009 年 1 月时，股价仅为 1 美元。在股价回落时买进股票是很危险的，你可能会被彻底淘汰出局。所以，一定要抛弃这一高风险的坏习惯。

那么，买入蓝筹股，一家业内一流的银行，比如美国银行（Bank of America）又怎么样呢？2006 年 12 月，美国银行的股价为 55 美元，而一年之后则降为 40 美元。但两年后却大幅跳水至 6 美元。作为一名长期投资者，你只能获得 4 美分的分红。

这就是为什么我说不能在股价下跌时购买那些假设会上涨的股票，以及我们推荐将所有的损失控制在 7% 或 8% 的原因。对于任何一只股票来说，万事皆有可能，你必须有一些准则来保护自己辛苦赚来的钱。我们都会犯错，但必须学会果断地改正错误。

当思科系统、卡骆驰或美国银行股价下跌时，那些持有或是买入其股票的专家和个人投资者，都没能看出正常价格下跌和预示着潜在危险且高度反常的大幅调整之间的区别。但真正的问题在于，他们完全依赖于听到的利好消息，以及将低市盈率等同于"价值"的基本分析方法，却没有注意到那些本能告诉他们真实情况的市场行为。

那些听取建议并且了解正常与反常行为的投资者被认为是"市场感觉敏锐"，而那些忽视市场行为的人往往会付出惨痛的代价。不论是谁，如果在股价下跌时仅仅因为觉得便宜就买入这些股票，他们会通过亲身实践了解到，这种投资行为会令你损失惨重。

在弱势市场中寻找强势股票

1967 年春天，记得在道琼斯工业指数下降了至少 12 点的某天，我走进了一家经纪人的办公室。与 2008 年的 8 000 点相比，12 点的降幅对当时只有 800 点的指数来说确实影响很大。当我抬头看到对面墙上的电子报价器，发现了数据控制公司（超级计算机领域的先驱者）的股价为 62 美元，上涨了 3.5 个百分点，而且成交量很大。我当即就买入了这只股票，我很了解这家公司，这绝对是一只疲软的市场中极其反常的强势股。不出所料，这只股票后来涨到 150 美元。

MCI 通信公司是一家场外交易的电信公司。1981 年 4 月，正值当年的熊市悄然接近之际，MCI 突破了价格形态，股价为 15 美元。之后的 21 个月内，这一数字上涨到 90 美元。这又是一个疲软市场中极其反常的强势股的例子。

罗瑞拉德烟草公司在 1957 年的熊市中照样逆市上扬；软件工具公司（Software Toolworks）在 1990 年前期的低迷市场中实现了股价飞升；即使 1999 年形势艰难，高通公司仍然取得了大幅上涨；而塔罗制药公司在 2000 年后期则成功对抗了始于春天的熊市。同样，在 2000 年，房屋制造商 NVR 公司以 50 美元起步，并依靠低利率稳步上升，到 2003 年 3 月时，其股价已经达到 360 美元。2003 年的新一轮熊市中显现出很多领军股，包括苹果电脑、谷歌、动态研究公司（Research in Motion）、Potash 公司还有几只中国的股票。

总之，如下忠告一定要牢记于心：即使看似便宜，投资于滞后股也很少能给你带来回报，必须寻找并且将你的选股范围限定为市场领军股。一旦股价低于买入价的 8%，赶紧卖出那些滞后的"失败者"，以免因冒险让自己伤得更深。

| 第 8 章 |

I= 机构认同度

股票价格的上涨需要由大量的需求作为推动，而股票最大宗的需求显然来自于机构投资者，比如共同基金、养老基金、套利基金、保险公司、大型投资顾问、银行信托部门以及一些国家机构、慈善团体和教育组织。一般来说，这些大规模的机构投资者占每天股市交易活动的最大份额。

什么是机构认同度

机构认同度指的是这些机构投资者所持有的股票份额。出于估算的目的，我从不将证券经纪业的研究报告和分析建议等同于真正的机构认同度，尽管部分报告和建议能够在短期内对一些证券产生影响。此外，根据定义，投资咨询服务和市场时事报道也不能看作机构或者是专业认同度，因为它们缺乏机构投资者所应必备的集中或持续的买进卖出能力。

一只成功的股票并不需要有大量的机构投资者来关注，但是至少应该有几家。在少数包含小规模或是新兴企业的投资中，机构投资者的合理最小数量可能为20，尽管大多数股票所拥有的机构投资者要比这多得多。如果一只股票没有得到专业机构的认同，那么，它的业绩将很可能表现平平，因为这意味着在10 000多家机构投资者之中，至少有一部分已经考察了这只股票并且不予考虑。即使它们的判断是错误的，股价的大幅攀升仍然需要大额购买量的刺激。

分析机构投资者的数量和质量

细心的投资者会深究到另一个层面。他们不仅想了解一只股票有几家机构投资者，还想知道这一数量最近几个季度是否持续增长，并且更重要的是，在最近的一个季度中，该股票的持有者数量是不是呈现出极大的增长。他们还希望了解这些投资机构是哪些，相关的服务性报告中会披露这些信息。他们寻找的股票是这样的：该股票至少被一两位拥有最出色的业绩表现的、更为精明的基金经理所持有。我们称这种做法为"分析机构投资者的质量"。

分析一只股票的机构投资者质量时，对于共同基金这类机构投资者来说，考察他们在最近12个月以及最近3年的投资业绩是最为重要的。获得这些信息的一种简单快捷的方法就是查阅《投资者商业日报》中刊登的共同基金近36个月的业绩评级。等级为"A+"的是在这一个业绩报告期间名列前5%的基金。等级在"B+"及其以上的基金被认为有较好的业绩表现。务必要记住的是，在熊市中，一只优秀的成长型股票基金的等级可能会被划定得有一点低，这是因为大部分成长型股票此时必处于调整之中。

然而，如果关键的基金经理跳槽到另外一家公司，那么，他原来所在机构的操作业绩很可能会发生重大变化。在等级排名中，前面最好业绩的排位通常是由不同的基金轮流占据的，并且逐年缓慢变化。

个别金融服务部门还会公布各种各样投资机构的投资组合和投资业绩资料。例如，你可以在晨星网（Morningstar.com）上找到每只基金的投资组合中持有量排前25位的证券和一些其他数据。过去，共同基金在市场上的表现要更为积极。近几年来，新兴的"企业家"型投资咨询公司也突然涉入机构资金管理领域。

买进机构认同度在上升的股票

如前所述，了解近期哪家业绩良好的机构投资者持有或买进某只股票，要比知道有多少机构投资者持有这只股票更为重要。此外，知道一只股票的机构持有者总数是在增加还是减少也同样重要。主要任务就是参照最近一个季度的市场趋势。如果最近几个季度中某些股票的收益和成交量都稳定上涨，并且它的机构持有者数量也在增长，那么，买进它们通常是最好的。

关注机构投资者本季购进的股票

机构投资者在最近一个季度报告期内新近购进的股票，通常要比他已持有多期的股票更具参考价值。当某基金购进一只股票，那么，很可能会继续追加对它的投资，而不太可能在短期内卖出。通常在基金每季度或每半年报告期结束6周之后，投资人能够获悉上述投资信息的公告。对于可以鉴别投资机构选股能力、能够掌握恰当的买卖时机以及正确分析股价日、周线图的投资者来说，这些资料是非常有用的。

许多投资者认为，基金购进新股的行为总是发生很久之后才会公布于众，这时已经没有参考价值了。但是，这些个人观点显然是不正确的。

当机构投资者交易 1 000～100 000 股或是更多的时候，他们的行为就会显示在自动交易系统的记录中。在大多数顶级公司的股票成交量中，机构投资者的买卖额往往多达70%，这就是造成大多数重大价格波动的持续驱动力。据纽约证券交易所的自动交易系统显示，机构投资者约有一半的买入行为是发生在那些具有重大市场影响力的股票上⊖。机构投资者这些购买决策中有很多也可能是错误的，而在他们剩下的那一半决策中，你却能够发现一些非常出色的投资选择。

⊖ humdrum stocks，特指那些自身的价格波动会对市场总体形势产生重大影响的股票。——译者注

对于投资者来说，你的任务就是区分哪些机构投资者的买入是深思熟虑、明智可信的，而哪些又是拙劣、不完善的。起初的时候这会很难，但是随着你学习应用本书所阐述的那些公认的规则、原理和指导方针，这件事情一定会越来越简单。

为了更好地了解基金在市场中的作用，分析某只绩效优异的共同基金的投资策略非常重要。浏览《投资者商业日报》中的表格，挑选出在牛市中被评为 A、A- 或是 B+ 的那些成长型基金，然后找到它们的投资策略报告。从中你可以学到特定基金的投资哲学和操作技巧，以及它们所交易的股票的类型和质量。例如：

- 由威尔·达诺夫（Will Danoff）管理的富达反向基金（Fidelity Contrafund）在大型的、涉及金额达到数十亿美元的基金中，连续数年业绩表现名列前茅。他精选国际国内股票，力求尽早知晓上市公司推出的新观念和新动态。

- 吉姆·史道尔（Jim Stower）管理的美国世纪继承与赠予信托基金（American Century Heritage and Gift Trust Funds），擅长运用计算机来筛选并投资于那些近期销售量和收益均加速增长的股票。

- 肯·希伯纳（Ken Heebner）的 CGM 精选基金（CGM Focus）与 CGM 共同基金（CGM Mutual）多年来均表现出众。他的 CGM 精选基金仅集中投资于 20 家公司的股票。这样的投资会更具风险性，他就是喜欢在那些大额的行业性投资中下赌注，并且大多数情况下事实的确如他所愿。

- 杰夫·维尼克（Jeff Vinick）曾是富达投资的一流经理人，后来他离开富达投资，自己创办了一只套利基金——该基金被评为全美业绩最好的套利基金之一。

- 总部位于丹佛市的骏立 20 基金（Janus 20）管理着不到 30 只股票的一个投资组合。

有些基金偏好在股价的新高点买入；有的则偏好于在低点买入，而在新高点卖出。

你的股票被机构投资者"过量持有"了吗

一只股票可能会得到过多的机构投资者认同。"过量持有"（overowned）这个术语是我们在 1969 年创造的，用来描述股票的机构持有者过多的状况。过量持有的风险在于，当该公司出现状况或者是熊市开始时，过量的机构认同可能会转化成潜在的大额抛售。

骏立基金（Janus Funds）独家持有诺基亚公司的 2.5 亿股和美国在线的 1 亿股，这导致了该公司 2000 年和 2001 年中极为不利的供需失衡。其他被过量持有的股票实例还有 1999 年的世通公司和 2000～2001 年的捷迪讯光电、思科系统。

因此，即使是"50 大热门股"或是其他机构投资者广泛持有的股票，前景也可能会暗淡无光、风险十足。当某公司的业绩增长已到了几乎所有的机构投资者都去购买它的股票的时候，再买进它的股票可能为时已晚，因为它已经丧失了核心的增长潜力。

试想一下 20 世纪 90 年代末到 21 世纪初时，许多投资机构认为花旗集团股票有很高的持有价值。然而 2008 年银行业次贷危机爆发后，纽约花旗银行的股价先是跌到 3 美元，随后又继续下跌到 1 美元。而仅仅在两年之前，它的股价高达 57 美元。正因为如此，本书在第 1 版之后新增了两个章节详细介绍股票卖点的问题。大多数投资者没有卖出的准则和计划，这是一个非常严重的错误。

美国国际集团（American International Group，AIG）也面临同样的困境。2008 年，AIG 的股价由 2000 年 100 多美元的卖价溃败到 50 美分，而政府控股的房利美则在同一金融危机中，股价暴跌到不足 1 美元。

2001年夏天美国在线的股票和2000年夏天思科系统的股票被1 000多家机构投资者持有。当市场处于熊市的时候，这样庞大的潜在供给压力会对股价产生不利影响。许多基金会在上升趋势中挤入，在下降趋势中被挤出。

"别在成长股高峰买入"是不容辩驳的操作原理

有些股票的业绩表现貌似无往不利，但是，物极必反，没有任何一家公司能够永远对经营问题、经济衰退和市场趋势变化免疫。所以，明智的投资者都知道股市中没有所谓的"圣牛"。同样，绝对的保证也必然不会存在。

1974年6月，当威廉·欧奈尔公司（William O'Neil Co.）将115美元的施乐列入避免买入或是卖出名单时，没有人认同它的观点。截至当时，施乐一直是最神奇的成功者之一，并且被机构投资者广泛持有。但是，我们的数据显示，施乐的股价那时已经过了最高点，跌势即将浮现。同时，施乐的股票也已经被"过量持有"了，施乐仍然是那一年机构投资者持有量最多的一只股票。然而，当其股价骤跌，施乐公司当时的真实状况也就呈现出来了。

在这一事件中的正确决策，引发了机构投资者对我们的机构服务公司的广泛关注，也为我们在纽约市赢得了第一个大型保险客户的信任，该公司曾持续购买施乐的股票，直到施乐的股价下跌到只有80美元时，它才采纳了我们的建议将其卖出。

1998年当我们将吉列（另一只"圣牛"）列入我们的剔除名单时，同样遭到了很多反对，因为在吉列股价跳水之前，曾一度接近60美元。2000年11月9日，我们在新计划书中剔除了安然，当时它的股价高达72.91美元。然而，6个月之后安然股价就跌到45美元；又过了6个月，甚至连5美元都不到，安然公司最终濒临破产。

表8-1是2000年我们的NSMI机构服务从买入名单中剔除的部分科技股，而当时大部分分析人士却错误地呼吁投资人买进。其中的教训就是：不

要被广泛认同的股票表象或是分析人士的"逢低买进"的"忠告"所左右。

表 8-1 2000 年从 NSMI 机构服务买入名单中剔除的股票

股票代码	公司名称	剔除日期	剔除时价格（美元）	截至 2001 年 10 月 31 日的市场最低价（美元）	截至 2001 年 10 月 31 日的下降百分比[①]（%）
AMAT	应用材料	5/11/2000	80.56	26.59	67
CSCO	思科系统	8/1/2000	63.50	11.04	83
CNXT	Conexant 系统	3/3/2000	84.75	6.57	92
DELL	戴尔电脑公司	5/9/2000	46.31	16.01	65
EMC	易安信公司	12/15/2000	74.63	10.01	87
EXDS	Exodus 通信	3/30/2000	69.25	0.14	100
INTC	英特尔公司	9/15/2000	58.00	18.96	67
JDSU	捷迪讯光电	10/10/2000	90.50	5.12	94
MOT	摩托罗拉	3/30/2000	51.67	10.50	80
NXTL	Nextel 通信	4/12/2000	55.41	6.87	88
NT	北电网络	10/2/2000	59.56	4.76	92
PMCS	PMC-Sierra 公司	8/1/2000	186.25	9.37	95
QLGC	QLogic 公司	3/14/2000	167.88	17.21	90
SEBL	西贝尔系统	12/15/2000	76.88	12.24	84
SUNW	太阳微系统	11/9/2000	49.32	7.52	85
VIGN	Vignette 集团	3/15/2000	88.33	3.08	97
YHOO	雅虎	3/30/2000	175.25	8.02	95

① 百分数保留至整数位。

机构认同度意味着市场流动性

作为个人投资者，你能够从机构认同度中获得的另外一个好处就是，当你想要出售投资品时，机构投资者提供了购买方面的支持。如果大盘惨淡，而你持有的股票又没有认同度，那么你将很难卖出。每日可售性是在美国持有高质量股票的多种优势之一，出色的机构认同度能够为你提供持续的流动性。房地产的流动性要差得多，而且出售房地产要支付的佣金和其他费用要高得多。在一个萧条的房地产市场中，当你要卖房时，要找寻恰当的买家是没有保障的。你很可能会花半年到一年的时间才能卖出房产，而且价格远比你预期的少得多。

总而言之，投资者应当购买这样一种股票：**至少被几家业绩水平优于行业平均水平的机构投资者持有，并且近几个季度内机构投资者数量有所增加**。如果我发现某只股票享有大量的机构认同，但其认同者中却没有人在基金业绩表现名单中列入前十名，那么，大多数情况下我会忽略这只股票。当你分析是否要购进一只股票的时候，机构认同度是一个很重要的工具。

| 第 9 章 |

M= 判断市场走势

你选择的股票可能已经符合了之前 6 章中提到的所有要素,但如果错误地估计了市场的走势,而它又正好处在衰退阶段,那么,你将会像许多人在 2000 年和 2008 年所经历的一样,手里 3/4 的股票会随着大盘狂跌不止,损失惨重。因此,在你的分析工具中,绝对需要一个经过验证的、可以依赖的方法,精准地判断股市大盘是处在牛市行情(上升趋势)还是熊市行情(衰退趋势)。很少有投资者和股票经纪人能够掌握这个必要的决策工具。很多投资者是依靠别人的帮助来打理自己的投资的,但这些建议者真的会有判断大盘何时走低的诀窍吗?

仅有如上所说的判断力还不够,如果处在牛市,你还需要知道它到底是处在涨势的初期还是末期。更重要的是,我们需要判断市场现在的情况如何,是疲软变差,还是只是正在经历一个正常的中期调整(典型的在 8%～12%);是基于当前经济环境的正常表现,还是异常的强劲和衰弱。为了回答上述和其他的重要问题,你必须学会正确地分析市场的总体情况,而为了做到这一点,你必须从最合乎逻辑的角度着手。

多年以来,我们发明并完善了一套研判大盘分析的方法,这在你的成功投资活动中将会是一个极其重要的因素,你要多次重读这一章,直到能完全理解并把它作为今后投资生涯中的日常准则。如果你能够学以致用,你将再也不用担心将来你的投资会在熊市中损失 30%～50%。

研究市场趋势的最好方法就是仔细观察、跟踪、解释并理解三四个主要的股票市场价格指数以及它们的日常价格与成交量的变化情况。一开始做这些可能会很难，但只要你有毅力并努力实践，你很快就会像一个真正的专家一样去分析市场。如果你想成为一个赢家，那么，这是你最应该学习的一课。你希望成为更为聪明的投资者吗？你打算为了实现财务自由、主宰自我命运而付出额外的努力吗？

不要让任何人说你不能把握市场时机，这是一个在华尔街、媒体以及那些从来没有成功做到这一点的人中广泛流传的谬论，他们确信这是不可能做到的。我们已经收到数千封本章和《投资者商业日报》"大盘分析"专栏读者的来信，他们都成功地做到了这一点。他们花费时间学习了这些规律，并做足功课，所以他们有备无患，也知道他们要寻找的真相是什么。结果，他们都很有预见性地在 2000 年 3 月卖掉手里的股票，回收资金。2007 年 11 月至 2008 年 7 月、8 月，他们保住了在 1998 年、1999 年以及 2003 年 3 月至 2008 年 6 月这 5 年的强劲牛市中赢得的大部分资本。

自从 40 年前一些共同基金经营者试图掌握市场时机没有成功之后，"没人可以真正把握市场趋势"的错误观念就流行开来。形成这种错误观念的原因在于，他们既要在最好的时机卖出，又要在最好的时机返回市场。但是，由于资产规模所限而没有形成体系等原因，他们总是要花上几周时间去确认返回市场的时机是否成熟。他们依靠个人的经验和感觉去判断什么时候大盘是真正的触底反弹。但是，当股市处于谷底的时候，所有的消息都是消极的，这些经营者犹豫是否该有所行动也是人之常情，他们的基金也失去了在大盘触底时的频频反弹中应该有的表现机会。

因此，尽管杰克·德莱弗斯（Jack Dreyfus）在 20 世纪 50 年代有过两次失败经历，他还是凭借他的基金在熊市的开始挣得了大量资本。大多数共同基金的管理高层都强制规定其资金管理人进行持续的充分投资（资产的 95%～100%），这也与共同基金是真正的长期投资的理念不谋而合。而且由于基金是典型的广泛多样化投资，它们持有许多行业的上百种股票，有时甚至覆盖了市场上的所有股票。因此，持有它们 15 年或 20 年，总会从未来的股市复苏中获利，而且应该继续持有下去。但是，作为一个拥有 5 只、10 只或 20 只股票的独立投资者，你没有必要随时满仓操作。你的某些股票可能会一跌就不再复返，或持续现状好多年。所以，学会见好就收对你是非常重要的，不妨学会成功地应用这些技巧吧。

何谓大盘平均走势

大盘平均走势是指那些最常用的大盘指数的发展趋势。这些涵盖广泛的指数能够告诉你每天的整体交易活动大概是强势还是弱势，并且能够成为你判断市场走势的最早的证据。它们包括：

- 标准普尔 500 股价指数：包括 500 家公司样本，这是一个比道琼斯指数更广泛、更现代的代表市场活动的指数。

- 纳斯达克综合指数：近些年来，在某种程度上它已经成为更活跃、更有效的指数。它是那些通过纳斯达克体系交易并且更加新兴、更具有创新精神、成长更快的企业的温床。它在计算时会给高科技领域赋予更高的权重。

- 道琼斯工业股票平均指数：它包含了 30 只交易范围广泛的大股票。它过去常常只是关注那些大型的、周期性的工业股票，但近几年也逐渐增加了可口可乐和家得宝等公司。它计算简单但很容易过时，因为它往往被那些规模较大、观念保守、增长更慢且对股东利益关注更少的公司所控制。而且它只有 30 只股票，很容易在短时间内被操控。

- 纽约股票交易综合指数：这是一个所有在纽约证券交易所出现的股票的市场价值权重指数。

所有这些关键指数都会在《投资者商业日报》上用大篇幅且容易分析的图表登出，同时也为每个指数标出浮动的平均值和吸筹与出货比率（ACC/DIS RTG）。吸筹与出货比率会告诉你这些指数最近是支持买入还是卖出。我每天都会关注这些指数，因为一个关键的市场趋势改变可能就会发生在几周之内，你不能在这个时候无视它。《投资者商业日报》的"大盘分析"专栏也会每天分析这些指数，从理论上帮助你分析市场的现状和走势。

熟练谨慎的市场观察为何如此重要

哈佛大学曾经有一位教授要求他的学生做一份关于鱼的特殊报告，学生们就都去图书馆找关于鱼的书来研读，并根据这些书写出了报告。上交他们的论文后，学生们震惊地发现，教授撕碎了他们的论文，并扔进了垃圾筒。

当学生们不解地问他出了什么错时，他说："如果你想要了解鱼，就要坐在鱼缸前观察它们。"他让学生们坐下持续观察了几个小时，然后他们各自以独一无二的观察角度重新写了这篇论文。

股票市场中的新手就像这位教授的学生一样：如果你想要了解市场，就要认真观察和仔细研习这些主要指数。通过这样的行为，你将会在诸如大盘底部或是大盘顶点等关键转折点上对每日股市有所了解，并学会通过知识和信心把这些信息转化为资本。这是一堂非常重要的课，为了高度专注于你的目标，你就必须亲自仔细地观察和分析它。如果你想要了解老虎，那么你就要去观察老虎，而不是天气、草木或是山里的其他动物。

多年前，当卢·布罗克（Lou Brock）决心要打破棒球纪录时，他在一垒的座位后面安装了高速摄影机，为大联盟的每一位投手录像。然后，他通过研究这些录像来洞悉在投手掷向一垒的瞬间，身体哪个部分最先移动。正是因为他想打败这些投手，所以要研究他们动作的每一个微小细节。

2003年的美国橄榄球超级碗中，坦帕湾海盗队通过对对手四分卫目光移动和肢体语言的提前研究和现场判断，五次成功地打败了奥克兰袭击者队。究其原因，显然是他们"猜"到了对手要投掷的方向。

克里斯托弗·哥伦布没有盲从"地球是平的"的传统观念，因为他观察到了船只是消失在海平面上。美国政府通过窃听、侦察机、无人驾驶飞机、卫星照片去观察分析那些可能对美国人的安全构成威胁的事物。

这条原理也同样适用于股票市场。要知道它的走势，你就每日观察分析那些主要的大盘指数。永远都不要问别人"现在是什么行情"，要学会自己准确地阅读现在的市场是什么趋势。

判断大盘何时冲顶、何时到底往往占据了整个投资游戏的一半内容。事实上，无论对业余的还是专业的投资者，它都是一项永远缺乏的关键技能。华尔街的分析员们大都没能预见2000年的市场顶点，尤其是高科技领导股的顶点，而2008年他们也没有任何改进。

在2008年，我们针对《投资者商业日报》的订阅者进行了4次调查，收到了数百封读者来信。这些来信使我们确信，2007年11月至2008年6月，有60%的读者在"大盘分析"专栏的帮助下，遵循在任意一个4～5周的期间内会有3～5次股票换筹的时点（distribution days）的原则，卖掉手里的股票，增加了现金储备。他们保护了手中的资本，避免了2008年秋天那场代价高昂、戏剧性的市场崩溃的正面冲击。这场冲击的主要原因就是政府曾经大力鼓励过的、过度的次级住房抵押贷款。你可能已经看过了，读者在《投资者商业日报》首页标题为"你也可以做到"的文章中对此所做的一些评论，稍后，你将在本章具体学到如何运用《投资者商业日报》介绍的普遍的市场股票换筹准则。

股市市场周期的阶段

成功的投资者应该清楚一个正常的商业周期何时开始，会经历怎样的阶段，尤其对近期的商业周期要更为关注。毕竟我们不能确保过去持续了三四年的周期，将来是否还会持续这么长的时间。

熊市和牛市都不会轻易终结。市场总会经历几次艰难的拉锯调整，反复捉弄或淘汰那些身在其中的投机商们，直到当所有有能力继续坚持的人都被迫退出市场，没有人再在意现在的这个市场趋势为止。然而，此时大盘却最终反转，变成新的趋势。可见，大多数情况都是大众心理在起作用。

熊市常常在大势还在持续走低之时就已经终止了，原因在于股价是对未来几个月里将要发生的政治、经济和世界范围内的大事件的预期，或者说是"折现"。在美国政府的一系列经济指标中，股市指标不同步也不滞后，而是有前瞻性的经济指标。股票市场有能将一切大事件和基本条件转化成经济效应的杰出洞察力，它会影响正在发生的和对国家意义重大的事物。市场不是由华尔街所控制的，而是由全美国数以百万计的投资者和大型投资机构所决定的，并且市场行为总是对于预期利好或是利空的一致认同——比如我们的政府正在做什么、将要做什么、效果会怎样等。

同样，牛市也通常是在萧条期开始之前就转升为跌。正因为如此，我们建议不要依据经济指标来决策股票的买卖时机。然而，还是有许多投资公司在做这件事情。

许多经济学家的预测也并不如想象的那么靠谱，即使是总统也不得不付出沉重的代价来学习这一课。例如1983年年初，经济正在复苏的头几个月，里根总统的经济顾问班子就盲目担心资本部门不会很强势，这是显示专家意见并不及我们想象中可靠的第一个例子。如果分析过历史趋势，他们就应该知道在复苏初期资本品的需求从来都不会很大。美国1983年第1季度的经济尤其如此，当时工厂的产能利用率都不高。

只要参考之前的市场周期，就可以把握工业企业在不同时期的发展顺序。如此研究可以发现，生产诸如铁路设备、机械或其他资本品的行业在商业周期或是股市周期中，变动往往滞后于平均水平。这一知识会帮助你认清市场周期所处的位置，当这些行业开始启动时，你就应该考虑见好就收了。2000年年初，为互联网提供物资和基础技术的电脑公司和通信设备供应商，就一起成为周期最后阶段才启动的行业。

如果想要更多地了解市场周期和美国经济发展的长期历史关系，可以致信有价证券研究公司（Securities Research Company）（波士顿401区，Wareham大街27号，MA02481），并索要一份该公司的长期挂图。2008年，每日股价图公司绘制了一份展示1900～2008年主要股票市场和经济事件相关联系的长期挂图。

有些股票市场平均指数图，还包括一年中的主要新闻事件。如果你要进行持续研究的话，这一点尤其重要。这样，你就同时拥有了股票平均指数历史数据和影响它们趋势的历史事件，这将有助于你应对诸如新总统上任、关于战争的谣言、工资和物价的控制、贴现率变化和民众恐慌等事件带来的股市反应。下面这张标准普尔500指数线图（见图9-1），展示了过去几个伴随着熊市的周期的情况。

你应该每日研究主要大盘指数

在熊市行情中，大盘常常都是高开低收，而牛市则相反。因为相反的趋势在任何一天都有可能开始，因此你必须每天研究大盘指数。依靠这些主要指标是研究大盘分析更直接、更实际、更有效的方法。

不要听信那些简讯作者、技术分析人员和那些能用三五十种方法来告诉你他认为市场会如何运行的人的话，因为这完全是在浪费时间。通常情况下，投资时事简讯会使投资者产生不确定性，而且备感困惑。有趣的是，历史告诉我们，市场转势的时机往往正是在所有消息都是坏的以及所有专家都迟疑不定的时候。

224 | 笑傲股市 |

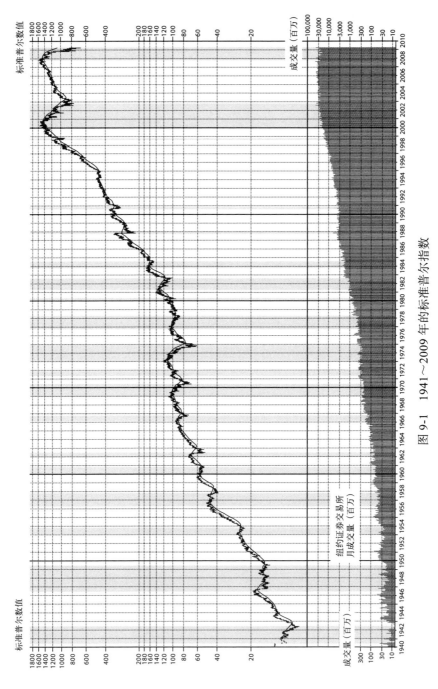

图9-1 1941~2009年的标准普尔指数

一旦大盘开始见顶，你必须抛售股票，改持现金，或者放弃运用投资杠杆，从而保护投资账户的安全。作为个人投资者，一两天内你就能轻易回笼资金退出市场，并在市场转好时再重新进入。如果大盘见顶时你没能及时套现，那些构成你多样化投资组合的股票中，原市场中的领军股可能会锐减，有些甚至永远都不能回复到原来的水平。

投资成功最好的方法，就是要学会解释关键大盘指数的每日价格和成交量图。如果坚持这样做，那么，你至少不会犯太大错误，而且你也不用再去学习其他的方法了。"逆市而为"往往得不偿失，经验告诉我们，对市场判断的犹豫不决将会让投资者付出沉重的代价。

1973～1974年：熊市行情的两年延长

"水门"事件和1974年的欧佩克组织（OPEC）的石油禁运，联合导致了1929～1933年经济大萧条以来最恶劣的股灾。在这场灾难中，道琼斯指数重挫50%，而大盘平均指数更是狂跌70%。

这对股票持有者来说，无疑是一个沉痛的教训，它几乎是1929～1933年经济危机程度的90%。美国1933年的工业产量仅为1929年水平的56%，同时还有1 300多万美国人处于失业状态。20世纪30年代失业率最高峰时竟达25%，失业人数在20世纪30年代整个10年内翻了一番，1939年的失业率仍为20%。

1973～1974年这段持续的熊市是如此不景气，以致大多数纽约证券交易所的成员都忧心忡忡，担心交易所是否能在这场灾难中幸存下来。这就是学会把握市场趋势以及学会在灾难中保全自己显得如此至关重要的原因。为了你的健康，也为了你的投资组合，你可以学会，任何人都能学会，只要你是认真的，对自己负责的。难道你的钱不重要吗？

33%的下跌需要50%的上涨来弥补

知道大盘分析的重要性是无比重要的。如果你的股票损失了33%，那么，你需要赚回50%才能亏盈平衡。例如，你10 000美元的资本跌到6 666美元（33%的损失），则需要赚3 333美元（或者50%）去弥补。在2007~2008年的熊市中，标准普尔500指数下降了50%，这就意味着需要回涨100%才能完全回复到之前的水平。然而，回涨100%谈何容易？从此学会知其然又知其所以然，接受新的方法和原则，停止再犯损失50%的错误！

你要积极做的就是尽量保护你在牛市中赚取的资本，而不是在熊市中又赔回去。为此，你必须学会随后介绍的一些行之有效的方法。

"长期投资"与充分投入的荒诞

许多投资者倾向于认为自己是一个长期投资者，或者至少把自己描述成这样。他们的策略就是持续的充分投资，一些投资机构也做着同样的事情。但是，这种不变通的方法常常会导致悲剧性的结果，尤其是对那些个人投资者。这两种投资者可能会在相对温和的熊市中坚持一下，但是，并不是所有的熊市都如此温和，比如1973~1974年、2000~2002年和2007~2008年的熊市就极具破坏力。

问题总是在你感觉熊市将要来临时呈现出来。大多数情况下，你都不可能预计情况能有多坏，能够持续多长时间。越南战争、通货膨胀和货币紧缩政策导致1969~1970年36.98%的股市下跌。而在此之前，熊市一般都只持续9个月，平均下跌26%。

绝大多数股票都会在熊市下跌，但不是所有的都能再次回复到原来的股价水平。即使你坚持持有的投资行为是发生在最轻微的一次熊市中，你也有可能赔到无法回复。你必须要学会，在大势改变的情况下，至少卖出一部分不再赚钱的股票，从而来保护你的资本。

在20世纪八九十年代，购买并持有类型的投资者十分热衷于可口可乐的股票。这个软饮料巨人随着股市的起伏年复一年地节节攀高。但是，就像吉列和其他长期投资者热衷的股票一样，在1998年它停止了上涨。当年夏天市场进入了一个温和的熊市，可口可乐也跟着下跌。两年后，股市迎来了10年来最激动人心的回涨，而可口可乐却还在下跌。有时，这样的股票会回涨到原来的状态，但很肯定的是，可口可乐的持有者错失了1998～1999年美国在线和高通这样的榜上有名的投资对象所带来的巨额收益。

这种"购买－持有"策略同样导致了科技股持有者2000～2002年的惨重损失。有些投机股亏损了75%～90%，而有些再也无法回复到原来的股价水平。看看那些1998～2000年股市的佼佼者吧：时代华纳、康宁、雅虎、英特尔、捷迪讯光电和易安信公司。

在市场低迷时学会保护自己

拿破仑曾写道，战争中一旦出现超越对手的优势，他绝不放过。因而多年来他战无不胜。股市如战场，有幸存者，但也从不乏失败者。

一旦发现初始的几个市场出现见顶的迹象，就不要再等下去，要在真正的弱势形成之前，快速卖出股票。当股指已经冲顶并开始形成下跌趋势时，你需要立即以市价卖出股票，至少将25%的资本转化为现金。卖出股票时，我们不赞成限价指令（以特定的价格买卖，而不是以市场价格成交），应该把精力集中到何时应该进入或者退出市场，在零点几的小数目上斤斤计较，必定错失买卖股票的大好时机。

如果你是融资买入股票，闪电式卖出就尤其重要。因为如果你的资本中有一半来自经纪商的融资，那么，20%下跌就会导致40%的损失，50%下跌就会令你血本无归。可见，千万不要用融资的方式渡过熊市。

最终的分析表明，在新的熊市来临之时，只有两件事情需要去做：卖出股票退出市场，或者卖空。如果退出市场，你就要等待熊市结束，这通常都会持续 5~6 个月。但是，在 1969~1970 年和 1973~1974 年这样的特殊时期，这样的过程一持续就是两年。除此以外，克林顿政府最后一年即 2000 年 3 月开始的那次熊市则时间更长、情况更严重，当时 90% 的投资者都损失惨重，尤其是科技股。这是 20 世纪 90 年代过度增长时代的终结，那是美国经济放松警惕、粗放增长的 10 年，也是股价失控到 "一切皆有可能"的 10 年。

卖空确实可以赚钱，但是，我要事先说明：这是一项非常复杂、非常专业并且只有在真正的熊市行情下才可以尝试的技巧，很少有人能够通过它来获利。我们将在第 11 章中对它进行详细讲解。

运用止损指令

如果你使用了止损指令（stop-loss order），或制定了一个主观的交易价格并依照这一价格交易，那么，即将见顶回落的市场会机械地强迫你卖出手中的许多股票。止损指令会指导交易所的专家们，一旦股价跌到你所设定的价格，这个指令就会成为一个交易指令，你的股票将会在下一次交易中被全部卖出。

通常情况下，最好不要使用止损指令，因为这样做就意味着你和那些与你有相同想法的投资者向市场的掌控者们亮出了底牌，而有时候他们会操控股价下降来逼空你们。相反，你应该做的就是仔细观察股价，在达到你亏损的价格之前卖掉它们。然而，有些人长期在外，不可能时刻关注他们的股票，而另外一些人则是每次在选择卖出时机时犹豫不决。在这些情况下，止损指令是可以帮助他们控制损失的。

止损指令一经设定，如果你在这个止损指令执行之前又改变了主意，想要以市价卖出股票，那么，记得要取消该指令。否则，你可能卖不掉你不想再持有的股票，这种错误的代价是昂贵的。

怎样才能学会辨认股市顶点

要想识别大盘顶点，就要紧紧跟踪每天的标准普尔 500 指数、道琼斯指数和纳斯达克指数。在上升趋势的过程中，一般来说，总会有一天的成交量会比前一天增加，但其指数上涨乏力（主要表现是这一天的价格涨幅明显小于前一天）。笔者称之为"没有未来价格上涨支持的大成交量"。当然，指数并不一定是在当天收盘时就下跌，但是大多数情况是会下跌的，这使我们很容易看出，专业投资者已经开始抛出股票了。与此同时，当天指数的最高点和最低点之间的浮动幅度可能会比以往有所扩大。

最接近大盘顶点的正常换筹时间通常是在见顶之前 4～5 周中特定的 3～5 天。也就是说，趋势还在上升的时候，股票市场就已经开始出现新的利益分配格局，很少有人注意到这一点。一旦出现明显的 3～5 个换筹时点（不管出现在见顶之前 4～5 周的哪个时段内），股市大盘多数情况下都是呈现下跌趋势的。

如果能够在见顶之前两三周的期间被正确定位，4 天的股票换筹有时就足以使一个正处于涨势的大盘逆转。如果大盘企图反弹，那么，见顶过程可能会延续到 6 周。如果你没有察觉到标准普尔 500 指数、道琼斯指数和纳斯达克指数显示出的见顶点迹象（这些都很容易做到，因为它们通常只发生在几天之内），你就可能对市场做出错误的判断，那么，你将做的一切可能都是错的。

最大的问题之一是，要想扭转投资者的积极心态耗时良久。如果你总是记得保证在你的损失低于购买点 7% 或 8% 时卖出股票，那么，大盘指数开始回落时，你会自动地被迫卖出一两只股票。这会使你时刻保持警惕，学会自我保护。事实证明，正是我们的这一条简单而又有效的原则，挽救了许多2000年科技股狂跌和2008年次贷危机所造成的灾难中的股民。

其实，你只需要使用一项指标就可以发现股票换筹是否明显，通常情况下并不需要看到几个指数显示的四五个换筹时点。而且，如果在成交额大于前一日成交额的情况下，一个股票指数不涨反跌，并且下跌幅度超过0.2%，那么，这就可以被认定为是一个换筹时点。

跟踪分析大盘首次回落后每一次的反弹企图

随着大盘到达顶点时持续几日不断增长的股票换筹以及由此引发的大盘首次回落，股市大盘指数可能会出现一个无力的反弹，但通常会以失败告终；否则，就会在接下来的一天中，股价和成交量都呈现积极、有力的增长。你必须仔细了解你找到的那些信号的细节，并保持客观冷静地看待市场，让日复一日的大盘指数向你揭示市场以往和现在的情况（本章后面的"怎样辨认股市底部"一节将会进一步讨论反弹）。

第一次反弹可能失败的三种标志

大盘到达顶点之后，通常都会有一次失败的反弹。例如，在第1天的反弹之后，第2天可能会高开低收。遇到这种第1次反弹突然失败的情况，你就应该增加卖出量。

如果出现下面几种情况，你也就可能判断这是一次非常无力的反弹：①指数在第3天、第4天、第5天里上涨，但是成交量却在下降；②大盘指数几乎不会比前一日表现好；③大盘指数的反弹没有达到跌幅的50%以上。当看到这样微弱的反弹及其失败时，笔者建议你应该继续抛售。

CAN SLIM 怎样警示 2000 年 3 月的纳斯达克顶点

1999 年 10 月，大盘呈现出一次强烈的涨势。当时，人们对 2000 年 1 月 1 日将会出现的千年虫的恐惧已经渐渐退去，许多公司为刚刚结束的第 3 季度宣布了高额股利分配计划。那些高科技股、网络投机商和生物科技股都在其后 5 个月的时间里大赚了一把。但是，2000 年 3 月颓势开始呈现。

3 月 7 日，在长达 6 周的时间里，纳斯达克第 1 次出现了在成交量增加的情况下指数降低的情况。这在狂热的牛市中的确是不太寻常的现象，也许仅有的一个换筹时点还不能说明什么，但这足以引起重视。3 天后，早上一开盘纳斯达克指数就狂涨 85 点，但是当天下午就大幅回落，到收盘时仅比前一日涨了 2 点，而成交量却涨了 13%。这显然就是第 2 个警告信号，因为这次换筹（伴随着大的成交量，却没有实质性的股价变化）迹象至关重要，与此同时，其领军股也都显示了大盘顶点时所应表现出来的征兆（这一内容我们会在第 11 章里做更多的讨论）。仅仅两天后，即 3 月 14 日，收盘时纳斯达克指数在大成交量的情况下跌了 4%，这也就是股票换筹的第 3 个时点，这种情况下，你就可以选择抛售股票了。

3 月 16～24 日，所有的指数都有回升的迹象，然后停滞在第 4 个换筹时点。两天后，出现了第 5 个换筹时点，也是自从 3 月 10 日大盘顶点以来的最后一个股票大幅换手的日子，所有的指数伴随着大成交量迅速下降。其实，市场本身随时都在告诉你何时卖出股票，从而回笼资金。你所要做的就是正确读懂市场并且做出反应，而不是听从他人的意见，别人通常会对换筹时点做出错误的认识和理解。

在接下来的两周，纳斯达克指数、标准普尔 500 指数和道琼斯指数都在经受着不断地换筹——指数在不断下滑，而成交量在不断攀升。精明地运用 CAN SLIM 模型的投资者对此早已心知肚明，并且未雨绸缪、趋利避害。

仔细研究这个案例大有裨益，下面还会解读关于市场顶点的案例。历史往往都会重演，以后再次出现这样的事情，你将不足为奇。

CAN SLIM 怎样警示 2007 年的市场顶点

如前所述，许多样本的调查表明，60% 的《投资者商业日报》读者都在 2008 年那场市场崩溃之前卖掉了手里的股票。当时，《投资者商业日报》在"大盘分析"专栏刊登了一篇标题为《市场脉搏》的文章，文中清晰地指出，大盘将会有 5 天的换筹期，市场将会走低。之后，该专栏再次暗示这是回笼资金的时候了。相信大多数人已经学习了了这章内容，也都记得我们是如何在 2000 年 3 月的股市中全身而退的。最后，他们都能够使用和遵守《投资者商业日报》所提供的市场原则来保护自己的资本，也使自己不必在没有自我保护准则和方法的情况下度过股市的寒冬。值得期待的是，那些没有使用这个原则的人也会在将来更好地遵守它。

市场中的事情看似偶然，实则必然，你需要做的就是努力学习如何判断出每个市场的顶点。苹果电脑的前 CEO 史蒂夫·乔布斯曾经在谈及励志时这样说："我一生中做成的那些事情，都依赖于事先做了大量的准备工作。"随后，我们将图示注解 1976～2007 年市场顶点出现的情形。

值得进一步研究的历史顶点

从历史上看，中继顶点（通常指顶点过后跌幅在 8%～12% 的顶点）大都类似 1954 年 8 月第 1 周里股市大盘发生的情形。首先，在纽约证券交易所的成交量不断增加的同时，道琼斯指数却徘徊不前。第 2 天仍是这种情况，而且道琼斯指数的当日最高点和最低点间幅度很大。另一次类似的情况发生在 1955 年 7 月的第 1 周。那天的特点是，大盘指数冲至新高，而当日的最高点和最低点间的波幅很大，随后一个交易日的成交量还在不断增大，但是道琼斯指数在收盘时走低，3天后纽约证券交易所的成交量再次增大，而道琼斯指数依然走低。

其他值得研究的熊市和中继市场顶点包括：

1955 年 9 月	1967 年 5 月	1987 年 8 月
1955 年 11 月	1967 年 9 月	1987 年 10 月
1956 年 4 月	1967 年 11 月	1989 年 10 月
1956 年 8 月	1968 年 11 月	1990 年 1 月
1957 年 1 月	1969 年 5 月	1990 年 7 月
1957 年 7 月	1971 年 4 月	1992 年 6 月
1958 年 11 月	1971 年 9 月	1994 年 2 月
1959 年 1 月	1973 年 1 月	1994 年 9 月
1959 年 5 月	1973 年 10 月	1996 年 5 月
1959 年 6 月	1975 年 7 月	1997 年 3 月
1959 年 7 月	1976 年 9 月	1997 年 10 月
1960 年 1 月	1978 年 9 月	1998 年 7 月
1960 年 6 月	1979 年 9 月	1999 年 8 月
1961 年 4 月	1980 年 2 月	2000 年 1 月
1961 年 5 月	1980 年 11 月	2000 年 4 月
1961 年 9 月	1981 年 4 月	2000 年 9 月
1961 年 11 月	1981 年 6 月	2001 年 2 月
1962 年 3 月	1981 年 11 月	2001 年 5 月
1963 年 6 月	1982 年 5 月	2001 年 11 月
1963 年 10 月	1984 年 1 月	2004 年 1 月
1965 年 5 月	1986 年 7 月	2006 年 4 月
1966 年 2 月	1986 年 9 月	2007 年 11 月
1966 年 4 月	1987 年 4 月	2008 年 6 月
1966 年 6 月		

如果你仔细研究下面这几张几次市场顶点的每日市场指数平均数线图（见图9-2～图9-11），并解读它们是如何发生的，那么，你在对将来市场环境的观察中很容易就会找出这些指标。线图中每一个标注的交易日都是一个换筹时点。

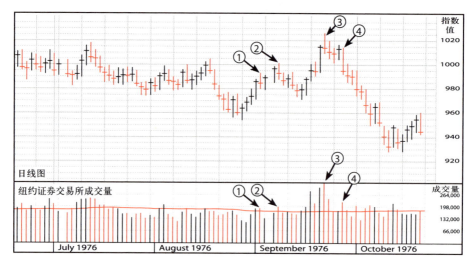

图9-2　1976年道琼斯工业指数市场顶点

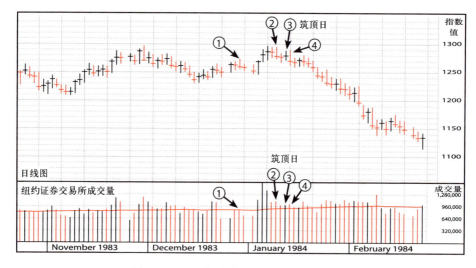

图9-3　1984年道琼斯工业指数市场顶点

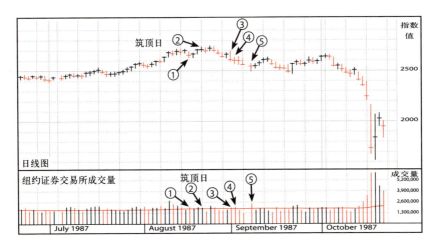

图 9-4　1987 年道琼斯工业指数市场顶点

图 9-5　1990 年道琼斯工业指数市场顶点

紧跟领军股探寻大盘顶点

大盘最初转势的第 2 个重要标志就是领军股的表现。在大盘已经上涨数年之后，如果发现大多数领军股开始出现异常走势，你就可以确定大盘要出问题了。

有一个简单的走势异常的例子，就是当它们在突破价格形态的第三阶段或第四阶段的时候，股价调整不够合理，这期间股价的波动范围过大，也松散得多。通过对每日或每周的股票价格和成交量的历史线图的研究，你就可以更好地辨认出这些异常情况（价格波动大、价格形态松散且不规则）。

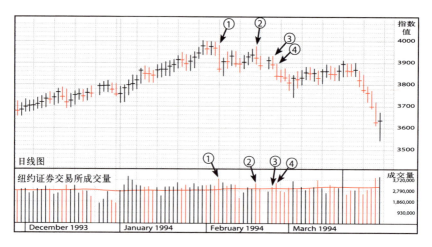

图 9-6　1994 年道琼斯工业指数市场顶点

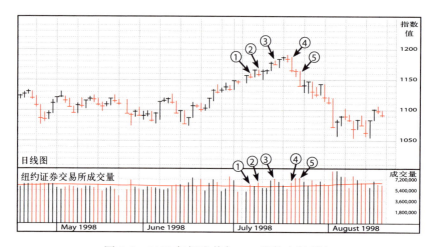

图 9-7　1998 年标准普尔 500 指数市场顶点

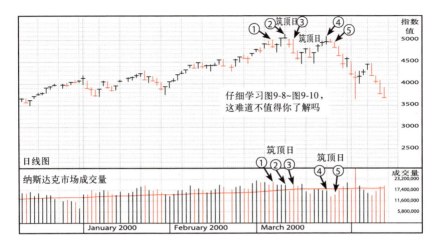

图 9-8 2000 年 3 月纳斯达克市场顶点

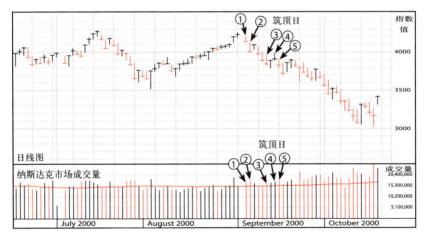

图 9-9 2000 年 9 月纳斯达克市场顶点

另一个异常走势就是屡创"历史新高"。这种情况下，领军股一般会在已经上涨数月之后，又突然连续加速高涨 2~3 周（详见第 11 章）。

一些领军股会以高成交量从它们异常价格的顶点回落，但之后很难再反弹。另外一些领军股，则会在它们最近一季的收入报告中表示它们的增长势头严重减缓。

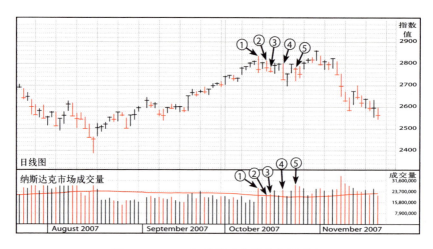

图 9-10 2007 年纳斯达克指数市场顶点

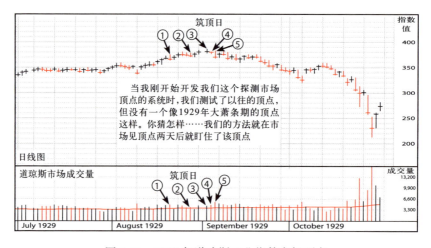

图 9-11 1929 年道琼斯工业指数市场顶点

大盘走向的转变,还可以通过对你投资组合中最近购买的四五只股票的研究来判断。如果你没能追加买进其中任何一只股票,那么,你就应该意识到新一轮的下跌就要开始了。

那些常用线图研判大盘分析的投资者都知道,在大盘见顶期间,很少能找到吸引人的领军股。基本上没有哪只股票表现出值得购买的价格形态,最好的股票都已经被买一空。

大多数股票的价格整理形态都是股价波动较大、过于松散且不规则，这是一个你必须学习理解并遵守的预警信号。这时，也正是弱势股显示其生命力的时候，对于一个聪明的投资者来说，如果发现市场上长期低迷、业绩很差的股票渐呈强势，就意味着涨势即将结束。请记住：即使是火鸡，也会在暴风雨中奋力飞翔。

在熊市初期，一些领军股往往通过保持价格来与市场趋势抗争，制造坚挺的表现，但是，这只不过会暂时延缓一种必然到来的颓势。如果它们转升为跌，必将殃及池鱼，最终是所有领军股遭受被抛售的厄运。这也正是2000年熊市中发生过的事情，虽然许多分析专家都错误地认为思科系统和其他科技股应该买进，但是，最后它们还是崩盘了。

在2008年6月和7月，当纳斯达克指数达到最高点的时候，也发生了同样的事情。曾经在2003~2007年的牛市中处于领军地位的钢铁、肥料、石油等股票，在经历了一番挣扎之后，还是在2007年10月那次至少5个换筹时点的颓势中崩盘了。尽管美国钢铁公司在它的前景报告中预计下两个季度盈利将增长100%，Potash公司更是宣布本季度盈利增长了181%，下季度盈利还将增长220%。这些报告愚弄了许多只把眼光放到已经公布预期巨大利润的分析员，他们没有好好研究过去的市场顶点，许多好的领军股在盈利增长100%的时候就已经达到顶点了。为什么这些股票最后都崩溃了？原因是2007年年末的时候，大盘已经处于熊市长达8个月了。

大盘顶点（无论是中继顶点、还是牛市峰值）通常会发生在领军股和大盘指数的最近一个主要买入点出现后的5~7个月。因此，顶点逆转通常都是最后的信号，换言之，这只是崩溃前的最后一棵稻草。大多数情况下，在此之前独立的市场领军股的换筹或抛售行为已经进行了几天或几周了。随后，我们即将提出的个人投资的卖出原则（本章和第10章中将做详细讨论），相信会指导你在大盘到达顶点之前卖出你手中的一两只股票。

熊市的其他预兆

如果原来的领军股开始疲软，而一些廉价、劣质、投机的股票却蠢蠢欲动，你就要注意了。

当领军股开始发出预警时，说明市场已经摇摇欲坠了。这些垃圾股不可能使市场趋势扭转。这时提示牌上活跃的股票都是这种劣质股，其实这只不过是弱势股妄想领导市场罢了。试想一下，如果优良的股票都不领导大盘，垃圾股当然更是做不到。

许多大盘顶点反转（开盘上冲至当天的新高，而收盘时却达到低点）通常发生在大盘指数突破狭小的（这种调整时间较短）价格形态，并冲至历史新高后的第3~9天。请务必记住，大盘顶点发生的条件都是一样的。

有时候，大盘在真正转入下跌之前，还会反弹至最高点附近，甚至创下历史新高。1976年12月、1981年1月和1984年1月都发生过类似的情况。一个重要的心理上的原因就是，人们大都不能判断顶点出现的正确时间。在1994年，直到道琼斯工业指数达到顶点数周后，纳斯达克指数才达到顶点。同样的事在2000年年初又发生了。

对于大多数人来说，不论是专家还是个人投资者，一开始总是被愚弄。1981年1月，聪明的投资者都会选择抛售手中的股票或卖空。但是，接下来的两三个月的强力反弹可能又迫使你亏本平仓或是重新购回股票。可见，市场在转折点的时候总会让人迷惑。

不要过早重返股市

在判断1962~2008年的熊市早期信号中，我基本没有犯过什么错误。但是，我有时会犯返回股市过早的错误。当你在股市犯错时，唯一需要去做的事就是及时纠正，因为骄傲自大永远都不会有好结果，优柔寡断同样如此。

典型的（有时也是非典型的）熊市通常会有3个独立的反弹阶段，诱惑人们重回股市。在 1969 年和 1974 年，像这样虚假的反弹持续了 15 周，但是，大多数情况都不会持续如此之长。

许多投资机构喜欢做"栖底鱼"。他们会在一个虚假的大盘底部大量买入，造成反弹的假象，从而诱惑小投资者跟进。你最好保存资本静观其变，直到牛市真正归来。

怎样辨认股市底部

一旦你确认了熊市行情，卖掉了手中的股票，你所面临的问题就是要观望多久才能重返市场。如果你过早地买入，虚假的反弹会很快退去，你就会面临损失。但是，如果你在最终咆哮般的复苏时犹豫不决，你又会与机会擦肩而过。这时，每日的大盘指数又一次给你提供了最好的参考。

市场本身永远都比某些投资者的个人建议可靠得多。

在每一次下跌的行情里（无论是温和的还是严峻的），股市总是试图反弹。不要马上就回到市场，应该等待市场自己来确定这是不是新一轮的牛市。

反弹通常表现为：主要指数在当日或前几日都走低，但是当日收盘时却高涨。比如，道琼斯指数在早上开盘时下降了 3%，但是随后就恢复并在收盘时高涨。或者说道琼斯指数在收盘时跌了 2%，在第 2 天收盘时反弹。我们经常把这种现象称作反弹意图，但也有意外的时候。例如，1998 年 10 月伴随高成交量，大盘筑底的第 1 天收盘时平均股价比前一交易日涨了一半。所以，需要耐心守候，头几天的指数上涨并不能告诉你反弹能否成功。

在反弹迹象呈现的第 4 天，如果你看到一项指数在高成交量的前提下暴涨，这就很可能是一次真正的反弹。最强劲的反弹势头，通常发生在首次反弹后的第 4~7 天。刚才提到的 1998 年的反弹就是发生在第 5 天，股价上涨了 2.1%。一次暴发性的反弹应该给人强势、果断、真实的感觉，而不是吝啬、保守、只上涨 1.5 个百分点。通常这一天的成交量都高于平均值，除此之外，成交量还要比前一天高。

有时候（不过很少这样），跟进日也会在反弹首日的第 3 天就出现。这种情况下，反弹首日、次日和第 3 日的指数上扬一定是非常强劲的，主要指数通常会在大成交量的基础上激增 1.5%~2%。

我曾经认为，1% 的涨幅就可以判断第 2 次确认点。但是，由于许多投资机构熟悉了我们的研究系统，所以，我们在道琼斯指数和纳斯达克指数上明显提高了这一判断底线。从而将一些专业投资者通过操纵道琼斯工业指数中的某些股票来制造虚假二次确认点的可能性减小。

有这么几种情况反弹会失败。少数的大投资机构会通过其巨大的购买力在某一天推动股票指数上扬，以此来制造第 2 次确认点的假象。足够精明的投资者如果继续观望，就会发现股市定会在未来的几天里以高成交量下跌。

然而，仅凭两次确定日后第 2 天的市场校正并不能说明这个两次确认日是虚假的。当一次熊市触底后，通常都会被拉到前几日形成的底点附近以上。如果这些反弹或者尝试至少比几天来形成的最低点高一点，那么这就是一次很有意义的反弹。

一两次确认信号并不意味着你可以毫不顾忌地买入，它只是告诉你可以买进一些率先强劲反弹、突破价格形态的优质股，同时，再次确认反弹是否成功也是至关重要的。

要记住：**所有的牛市开始都是伴随着强烈的价格和成交量上涨而展开反弹的，等待和观察大盘表现绝对是值得的**。下面几幅图是发生在 1974~2003 年大盘底部的案例（见图 9-12~图 9-18）。

大赚特赚还看牛头

真正赚钱的时机是在新一轮牛市行情的头一两年，这段时间，你需要不停地确认行情，并全情投入，把握这段黄金时机。

图 9-12　1974 年道琼斯工业指数市场底部

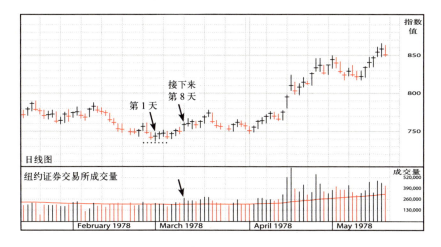

图 9-13　1978 年道琼斯工业指数市场底部

其余的时间里，大盘指数都有涨有跌，然后就是下一轮的熊市。但 1965 年是一个例外，它第 3 年的强劲上涨势头是得益于越南战争的爆发。

在牛市行情的第 1 年或第 2 年，总会伴随着几次中期调整。在这些通常持续几个月的调整期里，大盘平均指数会下降 8%～12% 甚至 15%。一旦长约两年的牛市过去，大盘指数就会出现大成交量而指数不上涨的情况，这就表示下一轮的熊市即将来临。

图 9-14　1982 年道琼斯工业指数市场底部

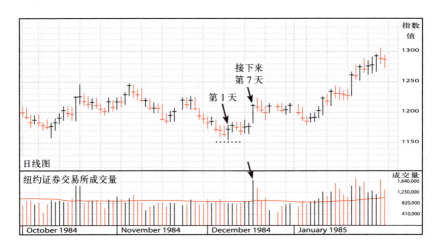

图 9-15　1984 年道琼斯工业指数市场底部

因为市场是被供求关系所左右，所以，你可以像解读个股线图那样来解读股市大盘指数趋势。道琼斯工业指数和标准普尔 500 指数通常都会被刊登在一些比较常规的证券报刊上,《投资者商业日报》会同时刊登纳斯达克综合指数、纽约证券交易综合指数和标准普尔 500 指数,并在另一面的顶端附上三者大幅度的每日价格和成交量图以便于对比。这些指数日线图一般记载过去 6 个月的每日指数最高点、最低点和收盘指数,同时还会给出纽约证券交易所和纳斯达克的每日成交量图。

图 9-16　1990 年道琼斯工业指数市场底部

图 9-17　1998 年标准普尔 500 指数市场底部

图 9-18　2003 年纳斯达克指数市场底部

顺便说一句，我在 50 年前开始研究市场时，纽约证券交易所的日成交量只有 350 万股，今天这个数字是 15 亿股。这是不可思议的增长，美国的自由体制和机会不断吸引着全世界的野心家。这些人在实质上提高了美国的生产力和创造力，使得美国人的生活水平有了前所未有的改变，所有人的条件都比从前更好了。第 1 章中的 100 张线图只不过是过去巨大投资机遇的一个简单缩影。

熊市行情通常都会经历 3 个阶段的下跌，但也有可能要经历四五个阶段。你应该客观地评价总体经济环境，让市场自己告诉你它会是怎样的走势。

其他识别市场拐点的方法

分析几个主要市场指标之间的分歧

在大盘可能的转折点，应该观察几种股票大盘指数，看看它们之间是否存有显著的分歧，即几种指数是否朝不同的方向变动，或者方向相同但是幅度不同。

例如道琼斯指数上涨 100 点，而采样范围更广的标准普尔指数只上涨了 20 点，这可能就意味着这一天的上涨并不像它表现得那么强劲。为了对比标准普尔指数和道琼斯指数的改变量，可以将道琼斯指数除以标准普尔 500 指数，再乘以标准普尔 500 指数的改变量。

例如，某天收盘时道琼斯指数和标准普尔 500 指数分别为 9 000 点和 900 点，道琼斯指数是标准普尔 500 指数的 10 倍。因此，如果当天道琼斯指数涨了 100 点，标准普尔 500 指数涨了 5 点，我们用 10 乘以 5 就可以知道，当天标准普尔 500 指数的上涨只能对应道琼斯指数上涨了 50 点。

1984 年 1 月，道琼斯指数的新高就伴随着以下指数的分歧：采样更广泛、更加重要的标准普尔 500 指数没有达到新高。这就是大多数专业人士同时画几种指数图的原因。只有如此分析，才能够更容易地发现行情转折点上各指数的不一致。机构投资者通常会精确地比较道琼斯指数和纳斯达克指数，分析科技股对它们的不同影响。这就像高手玩扑克牌游戏，大家都隐藏自己的手法，利用各种方法欺骗对手。

可靠的市场心理指标有时会有用

既然很多投资者都将利用期权投机当作致富的手段，那么，你就可以绘出看涨 - 看跌期权比率图加以分析，通过它可以更好地观察市场。根据期权的性质，看涨期权的买者希望股价上涨，看跌期权的卖者希望股价下降。

在给定的期间内，如果看涨期权的成交量大于看跌期权的成交量，就可以合理地推断出期权投机者作为一个利益集团整体上是预期股价上涨的，反之，期权投机者对市场是持看跌预期。当期权投机者的看涨期权量大于看跌期权量时，看涨与看跌期权比率大于 1，这与出现在 1990 年、1996 年、1998 年以及 2001 年 4 月和 9 月的大盘底部特征一致。但是，你不太可能总是依靠它来预测大盘分析。

投资顾问看空比率是一项很有意思的投资心理衡量指标。当熊市行情接近谷底时，绝大多数建议通常是看跌的，当牛市接近顶峰时则相反。总之，在人们需要专家意见的时候，他们总是错的。不过，你也不能盲目地认为，在上一期大盘触底时65%的分析家是看跌的，那么，下一次当多数专家建议认为市场还要下跌时，市场跌势就真的会结束。

股票卖空比率是指纽约证券交易所每日卖空数量相对每日总股数的百分比，这项比率可以反映出市场中投机者看跌的心态和程度。每一次熊市底部都会出现两三次卖空高峰。但是，很难评估这项指标的绝对高点能达到何种比率，不过，你可以通过对过去大盘底部的研究来了解股票卖空比率的变化与波动。

另一个用于衡量投机活动盛行程度的指标是纳斯达克成交量占纽约证券交易所成交量的比例。当1983年夏天，纳斯达克成交量相对于纽约证券交易所显著上升时，这一比率为熊市的出现提供了很有力的预警信号。如果这种趋势延续并加速，就说明投机广泛并且猖獗，那么你就应该知道市场行情快转折了。由于近年来众多创业公司的加入，纳斯达克的成交量已经变得大于纽约证券交易所的成交量了，所以我们必须要重新审视这一比率。

解读被高估的涨跌线指标

一些技术分析家相信涨跌线指标（advance-decline）。这些技术人员计算每天股票的上涨家数与下跌家数的比例，然后把它们绘成图。涨跌线指标并不是很精确，因为在大盘达到牛市顶点之前，涨跌线指标通常早已下跌。换句话说，这是由于大盘的上扬只由少数几只领军股带头上攻所致。

涨跌线指标并不像其他大盘指数那样精确，原因在于分析市场趋势不是简单的加减法游戏。并不是所有股票都是同等质量的，知道市场的领军股及其动向要比知道有多少普通股票的涨跌有用得多。

1998年4月，纽约证券交易所涨跌线的指数曾达到最高峰。在其后来10

月开始的新一轮牛市行情中该图却反而下降。之后，该图在1999年10月至2000年3月一直下跌，错过了10年来最有力的一次反弹行情。

在明确熊市是否只是出现短期的反弹时，涨跌线图也是一项很有用的指标。如果涨跌线的指数落后于大盘指数并且没有反弹，就说明即使道琼斯指数和标准普尔500指数有反弹力量，更广泛的市场还是会保持熊市行情。这种情况下，反弹通常都会失败，也就是说，仅仅几只领军股的推动是不能造就一轮新牛市的。

总之，涨跌线指标只能作为一个有限作用的辅助性指标。如果你听到评论员或电视专家倍加推崇它的作用，那么，他们一定没有做好功课，因为没有一个辅助指标能像大盘主要指标那样精确有用。所以，你不必过度在意这个指标，这样容易使人迷惑，引发不好的后果。

关注联邦储备委员会的相关利率变动情况

在衡量大盘变动的基础性指标中，联邦储备贴现率（Federal reserve board's discount rate，美联储向其成员银行收取的贷款利率）、联邦资金利率（Fed funds rate，有资金储备的银行向无资金准备的银行收取的贷款利率）与股票保证金水平是值得我们关注的指标。

通常来说，利率是基本经济状况最好的确认工具，而其中贴现率和联邦资金利率的变动则更为可信。根据过去的经验，美联储连续3次显著提升利率通常意味着熊市的开始和经济衰退的迫近。

当利率降至最低时，熊市通常会终结，但也不总是如此。1987年9月，艾伦·格林斯潘刚当上美联储主席不久之后，贴现率在下降趋势中达到了6%，这导致了当年10月的股市崩盘。

货币市场指标能够反映整体的经济活动。我有时会关注精选出的政府和美联储发布的计量结果，其中包括10个货币供给需求指标和利率水平指标。历史告诉我们，利率变动通常会影响市场的整体趋势与一些工业部门的发展趋势，因为利率水平通常与美联储实施从松还是从紧的货币政策密切相关。

对投资者而言，要关注并理解的最简单也是最直接的货币指标就是贴现率和联邦资金利率的变动。

随着程序化买卖（program trading）和各种套期保值工具的出现，许多基金试图在危险的空头行情中通过投资组合的套期保值，保护自己免于下跌。这些套期保值成功的可能性很多情况下取决于技巧和时机。但对于很多基金经理来说，这样做的可能结果就是减轻了将投资组合证券堆积在市场上的压力。

大多数基金在任何时候都奉行广泛分散化和完全投资或是近乎完全满仓操作的策略。这是因为当前的基金规模都很大（数十亿美元），大多数基金经理很难在合适的时机跳出股市变现。更重要的是，他们很难快速返回市场，在大盘底部最初的强劲反弹中分得一杯羹。所以，他们可能会将投资重点转移到公司规模较大、防守能力次强的股票中去。

1981年，美联储打压经济。始于1981年的空头行情和代价高昂、冗长的经济衰退，完全是美联储在1980年9月26日、11月17日和12月5日连续提高贴现率带来的后果。1981年5月8日贴现率的第4次上调，使贴现率到达史无前例的最高点14%。一时间，它击垮了美国经济、基础工业以及股票市场。

然而，联邦利率的变动不应该成为你的首选市场指标，因为股市自身才是最好的晴雨表。我们的市场周期分析人员罗列了贴现率没有有效预测到的3个重要市场的拐点。

美联储的独立行为具有典型的建设性，因为它们试图中和过热的通货膨胀或形成经济紧缩。然而，美联储的行为结果证实美国政府，而不是股市对所有事件的反应，能够并确实对美国未来的经济产生的重大影响有多少，不管这影响是好还是坏。

标准普尔500指数与美联储贴现率走势如图9-19所示。

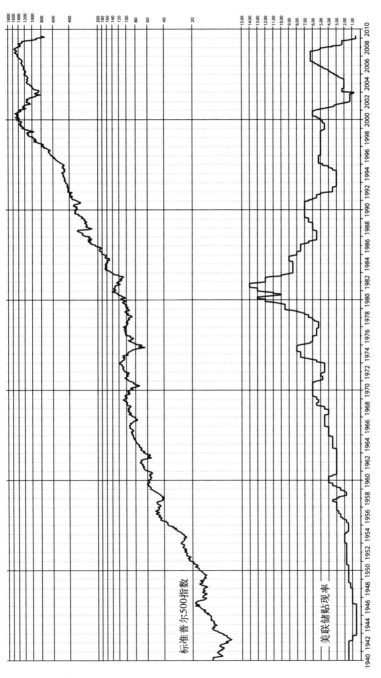

图9-19 标准普尔500指数与美联储贴现率走势

房地产次级贷款的彻底垮台和金融信用危机导致了 2008 年那不同寻常的市场大崩溃。而实际上，这一起因可以追溯到 1995 年的时任行政官员和 1977 年的《社区再投资法案》（Community Reinvestment Act，CRA）的主要负责人。该法案要求银行向低收入人群发放高风险贷款，否则他们将无法申请到贷款。如果不遵从还款要求，贷款人将面临强制罚款、行政诉讼以及限制获得企业合并与部门扩张的准许。

我们的政府有效地鼓励并强制主要银行降低自己经过长期证实的安全借贷标准。在这过万亿的新增次级 CRA 贷款中，大多数具备可调整的利率。这些贷款中有许多最终演化为不需要借款人提供收入证明，而在一些案例中借款人只有很少甚至没有固定收入。

另外，相关规章制度也不仅是允许，而且是鼓励债权人将新生的、更具风险的次级贷款与其他贷款进行捆绑，作为政府认同的贷款组合出售给其他机构或是国家，而这些机构或国家还以为它们购买的是低风险的 AAA 债券。这些捆绑贷款中的第 1 批于 1997 年进入投资市场。这样的行为使得债权所有者与大银行能够更快牟利、消除低质量贷款未来可能衍生的风险。这就使得银行又回过头来发行更多 CRA 形式的贷款，然后再把它们以捆绑组合的形式卖出，看似未来风险较低或是偿债能力不受影响。

然而，这却在无意中形成了一个巨大的、政府持有的金字塔式投资组合，由于房地美和房利美通过购买大量高风险次级贷款为政府提供间接援助，这导致它们面临破产清算以及需要大量政府财政援助的困境。房地美和房利美的经营取得了巨额红利，并且构成国会成员确定收入的主要来源，而那些议员却口口声声说要进行所谓改革，打击这种高杠杆、极端风险的借贷行为。

底线：这个大额政府项目出发点很好，富有社会价值，但是由于没有洞察力和时间价值预期，这个项目导致了严峻的后果和损失惨重、意想不到的巨大代价，它几乎影响到每个人和每件事情，甚至包括这个不称职的政府原本想要保护的可怜的低收入人群。次贷危机把整个金融系统置于巨大风险之下，1998 年《格拉斯 – 斯蒂格尔法》（Glass-Steagall Act）被废除之后，华尔街的金融公司，还有民主党和共和党、国会甚至公众都对这次金融危机难辞其咎。

1962 年的股市暴跌。另一个著名的股市暴跌案例发生在 1962 年。那年春天，经济形势没有任何问题，但是在政府宣布调查股市并谴责钢铁公司涨价之后，市场开始震荡，其中 IBM 重挫了 50%。而到了 1962 年秋，在古巴导弹危机爆发以及美国与苏联的和解之后，美国股市进入新一轮牛市。然而，在这整个过程之中，联邦贴现率没有任何变动。

市场见底 6 个月之后，贴现率才被降低的情况也曾发生过。在这样的情况下，如果你等贴现率降低之后再进场就已经晚了。少数实例中，即使美联储已降低利率，市场却还会在接下来几个月中持续下跌并使投资者蒙受双重损失。这种情况在 2000 年和 2001 年时也发生了。

指数与成交量的分时变动

在股市的关键拐点出现时，一个积极的经纪人可以一小时又一小时地观察大盘指数与成交量的变动，并将它们与昨天这一时刻的相同指标比较。

观察每小时成交量的一个好时机是在市场顶点之后首次下跌中的第 1 次试图反弹，你必须观察在这个反弹中成交量是否反应迟钝。还要留意以下信号：如果当日晚些时候，反弹趋势渐弱并伴随着成交量的上升，这显示了反弹实际上很微弱并很可能会失败。

当大盘指数达到重要的低点，并开始突破支撑区域时，每小时的成交量数据也能够派上用场（支撑区域是指价格指数的历史最低水平，投资者普遍认为到达这一水平后价格指数不会再下跌了）。当市场溃败到新的低点时，你要知道成交量是急剧增加，还是仅有少量成交额。如果成交量剧增，意味着市场上还存在着显著的下跌压力。

如果股市已连续几天位于历史低点，但成交量只有些微提升，此时找找看其中有没有一两天成交量骤减或剧增，而此时大盘指数不再下跌。如果你发现有这样的情况，那么你很可能位于震荡区（此时市场趋势通常强迫交易者卖出，交易者会有所损失），此时你应该准备在意志薄弱的投资者被吓出之后的市场反转上扬。

超买和超卖：两个危险的字眼

有些技术员或投资者狂热追随着超买和超卖指标，也就是大盘涨跌的10天移动平均值。不过要小心：在新的牛市行情初期，超买和超卖的指标都会显示"超买"，但此时这一信息不足以成为卖出的信号。

利用与大盘趋势相反的技术指标的一个大问题就是，在所有事情尘埃落定之前，你很难知道事态究竟会糟糕到什么地步。然而，许多非专业人士都笃信超买和超卖指标。

类似的在熊市开始的初始阶段或是第一阶段，都会显示出不同寻常的"超卖"。这实际上是在告诉你：空头行情马上就要到来了。比如在2000年那场无情的股市崩盘中，该指标一直显示出"超卖"的情况。

我曾雇用过一位饱享赞誉的专业人士，他对超买和超卖的技术指标非常依赖。1969年股市崩盘初期，当发现所有迹象都显示市场将陷入严重的危机时，我立刻告诉几名基金经理尽快清算股票改为持有现金。而这位专家却告诉他们现在卖出为时已晚，因为他的超买和超卖指标显示市场已经大量超卖了。结果可以猜想：股市惨不忍睹。

我很少关注超买和超卖指标。可见，你从多年的投资经验中学到的东西，要远比所谓专家用他们喜爱的各种指标得出的观点和理论重要得多。

其他市场指标

上涨和下跌量指标（upside/downside volume）是将每日收盘时价格上涨

的股票与价格下跌的股票的累计成交量相联系的一个短期指标。用这一指标结合图示做出 10 周的移动平均值，从而可以显示一些市场中期拐点的端倪。例如在下挫 10%～12% 之后，大盘指数将很可能在接下来的一两周内继续走低。然而，上涨和下跌量指标会突然逆转并显示出上涨股票成交量的稳定上涨，同时下跌股票成交量却日益萎缩，这一转变通常意味着市场的中期反弹。然而，通过观察道琼斯指数、纳斯达克指数、标准普尔 500 指数以及市场成交量的每日变化，你也能够得到相同的结论。

许多投资服务机构会测试企业养老基金的新增资金中投资普通股的百分比，以及投资现金等价物或是债券的比例。这从另一个角度揭示了机构投资者的心理。然而，大多数人的想法，或者说群众的想法很少是正确的，即使是专业人士做出的决策。每年或每两年，华尔街仿佛都能够达成共识，每个人都如同放牧中的牛群一样紧跟彼此，同时涌入或者同时涌出。

防御性股票（defensive stock）指标。许多收益更加稳定、被认为更加安全的公司股票，比如说公用事业公司、烟草公司、食品公司以及香皂公司的股票，可能在几年牛市行情之后还能表现出一定的市场潜力。一旦有经验者的资金涌入防御性股票，往往预示着大盘将会日趋衰落。但是，这一指标并非常常有效，毕竟没有一个次要的市场指标跟关键大盘指标一样可靠。

估计市场周期所处的阶段时，另一个不时有效的指标是观察在创造股价新高的股票中防御性股票所占的百分比。1983 年之前的股市周期中，一些技术人员时常引证持续创造市场新高点的股票数量，目的在于为他们对市场疲软的关注不足文过饰非。但是，对创造新高的股票名单的分析显示，如果这一名单中防御性股票占有很大的比例，那么，熊市行情即将到来。由此可见，在股市中仅追求肤浅的表面现象，会使你遭受重创。

本章既非常复杂又非常重要，但简而言之，就是要学会如何解读股市大盘指数每日价格和成交量的变动情况，以及市场中个别领军股的异动情况。一旦学会这些分析方法，你可以不再去聆听所谓专家发表的那些昂贵、无知且带有个人色彩的市场观点。如前所述，**要想在股市中立于不败之地，关键不在于可以预测或知道市场将做什么，而是要知道并懂得市场在过去的几周中发生了什么变化，而它当前又在如何演化**。我们不想强加于人一些个人观点或预测，只是提醒大家每天仔细观察市场上供给与需求的变化。

掌握分析市场平均价格与成交量变动的系统方法意义重大，它不仅在于能够更好地确认市场顶点和底部，还在于当市场趋势下跌时能够跟踪每一次反弹的时机。在大多数情况下，等待强劲的持续换筹时点的出现，可以使你免于被那些必将失败的反弹行情所迷惑而过早进场。换言之，你拥有的法则能够一直避免你卷入虚假的反弹行情。运用这种分析方法，我们帮助投资者成功地在2000～2002年退出股市进入货币基金市场，从而保住了1998～1999年的大部分收益。从这个意义上来说，本章是你的财富之源。

第一部分回顾：怎样做到学而时习之

光学不练等于没学，所以，你必须牢记之前所读到的全部知识并学会运用它们。我们提炼出来CAN SLIM法则，旨在帮你牢记它们。其中，"CAN SLIM"的每个字母代表选股的七种基本原理之一，大多数成功的股票在成长阶段初期都会同时具备这七种特征，所以它们值得一记。熟能生巧，只要你能重复这些法则，就能够轻易地回想起它们，并熟练地加以运用。

- **C= 当季每股收益**。当季每股收益至少应该上涨18%～20%，能够上涨40%～100%甚至是200%就更好了，简而言之，越高越好。而且，最近几个季度内，每股收益应该在某个水平上持续上涨。同时，季度销售额也应该有至少25%的涨幅。

- **A= 年度收益增长率**。近3年来，每年的年度每股净收益都应该大幅度上涨（上涨25%或以上），同时股本投资回报率应不低于17%（如果能达到25%～50%，那就更好了）。如果股本投资回报率较低，那么，这家公司的税前利润率必须较高。

- **N= 新公司、新产品、新管理层、股价新高**。寻找那些开发出新产品或推出新服务、聘用新的管理人员或者是行业环境发生重大新变化的公司。然而，更重要的是，购买那些从平稳的走势中脱颖而出、价格底部已完全形成并且股价开始创出新高的股票。

- **S= 供给与需求：兼顾考虑流通股份的供给数量加上大量需求情况**。在当今新的市场环境下，只要某公司的股票满足 CAN SLIM 法则的其他要求，不论它的流通规模大小，都可以被投资者所接受。不过，需要重点关注那些在股价底部刚刚出现巨量向上突破的股票。

- **L= 领军股或拖油瓶**。买进领军股，回避落后股。买进在其行业中业绩优秀的公司的股票。大多数领军股的相对价格强弱指数会在 80～90，牛市中，甚至会达到 90 或以上。

- **I= 机构认同度**。买进近期内业绩持续上涨，并且至少有一两家近期投资业绩拔尖的共同基金投资者认同的股票，同时留意投资机构管理层的变化情况。

- **M= 判断市场走势**。学会通过精确地分析每日股指、成交量变动和个别领军股的股价表现来判断大盘分析，这是决定你是大赔还是大赚的关键因素。在此，你必须顺势而为，不要偏离市场趋势进行投资。

CAN SLIM 是"动量投资法"吗

我自己都不知"动量投资法"（momentum investing）究竟所谓何物，但是，有些分析家和记者在对我们的投资方法不甚了解的情况下，就将我们的投资方法归类为动量投资法。他们称我们的方法为"买进股价涨幅最大的股票"或是买进相对价格最强势的股票，然而，没有一个明智的人会以这种方式投资。其实，我们的做法是，首先识别出具有优质基本面的公司，也就是考察公司是否拥有独一无二的产品或服务使该公司的销售额和收益率不断上涨；然后，当该公司的股票在牛市中已经突破调整的价格形态，我们就买进并持有；等到股价还没有到达戏剧性的高点时，再将其抛出。

一旦熊市来临，我们希望投资者能够保护自己，学会寻找合适的卖点，出售股票改持现金，从而保住自己的收益。我们不是投资顾问，不撰写更不会散布任何投资报告，我们从不采访或调查上市公司，也不从事承销股票、操作金融衍生品，或是策划企业并购之类的业务，而且我们没有管理任何的公共基金或是机构投资基金。

我们是历史学家，致力于研究和发现股票和市场运作的实质，并教育培训那些想通过明智而实际的投资行为获利的人。这些人可以是处于人生任何阶段的普通大众，当然也可以包括职业投资者。"授人以鱼不如授人以渔"，我们致力于教他们在未来如何"捕鱼"，帮助他们梦想成真。

专家、教育和自我中心

在华尔街里，聪明人很容易像傻瓜一样，陷入愚蠢的陷阱。通过多年的观察，我发现，一个人的投资能否获利，与他受教育的程度、教育质量以及智商无关。越是聪明的人（尤其是男人），就越是容易自以为是，也就越容易遭受挫折，最终他们才能省悟其实自己对市场的精妙之处知之甚少。

近年来，我们已经目睹了纽约和华盛顿发生的危机，那些所谓高智商、高学历的人在2008年给美国带来了惨痛的危害。参议员、国会议员、国家控股机构的行政管理者房利美和房地美，再加上总部位于纽约的几家顶级证券公司的高管以及贷款银行、房屋贷款经纪（mortgage broker），所有这些聪明人都自以为是，竟然使用极其荒谬的50倍杠杆投资次贷市场。

为此，他们还创造了复杂的衍生品和保险项目来调整信用风险。民主党和共和党两个党派都牵涉其中，没有哪个应该单独为这次危机买单。然而，正是一项预期良好的巨大政府项目在 1995 年、1997 年以及 1998 年的加速实施，成为这一危机的起因，当《格拉斯－斯蒂格尔法》被废除的时候，事态就继续发展到难以控制的地步。

所以，从今往后，你应当学会适当控制个人的投资，下定决心去学习怎样运用你辛辛苦苦赚来的钱进行储蓄并投资，你的投资行为至少要比华盛顿和华尔街 20 世纪 90 年代末的所作所为更加安全、更加明智。要知道，有志者事竟成。

多年以来，据我所知，少数几个不容置疑的美国成功投资者都不会以自我为中心，但同时他们很有主见。市场会遵从一条简单的规律来教训过度的傲慢和自我主义。总之，本书就是要告诉投资者要保持完全的客观，去发现市场到底想告诉你什么，而不是证明你昨天或是 6 周前所说的、所做的是对的。导致股票投资失败最快的方法就是试图去证明你是对的而市场是错的，只有保持谦逊，多了解股市运作的常识，才能够拥有基本的胜算。

有时，听从那些公认的专家的意见反而会为你带来麻烦。1982 年春夏之际，一位知名专家坚持说政府借款会挤出私人投资，利率和通货膨胀率将会剧增到一个新的高点。而事实恰恰与之相反：通货膨胀破灭了，利率彻底下降。而 1996 年夏天，在另一名专家宣布熊市即将到来的第 2 天，市场见底回升。

2000 年的熊市中，一天又一天、一名又一名的专家不断在加拿大广播公司（CNBC）上宣称买入高科技股的时机到来了，而接下来我们却看到高科技股股价一泻千里。许多态度坚决的分析师和战略学家一直在告诉投资者，要抓住下行趋势中千载难逢的"买入点"投资，然而，在下行趋势中买入股票是非常危险的行为。

传统的智慧或普遍的想法在股市投资中很少是对的。所以，我从不关注所谓专家在电视上或是以文字的形式发表的那些有关市场的个人见解。这只能给你制造更多的困惑，而且还会浪费许多钱。2000年，有些战略家告诉人们在股价短期下跌时买入，因为共同基金的现金头寸已大幅增加，这些资金都在场外蓄势待发。要证明这是错误的，我们要做的只能是去翻阅《投资者商业日报》里的"市场与行业"版。这里的信息显示，当共同基金持有的现金确实增加的时候，市场行情仍显著低于历史高点，甚至低于历史平均水平。

唯一行之有效的方法就是让大盘指数来告诉你何时进入、何时退出，永远不要与市场作对，因为它远比你强大。

| 第二部分 |

HOW TO MAKE MONEY IN STOCKS

赢在起跑处

| 第 10 章 |

抛售止损策略

既然已经学会如何以及何时买入最佳股票，现在应该了解一下卖出的相关知识了。体育界有一句口头禅："有效的防御就是最好的进攻。"有趣的是，事实证明此言不虚：只有进攻而没有防御的队伍极少能够赢得比赛。实际上，强有力的防御往往会促使团队取得更大的成功。

在布兰奇·瑞基担任主席与总经理的黄金时代，布鲁克林道奇队在投球方面表现甚佳。在棒球比赛中，投球与防守的结合代表了一支队伍的防御水平，也基本涵盖了比赛中 70% 的内容。若非攻防兼备，要想赢得比赛几乎是不可能的。

股市之中此理相通，必须要有强有力的止损措施以防止大规模的损失，否则，你绝对不可能在投资这场游戏中取得巨大成功。

伯纳德·巴鲁克股海淘金的秘诀

身为华尔街著名的市场操盘家和深得美国总统信任的顾问，伯纳德·巴鲁克（Bernard Baruch）曾一语道破天机："如果某个投机者有一半的时间是正确的，他的收益至少能达到平均水平。即使他的正确率仅有 30%~40%，但只要能知错就改，及时止损，也可以取得不错的业绩。"

你会发现，即使是最成功的投资者也会经常犯错。这些错误的决定会带来亏损，如果你并非训练有素或小心谨慎的话，损失将非常惨重。聪明与否、智商高低、受教育程度、信息好坏以及分析是否合理都不能改变这样一个事实：投资者不可能在任何时候都是正确的。实际上，你可能有超过一半的时间都在犯错！一定要理解并且接受对极其成功的个人投资者来说的第1条规则：永远要及时收手并将每一种损失降到最低。想要做到这一点，必须要坚持不懈地训练，并拥有足够的勇气。

《赢在华尔街》(Winning on Wall Street) 节目的主持人马克·曼德尔（Mark Mandell）从1987年开始就一直是《投资者商业日报》的忠实读者，他非常喜欢日报提供的众多致富理念以及对风险管理策略的重视。曼德尔相信："输少赢多是投资者所追求的'圣杯'。"

1962年，我管理的一个账户再次印证了巴鲁克先生关于止损的观点。当时，大盘急剧下跌了29%，而我们对于该账户所做出的决定只有1/3是正确的。但到了年底，这一账户的表现已经遥遥领先。原因在于，虽然正确的决定只占1/3，但其所带来的平均收益却比决策失误时的平均损失的2倍还要多。

对于何时见好就收以及何时进行止损，我倾向于遵守3∶1的比例。如果你赚取了20%~25%的收益，那就应该在损失达7%~8%时止损。如果在像2008年这样的熊市中买入了任何股票，投资者可能只能得到10%或是15%的利润，因此我会迅速行动，在亏损3%时就毫无例外地抛售。

若想在股市中取得巨大的成功，秘诀并不在于要时刻做出正确的决定，而是在犯错时能将损失降低到最小。

一旦出错，一定要知错就改，防患于未然。你的职责是与市场保持同步，千万不要我行我素。

如何判别自己是否做错了呢？答案很简单：股票价格跌破了你的买入价！随着精挑细选的最为中意的股票不断低于买入价，你犯错误的概率也在不断提高，而为此所付出的代价也会不断加大。

成功人士到底是幸运还是总能正确呢

人们认为，要想取得成功，自己必须成为幸运儿，或是在大部分时间里都做出正确的决定。事实并非如此，成功人士也会犯很多错误，而其成功则可归结于辛勤的努力，并非运气使然。他们仅仅是比普通人进行了更多、更努力的尝试而已。一夜暴富的案例并不多，要知道，成功之花是需要时间来浇灌的。

为了找到合适的灯丝材料，托马斯·爱迪生碳化并试验了6 000种竹子，其中只有3种能用。在此之前，他则尝试了几千种其他材料，从棉线到鸡毛无所不包。

棒球名将巴德·鲁斯训练相当努力，以此换来了全垒打纪录。欧文·柏林写过600多首歌曲，而其中只有不到50首广为流行。甲壳虫乐队轰动乐坛之前曾被英国的各家唱片公司拒之门外。迈克尔·乔丹高中时曾被篮球队淘汰出局，而阿尔伯特·爱因斯坦的数学成绩也得过F，但他耗费了很多年来形成并证明自己的相对论。

只有通过不断地实践与摸索，才能在股市中取得巨大的收益，1961年股价翻了一番的宾士域和大西部金融集团（Great Western Financial）正是这样一个例子，类似的还有：1963年的克莱斯勒和先达公司，1965年的仙童摄影器材公司和宝丽来公司（Polaroid），1967年的数据控制公司，1970~1972年的利维兹家具公司，1977~1981年的普莱莫计算机和胡马纳公司（Humana），1981~1982年的MCI通信公司，1982~1983年的普尔斯会员购物仓储俱乐部，1986~1992年的微软，1990~1991年的安进公司，1991~1993年的IGT公司，1995~2000年的思科系统，1998~1999年的美国在线和嘉信理财以及1999年的高通公司。这些股票以其100%~1 000%的收益令市场啧啧称奇。

在过去的几年中，我发现自己所买入的股票中只有 10%~20% 是真正的牛股，并能带来如此巨大的收益。换句话说，要想发现一两只牛股，就得寻找并买入 10 只股票。

问题是，你怎么处理另外 8 只股票呢？是像大多数人那样空怀希望吗？还是将其卖出，并在取得更大的成功前继续不断尝试呢？

何谓真正的损失

"不能将股票卖出，因为我不想承受损失。"之所以这样说，是因为你认为自己的期望会对股票市场产生一定的影响，但股票并不知道你是谁，也并不在乎你的希望与想法。

而且，损失并非是由抛售带来的，它在此之前就已经发生了。如果你觉得只有抛出股票才会招致亏损的话，那就是在自欺欺人。账面上的损失越大，实际损失也就越大。如果以每股 40 美元的价格买入 100 股稳赢化学公司的股票，而它当前股价为 28 美元，那也就是说，你花费 4 000 美元换来了价值 2 800 美元的东西，亏损了 1 200 美元。不论你是将股票转变为现金还是继续持有，它仍然只值 2 800 美元。

即使并未将股票抛出，但股价下跌时就已经造成了损失。相反，如果将股票抛出，你就可以持有现金，并且可以以更为客观的态度去思考未来的事。

如果你对于亏损仍然执迷不悟，就还是过于情绪化而没能厘清思路。你为自己找了一个看似合理的理由："股价不会再低了。"但是，请记住一点，还有很多别的股票可供选择，而且挽回损失的概率也更大。

还有另外一个建议能帮你决定是否该将股票抛出：假装自己并没有买过股票，而是在银行存了 2 800 美元。然后这样问问自己："我现在真的想买这只股票吗？"如果你的答案是否定的，为什么还要继续固执地持有它呢？

毫无例外地将损失控制在成本的 7% 或 8%

个人投资者应该明确坚守这样的规则：将每只股票的最大损失限定在初始投入资本的 7% 或 8%。机构投资者通过大量以及广泛投资来降低自己的总体风险，这使得他们无法迅速地买卖股票，因此也就不能遵守这样一个止损方案。而作为灵活果断的个人投资者，你具备机构投资者所不可比拟的优势，好好把握这一优势吧！

哈顿公司（E.F. Hutton）已故的杰拉尔德·洛布（Gerald M. Loeb）当初撰写其最后一部关于股市的著作时曾经来拜访过我，我们愉快地探讨了以上观点。在他的第一部书《投资存亡战》(*The Battle for Investment Survival*) 中，洛布主张在亏损 10% 时进行抛售。我感到好奇，并询问他自己是否也一直遵守 10% 的止损原则。他回答说"我倒是希望自己能够在亏损远没有达到 10% 时就赶紧脱身而出"。要知道，洛布在股市中赚了几百万美元。

佐治亚州亚特兰大市的阿斯托普咨询公司（Astrop Advisory Corp.）的总裁比尔·阿斯托普（Bill Astrop）在 10% 止损方案的基础上稍微做了一些改动。他认为，个人投资者在股价低于买入价 5% 时就应抛出一半股票，而低于 10% 时则应全部抛掉。这个建议是合情合理的。

为了保护自己的血汗钱，我认为亏损的底线应该为 7% 或是 8%。如果你受过严格的训练，并且能够迅速行动，平均总损失不应该超过 5% 或 6%。而如果能将自己的平均错误与损失都控制在这个范围内，投资者则会像对手无法在其面前传球的橄榄球队一样坚不可摧。试想一下，如果没有放弃过多的首次进攻权，你怎么会被过多的首次进攻击败呢？

现在告诉大家一个重要的秘诀：如果通过线图来使自己的买入时机精确定位于合适的价格形态（价格调整区域）上，你的股票就基本上不会比买入价低 8%。一旦超出这个界限，就说明，要么是投资者择股不当，要么就是大盘要开始下跌了。明了这一点，对于你未来的成功至关重要。

芭芭拉·詹姆斯（Barbara James）是一名《投资者商业日报》的订阅者，她曾几次参加我们的讨论会。纵横于房地产生意 20 年后，她开始涉足投资领域，但对股票一无所知。芭芭拉最初只是采用《投资者商业日报》所提供的规则模拟炒股，不错的结果终于让她有信心亲身体验投资的乐趣。当时是 20 世纪 90 年代后期，大盘似乎只会一味上涨。芭芭拉使用《投资者商业日报》规则所买入的第 1 只股票是易安信公司。到了 2000 年将其抛出时，她已经取得了 1 300% 的收益。除此之外，她买入的盖普公司的股票也上涨了超过 200%。现在，芭芭拉通过在过去 10 年间遵循《投资者商业日报》提供的意见所取得的收益已经让她可以自食其力地买房买车了。7% 的止损规则使她能够充分利用市场上涨的优势。而 2007 年秋季股市开始调整之前，她已经买入了 3 只符合 CAN SLIM 原则的股票，它们分别是：芯源系统有限公司（Monolithic Power）、中国医疗（China Medical）以及圣犹达医疗公司（St. Jude Medical）。她说："我都是恰好在中轴点时买入了这些股票，后来又在 7 月和 8 月股市进行调整时被迫将其抛出。我很开心只亏损了 7% 或 8%，多亏了卖出规则，要不然我肯定会倾家荡产，也不能为下一轮牛市积蓄力量了。"

赫伯·米切尔（Herb Mitchell）是另一名《投资者商业日报》的订阅者，他在 2009 年 2 月曾对我们说："买入和卖出规则，尤其是后者，总是屡试不爽。我花了好几年的时间总算将它们参透，其成效也随之开始显现。2008 年的大部分时间里我都在冷眼旁观股市，而我的一些朋友却亏损了至少 50%，个人退休金账户里凭空少了几千美元。对于我在这样的情况下仍能赚取 5% 的利润，他们都由衷赞叹。我觉得自己本可以做得更好，但人就是这样，要在实践中不断学习。"

比如，在 1987 年 10 月崩盘之前，投资者们本来有充足的时间去抛售股票，从而减少损失，因为股票市场调整实际开始于 8 月 26 日。如果你愚蠢到试图通过在熊市中买入股票来救市，那至少要将自己的绝对止损点提高到 3% 或 4%。

使用这一技巧多年之后,随着选股和选时能力的提高,你的平均亏损也会有所降低,并且能够学会跟进那些表现最好的股票。投资者需要花费许多时间,来学习如何在股价上涨时保险地跟进,但这种理财方法能迫使你将资金从涨势缓慢的股票转移到强势股中。我把它称为"强制进食"(参见第11章的内容)。这样一来,你最后会在亏损还不到7%或是8%时就将股票抛出,因为需要在强劲的牛市中筹集资金来追加投资于那些表现最好的股票。

切记:7%或8%是绝对止损底线。必须毫不犹豫地抛售,既不要浪费几天时间去观望,也不要空怀希望认为股价会回升,更不要等到当天收盘时再有所行动。亏损已达7%或8%,这一事实本身才是影响你现在处境的唯一因素。

一旦投资业绩遥遥领先,并取得了不错的收益,你就可以给所买股票多一点空间,使其可以在达到最高价后进行正常的波动。此时,千万不要因为股价低于最高点7%或8%就将其抛出。区分这一点与上述止损底线两者的不同是十分重要的。

在前一种情况下,你的出发点可能就是错的。所买股票的表现未能如你所愿,而且下跌到买入价以下。辛苦赚来的钱开始亏损,且情况可能越来越糟糕。在后一种情况下,出发点是正确的,股票的表现越来越好,你因此也取得了可观的收益。既然如此,就可以在牛市中多给这只股票一些波动的空间,这样,你就不会在市场调整幅度达10%~15%时被淘汰出局了。

但是,也不要在价格过高时买入。问题的关键在于,应该恰好在突破点买入,从而降低股价会下跌8%的概率(具体如何通过线图选股,请参见第2章)。

所有普通股都有投机性和风险

不论其名号、品质、所宣称的蓝筹股身份、以前的优异表现抑或是当前的良好收益，所有的普通股都蕴含着巨大的风险。请牢记一点：即便收益不菲而且分析师们的预期仍然乐观，但成长股可能急转而下。

股市中没有什么事情是肯定的，也不存在所谓保险的股票。任何股票都随时可能下跌，而对其跌幅，投资者则无从得知。

每一笔50%的损失都是从10%或是20%开始的。鼓起勇气将股票抛出，并心甘情愿接受亏损，这是投资者保护自己不遭受进一步损失的唯一方法。你应该果断抉择并迅速行动，要想取得巨大成功，就要学会如何做出这样的决定。我认识很多受过良好教育以及才思敏捷的人士，他们仅仅因为没能即时抛出并止损，便被汹涌的股市彻底吞没。

当你的股票表现不佳，而且亏损幅度超过10%时应该怎么做？每个人都可能碰到这种情况，而这是提醒投资者必须抛出股票的更为危险的信号。股票陷入非正常的窘境，因此下跌速度及幅度也都超出往常。2000年的崩盘使得很多投资新手损失惨重，更有甚者则倾家荡产。如果他们能够遵从我们之前讨论过的简单易行的卖出规则，就能够保住大部分资金。

依据我的经验，表现不佳且亏损非常严重的股票确实都是一些失败的选择，投资者应该果断将其卖出。这时，股票本身或是股市大盘肯定出现了严重的问题，而将股票卖出以避免日后的灾难则成为当务之急。

请记住，如果股价下跌了50%，下一只股票就只有取得100%的利润才能刚好弥补亏损。而买到价格翻倍股票的概率又有多大呢？空怀希望的同时损失却越来越大，你根本无力承受这样的结果。

认为下跌的股票一定会再一次上涨，这样的误解非常危险。因为很多股票根本不会东山再起，而另外一些则要经历几年的时间才能重整旗鼓。1964年，美国电话电报公司的股价创下75美元的新高，之后却一蹶不振，直到20年后才重新上涨到这一价位。不仅如此，当熊市中标准普尔500指数和道琼斯工业指数下跌20%~25%时，很多股票的跌幅则会达到60%~75%。

如果像 2008 年那样，标准普尔 500 指数直接跳水 52%，一些股票甚至可以下挫 80%～90%。谁又能想到，通用汽车的股价会从 94 美元跌至 2 美元呢？汽车产业对于美国而言至关重要，但如果它想要在竞争激烈的国际市场中分到一杯羹，则需要认真、彻底的改革，在此期间可能还会伴随着破产的发生。1994～2008 年，在这 14 年间，通用汽车股票的相对价格强度线一直在逐步下降。如果印度和中国将来也将汽车销往美国，它们的汽车每加仑汽油能运行 50 英里，但价格却更为便宜，通用汽车又该怎么做呢？

趁着损失尚小时果断地将股票卖出，这是防止在股市中遭受严重亏损的唯一途径。一定要保护好自己的口袋，这样才能保存实力，到达投资成功的彼岸。

2000 年，很多投资新手错误地认为科技股一定会重新回升，自己应该做的就是在每一次下跌时不断买进，这样就可以轻松赚到钱了。这是业余投资者采取的战略，而且几乎总会带来巨大损失。半导体以及其他科技类股票的波动性和风险都是其他股票的 2～3 倍。所以，若选择投资于这些股票，迅速行动并减少损失就显得格外重要了。如果你只买入了高科技股票，或者其权重很大的话，一定要迅速止损，否则就是自找麻烦。

除非愿意及时止损，否则千万不要将赚取的利润进行再投资。若是执意不肯，你很快就会被股市打击得体无完肤。如果你从经纪人那里收到了追加保证金通知（这时，要么决定抛出股票，要么在账户中追加资金从而弥补股价下跌所造成的损失），请不要再继续浪费金钱了。应该卖出一些股票，并意识到股市和经纪人向你传达的不利信息的严重性。

止损正如买保险

这一控制损失的策略与缴纳保险费很相似，应该将风险降低到自己恰好可以接受的水平。是的，你卖出的股票经常会重新上涨，这也确实很让人懊恼。但是，当这种情况出现时，千万不要认为自己做错了，这一极度危险的想法最终会令你陷入困境。

应该这样考虑问题：如果去年给车买了份保险，却没有任何意外发生，你会觉得自己在浪费钱吗？今年是否还会买同样的保险呢？当然会了！你为自己的房子或是公司投保了吗？如果它们都没有遭遇火灾，你会觉得自己做了糟糕的财务决定从而感到沮丧吗？并非如此。购买火险并不是因为知道自己的房子肯定会着火，而只是以防万一，保护自己不遭受或将发生的严重损失。

成功的投资者迅速地止损，个中道理莫非如此，这是防止出现可能无法挽回的更大损失的唯一方法。

如果你的犹豫不决令某一亏损增加到20%，那就需要赚取25%的利润来弥补损失。依此类推，若等到亏损达到25%，就需要获得33%的利润，而一旦亏损了33%，则必须有50%的利润才能回到原来的状态。等得越久，结果就越糟糕，所以千万不要摇摆不定。应该迅速行动，将所有可能错误的决定都扼杀于萌芽之中。还要给自己制定一些严格的行为准则，并时刻遵从抛出规则。

一些投资者甚至会让股市中的损失影响到自己的健康。在这种情况下，最好还是卖出股票并不再担心。我就认识一位股票经纪人，他在1961年宾士域下跌时以60美元的价格买入。宾士域从1957年开始就是市场中的超级领军股，在此期间股价上涨了20多倍。而当它的股价下跌到50美元时，这位股票经纪人继续跟进，跌至40美元时，他再次增持。

最后，当股价降为30美元时，他却在高尔夫球场不幸辞世。

历史与人性总是在股市中不断重复。2000年秋天，很多投资者都犯了一个同样的错误：他们在思科系统（之前牛市中的领军股）从最高价87美元一路下跌到70美元、60美元、50美元的过程中不断买进。7个月后，思科系统的股价跌至13美元，对于那些在70美元的价位买入的投资者来说，跌幅达80%。这个故事告诉我们：永远不要违逆股市，健康的身体以及平和的心态永远比任何股票都重要。

少许的损失就像廉价保险，也是能够为自己的投资所购买的唯一保险。在很多情况下，股票在卖出后会重新上涨，即使这样，你也已经实现了尽量降低所有损失这一重要目标，而且仍有资金去尝试别的股票，说不定还会发现一只牛股。

迅速止损，缓慢收利

有一句古老的投资谚语这样说道：股市中的第一笔损失总是最小的。在我看来，做出明智投资决策的方法在于，应该一直（没有任何例外）迅速止损，缓慢收利。但是，大多数投资者却反其道而行之，把利润迅速收回，而止损的步伐却迟迟不至。

采取我们之前讨论的方法，购买股票的实际风险是多少呢？严格遵守这一准则，不论买入什么股票，风险都止步于8%。尽管如此，大多数投资者还会固执地问："与其将股票卖出并承受损失，我们不应该观望一下吗？"或者问，"一旦不常见的情况发生，利空消息的突然来袭导致股价下跌怎么办呢？"有些人还会问："止损原则总是适用吗？有没有什么例外？比如，某一公司推出了一个不错的新产品。"答案是：没有任何例外。投资者的处境不会因为上述问题发生任何改变，你必须时刻保护自己辛苦赚来的血汗钱。

让亏损放任自流，这是几乎所有投资者犯过的最为严重的错误。你必须接受这样一个事实：人们在选股和择机方面经常会犯错，即使是经验最为老道的专业投资者也不例外。夸张一点来说，如果不想迅速收手并控制自己的损失，那么你压根儿就不应该购买股票。你会在没有刹车的情况下就在街上开车乱跑吗？作为一名战斗飞行员，你会不准备降落伞就加入到战斗中去吗？

应该摊低股票的成本吗

股票经纪人最不专业的行为就是，在股价下跌时没能及时通知客户，而客户此刻却最需要得到帮助。处境困难时逃避责任，这是没有勇气来应对压力的表现。更为糟糕的是，经纪人还可能会建议客户"降低每股成本"（继续买入已经有所亏损的股票）。如果我的经纪人这样建议的话，我就赶紧关闭账户，另寻高人。

每个人都喜欢买进股票，没人喜欢抛售。只要持有股票，就希望它至少上涨到使自己盈亏相抵的价位。可是一旦抛出，所有的期望都付诸东流，你也必须面对暂时失败这一冰冷的现实，而投资者总是宁可空怀希望也绝不接受现实。了解情况、迅速行动肯定要比守株待兔或是胡乱猜测好。你当然希望股价可以上涨，从而使自己至少可以不赚不赔，但市场的行为以及残酷的现实完全不会理会这一想法。要知道，市场只会遵守供求法则。

一位伟大的证券交易人曾注意到市场中只有两种情绪：期盼与担心。他补充道："唯一的问题在于，我们在该担心的时候充满希望，却又在应该怀抱希望时畏惧不前。"这句话的确是1909年和2009年股市的真实写照。

火鸡的故事

很多年前，《成败之因》（*Why You Win or Lose*）的作者弗雷德·凯利（Fred C. Kelly）给我讲过一个故事，它完美地诠释了需要做出抛售决定时普通投资者的想法。

一个小男孩在路上遇到了一位想要抓野生火鸡的老人，他设了一个残忍的装置作为陷阱。这是一个顶上有门的大箱子，门由支架撑开，上面还系着一段绳子，与100多英尺⊖外的机关相连。这位老

⊖ 1英尺＝0.304 8米。

人还沿路撒了薄薄一层玉米粒，想要把火鸡引诱到箱子里去。

一旦进到箱子里，火鸡就能发现更多的玉米粒。等上当的火鸡越来越多的时候，他就可以用绳子猛地将支架拉倒，箱子上的门也就关上了。而门一旦关上，他就没办法在远处把它打开了，可是如果走到箱子附近去开门的话，又会吓走藏在外面的火鸡。也就是说，当自己觉得箱子里的火鸡已经达到合理预期时就应该把支架撤走。

一天，这位老人已经抓住了12只火鸡。可是过了一会儿，其中一只跑了出去，箱子里就只剩下11只。"天啊，我真希望在有12只火鸡的时候就拉下绳子，"老人说道，"再等一会儿吧，说不定那只火鸡还会再回来呢。"可是，就在他傻等第12只火鸡回来的时候，又有2只逃走了。老人又说："唉，抓到11只就应该满足了。好吧，这次只要再抓1只就拉绳。"3只火鸡趁机跑掉了，可老人还在空等。要知道，他曾经抓住了12只火鸡，现在当然不愿意拿着不到8只就回家。

老人始终觉得之前跑掉的那几只火鸡会回来。到最后，陷阱里只剩下1只火鸡了，这时他说："我再等一会儿，看看究竟是这只火鸡跑掉还是另一只会进来，之后我就回家。"谁知，剩下的唯一那只火鸡也跑去找它的同伴了，而老人不得不空手而归。

普通投资者的心理与故事中的老人其实没有什么区别。在需要担心所有火鸡都离自己而去的时候，他们却空怀希望，结果是一无所有。

一般投资者的想法

作为一名普通投资者，你可能会保存自己的交易记录。想要抛出股票的时候，则要查看一下当初的买入价。如果赚钱了，你可能会将其抛出，一旦有所亏损，就倾向于继续等待。毕竟，投资股市不是为了赔钱。但是，你应该先把那些表现最糟糕的股票抛出，让自己的花园远离杂草。

举例来说，你也许会决定将麦利亚德基因科技（Myriad Genetics）的股票抛出，因为它取得了不错的收益，但由于通用电气远远低于其买入价而不肯放手。如果思维方式是这样的话，那你就和95%的投资者一样，受到了"成本偏见"的影响。

假设两年前以每股30美元的价格买入了一只股票，而它现在价值34美元，大多数投资者会选择抛售，因为他们已经赚得了利润。但两年前的买入价同股票现在的价值又有什么关系呢？选择持有还是抛售为什么要受其影响呢？关键在于，同你现在或将来可能持有的股票相比，现在这只股票的相对表现如何。

分析自己的行为

为了避免成本偏见，我建议你使用一种不同的方法来分析自己的投资结果，长期投资者更应如此。每一个月末或是季度末，计算一下从上次分析到现在每只股票的价格变化百分比，然后将自己每一项投资按照上次评估以来的相对价格表现进行排序。假设卡特彼勒的股价下跌了6%，美国电话电报公司上涨了10%，而通用电气则下降了10%。这样，就应该将美国电话电报公司排在最前面，之后是卡特彼勒，而通用电气排在最后。到了下个月末或是季度末，再做一次这样的分析。几次之后，你就可以轻松地发现表现不佳的股票了。它们处于分析列表的底端，而表现最佳的股票则会位于或是接近顶部。

这一方法并非万无一失，却可以迫使你将注意力从买入价转移到各项投资在市场中的相对表现上，从而帮你保持清晰的思路。当然，从纳税角度来看，必须保存自己的成本记录，但在对投资组合进行长期管理时还是应该采用更为实际的方法。每个季度进行不止一次的分析，有百利而无一害，而消除成本偏见确实可以令你受益匪浅。

每当要投资某一证券时，都应该判别一下其潜在收益以及可能出现的损失，这样做是绝对合理的。如果某只股票的潜在收益为20%，却可能亏损80%，你应该绝对不会买进吧？但如果不试图使用经过深思熟虑而得出的规则来对这些因素进行判定和操作，怎么知道该不该买入呢？你是否已经将特定的抛出准则记录下来并严格遵守，还是说只是在盲目前行呢？

在有所亏损（低于买入价8%以内）的情况下，我建议你将自己预期的抛出价以及投资的所有证券的预期收益都写下来。比如，一旦所有持有的成长股的市盈率比最初突破其初始价格形态时增加100%以上，你就要考虑将其抛出。

如果将这些数字记录下来，你就可以更轻松地注意到股价什么时候会到达相应的水平。

完全基于成本来做出抛售股票的决定，并且由于无法接受自己选股的轻率以及遭受的损失便在低价时死守不放，这可不是正确的投资之道。实际上，如果是在经营自己的生意，你会做出完全相反的决定。

红色衣服的故事

投资股市着实无异于经营自己的生意。其实，投资本身就是一种生意，你也确实应该像商人一样对待它。假设你拥有一家专卖女性服装的小店，店里摆放着3种颜色的衣服：黄色、绿色和红色。红色衣服卖得很快，绿色的衣服只卖掉一半，黄色衣服无人问津。

你会怎么做呢？你会对采购员这么说吗？"红色衣服全卖完了。黄色衣服看起来没有任何销路，但我还是觉得它们不错。况且，黄色是我的最爱，所以不管怎样，我们再多进一些黄色的吧。"

当然不会了！

能够在零售行业生存下来的聪明商人能客观地看待这一困境，并说："我们绝对犯了一个错误，最好还是处理掉那些黄色衣服。不如搞一个促销，先降价10%，如果还是卖得不好，就降价20%。赶紧把资金从那些没人想要的冷门货中收回，再多购进点店里热销的红色衣服。"这才是一切零售行业的常识，你对投资也采取了这种措施吗？为什么不呢？

作为买方，每个人都会犯错。百货商店的采购员可谓这方面的专家，但即使是他们也有出错的时候。如果你买错了，那就赶紧认清错误，抛售并继续尝试其他选择。想要取得可观的净利润，并不需要时刻做出正确的投资决策。

现在，你应该知道降低风险以及选择最佳股票的秘诀了：不要再去数火鸡了，折价处理掉黄色的衣服！

你究竟是投机者还是投资者

投机者和投资者，这是两个容易被误解的形容参与股市中的人的词语。看到投机者这个词，你就会想到那些承受巨大风险，以某只股票未来的成功作为赌注的人。与此相反，投资者这个词则令你想到那些明智、理性的涉足股市的人。根据这些传统的定义，你可能会认为投资者更为聪明。

但是，巴鲁克却这样定义投机者："投机者一词来源于拉丁文中的'speculari'，意为洞察与观察。因此，投机者就是能够提前洞悉到任何蛛丝马迹并能及时采取行动的人。"这正是你应该做的事情：观察整个市场以及各只股票，从而判定它们的表现，并在此基础上果断行动。

杰西·利弗莫尔是另一个股市传奇人物，他是这样定义投资者的："投资者是一些大赌徒。他们投下一个赌注并坚持下去，而一旦出现任何差池，就会输得精光。"读到这里，你应该已经知道这并不是投资的合理方式。如果某只股票开始亏损，并且跌幅已超过成本的 8%，长期投资也就毫无意义了。

以上定义与你在《韦氏词典》中所读到的可能有所出入，但是更为准确。请记住一点，巴鲁克和利弗莫尔曾多次在股市中赚取上百万美元，至于那些词典的编撰者，我就不得而知了。

我的目的之一在于，令你质疑那些曾经听说过或是使用过的很多错误的投资理念、信条或是方法，其中就包含正确理解投资的含义。有关股市及其运作方式，还有如何股海弄潮，外界有太多的错误信息，投资者应该学会对其进行客观的分析。不要再盲目听信朋友、同事以及频繁出现在每天电视节目中的各类专家的个人意见，行动更不要受其影响。

为什么不进行多样化投资呢

广泛的多样化可以弥补知识的匮乏。这听起来不错，很多人也都建议这样做。可一旦碰到糟糕的熊市，所有股票几乎都会下跌，其中一些跌幅甚至可能超过 50%，并且永远不会再涨回来。所以，与通过一定规则来保护账户的合理防御方案相比，多样化投资只是一个糟糕的替代品。不仅如此，如果你持有了 20 只或 30 只股票，却只抛出了三四只股票的话，其他股票所带来的巨大损失同样无法弥补。

"我并不担心，我是长期投资者，而且仍然能够拿到分红。"

"我并不担心股价下跌，因为它们都是一些不错的股票，而且我仍能拿到分红。"这些想法是非常危险而又愚蠢的。在错误时机买入的优质股，其下跌幅度可能会同劣质股一样，而且，你持有的也未必就是优质股，可能你只是一厢情愿。

不仅如此，如果某只股票下跌了35%，而你只能拿到4%的红利，在这种情况下仍然坚称自己的投资业绩不错，岂不是很荒谬吗？35%的损失加上4%的收益，你能得到的只是31%的巨额净损失。

要想成为一名成功的投资者，必须面对现实，而不是自欺欺人、空怀希望。没有人愿意承受损失，但为了增加在股市中成功的概率，你不得不面对很多自己不情愿做的事情。形成一些具体的准则以及严格的卖出规则，这样就可以胜券在握。

永远不要丧失信心

在真正伤及自己之前尽快止损的最后一个重要原因是：永远不要丧失决策的勇气。如果在刚刚陷入困境时没能卖出股票进行止损，你可能会轻易失去将来做出买卖决定时所需要的信心。或者，更为糟糕的是，你可能非常有挫败感，以至于最后彻底认输并离开市场，而且永远都不会意识到自己做错了什么，也永远不会有机会改正自己的错误，而是彻底放弃了股市可以提供的所有机会。要知道，股市可是最难能可贵的机遇之一。

华尔街就是每天不断上演的人性的集合。正确买卖股票并取得净利润总是一个复杂的问题。人性使然，不论是专家还是业余人士，股市中90%的投资者都未能做足准备。他们还没有学会判定自己行为的对错，也没能具体学习股票上涨以及下跌的原因。成功与否同运气无关，也并不是难解之谜，更不像一些缺乏经验的大学教授曾经认为的那样，股市是一种"随机漫步"或是有效的市场。

培养优秀的选股能力是要花费时间的，而想要知道如何卖出股票，就要投入更多精力了。正确卖出某只股票实属不易，也最不被人们所理解。若想处理妥当，你需要制定一个止损方案，而且要毫不犹豫地行动。

务请放下自尊和自傲，不要再试图逆市而为，也不要留恋任何给你带来亏损的股票。请记住：并不存在好的股票；如果价格不上涨的话，它们都很差劲，从 2000 年和 2008 年的经验中吸取教训吧。那些采纳了我们抛出准则的投资者都成功地保护了自己的资金，并取得了不错的收益，而那些没能制定或遵守这一准则的投资者则伤痕累累。

| 第 11 章 |

卖出获利策略

这是本书最重要的章节之一,讨论了大多数投资者无法处理妥当的关键问题。所以,阅读时一定要格外认真。普通股和其他任何商品都一样,而作为一名商人,你必须卖出股票才能获利。至于抛售的最佳时机,则应选择在股价仍然上升的阶段。这时,其他投资者都还认为它生机勃勃、前途无量呢。

这一做法看似有悖于人的本性,因为它意味着要在股票表现仍然强势、股价大幅上涨并且有可能带来更大收益的情况下将其抛出。但如果你采取这一策略,就不会在大盘调整幅度高达令人痛心的20%～40%时被套牢了。要知道,这种调整会给市场领军股带来沉重打击,而且也会给你的投资组合施加向下的压力。你永远都不可能正好在最高价进行抛售,所以,如果股价在抛出后上涨的话,千万不要自怨自艾。

应该尽早抛出,否则就会错过机会。你的投资目标在于取得巨大收益,而不应该随着股票的走强而变得兴奋、乐观、贪婪或是失去自制力。记住那句老话:"牛市可以赚到钱,熊市也可以赚到钱,但如果蠢笨贪婪得如猪一般,就只能等着被宰杀了。"

每一个账户的基本目标都应该是获取盈利,而只有将股票抛售以换取资金,才能得到利润。知道何时采取行动才是问题的关键。

伯纳德·巴鲁克在股市中赚取了巨额收益,他说过:"我总是在股价仍然上涨的时候将其抛出，这也是我的财富会经久不衰的原因之一。很多时候，如果继续持有某只股票，我可能会赚得更多，但也可能在股价下跌时被套牢。"

极其成功的国际银行家内森·罗斯柴尔德（Nathan Rothschild）在被问及股市中是否有赚钱的技巧时这样说道："当然有了。我从来不去抄底，而且总是及早抛出。"

作为华尔街上曾经的投机者以及美国前总统约翰·肯尼迪的父亲，乔·肯尼迪（Joe Kennedy）认为："只有傻子才会坚持等到最高价处才放手。应该在某只上涨的股票有机会转而下跌前就全身而退。"而成功的金融家杰拉尔德·洛布则强调说："一旦股价涨至预期范围或是已经被高估，随着价格继续上涨，投资者应该逐步减少所持有的股份。"

所有这些华尔街的传奇人物都相信一点：趁着收益还不错的时候赶紧收手。成功的秘诀在于，电梯上升的时候择机跳出，而在其下降时则避而远之。

必须制定损益方案

要想在股市中获得巨大成功，你需要制定一些明确的规则以及损益方案。20 世纪 60 年代，当我还是海登斯通公司（Hayden Stone）一名年轻的股票经纪人时，就已经制定出本书中所讲到的很多买卖规则了。这些规则帮我在纽约证券交易所取得了一席之地，也使我得以在之后不久成立了自己的公司。初涉投资领域时，我侧重于制定一些买入规则，期望能用它们找到表现最好的股票。但如前所述，我对于这一难题只是一知半解。

在花费两年时间分析了表现最好的 3 只对冲基金之后，我在 1960 年 1 月制定出自己最早的买入规则。当时规模还小的德莱弗斯基金（Dreyfus Fund）最为引人注目，它所取得的收益是其很多竞争者的 2 倍。

我请德莱弗斯将其 1957～1959 年的所有季度报告和宣传资料都寄了过来，并计算了它所买入的每一只新股的平均成本。之后，我又找了一本股价图，把德莱弗斯每一季度所持有新股的平均价格都用红色进行了标注。

观察德莱弗斯买入的 100 多只新股之后，我惊讶地发现：每只股票都是在过去一年中的最高价时买进的。也就是说，如果某只股票连续很多个月都在 40~50 美元来回波动，德莱弗斯就会在其创下股价新高并以 50~51 美元的价格交易时迅速买入。而且，这些股票在创新高前都已经形成了某些特定的价格形态。这一发现给了我两点启示：在股价创新高时买入十分重要，而且，特定的价格形态预示着潜在的巨额利润。

杰克·德莱弗斯是股票线图分析专家

杰克·德莱弗斯是一名股票线图方面的专家，而且颇能审时度势。无论什么股票，他都是基于市场行为来决定是否进行投资，而且只有当股价形成合理的价格形态后又创下新高时才加以买进。那些忽略真实市场行为（供给与需求），并且仅仅依赖个人的基础分析意见的竞争者都只能在他面前溃不成军。

在早期的市场黄金期，杰克的研究部门里只有 3 个年轻的土耳其人，他们负责把几百只上市股票当天的价格和成交量变动绘制到很多超大型的股价图上。有一次，我拜访德莱弗斯的纽约总部时曾看见过这些线图。

不久之后，由波士顿的富达投资集团所管理的两只小型的基金也采取了相同的投资策略，并取得了杰出的成绩。其中一个基金由小内德·约翰逊（Ned Johnson, Jr.）负责，另外一个则由蔡杰瑞（Jerry Tsai）负责。德莱弗斯和富达基金买入的股票，其季度收益几乎都会有强势的上涨。

以下是我在 1960 年制定的买入规则。

（1）集中注意那些股价超过 20 美元，并至少受到一些机构投资者认同的上市股票。

（2）所要投资公司的每股收益必须在过去 5 年中每年都有所增长，而且其当季收益至少上涨了 20%。

(3）当某只股票突破了合理的调整以及价格巩固阶段后，正在或将要创下价格新高时，应该迅速买入。与此同时，日成交量应该比该股票的平均水平至少增加50%。

在全新买入规则的指导下，我买入的第1只股票是1960年2月的环球火柴（Universal Match）。它的股价在16周内翻了一番，但我没有足够多的资金进行投资，所以没能赚到什么钱。我当时刚刚开始股票经纪人的生涯，还没有很多客户。而且，紧张的情绪让我过早地就把股票抛出了。同年晚些时候，我依据精心制订的计划又选了3只股票，分别是宝洁公司、雷诺烟草公司（Reynolds Tobacco）和米高梅公司（MGM）。它们同样涨势喜人，但由于资金有限，我仍旧没能赚到大钱。

大约在同一时期，我参加了哈佛大学首届管理发展研修课程（PMD）的培训。利用工作之余在哈佛的短暂时光，我在图书馆阅读了很多商业及投资方面的书籍。其中最好的一本是杰西·利弗莫尔所著的《股票大作手利弗莫尔谈如何操盘》⊖。这本书告诉我，投资者在市场中的目标并不是做出正确的决定，而是凭借正确的决策赚取巨额的财富。

杰西·利弗莫尔和金字塔操作策略

读过《股票大作手利弗莫尔谈如何操盘》之后，我接受了利弗莫尔的金字塔操作策略，也就是说，当股价在买入后上涨时，继续跟进。"提高平均成本"是指，在最初买入股票后，股价上涨时继续买进的一种策略。一般来说，最初购买股票时恰好选择了正确的中轴点或是买入点，并且股价在初始买入价的基础上上涨了2%或3%的情况下，上述方法才适用。很重要的是，我对那些表现不错的股票进行了逐次递减的跟进策略，以便集中注意那些看起来

⊖ 此书中文版已由机械工业出版社出版。

是正确的选择。如果决定失误，某只股票跌至买入价以下的某一水平时，我就会将其抛出从而止损。

上述策略同大多数人的投资方式有很大区别。他们会选择降低平均成本，也就是说在股价下跌时继续买入，以此来降低每股的成本。但是，为什么要将自己辛辛苦苦赚来的钱投资于那些表现不佳的股票呢？

吃一堑长一智

1961 年上半年，我所制定的规则和方案都取得了很好的成绩。当年买入的一些强势股包括大西部金融集团、宾士域、科麦奇（Kerr-McGee）、皇冠瓶盖公司（Crown Cork & Seal）、AMF 公司以及瑟登帝。可是到了夏天，它们的表现却都不尽如人意了。

我在正确的时间选择了正确的股票，并且采取金字塔策略进行了几次跟进，所以取得了不错的收益。但是，当股价转而下跌时，我却死守不放，眼睁睁地看着自己的钱一点一点地消失。如果你在投资领域摸爬滚打过一段时间，我打赌你肯定明白这是什么意思。要想取得真正的收益，就必须面对并解决这一问题。而稍有懈怠就会输得很惨，造成难以接受的损失。在一年多时间里，我在选股方面做得非常精准，但最后也只是盈亏相抵。

我变得非常沮丧，因而集中精力在 1961 年后半年中仔细分析了我在上一年中的每笔交易。与医生验尸以及民用航空局进行事故后的调查一样，我用一只红笔在线图中标出了每一次买卖的具体时间，之后又找出了大盘平均走势图，并将两者加以比较。

问题最后变得非常明了：我虽然知道怎样选择最佳的领军股，却不知该在何时将其卖出以获取利润。我对于抛售没有任何概念，甚至从来没有考虑过该在什么时候卖出股票并真正赚到钱，我真是一个十足的笨蛋。我的股票就像溜溜球一样不断地上涨、下跌，账面收益却惨不忍睹。

比如，对于瑟登帝这家生产房屋装饰用品的建筑材料公司，我的处理方式就特别糟糕。我当初以 20 美元左右的价格买入了它的股票，但是，大盘后来的一次疲软把我吓住了，在只取得 2%~3% 的收益时就赶紧将其抛出，但瑟登帝的股价之后却上涨了 2 倍。我选择了正确的时机进行投资，却因为没能认清形势而无法抓住这一绝佳的赚钱机会。

日后的实践证明，对瑟登帝和其他一些我曾处理不当的交易实例进行分析是十分关键的。它让我看到了那些需要改正的错误，从而踏上通往成功的正确轨道。你是否曾对自己的每一次失败进行分析并从中吸取教训呢？很少有人会这样做。但如果不认真审视自己以及曾在股市中做出的错误决策，你将会犯下可悲的错误！只有知道自己做错了什么，才能更好地进行投资。

这就是成功者与失败者的区别，不论在市场上抑或是生活中都是如此。如果你曾遭受过 2000 年或是 2008 年熊市的伤痛，千万不要沮丧不堪而心生退念。把自己的错误在线图中标明，并写下一些新规则。这些规则可以帮你改正错误，并避免那些浪费时间与金钱的投资行为。这样一来，就可以充分利用下一轮牛市的机会了，而未来的美国会有很多牛市等待着你。要知道，你不是一个永远的失败者，除非彻底放弃或是像大多数政客那样怨天尤人。如果能按照我的建议去做，你的整个人生可能会彻底改变。

美国前国务卿科林·鲍威尔将军曾说过："成功没有什么秘诀，它只靠充分的准备、辛勤的汗水以及以史为鉴的精神。"

修正后的损益方案

我通过分析发现，成功的股票在突破合理的价格形态后趋于上涨 20%~25%，之后一般会下跌并形成新的价格形态。当然，在有些情况下还会继续保持其上升的态势。明确了这一点之后，我就给自己制定了一个规则，恰好在中心买入点买进股票，而且当股价上涨 5% 后就不再采取金字塔式的跟进买入策略。然后，等股票上涨了20%并继续上扬时将其抛出。

但是，瑟登帝的股价在仅仅2周内就上涨了20%。这一类型的超级牛股就是我梦寐以求的赚钱良机。因此，我给"20%处卖出规则"制定了一个绝对重要的例外：如果某只股票非常强势，能在仅仅3周内便增值20%，就必须至少持有8周才行。之后再分析一下，看看是否应该继续持有到6个月，以便取得长期资本收益（美国当时以6个月作为长期资本收益的界限）。如果股价低于买入价的8%，就将其卖出并承受既已造成的损失。

以下是修正后的损益方案：赚取了20%的利润时收手（除非是最为强势的牛股），并且在股价低于买入价的8%以前就进行止损。

这一方案有几个不错的优点。首先，即使错误的决定比正确的多一倍，你也不会陷入财务危机。不仅如此，当你选择了正确的股票，并在股价上涨了几个百分点后想要小幅跟进，经常会不得不抛出某一拖后腿或是表现不佳的股票。这样一来，投资于那些涨势缓慢的股票的资金就会被迫转向那些表现优异的股票了。

几年以后，我几乎总是在最初买入的股票上涨2%或2.5%时迅速进行第一次跟进。这就降低了因为犹豫不决而导致股价上涨5%~10%时才进行买进的概率。

看似做出正确决定的时候，一定要继续跟进。当台上的拳击手总算找到机会给对手有力一击时，为了取得胜利，他必须利用这一优势继续出击。

卖掉那些拖油瓶，并将收益投到表现优异的股票中，就可以使资金得到更为有效的利用。年景好的时候，你能赚取两三笔20%的利润，而无须因为某只股票正在形成全新的价格形态，便在很多漫长而毫无收益的调整期中让资金"赋闲在家"。

3~6个月中赚取20%的收益可远比花费1年才取得相同的结果要有效得多。一年之内两笔20%的利润就相当于取得了年利率为44%的收益。经验丰富以后，你就可以使用全额保证金来进行投资（保证金账户中的购买力），并把自己的收益率提高到近100%。

如何研判大盘走势

通过分析每一个由于无知而犯下的导致亏损的错误，我观察到另外一个令自己受益匪浅的发现：我买入的大多数市场领军股之所以会由涨变跌，是因为大盘开始了跌幅至少为10%的下挫。这一结论使我最终发现并形成了本书中所讨论的，如何解读股市大盘每日平均股价和成交量线图的方法，我们也因此得以研判大盘的真实发展趋势以及变动方向。

3个月后，到了1962年4月1日，遵守卖出规则迫使我将股票全部抛出。当时，我手头上只有现金，而且完全不知道市场在那年春天会经历一次大规模下跌。这一点非常奇妙：规则会迫使你全身而退，自己却浑然不知事情会变得多糟糕，只是清楚因为股价下跌因而进行了卖出，但你早晚会体验到这一做法所带来的益处。2008年就是这样，卖出规则迫使我们收手，但我们自己却对即将到来的危机毫不知情。大多数机构投资者深受其害，因为它们的策略是进行完全投资（95%～100%）。

1962年早期，我读完了埃德温·勒菲弗（Edwin LeFèvre）所著的《股票大作手利弗莫尔回忆录》(Reminiscences of a Stock Operator) ⊖，惊讶地发现，勒菲弗在书中具体描述的1907年市场恐慌与1962年4月的市场形势竟是如此相似。由于手头上只有现金，而且对于道琼斯指数所进行的每日分析表明市场当时处于疲软状态，于是我开始卖空瑟登帝、亚塞德（瑟登帝早期的一个跟随竞争者）等类似股票。这一做法还令我同华尔街海登斯通公司的总部闹得很不愉快。因为海登斯通公司刚推荐客户买入瑟登帝的股票，我却到处告诉大家应该做空。同年晚些时候，我又以40美元的价格卖空了考维特的股票。这些做空的交易都给我带来了可观的收益。

⊖ 此书中文版已由机械工业出版社出版。

1962年10月，古巴导弹危机期间，我再一次将股票全部卖出。而面对肯尼迪总统实施的海上隔离措施，苏联不得不妥协的一两天后，道琼斯工业指数就有所回升。根据我的投资新策略，这预示着大盘要强势上扬。之后，我就在新一轮牛市中以约58美元的价格买入了第1只股票，即克莱斯勒，它当时已经形成了经典的带柄茶杯形的价格形态。

整个1963年，我都严格遵照自己的规则进行投资。这些规则应用得非常成功，以至于当年我所管理的表现最"差"的一个账户也取得了115%的收益。这是一个现金账户，而其他那些使用保证金的账户则赚取了好几倍的利润。当然，确实有很多股票有所亏损，但幅度都比较小，介于5%～6%。而由于我们在正确的时候仔细谨慎地采用了金字塔策略集中投资于那些表现优秀的股票，因此利润相当可观。

当初，靠着从工资里攒下的4 000～5 000美元和借来的一点钱，外加全额保证金，我成功地选取了3只齐头并进的股票：1962年下半年卖空考维特，买进克莱斯勒，并在1963年1月用克莱斯勒带来的利润以100美元/股的价格买入先达。8周后，先达上涨了40%，于是我打算将这只强势股持有至6个月。到了1963年秋季，利润已经超过200 000美元，因此，我决定在纽约证券交易所购买一个席位。所以，永远不要让任何人告诉自己有什么事情是难以做到的。只要你愿意研究曾犯下的错误并从中吸取教训，而且制定出能帮助自己改正错误的新规则，就可以学会如何明智地进行投资。如果你意志坚定、百折不挠，并且愿意勤奋努力，为美好的明天潜心准备，这将是一个千载难逢的机会。任何人都可以实现自己的梦想。

对于我来说，无数个漫漫长夜的研究让我制定出一些精准的规则和方法，以及一个最终得以成功应用的投资方案。我们依靠的不是运气，而是毅力与汗水。你总不能指望每天晚上看看电视、喝喝啤酒或者跟朋友们聚会玩乐，最终仍能找到像股市或是美国经济这类复杂问题的答案吧。

在美国，任何人都可以通过自己的努力实现所有梦想。不存在任何限制，成败与否只取决于你的欲望和态度。无论来自哪里、外表如何或是毕业于什么院校，这些都无关紧要。你完全可以改善生活与未来，并实现自己的梦想，而过程伊始并不需要多少资金。

偶尔遇到挫折时，千万不要放弃，而要重新振作起来，并更加认真、努力地前行。朝九晚五后的刻苦钻研与周末的锲而不舍，这些辛勤的汗水必将在最后为你带来回报，助你笑傲股市并实现自己的目标，而那些不肯付出的人，则只能错过可以彻底改变人生的绝佳机遇了。

卖出股票时应牢记两点

逐条分析重要的卖出规则之前，请先记住以下两点。

首先，选择正确的买入时机能够解决大部分股票抛售问题。当股票从合理的日线图或周线图价格形态突破出来后选择恰当的时机买入，而且千万不要在价格超过正确的中心买入点 5% 时继续跟进，如此一来，你就可以从容应对很多正常的调整阶段了。牛股很少会比正确的中心买入点低 8%。实际上，大部分强势股的收盘价都不会低于其中轴点。因此，尽可能在接近中轴点处买入股票就变得相当重要了，这一做法还能帮你在损失达到 8% 以前赶紧将股票卖出。当某只股票仅下跌 4% 或 5% 时，你可能就已经意识到某方面出现了问题。

其次，在牛市中买进股票后，当心那些报价机或是电脑上显示的大规模卖出行为。这种卖出可能只是暂时的，而且是因为一时冲动或是信息不足造成的，其规模也未必有看起来那么大（同过去的成交量相比）。那些表现最为优异的股票可能会突然出现持续几天或是一周的大量卖出，这时应该利用周线图来获取一种全局视角，从而避免在正常的调整阶段被吓倒或是淘汰出局。实际上，在 40%~60% 的时间里，某只强势股可能会下跌到甚至稍微低于买入价水平，以此来考验投资者。但除非买入成本过高，否则，股价不会低于买入价的 8%。如果你犯了太多的错误，而且看似没什么股票能赚钱，检查一下自己是否在高于正确买入点 10%、15% 或是 20% 时买入了很多股票。选取股价逐步攀升时买进的做法很少能够成功，投资者不应在自己变得越来越激动时做出买入股票的决定。

卖出股票的技术性征兆

通过研究那些最为强劲的牛股以及市场本身如何达到最高点，我发现，当某只股票涨至最高点后转而下跌时，会出现以下情况。你可能也注意到了，卖出规则基本不会改变股票最为根本的方面。很多大户会在利润表出现问题之前就赶紧收手。如果这些聪明人已经将股票卖出了，那么你也应该这样做。当机构投资者开始大规模清仓时，个人投资者很可能会吃亏。选择股票时，你看重的是一些基本方面，比如收益、销售额、净利润、股本回报率以及推出的新产品等，但很多股票却在收益上涨 100%，而且分析师都预测其会继续创下股价新高时下逆势而下。

1999 年，我在嘉信理财集团的股价涨至最高点并出现消耗性缺口时将其抛出。而同一天，一家美国最大的券商却预期该股票能继续上涨 50 个百分点。实际上，我都是在股价继续上涨且市场未受任何影响时将自己买入的那些最为成功的股票卖出的。一鸟在手胜过双鸟在林。因此，必须依据不寻常的市场行为（价格以及成交量变化），而不是来自华尔街的个人观点，来做出卖出的决定。千万不要再听从那些个人见解了。由于我从未在华尔街工作过，因此，也不曾被这些不同的声音所影响。

你可以寻觅市场中的很多信号来判别某只股票何时才能达到最高点。这些信号包括最高点附近的价格变化、成交量下滑以及其他一些市场疲软的表现。随着对相关知识的掌握逐渐深入，并不断将其应用到日常的决策制定中，你会更容易发现上述这些征兆。我在股市中所做出的大部分合理决策都归功于这些规则和原则，但投资者刚开始会觉得它们有一定难度。我建议你重新再看一遍第 2 章中关于线图解读方面的介绍，之后再来研究这些卖出准则。

实际上，我曾在数百次研讨会上看到过很多在投资领域取得巨大成功的《投资者商业日报》订阅者，他们大部分人都将本书至少读过两三遍，因为你可能无法在读第一遍时就理解本书的全部奥秘。而那些容易受到外界意见影响的投资者则说，他们会定期阅读本书以帮助自己回到正确的轨道。

顶峰前最后的疯狂

很多领军股会向着顶峰急速前进，疯狂地上涨到最高点。也就是说，在经过多个月的上升之后，突然以飞快的速度持续上涨一两周。不仅如此，这些领军股最后通常会出现消耗性缺口，即在成交量规模很大的情况下，股票在前一天收盘价的基础上向上奋力一跃。接下来，我们会具体讨论牛市中这些以及其他相关的股价达到顶点的征兆（见图 11-1～图 11-11）。

（1）**最大的每日股价上涨幅度**。如果某一股票的价格从其突破合理的价格形态后的买入点开始，持续数月显著提高，并且当日的收盘价比之前上涨阶段中任何一天的收盘价都要高出很多的话，你可就要当心了！这一现象通常发生在接近股价最高峰时。

（2）**最大的日成交量**。股价的最高点可能出现于该只股票开始上涨以来成交量最大的那一天。

（3）**消耗性缺口**（exhaustion gap）。迅速上涨一段时间之后，如果某一股票的价格比多个月前（对于买入时的初始价格形态是该股票所形成的第 1 个或是第 2 个价格形态来说，通常为至少 18 个月；其他情况下则至少为 12 个月）初始价格形态时要高出很多，并且股价又在前一天收盘价的基础上提高了一大截，这一阶段的上扬就已经接近顶点了。比如，长期上涨后，如果某一股票当天以 50 美元的最高价收盘，并且在次日上午以 52 美元的价格开盘并能保持整天的上涨势头的话，就出现了 2 美元的跳空缺口。这就是消耗性缺口的含义。

（4）**顶峰前最后的疯狂表现**（climax top）。如果某一股票近期涨势过于强劲，比如在周线图中已有连续两三周的迅速上涨，或是在日线图上，连续 8～10 天中有 7～8 天强势上扬，赶紧将其抛出。这被称为顶峰前最后的疯狂，此时，股票当周的高低价差几乎总是比多个月前涨势开始之后的每一周的价差都要高。在有些情况下，接近价格顶峰时，股票可能会抵消掉前一周的高低价差，虽然成交规模仍然很大，但当日的收盘价仅有小幅上涨。我把这一现象称为"铁路轨道"，因为你会在周线图上看到两根垂直的平行线。这一迹象说明，尽管成交量持续上涨，但当周的股价却没有什么明显提升。

（5）**出货行为的信号**。长期上涨后，伴随着巨额成交量，股价却毫无起色，这一迹象表明市场出现了出货行为。在那些对市场仍然抱有坚定信心的买家受到强烈冲击之前，赶紧将股票卖出。你还应该清楚，聪明的投资者何时应该取得长期的资本收益。

（6）**股票分拆**。卖出那些在股票分拆后的一两周内仍能上涨 25%～50% 的股票。在有些罕见的情况下，比如 1999 年年底的高通公司，这一涨幅可达到 100%。股价趋于在股票分拆后到达顶点。如果某一股票的价格已经比其初始价格形态高出许多，并宣布要进行股票分拆，在很多情况下，你可以选择将其卖出了。

（7）**连续下跌的天数增加**。大多数股票在转升为跌时，相对于股价连续上涨的天数来说，连续下跌的天数会有所增加。与之前的涨四天，跌两三天相比，现在可能是跌四五天，紧接着只涨两三天。

（8）**上轨道线**（upper channel line）。你应该将那些在大涨之后突破上轨道线的股票卖出（在股价图中，用一条直线连接低价点，并用另一条直线将过去四五个月中的 3 个股价最高点连接起来，由此形成的线被称作轨道线）。研究表明，如果股价向上突破绘制合理的轨道线，投资者应将其卖出。

（9）**200天移动平均线**（200-day moving average line）。在有些情况下，当股票超出其200天移动平均线70%~100%时可以进行卖出，但我几乎从未这样做过。

（10）**当股票从最高点处开始下跌的时候进行抛售。**如果你没能趁着股价仍然上涨时进行抛售，那就赶紧在它从最高点处开始下跌时出手。尽管最初下挫后，有些股票可能会再次反弹。

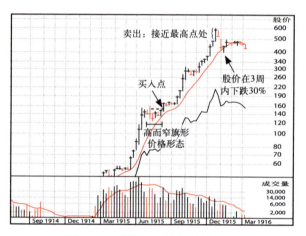

图 11-1　伯利恒钢铁公司周线图

图 11-2　犹他州立安全公司周线图

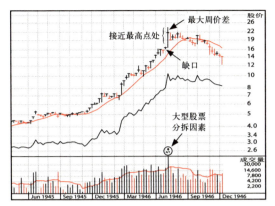

图 11-3　Food Fair 公司周线图

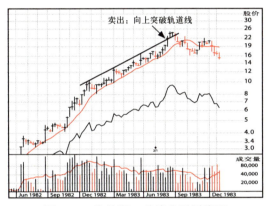

图 11-4　陶普斯口香糖公司周线图

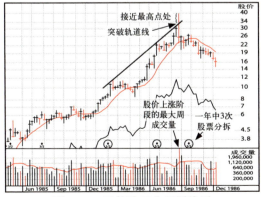

图 11-5　天使冰王公司周线图

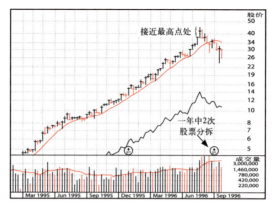

图 11-6　CCA 公司周线图

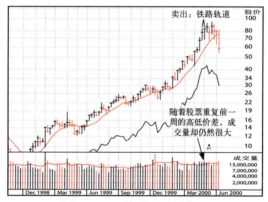

图 11-7　亚德诺公司周线图

图 11-8　人类基因组科学公司周线图

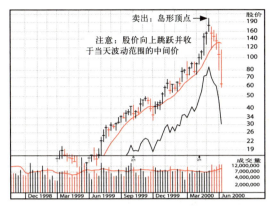

图 11-9　QLogic 公司周线图

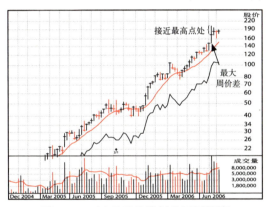

图 11-10　汉森天然饮料公司周线图

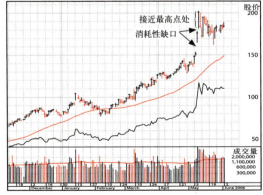

图 11-11　汉森天然饮料公司日线图

成交量萎缩以及其他一些市场疲软的表现

（1）**低成交量情况下的价格新高**。有些股票会在成交量下降时创下价格新高。随着股价的上涨，成交量却有所下降，说明那些持有大量股票的投资者已经对其失去了兴趣。

（2）**收盘价接近于当天的最低价**。借助于日线图中向下的"箭头"也能看出股价快要达到顶点了。也就是说，连续几天的收盘价都是当日波动范围的最低点或是接近这个价格，并完全将当天的涨势抵消掉。

（3）**第三阶段或是第四阶段价格形态**。当股票突破第三或是第四阶段价格形态后创下股价新高时将其卖出。市场对于某一股票的第三次上扬已经基本没什么兴趣了。因为这时，该股票的上升趋势已经过于明显，几乎每一个人都注意到了。而且，这些后期的价格形态通常都是有缺陷的，看起来过于宽松。第四阶段价格形态的失败率更是达到了80%，但前提是你必须能够确定该股票处于第四阶段价格形态。

（4）**股价弱势反弹的信号**。价格接近最高点处出现大量卖出行为时，股价的下一次回升会伴随成交量的萎缩，表明这次反弹不够强劲或者持续时间较短。你应该在这次弱势反弹开始两三天后就赶紧将股票卖出，因为它可能是股价下挫并跌破支撑区域前的最后一次良机。

（5）**从顶点处下跌**。当某一股票从最高价下降8%左右时，研究一下它之前的上涨和下跌过程以及价格顶点。在有些情况下，这一方法能帮你确定涨势是否已经结束，还是说该股票正在经历正常的8%～15%的调整过程。如果跌幅超过了最高点的12%～15%，偶尔也可以考虑卖出。

（6）**相对价格强度较弱**。相对价格强度较弱是卖出股票的另一原因。当某一股票的《投资者商业日报》相对价格强度评级低于70时，考虑一下是否应将其卖出。

（7）**孤胆英雄**。如果同一行业内，没有任何其他重要的股票能够显示出令人信服的价格强度，你就可以考虑将其卖出了。

跌破价格支撑区域

股票当周的收盘价低于既已形成的主要趋势线，这一现象称为跌破价格支撑区域。

（1）**跌破长期上升趋势线**。如果某一股票当周的最后一个交易日的收盘价低于主要的长期上升趋势线，或者在成交量显著增加的情况下跌破了某一关键的价格支撑区域的话，赶紧将其卖出。上升趋势线应该至少连接过去几个月中出现的3个交易日内或交易周内的低价点，基于过短时期所绘制的趋势线是不可靠的。

（2）**最大的股价日跌幅**。如果股票在连续上涨一段时间后突然出现了自上扬开始以来的最大日跌幅，并且其他迹象也表明了下跌趋势的话，你应该考虑是否应做出卖出的决定。

（3）**大规模周成交量情况下的股价下跌**。有些情况下，当股票在出现了几年以来规模最大的成交量后大幅下挫，应该赶紧收手。

（4）**200天移动平均线转而下降**。如果某一股票的200天移动平均线在持续上倾后转而下降的话，考虑一下是否将其卖出。同样，如果股票的价格形态比较弱势，大部分股价都形成于价格形态的下半部分，或者低于200天移动平均线的话，则应在其创下历史新高时卖出。

（5）**股价在10周移动平均线以下徘徊不前**。如果某一股票在长期上涨后跌至10周移动平均线以下，连续8~9周在此范围内徘徊并无法反弹至移动平均线以上的话，考虑一下是否该将其卖出。

其他重要的卖出点

（1）如果你将止损标准定为7%~8%，就应该在股价上涨20%、25%或是30%时将股票卖出获利，而3笔类似的收入加在一起就相当于一共赚取了100%的利润。但是，如果合理的价格形态处的中心买入点出现后，机构投资者的买入量在仅仅 1~3 周内就上涨了 20%，千万不要在收益为 25% 或是 30% 时抛出任何市场领军股。它们很可能将成为你制胜的利器，所以，应该将其继续持有一段时间，以获取潜在的巨大利润。

（2）如果遭遇熊市，不要再通过保证金来进行投资，而要保留更多的现金，并且不应买入太多股票，如果一定要买，也许你应该在股价上涨 15% 时就卖出获利，并将止损标准定为 3%。

（3）为了成功清仓，大型的机构投资者必须找到下家来买进他们的股票。因此，如果某一股票上涨后，利好消息不断并且宣传力度加大（比如，利用《商业周刊》上的封面文章进行宣传），你可以考虑将其卖出了。

（4）如果某一股票令市场兴奋不已，而且每个人都清楚它会继续上涨的话，赶紧卖出，否则可就为时已晚了。杰克·德莱弗斯曾说过："当市场充斥着过多乐观情绪时，应该卖出股票。如果每一个投资者都沉浸在乐观的氛围中，并奔走劝说其他人买进的话，他们其实已经将资金全部投入其中了。这时，这些人能做的只是动动嘴皮子，而无法再继续向上带动市场了。要知道，只有投资者的买入能力才能推动股市。"当你担心一败涂地而其他人尚在观望时，赶紧买入。等到你已经赚到可观的利润，心情大好之时，则应选择卖出。

（5）在大多数情况下，当季度收益增长率已经连续两个季度明显下滑（即低于之前增长率的 2/3）时，应该将股票卖出。

（6）出现利空消息或是传闻时，不要轻易卖出，它们带来的影响可能只是暂时的。有时候，传闻只是用来吓退个人投资者的。

（7）永远都要从自己以往犯过的卖出错误中吸取教训。通过将过去的买卖点绘制在线图中，你可以自己进行后续分析。仔细研究曾出现的过失，并制定新的规则以防止那些曾带来巨大损失或是令你错失良机的错误。这才是明智投资者的成功之道。

何时应该继续耐心持股

何时卖出与何时等待,这两者是紧密相连的。接下来,我们就为你提供一些何时应该耐心持股的建议。

基于对未来一两年收益的预期以及市盈率突破初始价格形态后的变化,如果认为自己能够取得潜在收益,那就买入该成长股。你的目标是,选择恰当的时机买进能带来最可观收益的绝佳股票,并且在明确自己是否做出正确决定之前有耐心继续持股。

有时候,你需要在买入后耐心等待 13 周,以证明某只价格没有任何变化的股票确实是一个愚蠢、失败的选择。当然,前提是它并没有下跌到你的止损防线。在类似 1999 年这样快节奏的市场环境中,如果科技股在大盘持续上扬几周后仍没有明显变动,就应该尽早将其卖出,并把资金投入到那些正在突破合理价格形态,而且基本面出类拔萃的股票中去。

自己辛苦赚来的血汗钱岌岌可危之时,要格外关注大盘形势,并且查看一下《投资者商业日报》中的"大盘分析"专栏,它提供了对于市场平均表现的分析。在 2000 年和 2007~2008 年市场达到最高点时,这个专栏以及我们制定的卖出规则帮助很多《投资者商业日报》的订阅者全身而退,并躲过了毁灭性的市场下跌。

如果选择在市场正处于逐步卖出、接近顶点并转而下跌时买入股票的话,继续持股就会带来很多麻烦。这时,大部分突破都会以失败告终,股票也大都会开始下挫。所以,要与大盘保持同步,千万不要试图扭转处于下跌的市场。

买入新股后,在日线图或是周线图上画一条红色的防御性卖出底线,并明确标明自己愿意进行止损的股价水平(不低于买入点的 8%)。在新一轮牛市的前一两年里,你应该接受股票下跌到这一范围内并继续持有,直到股价触及抛出底线。

在有些情况下，可以将底线提高一些，但不应超过初次买进后第 1 次正常调整中的最低价。千万不要将止损底线提高到过于接近当前股价的水平，这样做会使你在正常的弱势环境中被淘汰出局。

当然，也不能通过提高止损标准来跟进某一股票，否则，你会在不可避免的自然调整阶段中的最低点附近被迫出局。一旦股价高出买入价至少 15%，就应该更为关注遵循什么卖出规则或是制定什么止损价格，以便于在股价仍处于上涨阶段时就将其卖出并获利。

不能允许任何涨幅接近 20% 的股票产生亏损。如果你以 50 美元的价格买进某一股票，而它之后涨到了 60 美元以上（涨幅超过 20%），那么，即使你没能把握住这一时机将股票卖出，也没有任何理由眼睁睁看着它重新回落到 50 美元以下并给自己造成损失。以 50 美元的价格买入，随后坐等其涨至 60 美元后又跌回 50 美元或 51 美元，这会让你感到尴尬，并开始怀疑自己的智商。既然没能把握住最大利润，至少不要再犯第二次错误，给自己带来损失。记住，你的一个重要目标是，将损失降到最低点。

而且，股价大幅上涨是需要时间的。除非该股票遇到了严重问题，或是在后期价格形态中进行了股票分拆并出现最高点前持续两三周的迅速上涨，否则，千万不要在前 8 周时将其抛出。那些在 3 周内便飙升 20% 的股票应被持有 8 周以上的时间，除非它们实力不济，而且不受机构投资者或是大户的欢迎。仅仅在 1~4 周内便强势上涨至少 20% 的股票往往是股市中的佼佼者，它们有能力将股价提高一两倍，甚至更多。如果你持有某一只真正符合 CAN SLIM 标准的市场领军股，在它最初几次下跌至或稍微低于 10 周移动平均线时，试着先不要卖出。取得了不菲的收益后，在跌幅为 10%~20% 的第一次短期调整中，你仍可尝试继续耐心持有该股票。

股票突破合理的价格形态后会大幅上涨，而在之后 80% 的时间中都会跌落到突破价格形态后 2~6 周内的价格。而连续 8 周都持有该股票则会带领你走出卖出的狂风暴雨，并重新看到上涨的趋势，这样一来，你就可以稳操胜券，赚到更多钱了。

记住，你的目标并不是做出正确的决定，而是能够凭借这一决定取得巨大的财富。利弗莫尔曾说过："赚钱靠的不是臆想，而是耐心等待的过程。"既能做出正确决策，又能坐得住板凳的投资者为数不多。要知道，股票大幅上涨是需要时间的。

新一轮股市中的头两年基本上是稳妥赚钱的最佳时机，但你需要有勇气和耐心，而且为了获得可观的利润，还要能熬得住。如果对某家公司及其产品的情况都了解得非常透彻，你就会对其股票格外有信心，这对于守住不可避免而又正常的调整阶段来说非常重要。要想股市中大有作为，必须耐心经受时间的考验，并且遵循一定的规则。

你刚读完本书中最为重要的章节之一。如果能够反复温习，并采取严格的损益方案来进行投资的话，必然可以获益良多，而相比之下，这本书的价格也就不算什么了。鉴于其重要性，你甚至可以每年都重温一次本章的内容。

不懂得如何买卖就无法成为股市中的大赢家。由于遵循了这些经过历史验证的规则，很多《投资者商业日报》的读者在2000年的熊市中收回了他们在1998年和1999年所赚取的大部分巨额收益。而一些态度严谨的学生更是利用这一股价突飞猛涨的机会疯狂地赚了500%~1 000%。同样，2008年，通过辛勤的努力和研究，有更多读者成功地应用了恰当的卖出规则，保护了辛苦赚来的资金，使自己没有淹没于当年第3季度、第4季度发生的下跌狂潮中。

| 第 12 章 |

资产配置策略问题

一旦决定投资于股市，你所面临的抉择就不仅仅是应该买进什么股票，还必须明确如何处理自己的投资组合，应买入多少只股票，将会采取何种投资策略以及最好避免哪种类型的投资方式。

本章和下一章将介绍众多诱人的投资选择和方式，你可以自取所需。其中一些大有裨益，值得一试，而很多其他的方式，要么风险过大而且繁杂不堪，要么会分散你的注意力并且收益较少。不管怎么说，开阔投资视野有益无害，而且还能知道自己应该避免哪些问题。我认为不应把问题搞得过于复杂，简简单单就好。

持有几只股票较为合适

人们常说："不要把鸡蛋放在一个篮子里。"表面看来，这一建议非常合理，但经验却告诉我，很少有人能同时做好两件以上的事情。那些样样皆通，却样样不精的人很难在包括投资在内的任何领域中取得巨大成功。那些神秘难懂的衍生品为华尔街的专家提供的是帮助还是危害？杠杆率不正常地高达 50∶1 或是 100∶1 的做法带来的到底是收获还是伤痛？

如果有一位牙医，他的副业是建筑工程和木匠活，周末又会玩玩音乐、修修车，顺便再兼任一下水管工和会计师，你还敢找他看牙吗？

这一点对于公司和个人都同样适用。对于公司来说，企业集团就是多样化方面的绝佳例证。众所周知，多数大型企业集团的业绩并不怎么样，原因在于，它们过于庞大低效，而且投资过于分散，使其无法有效地侧重于某一方面或是提高自身的盈利能力。20 世纪 60 年代后期兴起的合并狂热过后，吉米林（Jimmy Ling）公司、凌·特姆科·沃特公司（Ling-Temco-Vought）以及海湾西方公司（Gulf + Western Industries）的表现又怎么样呢？美国庞大的企业和政府一样，都会变得效率低下，做错很多事情，并且积重难返。

你还记得很多年前吗？当时，美孚石油公司想要涉足零售业从而实现多样化，因此，它收购了挣扎在死亡线边缘的国有连锁商店蒙哥马利·沃德，但这一做法并未成功。同样，西尔斯罗巴克公司（Sears Roebuck）收购了添惠（Dean Witter）和科威（Coldwell Banker）进军金融业务，通用汽车收购了大型计算机服务公司 EDS。它们如同其他几百个类似的多元化尝试一样，都以失败告终。2000~2008 年，花旗集团又涉足了多少领域以及不同类型的贷款呢？

多元化程度越高，对其中任何一个领域的理解也就越浅，但很多人都进行了过于分散的投资。将鸡蛋放在自己非常了解的篮子中，并进行谨慎地观察，这才是取得最好投资业绩的正常路径。广泛的多元化是否在 2000 年或 2008 年的市场崩溃中保护你的资产不受损失呢？由于误以为自己的投资方式非常安全，当糟糕的熊市开始时，持有的股票越多，你的反应可能就越慢，因此就无法及时卖出股票以收回足够的现金。当股市基本达到顶点时，应该赶紧卖出，如果通过融资来进行投资的话，就立马偿还所借资金，并至少收回一些现金。否则，你之前的收益也就打水漂了。

成功投资者的目标应该是持有一两只大牛股，而不是买进一堆只能带来蝇头小利的垃圾股。虽然承受了一些小额亏损，但有几只股票带来了相当可观的利润，这样的投资业绩要好得多。在股市中广为撒网只是为了弥补自己的无知。1997~2007 年，很多银行购买了包含着广泛分散的 5 000 家房地产的打包贷款，这些贷款都由政府担保，并被认定为 AAA 级资产，但这些银行是否得以保护自己的投资并有所盈利呢？

对于那些资金只有 20 000~200 000 美元的投资者来说，大都应该限制自己只买入四五只精挑细选并对其知之甚多的股票。持有 5 只股票后，面对其他诱惑时，应该用原则来约束自己，并将表现得最不尽如人意的股票卖出。如果仅有 5 000~20 000 美元用于投资，理性来看，最多应持有 3 只股票。而账户里只有 3 000 美元的话，则最多买进 2 只股票。一定要使自己的投资便于管理，因为持有的股票越多，就越难追踪它们各自的动态。即使是那些资产过百万美元的投资者，持有六七只精心挑选的股票也就够了。如果你觉得这样无法安心的话，那就增加到 10 只，但持有 30~40 只股票绝对会带来问题。将精力集中于少数股票才能真正赚到钱，当然，你还需要遵循合理的买卖原则，并看清大盘的真正走势。绝没有任何规则认为，包含 50 只股票的资产组合的跌幅不会超过 50%。

如何逐步扩大自己的投资

在某一阶段内逐步扩大自己的投资是可行的，这是一种有趣的多样化形式。1990 年和 1991 年，我用了很多天的时间来买入安进公司的股票并逐步加仓。只有当最初买入的股票上涨显著的时候，我才会继续跟进以扩大投资。如果市场价格比平均成本高出 20 个基点，而且在合理的价格形态上出现新的买入点的话，我还会继续跟进，但买入量有限，以确保平均成本不会被抬高。

但是，投资新手在尝试这种风险更大、高度集中的方法时应该分外小心，你必须学会如何正确运用这一投资方式，当事情不尽如人意的时候就赶紧将股票卖出以止损。

牛市中，在股价比初始买入价高出 2%～3% 时进行一两次小规模跟进，这样就可以使你的投资组合变得更为集中。但是，当股价高出正确的买入点过多时，千万不要继续买入，否则，相对于其他表现不大成功的股票来说，该只股票的持有份额就凸显不足了。如果采取上述策略的话，你就不会因为所持有的强势股无法为整个投资组合带来可观的收益而感到沮丧。与此同时，卖出那些开始亏损的股票，以避免更大的损失。

上述跟进策略会帮你将资金集中于少数几只表现最好的股票。没有任何体系是完美的，但同那些胡乱分散的投资组合相比，这一方法更为实际，成功的概率也更大。多样化本身无可厚非，但是，千万不要做得太过分。一定要规定可持有股票的最大限度，并严格执行。进行投资决策时，还应该将你所制定的规则随身携带，比如记在笔记本上。是否应该如此而为呢？难道你到现在为止都没有任何具体的买卖准则？那么，过去 5～10 年中，随意投资给你带来了什么样的投资业绩呢？

是否应该长期投资

如果决定进行集中投资，应该选择长期投资，还是更为频繁的交易呢？其实，持有时间长短并不是主要问题。关键在于，在正确的时机选择正确的股票（也就是那些表现最优异的股票），并且无论何时，只要市场或是自己制定的各种卖出规则指引你进行卖出，一定要当机立断。买卖之间的时间或短或长，期限长短完全取决于你的投资准则和大盘分析。如此一来，有些强势股可能会被持有 3 个月，有些可能是 6 个月，还有几只则会坚持 1～3 年甚至更久。而大多数赔钱股票的生命力可就不能同日而语了，一般介于几周到 3 个月之间。任何管理得当的投资组合，都不应该容许损失存在 6 个月以上。一定要让自己的投资组合清爽简洁，并与市场保持同步。记住，优秀的园丁总是会为花圃除去杂草，并修剪衰败的花茎。

长期投资者应知应会的线图使用方法

我在1999年的世通公司，2001年的安然公司，2007年的花旗集团、美国国际集团以及通用汽车公司的周线图上都做了标记（见图12-1～图12-10）。当时，它们清楚地显示出10～15个卖出信号。

为什么必须总要使用线图……请看以下内容。

实际上，如果分析一下更长的阶段，你会看到更多的卖出信号。比如，2004～2006年这3年中，花旗集团在相对强度方面表现得非常不尽如人意，而在此期间，其收益增长率也比整个20世纪90年代要低。监督自己投资标的价格以及成交量变动是值得的，这样一来，你就可以不再亏损，并踏上成功的征程。

是否应该当日冲销

我一直不推荐大家采用当日冲销这种投资方式。所谓当日冲销是指在同一个交易日内买入并卖出股票。这一方法会给大部分投资者带来亏损，原因很简单：你主要是在利用每天股价的微小波动来赚钱，但这要比分析较长时段内的基本趋势难得多。此外，一般来说，当日冲销所能带来的潜在利润不足以抵消交易中的佣金和一些不可避免的亏损。不要急功近利，毕竟罗马不是一天就能建成的。

还有一种类似于短线交易（在股价上涨时买入，并在不可避免的价格回调出现之前抛出）的新型当日冲销方式。采用这一方法，你需要恰好在线图上的买入点处买进股票（正从某一价格形态或是价格调整阶段中突破），并在突破成功后5天左右将其抛出。每隔5分钟更新一次的日线图显示，有时候，形成于某些价格形态（如带柄茶杯形）上的轴点可以反映出该股票正从当天的价格形态中突破。行情看好时，如果能熟练地完成这一操作，投资者就可能获益良多，但也需要耗费很多精力来进行研究以及实践。

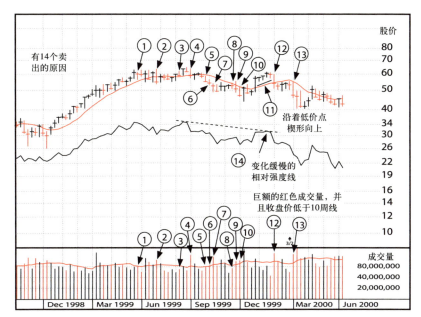

图 12-1　世通公司周线图

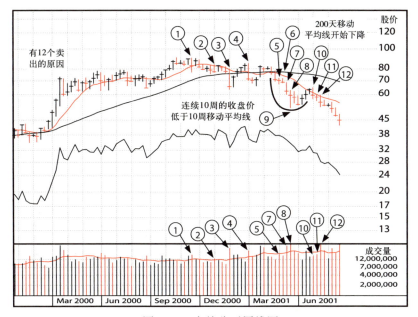

图 12-2　安然公司周线图

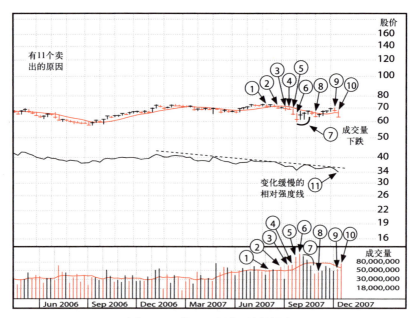

图 12-3　美国国际集团周线图

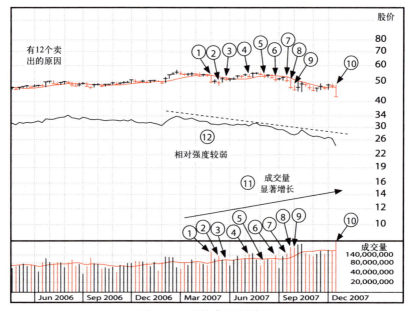

图 12-4　花旗集团周线图

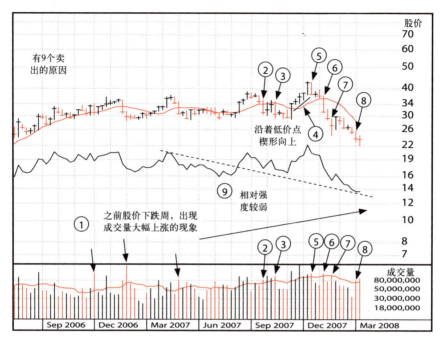

图 12-5　通用汽车公司周线图

是否应该使用融资来进行投资

投身股市的最初一两年,你还在学习如何进行投资,因此为了保险起见,还是应该用现金来进行交易。对于大多数投资新手来说,至少要花费两三年的时间来积攒足够的市场经验(在此期间,你会做出一些糟糕的决策,浪费时间做无用功,还会不断尝试一些不够明智的原则),之后才能取得显著的收益。一旦你积攒了几年的经验,而且制定了合理的投资方案以及一系列严格的买卖准则,就可以考虑通过融资的方式来买进股票了(从你的券商那里借钱买入更多的股票)。一般来说,还在工作的年轻投资者可以选择融资这一投资方式。他们的相对风险要小一点,因为还有更多时间来为退休做准备。

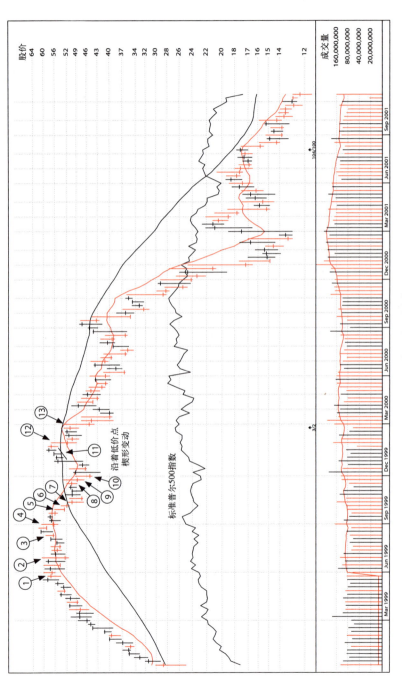

图 12-6　世通公司周线图

第12章 | 资产配置策略问题 313

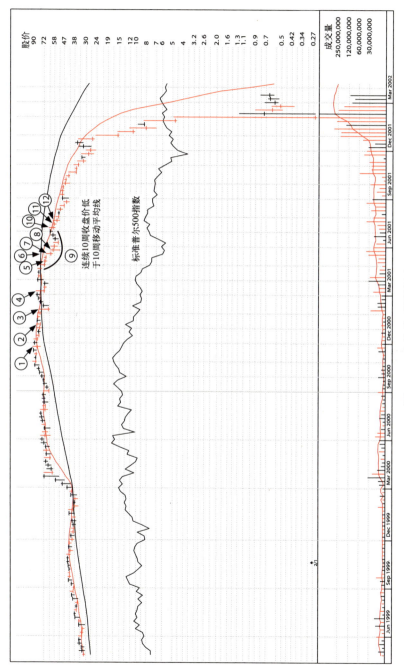

图12-7 安然公司周线图

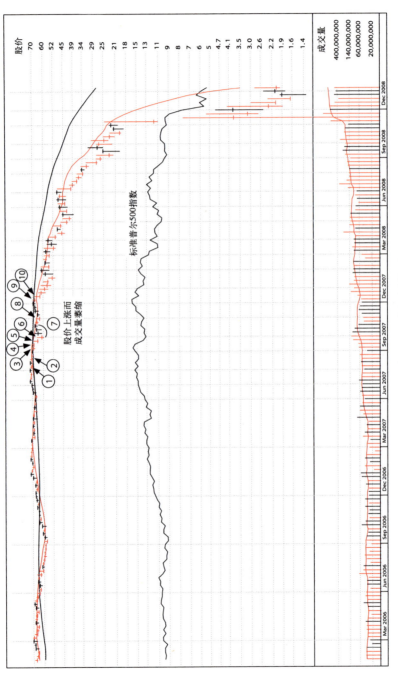

图 12-8　美国国际集团周线图

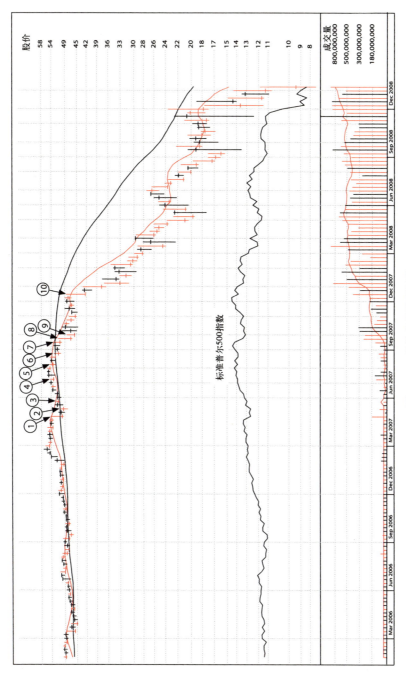

图 12-9 花旗集团周线图

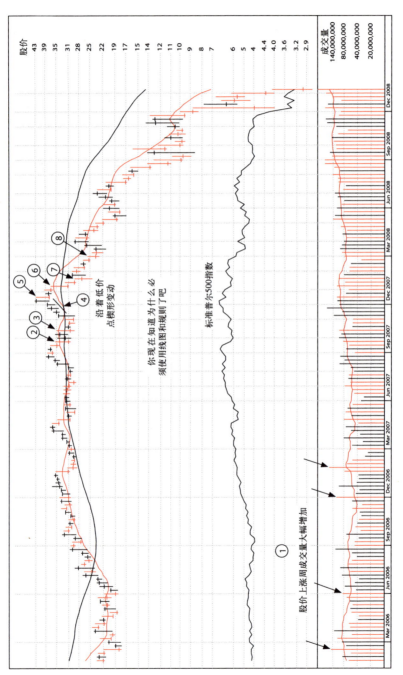

图 12-10 通用汽车公司周线图

融资的最佳时机通常是新一轮牛市的最初两年。一旦发现新的熊市来袭，应当立即收手，并尽可能多地持有现金。必须知道，当大盘下跌、股票开始缩水时，就初始资本的亏损速度而言，使用全额保证金进行投资的方式要比用现金快一倍。这就要求投资者在大盘大规模跳水之初，必须迅速止损，并归还所借资金。如果你使用全额保证金对那些小市值股票以及科技股进行投机的话，50%的股价回调就能让你亏得一分不剩。2000年和2001年年初的时候，一些投资新手就遇到过这种情况。

无须时时刻刻依赖全额保证金。有时候，你手头上可能会有大量现金储备，因而不需要融资。另外一些时候，你会使用现金或是应用一小部分融资保证金来买进股票。当然，在某些情况下，如果你在牛市中真正找到了感觉，可能会使用全额保证金来进行投资。这些都取决于当前的市场状况，以及你的投资经验。我就一直采取融资的做法，对于那些知道如何控制优质市场领军股的买入份额，并且总能凭借应有的原则和常识在需要的时候果断止损的投资者来说，我认为融资投资确实能带来不可小觑的优势。

法律变化无常，而你在融资过程中产生的利息支出可能会有所减免。但是，在某些时候，高额的保证金利息会使原本显著的收益变得非常有限。想要利用融资保证金来交易，还必须同你的经纪人签订一份保证金协议。

千万不要追缴保证金

如果保证金账户内的某一股票下跌了很多，这时，股票经纪人会问你是要追缴保证金还是卖出股票。千万不要选择前者，还是考虑将股票卖出吧。这样的话，你有90%的可能会取得更好的收益。其实市场正在告诉你，你的选择是错的并深受其害，当前的投资方案根本行不通。既然这样，不如将股票卖出以降低自己的风险。我还要重申一点，为什么要不断浪费钱呢？如果股票在追缴保证金之后继续下跌，股票经纪人又来征求你的意见呢？难道你要倾家荡产去支持那些亏钱的股票吗？

是否应该卖空

我做过一些做空股票的研究,并在 1976 年写了一本关于卖空方面的小册子。这本书现在已经不再重印了,但卖空这一问题却还和当初没什么两样。2005 年,在这本书的基础上,我与吉尔·莫拉莱斯(Gil Morales)合著了一本《如何在卖空中获利》。吉尔将我之前那本书进行了重新编排、修正并添加了新的内容。很少有投资者能够理解卖空这一问题,而成功者更是凤毛麟角。所以,一定要仔细考虑这一投资方式是否适合自己。更为活跃、老练的投资者,可以尝试进行有限的卖空。我认为应将手头上 10%~15% 的资金用于卖空,但对于大多数投资者来说,这一比例还是偏高。而且,卖空比单纯的买入股票要复杂得多,而大多数卖空者都曾遭遇套牢,并承受了一定的损失。

究竟什么是卖空?你可以把它想成是一种与正常买进正好相反的卖出过程。卖空时,由于你预期某只股票的价格会有所下跌,因此便将其卖出(而不是买进),即使你不持有这一股票,也可以向经纪人融券。如你所料,如果股价真的下跌,可以通过在公开市场上以较低价买进该股票来平仓,买卖之间的差价则是所取得的收益。如果觉得市场将大幅下挫或是某只股票开始下跌的话,你可以采取卖空策略。首先卖出股票,并希望之后能以更低的价格重新买入。

听起来很简单,对吧?并非如此,卖空策略很少会成功。你认为价格会大幅下跌并对其进行卖空的股票,往往会出其不意地重新攀升。而股价一旦上涨,你就要赔钱了。

一般来说,新一轮大盘下跌初期时进行的卖空通常比较有效。也就是说,必须基于市场每天的平均表现来采取卖空策略。这样一来,你就必须具备以下几种能力:①第 9 章中讲到的,如何解读每天的道琼斯、标准普尔 500 以及纳斯达克指数;②选择那些涨势显著并且早在几个月前就已经达到过顶点的股票。换句话说,交易的时机必须把握得天衣无缝。你的选择可能是正确的，但若过早行动的话，只会被迫在亏损的情况下平仓。

卖空时，必须在损失达到8%时及时止损，从而将风险降到最低。否则的话，风险可就高得没有止境了，因为你选择的股票可能会无限度地上涨。

关于卖空，我的**第1条准则**是：千万不要在牛市中卖空。为什么要与大盘的总趋势唱反调呢？不久之后，你可能就会将本书的建议抛之脑后，决心自己亲自尝试一番，而伤痕累累之后，却得到了相同的结论，正如亲身实践后才真正理解"油漆未干"标志的含义一样。总的来说，应该等到熊市的时候再卖空，这样你成功的概率会更高一些。

第2条准则：当发行量较少的时候，千万不要做空，因为做市商和专业人士很容易就可以把那些市值很低的股票炒高，这被称为"卖空逼仓"。一旦你遇到这种情况，滋味可不好受。更为保险的做法是，做空那些日均成交量至少为500万～1 000万股的股票。

图12-11和图12-12展示了最有利于做空的两个价格形态。

（1）**"头肩部"形态**。股票技术线图上这一价格形态的"右肩"一定要比左肩略低一些。做空的正确时机是右肩处第3次或是第4次价格回升将要结束之时（注意朗讯公司头肩部形态中右肩处的4次价格回升）。其中一次回升会使股价略高于几周前的最高点，从而淘汰掉那些过早行动的做空者。之前的强势市场领军股大幅下跌之后，在右肩的价格低点处可能会出现几次20%～40%的价格回升。股票的最后一次上涨应该穿过其移动平均线。随着成交量的增加，股价不断下跌并低于10周移动平均线，但尚未创下价格新低，这才是卖空的最佳时机。等到股价继续降低，其他投资者也都发现其明显的跌势了。在有些情况下，季度收益增长率会有所下跌，或者收益已经降低了。而且，股票的相对强度线也应该至少连续20～34周明显下倾。实际上，通过对过去50年中典型股票的研究，我们发现，几乎所有成功的卖空模式都出现于强劲的市场领军股明显达到最高点后的5～7个月中。

加州大学洛杉矶分校（UCLA）伟大的篮球教练约翰·伍登曾告诉他的球

员们:"通晓一切后所学到的东西才真正有价值。"一位"通晓一切"的投资者曾写信说,我们是在胡说八道,任何具有相关知识的人都不会在股票达到顶点后 7 个月时进行卖空。确实,很少有人真正明白这一点,而大部分卖空者就是由于选择了太早、有缺陷或是过于明显的时机而以失败告终。图中点 4 时,朗讯正处于顶点后的第 8 个月,之后下跌了 89%。而同样处于第 8 个月的雅虎也随即下跌了 87%。股市中的自大情绪是很危险的,因为它会让你觉得自己的行为很合理。越聪明的投资者,越是不会目空一切。在市场面前要谦卑、恭敬,这是非常重要的。

(2) **突破失败的第三或是第四阶段的带柄茶杯形态或是其他价格形态。**这时,股票的成交量应该增加,并开始在杯柄以下的区域里下跌(参见第 2 章,有关线图解读以及失败的突破方面的内容)。

很多年来,只有当股价比上一次交易有所上涨时才能进行做空。这种上涨是指,每一次交易的价格都要至少略高于前一次(以前规定至少要高 1/8 或是 1/4 个点)。因此,投资者通常是在大盘上涨或是达到顶点时才进行卖空,底线是低于上次交易价 0.25 美元左右。弱势的股票无法上涨,因此可以比前一次交易价低 1 个点或是更多。

图 12-11 朗讯公司周线图

经过认真的研究，美国证券交易委员会撤销了上涨卖空规则。以后，这一规则应该而且可能重新回归，但只上涨一点是不够的，也许要10美分或20美分才行。如此一来，某些股票的波动性就会有所降低，尤其在行情不好，甚至发生恐慌的市场中更是如此。由于大盘在前一年出现了重度下跌，上涨卖空规则也就在随后的1937年初期应时而生了。它要求交易价必须有1/8或是1/4点的上涨才能进行卖空，这相当于12.5美分或是25美分。这样做的目的是，在严峻的市场环境中，减缓股票所遭受的连续打击。

图 12-12　雅虎公司周线图

卖空的一个替代策略是购买看跌期权，这样做不需要遵循上涨原则。你还可以做空很多追踪指数，比如纳斯达克100指数、SMH（半导体指数）或者是BBH（生物科技指数），它们都没有上涨抛空的规定。

卖空必须通过保证金账户进行，所以，之前有必要询问一下经纪人，你能否借入想要卖空的股票。而且，如果卖空阶段股票派发红利的话，还必须将这部分红利支付给那个借给你股票的人。记住：不要卖空那些红利很多的股票。

即使对于专业人士来说，卖空也是很危险的，只有那些更有能力和胆识的人才能在这一领域中一试身手。最后一个忠告：不要仅仅因为股价或是市盈率看起来过高就卖空某一正处于上涨阶段的股票，这一行为难免损失惨重，自食其果。

什么是期权，你应该对其进行投资吗

期权是一种投资工具，你可以通过它购买某种权利，这种权利使你可以在被称之为到期日，以某一确定价格买进（"看涨"）或是卖出（"看跌"）股票、股指或是商品。期权非常具有投机性，并且比普通股具有更高的风险以及更大的价格波动性。因此，大部分投资者都不应买卖期权。成功的投资者首先应该学会如何降低而不是提高自己的风险。如果实践证明，你有能力在普通股中盈利，并且对于投资的理解以及实际经验足够多时，可以考虑使用有限的期权来优化自己的投资组合。

期权就像是赌博，要么赢回全部赌注，要么一无所有。假设你买了一份期限为3个月的麦当劳的看涨期权，支付期权费使你有权在未来3个月内的任何时间，以某一价格买进100股麦当劳的股票。购买看涨期权时，你预期股价会上涨，因此，假设当前股价为120美元，你就会在执行价格为125美元的情况下购买该期权。如果麦当劳的股票在3个月后涨到了150美元（而且你没有将期权卖出），你就可以行使该期权，而25美元的差价减去之前支付的期权费就是所得利润了。相反，如果出乎你意料之外，3个月后股价下跌，你就不会行使该期权，它也就不生效了，但损失了期权费。正如你可能猜想的那样，看跌期权的处理方式与看涨期权类似，只不过，你认为股票的价格不是上涨而是下跌。

使用期权时一定要控制风险

如果确实想利用期权进行投资，一定要限制它在投资组合中所占的份额。

谨慎起见，这一比例不应超过 10%～15%。你还应该采取一定规则，以便明确何时止损。鉴于期权的波动性比股票大得多，止损底线必须大于 8%。如果某一期权的波动频率比其标的股票要快 3 倍，绝对底线可能就要定为 20% 或 25%。从收益角度来看，你最好能遵循一定规则，在收益达到 50%～75% 的时候就赶快收回大部分收益。

期权的很多方面都会给投资者带来挑战。如果期权市场不活跃或是流动性不强导致供求发生了变化，进而又极大影响到期权价格，购买该期权就会带来很多问题。而且，如果仅仅因为标的股票或是大盘的波动性在短期内有所增强，期权暂时人为地被高估，投资者也会遇到很多问题。

只买最好的期权

我很少买期权，可一旦买，就会选择那些标的股票强势并且表现突出，而且收益预期最高的期权，当然，它的期权费也更高。再重申一次，购买那些标的股票表现最佳而不是最便宜的期权。从期权中赚钱的秘诀其实与期权本身没多大关系。必须对标的股票的选择和时机的把握进行分析并做出正确的决策。因此，你可以运用 CAN SLIM 体系，在最佳时机选择表现最好的股票。

如果你采取这一做法并做出了正确决定，期权会和股票一起上涨，只不过，由于杠杆的作用，期权会上涨得更快。

只购买那些以最佳股票作为标的物的期权，可以尽量减少由流动性缺乏所造成的收益下滑（收益下滑是指，想要支付的价格与行使期权时实际支付的价格的差额。股票的流动性越强，收益下滑的幅度就越小）。缺乏流动性（市值低）的股票会带来更严重的收益下滑，而你最后却要为这一行为买单。购买那些标的股票价格低廉、缺乏流动性的期权，就如同在嘉年华游戏中试图把所有的牛奶瓶都击倒，这一游戏本身有可能就是骗人的。卖掉那些标的股票缺乏流动性（市值低）的期权同样也很复杂。

在大熊市中，可以考虑购买一些看跌的股票期权或者标的物为类似标准普尔500指数这样的主要股票指数的股指期权，同时卖空普通股。如果你的经纪人无法融券，卖空会比购买看跌期权难得多。一般来说，在牛市中购买看跌期权是不明智的，既然如此，何必逆势而为呢？

如果你认为某一股票处于上涨阶段并且现在正是买入的良机，那就行动吧，当然，也可以看盘下单购买长期期权。而如果认为是抛售良机，也要迅速出击。与其标的股票本身相比，期权市场的流动性一般较弱。

很多非专业的期权交易者经常在其委托中规定限价。一旦习惯了这样做，他们就会在价格发生偏离时不断修改这一限价。当你为如何修改限价而焦虑不安时，就很难做到保持清醒的判断力和分析视角了。太多不必要的付出和懊恼过后，你还是会执行一些期权的。

总算找到了价格可以翻两番的大牛股后，你却因为在委托中规定了比实际市场价格低1/4点的限价而与其失之交臂。差之毫厘，谬以千里，切忌捡了芝麻，丢了西瓜。

如果某只股票遇到了问题，而你却因为在委托中规定了限价而无法将其及时卖出的话，最后可能会倾家荡产。眼光要放得长远，千万不要因小失大。

短期期权更有风险

购买期权，最好选择6个月左右的长期期权。因为有可能在标的股票有机会大展身手以前，期权可能就到期了，而长期期权则会降低这种可能性。知道这一点后，你认为大部分投资者又是怎么做的呢？当然，他们大都购买30～90天这种短期期权，因为它们不仅便宜，而且价格变动很快，确实！涨得快，跌得也快！

短期期权存在这样一个问题，你可能选择了正确的股票，但大盘却也会陷入暂时的调整中，使得所有股票在期权到期时都有所下跌，而你所购买的全部期权则会由于大盘的变动而遭受亏损。这也是期权的买入与到期日之间应有几个月间隔的原因。

别把期权交易搞得太复杂

请记住一点，使自己的投资越简单越好。千万不要听人忽悠而投机于那些看似高深而又复杂的打包投资方式，如分离期权（strips）、跨式期权（straddles）以及价差期权（spreads）等。

分离期权是指，由一份看涨期权和两份看跌期权组成，并具有相同协议价格、相同期限的一种常规期权形式。而且，期权费比单独购买其中各个期权要低。

跨式期权的期限可长可短。长期跨式期权是指，以同样的执行价格和到期时间来同时购买某一证券的长期看涨期权和长期看跌期权。相对应，短期跨式期权则是指，以同样的执行价格和到期时间来同时购买某一证券的短期看涨期权和短期看跌期权。

价差期权是指以同样的到期时间买入并卖出期权。

仅仅是挑选正在上涨的股票或者期权就已经够难了。如果你对这一问题感到困惑并开始进行对冲的话，很可能会两头亏钱，信不信由你。比如，假设某只股票上涨了，你可能就会蠢蠢欲动，想要及早卖出看跌期权来减少损失。殊不知，该股票随后又转而下跌，这样一来，看涨期权也亏钱了。当然，相反的情况也有可能发生。投资者应该避免这种危险的心理游戏。

应该创设期权吗

创设期权与购买期权完全是两回事。创设股票期权方面，没有什么策略值得我强烈推荐的。

创设看涨期权的人可以得到一笔小额的期权费，作为交换，他必须给另外一个人（买家）以权利，使其能够在一定时期内以某一固定价格从创设人手中买进股票。牛市中，投资者更愿意买入更不是创设看涨期权。行情不好时，则避而远之，或者进行做空。

看涨期权的创设者赚取了小额的期权费，却常常在有效的行使期限内被套牢。如果你持有并对其创设看涨期权的股票遇到问题并大幅下跌会怎么样呢？那一丁点儿期权费根本不足以弥补你的亏损。当然，创设人也可以采取一些措施来避免这一情况，比如买入看跌期权以对冲自己的损失。但如果这样，问题就会变得过于复杂，到头来，可能会两头赔钱。

要是股价翻番了呢？股票会被低价买走，而创设人则为了少许的期权费就丧失了赢取巨额利润的机会。何必为了那一点点收益而在股市中冒险呢？大多数人都不会这样思考问题，但他们在股市中的真实举动却会让你大惑不解。

在我看来，"凭空沽出看涨期权"的做法更是愚蠢透顶。这一做法是指，为了赚取期权费而创设看涨期权，但自己并不持有其标的股票。所以，一旦股价变动对自己不利，创设人就会陷入相当危险的境地。

如果那些没能获得可观利润的大户持有一些自己认为被高估的股票，倒是可以通过创设短期期权来增加少许的收益。但是，对于那些看似可以轻轻松松就赚到钞票的投资方法，我总是抱有怀疑的态度。要知道，股市或是房地产行业中很少会有免费的午餐。

纳斯达克股票的投资良机

纳斯达克股票是通过场外市场而不是证券交易所来进行交易的。得益于 Instinet、SelectNet、Redibook 以及 Archipelago 等众多的电子通信网络（ECN），场外交易市场近年来有了显著的发展。这些网络将不同的买家和卖家汇集在一起，各类订单也可以通过它来进行交易。纳斯达克是一个专业性领域，在其中进行交易的股票大都是由一些朝气蓬勃且尚未有太多建树的公司所发行的。但是现在，即使那些在纽约证券交易所上市的公司也都在纳斯达克市场上进行大规模交易了。而且，20世纪90年代所进行的一系列改革已经将那些曾一度伴随纳斯达克的阴霾一扫而空。

纳斯达克市场上通常会有几百只引人注意的新兴成长股，美国很多最大的公司也都扎根于此。因此，你绝对应该考虑买进一些既受机构投资者追捧又符合 CAN SLIM 原则的优质纳斯达克股票。

无论所投资的股票是在纽约证券交易所还是在纳斯达克市场进行交易，考虑到灵活性和安全性，你都必须保证它们有一定销路，这一点非常重要。日平均成交量庞大并且深受机构性投资者青睐的普通股可以帮你抵御任何难以驾驭的市场行情。

应该在首次公开募股发行时买进吗

首次公开募股发行（IPO）是指某公司首次向公众发行股票。我通常不推荐投资者在这时进行买进，原因主要有以下几点。

每年都会发行种类繁多的 IPO，其中有几只确实表现不俗。但是，机构投资者（那些最早发现赚钱机会的）肯定会争相抢夺这块肥肉，即使你能有幸分到，也只是很小一块。逻辑告诉我们，作为一名个人投资者，如果你能尽情买入，只能说明它们可能根本不值得进行投资。

互联网和一些贴现经纪商使得个人投资者更容易接触到首次公开募股，当然，一些经纪人会对你在公司上市初期的抛出行为做一些限制。在发行 IPO 时进行投资是很危险的，因为你可能在想要脱身时却发现早已无路可退。你可能还记得，1999 年和 2000 年年初时人们对于 IPO 的狂热，一些新发行的股票在前两个交易日内就强势飙升，之后却一落千丈、回天乏术。

很多 IPO 是刻意地压低价格，因此可以在首个交易日中一路上涨，但还有很多却由于定价过高而无法避免下跌的局面。

由于 IPO 从未在市场中进行过交易，因此你无法确定它们的定价是否过高。在大部分情况下，这一投机性较强的领域还是应该留给那些经验老到的机构投资者来探索，他们能够接触到必要的深度研究，并可以通过多种股票来分散自己遇到的新风险。

但这并不表示不能在 IPO 发行后进行投资。当它在萌芽阶段不断上涨时，你完全可以买进这只新股票。2004 年 9 月中旬，谷歌公司刚刚上市 5 周，并创下了 114 美元的股价新高，投资者应该选在这时进行买入。IPO 发行后，当股票从第一个调整以及价格形态形成区域突破出来时，才是最保险的买入时机。当某一新发行的股票在市场中至少交易了 1~3 个月时，你就可以拿到有价值的股价和成交量数据用以更好地分析其走势。

发行后 3 个月到 3 年之间，总会有一些公司从众多的新股中脱颖而出，它们拥有无人能及的新产品、优异的当季和过去几个季度的季度收益以及较大的成交额，你应该考虑一下是否应该对其进行投资。（《投资者商业日报》的"今日美国"版面研究了大部分这种公司，过去的一些文章现在可能还能找到。）2004 年夏天 IPO 发行以后，世邦魏理仕有限公司形成了一个完美的平底价格形态，股价也随之飙升 500%。

一些新发行的股票会表现出强势的收益和杰出的成交量增长，而且还形成了合理的价格形态，那些掌握了正确的选股和择时技巧的资深投资者可千万不要错过这一机会。按照这些技巧来进行投资的话，这些股票可能会成为新投资理念的重要来源。近几年的多数大牛股都是在 1~8 年或是 1~10 年前发行 IPO 的。尽管这样，新发行的股票波动性仍然更强，而且还会在艰难的熊市中偶尔遭遇大规模的价格修正。这种情况多发生在 IPO 市场上的过度疯狂之后，当时，任何一只新发行的股票看起来都是"热门股"。举例来说，20 世纪 60 年代初期、1983 年年初、1999 年年末以及 2000 年年初形成的新股狂潮，几乎都会有熊市紧随其后。

就本书写作时间的 2009 年年初来看，美国国会应该考虑降低资本利得税，从而为成千上万的新企业家提供强大的推动力，帮他们成立具有创新精神的新公司。我们的研究表明，那些在 20 世纪八九十年代涨势喜人，并创造了众多工作岗位的股票，正如之前所提到的那样，其中有 80% 是在 8~10 年前发行 IPO 的。美国现在急需一股新生的企业力量来激发新的发明和产业，并刺激经济发展，创造几百万更多的工作岗位从而带来更多的纳税人。华盛顿降低资本利得税的策略从未失败过。2008 年，由房地产次级贷款以及信用危机所引发的经济崩溃之后，美国需要采用这一方法来重新点燃 IPO 市场以及本国经济。我在很多年前就知道，如果税率提高，很多投资者就不会卖出股票，因为他们不想缴纳那么多税款，这会使自己用于再投资的资金大大减少，但华盛顿好像并不理解这个再简单不过的事实。卖出股票的人越来越少，那么政府的收益也只会减少，而不是增加。很多已经退休的年长者告诉我说，他们到死都不会将股票出手，为的就是少纳税。

是否应该投资可转换债券呢

可转换债券是指，你能以某一事前规定好的价格将公司债券转换为另一种投资类别（一般来说是普通股）。可转换债券所带来的收益通常要略高于普通股，而且还有可能获得一些潜在的收益。

理论上说，可转换债券的上涨速度同普通股几乎是一样的，下跌的速度要慢一些。但实践和理论往往是有差别的，还要考虑流动性问题。在极其糟糕的行情下，可转换债券的市场可能会枯竭殆尽。

有时候，投资者之所以会选择这一投资工具，是因为他们可以大量借款从而利用杠杆作用的优势（购买力更强），但这样做只能加大风险。杠杆的过度使用是很危险的，华尔街和华盛顿已经在 2008 年领教了这个道理。

正是基于以上这些原因，我建议大部分投资者都不要购买可转换债券，我也从未买过公司债券，它们都是糟糕的对冲通货膨胀的方式。而且，具有讽刺意义的是，如果最后发现，为了提高收益而选择的投资方式风险很高的话，你同样会在债券市场中损失惨重。

应该投资于免税证券和避税工具吗

除了个人退休账户（IRA）、401（k）退休计划以及基奥（Keoghs）计划之外，普通的投资者不应该使用其他的投资工具，其中最常见的要数市政债券（municipal bonds）。对于税收的过度担心会扰乱投资者正常、合理的判断，使他们心头阴霾重重。仅凭常识就知道，如果投资于避税工具，美国国家税务局（IRS）很可能会审查你的纳税申报单。

别天真了。如果买入时机不当，或者当地政府或州政府由于管理决策失误而造成严重的财政问题，你对市政债券的投资就会产生亏损，这种情况并不是没有先例。

那些寻求过多税收优惠或是纳税规避的人，经常会做出一些不靠谱或是风险很高的举动。任何时候都应该优先考虑投资本身，税收方面的问题是十分次要的。

只要实实在在地去努力，任何人都可以成为投资方面的成功人士。学会如何赚取净利润，而且，千万不要抱怨为什么必须缴税，而是要为自己所取得的成绩感到无比喜悦。难道为了不纳税，你宁愿死守不放，直到出现亏损才罢休吗？最开始就要明确一点，山姆大叔（指美国）一直会是你的好搭档，因此，他将你的工资和投资收益中自己应得的一份拿走也是理所当然的。

我从来没有买过免税证券或是避税工具，因而可以集中精力去寻找最好的投资方式。当它们带来收益时，我就会像其他人一样缴纳税收。

应该投资于收入型股票吗

收入型股票（income stock）是指定期向持有人派发较高红利的股票，这部分收入是征税的。这些股票通常存在于一些更为保守的行业内，比如公用事业和银行。大部分投资者都不应该仅仅为了红利或是收益便买入这类普通股，但是很多人这样做了。

人们认为收入型股票比较稳妥，因此只要安稳地持有股票，坐收红利就可以了。1984年，伊利诺伊大陆银行（Continental Illinois Bank）的股价从25美元跳水至2美元；2009年年初，美国银行（Bank of America）的股价从55美元跌至5美元；而且，一旦电力公司出现问题，核电站的股票就会受到影响。你同任何一名曾在以上事件中损失严重的投资者谈一谈，之后就绝不会再认为收入型股票很保险了。具有讽刺意义的是，现在或者几年以来，17个主要国家从核电站得到的电力都比美国要多，譬如，法国有78%的电力来自于核能。

1994年，电力公司的股票暴跌不止；2001年，一些加州电力公司的股票也出现下挫，投资者受到了重创。从理论上来说，收入型股票确实更为安全，但千万不要被这一说法蒙蔽了双眼，以为它们不会出现急剧下跌。1999~2000年，美国电话电报公司的股价从60多美元下跌至20美元以下。

之前提到过的花旗集团、纽约城市银行又怎么样呢？机构投资者可是对它们青睐有加啊。我不在乎它派发了多少红利，事实上，如果以50美元的价格持有花旗的股票，然后，由于它在政府救助之前处于崩溃的边缘，因此便要眼睁睁地看着股价暴跌到2美元，你可是损失了一大笔钱啊！就算你偶尔会投资于收入型股票，也应该借助于线图。2007年10月，在当月成交量创下历史最高的情况下，花旗的股票却大幅下跌，即使是略微有点线图常识的人也会发现这一现象，并轻松地以40美元的价格将其抛出，从而避免了日后的巨大损失。

如果确实要买入收入型股票，千万不要只关注那些红利最高的，它们往往都是风险很大的劣质股。为了赚取2%~3%的分红收入，你的本金却将遭受极大的损失。但是，华尔街的很多公司在房地产泡沫时这样做了，看看它们的投资表现吧。如果每股收益不足以派发红利，公司还会降低红利，让你无法得到预期的收益，这种情况也曾发生过。

如果确实需要收入，我建议集中投资于几只最好的优质股，并且每年都拿出6%的投资来用作生活开销。你可以每个季度都卖出少许股票并取出1.5%的收益。一般来说，更高的比例是不明智的，因为这样做会使你的本金逐渐消耗殆尽。

权证是安全的投资方式吗

权证（warrant）是指使投资者有权以某一固定价格买入一定数量股票的一种投资工具。有时候，权证是有一定期限的，但多数是没有限制的。很多权证的价格都挺便宜，因此看起来很有诱惑力。

但是，大多数投资者应该对这些廉价的权证避而远之。这是又一个听起来光鲜，却很少能有投资者真正了解的复杂而又专业的领域。问题归结于权证的标的普通股是否适合买入。其实，如果忽略权证存在，大多数人的投资业绩会更好。

是否应该投资于兼并候选公司的股票

兼并候选公司（merger candidate）的股票经常会表现得很没有规律，因此，我不建议你对其进行投资。当有传言说兼并成功时，一些公司的股票就会急剧飙升，而一旦兼并没能谈成或是其他一些不可预见的情况出现，股价则会迅速下跌。换句话说，这种投资行为风险很高而又波动剧烈，基本可以留给那些专门研究该领域的经验老到的专家来进行探索。基于CAN SLIM原则来选择正确的公司，总比不断猜测某公司是否会被并购或合并要好得多吧。

应该购买境外股票吗

如果时间和地点选择得合适，买入几只境外股票（foreign stock）确实会带来不错的潜在收益，但我不建议你耗费大量精力来对其进行投资。境外股票的潜在利润应该比本国公司的优质股要高一些，这样才能弥补投资者所承受的额外风险。比如，境外证券投资者必须要了解并且密切关注标的国家股市大盘的变动。该国的利率、货币或是政府政策的突然变化都会在不经意间让你的投资变得一文不值。

美国国内就有 10 000 多只证券可供你挑选，何必费尽心思投资于境外股票呢？很多值得买入的境外股票也在美国进行交易，其中一些还有不俗的表现，如动态研究公司、中国移动通信集团（China Mobile）以及墨西哥美洲电信公司（America Movil）。上一轮牛市时，我就持有了其中两只股票。上述这些股票都得益于世界范围内无线通信的蓬勃发展，但在之后的熊市中却下跌了至少 60%。另外，一些共同基金特别善于投资境外证券。

2008 年，同我们脆弱的股市一样，很多境外市场下跌程度甚至更为剧烈。百度就从 429 美元下降到 100 美元。而当俄罗斯与格鲁吉亚发生摩擦时，俄罗斯的股市更是从 16 291 点下降到了 3 237 点。

避开那些价格过于低廉的股票和证券

加拿大和丹麦的市场上，有很多股票的买入价仅为几美分。我强烈建议你不要为这种廉价品下赌注，因为任何事物的价格都反映了其价值，一分钱一分货。

这些看似便宜的证券大都是一些投机性极强的劣质股。与那些更为优质、价格也更高的证券相比，它们的风险要高得多。而且，这些廉价证券也更可能出现令人质疑或者说有悖市场道德的抬价行为。我更愿意买入那些价格高于 15 美元的股票，你也应该这样做。我们对过去 125 年中美国的超级牛股所做的大规模研究表明，它们大多数都以 30~50 美元每股的价格突破了价格形态。

应该投资期货吗

期货是指在未来某一特定时间,以某一特定价格来买入某一固定数量的商品、金融产品或股票指数。大部分期货的标的物为:谷类、贵重金属、工业金属、食品、肉类、石油、木材等,这些被归类为商品期货。金融期货的标的物包括股票指数、政府发行的国库券和债券以及境外货币。而交易最为活跃的股票指数之一是标准普尔100指数,我们更熟悉它的代码:OEX。

大型商品企业,如好时公司(Hershey),会利用商品市场来进行风险"对冲"。比如,好时公司在5月份时暂时买入了可可豆的期货,并定于12月份进行交割,这样就锁定了当前市场上的价格。与此同时,它会在现货市场上安排另一项交易,从而达到对冲风险的目的。

大多数个人投资者最好还是不要参与到期货市场中去。商品期货的波动性非常大,而且投机性也比大部分普通股要强得多。除非你想赌一把或是赶快把钱输光,否则的话,经验不足的投资者和散户并不属于期货这个舞台。

但是,如果你在投资领域摸爬滚打了四五年,而且已经毫无疑问地证明了自己在普通股中赚钱的能力,只要心脏足够强劲,就可以考虑在期货领域进行一些有限的投资。

对于期货投资来说,解读线图的能力就更加重要了。商品的价格形态同股票的价格形态很相似,而且,了解期货线图还能帮助股票投资者对国内经济基本面的变化进行分析。

相比之下,可以进行交易的期货数量并不多。因此,敏锐的投机者就可以集中精力来进行相关分析。期货交易的规则和方法都与股票不同,而且风险要高出很多,因此,投资者一定要将投资于期货的资金限定为某一比例。期货交易还涉及一些让人头痛的问题,如"跌停板"(limit down),这时,不允许交易者卖出期货,因此也就不能进行止损了。与其他投资方式相比,风险管理(比如头寸规模以及迅速止损)在期货交易中的作用要重要得多,而且，永远不要冒险把 5% 以上的资金投到任何期货头寸中去。遇到一系列涨停板和跌停板时，头寸被意外套牢也是有可能的。期货交易可以说是危机四伏而且破坏力极强：稍不留神就会输个精光。

我从来不买商品期货，因为我不相信投资者可以做到样样精通。尽量让自己精通某一领域，要知道，有成千上万只股票任你挑选呢。

应该购买黄金、白银或是钻石吗

你也许已经猜到了，我一般不建议对金属或是宝石进行投资。

这类投资品的交易大多没有规律可循。它们曾经被市场疯狂地推动着，却几乎没有给小投资者提供任何保护措施。不仅如此，经纪人从中瓜分了过多的利润，而且，这些投资既不会支付利息，也不会派发红利。

某些国家存在的潜在问题会导致恐慌情绪，这使得黄金市场会定期出现大幅上涨。因此，一些经营黄金生意的公司也会有自身的商业周期，就像 20 世纪 80 年代末和 90 年代初的巴里克黄金公司（Barrick Gold）。这种以商品为导向的交易是一种变幻莫测的游戏，建议你一定要谨慎小心。可有些时候，小规模的类似投资却是适时而又合理的。

应该涉足房地产行业吗

答案是肯定的，但前提是要选对时间和地点。通过建立储蓄账户并投资于普通股或是成长型的共同基金，你就可以拥有属于自己的房屋。我坚信，大多数人都应该朝着这个目标去努力奋斗。房屋所有权一直是大部分美国人的梦想，他们能够获得长期贷款并分多年还清，首付金额又比较合理，杠杆便由此产生。在这一杠杆的作用下，大多数美国民众投资房地产市场的愿望总算得以实现了。

房地产是一种颇受欢迎的投资工具，因为它简单易懂，而且某些地段还会带来十分可观的利润。现在，约2/3的美国家庭已经拥有了自己的住房。时间的投入和杠杆的利用一般都会带来回报，但有些时候并非如此。遇到以下这些不利的现实条件时，投资者就会在房地产行业有所亏损。

（1）最初挑选的地段很糟糕，不是逐渐贬值就是毫不见涨，也有可能是拥有地产多年的地段贬值了。

（2）长达几年的繁荣时期后以过高的价格买入，但整体经济或是拥有房产的地区随即出现了很多不利因素。如果发生了重大的行业裁员，或是作为当地支柱性企业的飞机、汽车或钢铁厂倒闭，这种情况确实有可能发生。

（3）过多的债务使他们应接不暇，可能是投资房地产的费用以及其他债务超出了自己的偿还能力，或者是没有抵制住诱惑，不明智地向银行借了可变利率贷款，而日后则会产生很多问题，还有可能是依靠住房权益贷款（home equity）度日，不仅没有按时还贷，而且不停借钱。

（4）由于失业，或者是可出租房产的闲置率越来越高，造成收入来源迅速缩水。

（5）受到了火灾、洪水、飓风、地震或是其他自然灾害的侵袭。

善意的政府政策和社会项目也可能会伤害到房地产投资者，因为政府在执行、推广、管理、操作以及监管这些政策和项目之前没能仔细考虑清楚。1995~2008年以惨败告终的次贷业务就是一个例子。这一政府项目的初衷本是好的，但随着时间的推移，问题一发不可收拾，带来意想不到的后果，使得很多政府本想帮助的人落得无家可归。受到挤压的商业还导致了大量的失业。光是大洛杉矶地区，圣贝纳迪诺市、里弗赛德市和圣安娜市就有很多人都遭遇了房屋被赎回的厄运。

基本上，除非有能力付清至少5%、10%或是20%的首付，并且有一份相对稳定的工作，否则，永远都不要买房。你需要为实现自己的买房目标不断地赚钱并储蓄。避免可变利率贷款，也不要接触巧言令色的销售人员，他们会劝说你为了"炒房"而买房，如此一来，你的风险就加大了很多。最后，千万不要花掉住房权益贷款，这会使房子陷入非常危险的境地。而且，还要百般小心，不要养成大量透支信用卡的习惯，由此产生的巨额债务会给你带来很多年都无法平复的伤痛。

通过学习如何正确买卖优质成长股，并集中进行相关操作，而不是将精力分散到其他数不清的高风险投资上去，你不仅可以赚到钱，而且还能掌握投资的技巧。不论采取什么投资方式，都要在制定决策之前做好必要的研究。务必记住一点，无风险投资是不存在的，千万别听别人忽悠。如果有些投资机会看似过于简单、诱人，一定要加倍小心了！

现将本节内容总结如下：多样化投资无可厚非，但千万不要过度分散。集中投资几只精挑细选的股票，它们各自应该被持有的时间则交由市场来决定。如果你经验丰富，使用融资保证金来进行投资也是可以的，却包含了极大的风险。除非你十分明确自己在做什么，否则千万不要卖空。一定要学会借助线图来选股和择机。对于朝气蓬勃而又具有企业家精神的公司来说，纳斯达克是一个不错的市场。但是期权和期货的风险极大，只适用于经验老到的投资者，而且，应该将这两方面的投资限定在总资产的某一百分比内。投资于避税工具以及境外股票时也要万般小心。

最好能让自己的投资简单易行，而且要以那些优质的成长型股票、共同基金或是房地产为主。但是，它们各自都是一个专业领域，只有不断地学习，才能不盲目地依赖于他人为你提供合理的建议和投资方式。

| 第 13 章 |

投资者常犯的 21 个错误

纽特·罗克尼（Knute Rockne）是圣母大学橄榄球队的著名教练，他曾说过："要不断克服自身的弱点，直到它们成为你的优势。"很多投身于股市的人，要么赔钱，要么业绩平平，究其原因，无非是因为犯了太多错误。不论是生意、生活还是事业，道理都是一样的。之所以会遭受困难和挫折，并不是因为自身的优势，而是因为你尚未认清并改正或克服自己的错误和弱点。大多数人只会怨天尤人，毕竟，寻找借口总是要比切实检查自身的行为举止要容易得多。

刚开始写这本书的时候，很多人都向我建议说："扬长避短，方为正道。"通常情况下，这一建议听起来都很合理，而且经得起逻辑的推敲。但是现在，我已经在美国股市中摸爬滚打了 50 年，市场在每一个周期里都会推出很多朝气蓬勃而又具有创新精神和企业家精神的公司，它们已经成为美国的中流砥柱。无数的经验教训，使我得出这样的结论：

迄今为止，98% 的投资者犯过的最为严重的错误在于，他们从未尽心弄清楚自己在买卖股票中所犯的错误，因此也就不知道应该摒弃什么投资行为，又该采取哪些策略，从而在股市中取得巨大的成功。也就是说，必须将很多你自以为正确的投资行为彻底摒弃，并开始学习新的、更好的准则和方法，以便于在未来的投资中加以运用。

不论在什么领域中，成功者同那些不知成功为何物的人的差别就在于，成功者会努力奋斗，并做到一些其他人不愿意做的事情。20世纪60年代初以来，我所认识或接触过的个人投资者数不胜数，既有缺乏经验的新手，也有机智的专业人士。我发现一点，投资者到底是新手，还是投资了几年甚至几十年的老手，这根本不重要。实际上，如果经验使你养成了投资劣习，那就会贻害无穷。不论是大众还是专家，大多数投资者都会犯下一些典型的错误，而只有防止这些错误的发生，才能在股市中取得成功。

你应该已经从近几年发生的各种事件（这些事件包括：通过其超级隐秘的操作，伯纳德·麦道夫从那些本应十分聪明的人手中骗走了几十亿美元，他所进行的那些操作从未透明过，也没有将自己的投资方式告诉过任何人；对于杠杆的过度使用，迫使华尔街上那些不能谨慎、理智地管理自己资产的公司，要么破产，要么被迅速兼并了）中懂得，是时候该让自己多学点东西并掌握主动权了，应该学会如何处理自己未来的投资事宜并对其负责：养老金计划、共同基金以及股票投资组合。

你完全可以学会如何进行投资。实际上，很多投资者都已经学会如何使用合理的规定和原则来保护自己的金融资产了。如果你真想大展拳脚并取得更好的投资业绩，一定要避免下面这些关键错误。

（1）**当损失很小并处于合理的范围时，持股不动**。在人类情感的作用下，大部分投资者本能上偏好小赔出局。由于不想承受损失，便空怀希望继续等待，直到亏损变得非常严重，不得不付出昂贵的代价。这是到目前为止，几乎所有投资者都曾犯过的最严重的错误之一；他们不明白，所有的普通股都是极具有投机性的，并能带来巨大的风险。你必须尽量减少每一个损失，无一例外。在过去45年中，我在全美各地的课堂上都会教学生这样一个准则：当股价低于买入价7%或8%时，立即进行止损。遵循这一简单的原则，你可以在股市汹涌的浪潮中生存下来，并能把握住未来很多的良机。

（2）**在股价下跌时买进，却越陷越深**。处于下跌过程中的股票看似很划算，因为它比几个月前要便宜很多。1999年年末，我认识的一位女士在施乐公司的股票突然下跌至股价新低时，以34美元的价格买进了一些，这笔交易看起来很便宜。一年以后，施乐的股价为6美元。为什么要试图接住一个垂直掉落的匕首呢？2000年，很多投资者采取了相同的策略，当思科公司的股价由82美元一路跌至50美元时进行买入，而该股票再也没能涨到50美元，即使在2003~2007年的牛市中也是如此。到了2009年1月，你只需出16美元就能买到1份思科的股票了。

（3）**买入时，向下摊平成本而非向上加码。**假设你以40美元的价格买进某只股票，之后又以30美元的价格买了更多，这样，平均成本就降低为35美元。但其实你是在跟进那些表现不好的股票，让钱白白打了水漂。这一业余的投资策略会带来严重的亏损，而且还会让一些"拖油瓶"影响投资组合的表现。

（4）**不学习如何使用线图，而且不敢买入那些即将在合理的价格形态上创下价格新高的股票。**公众大都认为，正在创出价格新高的股票看起来贵得吓人，但是个人感觉和观点是受情绪影响的，远不如市场本身准确。股票最初从那些至少形成了7~8周的价格调整区域或是合理的价格形态区域中突破出来时，才是最佳的买入时机，在任何牛市中都是如此。千万别再试图从下跌过程中捡便宜货了。

（5）**由于既不懂得选股标准，也不知道应该具体关注成功企业的哪些方面，所以永远都无法在投资领域中入门。**你需要知道哪些基本因素是最为关键的，而哪些是次要的。很多投资者选择了一些表现不佳、根本不值得购买的股票；收益、成交额以及股本回报率都存在问题；并且不是真正的市场领军股。还有一些投资者过分关注那些投机性很强、风险很高的劣质科技股。

（6）**没有指定具体的市场规则来指引自己，因此不知道股价调整何时开始，也不知道市场下跌何时会结束以便确定上升趋势。**如果想要保护自己的账户不受过多的收益返还以及巨额亏损的影响，必须要分辨出市场最高点以及谷底处的重要的市场转折点。同样，你还必须清楚下跌风暴何时结束，这时，市场会告诉你重新买入并加大投资份额。不能完全跟着感觉走，而是要制定并严格遵循某些确定的规则。

（7）**不遵循买卖准则，导致错误频出**。如果没有严格按照被实践检验为正确的规则和方案来制定决策并加以行动，再恰当合理的准则都等同于零。

（8）**将精力完全花费在选择何种股票上，而一旦做出买入决策之后，却又不知道应该在什么时候、何种情况下卖出**。大多数投资者从未制定过任何卖出方面的准则或是方案，也就是说，只为成功做了一半的必要准备。

（9）**没能认识到选择那些受到机构投资者青睐的优质公司股票的重要性，他们更不清楚，学习如何解读线图对于改善选股和择机的重要作用**。

（10）**偏好买进低价股票**。很多人认为，买入1手（100股）或是10手低价股是明智的选择，自己这笔钱花得很值。但若是只买30股或50股表现更好的高价优质股，你会取得更好的投资业绩。做决策时，多想想自己选择的股票值多少钱，而不要只考虑可以买进多少股。一定要买入最好的，而不是最廉价的股票。

面对那些股价为2美元、5美元或是10美元的股票，很多投资者无法抵御诱惑。但要知道，股票卖得这么便宜是有原因的，不是过去存在某种缺陷，就是如今遇到了问题。股票同任何其他商品是一样的：便宜没好货，好货不便宜。

不仅如此，低价股可能会带来更高的佣金和成本加价，下跌速度也比多数高价股要快15%～20%，因此风险也就更高。大部分专家和机构投资者通常不会买入这些股价为5美元或是10美元的股票，因此它们不会受到市场的追捧，而那些价格低于5美元的股票就更糟糕了。正如我们之前所讨论的那样，机构投资者的支持是推动股价提升的重要因素之一。

廉价股票的买卖报价差百分比也会更高。假如某只股票的买方报价为5美元，卖方报价为5.25美元，而另一只股票的买方报价为50美元，卖方报价为 50.25 美元。我们来做一下比较吧，0.25 美元的买卖报价差对第 1 只股票来说相当于 5%，而对第 2 只股票来说却只相当于可以忽略的 0.5%，两者相差了整整 10 倍。所以说，如果买入低价股，仅仅为了达到盈亏相抵并弥补这一差价，股价必须比初始的买入点高出很多才行。

（11）**买入股票的依据是小道消息、谣言、股票分拆的宣布以及其他一些信息；咨询服务给出的建议；或是从其他人或是电视上那些所谓专家口中得到的个人观点。**大多数人都宁可听信其他人的随口之言，把自己辛苦赚来的血汗钱拿去冒险，也不愿意花点时间来进行研究、学习，以便弄清楚自己究竟在做什么。这样做的结果就是，冒着巨额亏损的风险来进行一些不靠谱的投资。你听到的谣言和小道消息大都不属实，即使是真的，股票也有可能逆势下跌，而不是如你所愿的那样上涨。

（12）**由于红利较高或是市盈率很低，便选择了一些二流的股票。**同每股收益增长率相比，红利和市盈率的重要性根本就不算什么。很多情况下，红利派发得越多，公司的状况就越糟糕，因为它必须承受高额的利息派发红利。表现更好的公司则基本不会派发红利，而是将资金重新投资于研发或者其他一些用于提高公司实力的方面。记住一点，仅仅一两天之内股价的波动就能让你亏掉所有的红利。至于低市盈率的问题，则可能是因为该公司过去的业绩不好。任何时候，大多数股票的价格都是与其自身价值相一致的。

（13）**妄图轻轻松松地赚点快钱。**没有做好必要的准备，也没有学习一些最为合理的投资方法，更没有掌握重要的技巧和原则，这样急功近利只会带来失败。你很可能会过早地买进某一股票，但在发现自己做错以后却没能迅速止损。

（14）**买入那些令你耳熟能详的大公司股票。**自己曾在通用汽车公司工作过，并不代表它是一个好的投资选择。很多表现最优异的股票可能是些你从未见过的新面孔，但是，只要稍微加以研究，你就会发现这些股票，并在它们家喻户晓之前从中获利。

（15）**没能识别并采用有益的信息和建议**。朋友、亲戚、某些股票经纪人以及咨询服务，都可能提供糟糕的建议，而只有极少数特别成功的人士的建议才值得考虑。杰出的股票经纪人以及咨询服务可比优秀的医生、律师或是棒球手要难找得多。那些同专业棒球队签订了合约的队员们，9个人中只有1个才能挤进顶尖级俱乐部，而大部分刚从大学毕业的棒球手，水平都不够专业。很多券商之所以会倒闭，是因为它们无法明智地管理自己的资金，其中一些甚至在2000年左右开始使用了难以想象的高杠杆。千万不要过度使用借来的资金去投资，这是警示恒言。

（16）**急于卖出那些很容易获利的股票，对于那些赔钱的股票却死守不放**。换句话说，明智的投资方法与你的行为正好相反：迅速止损，缓慢收利。

（17）**过于担心税收与佣金问题**。投资的首要任务是获得净收益，对于税收的过分担心只会让你为了规避税收而做出非理性的投资决定。当然，过久地持有某一股票以期获得长期资本收益，这种做法也会让煮熟的鸭子重新飞走。由于税收问题，很多投资者坚决不卖出，但这种自以为是的做法只会扰乱你的判断力。

一开始就做出正确的决策，并在需要的时候迅速行动，通过这种投资方式所赚来的可观收益，可以让你彻底忽略那些买卖股票（尤其是网上交易）时所产生的佣金。同房地产相比，投资股票有两大优势：佣金较低，并且可以迅速卖出以便全身而退。一旦在房地产市场中做出超出自己能力的投资决定，就会造成难以解决的问题，最后也就只能亏钱。凭借股票的高度流动性，你能够以较低成本保护自己不遭受巨额损失，还可以在行情回暖时取得可观的收益。

（18）**觉得期权或是期货是让自己一夜暴富的机会，因此就疯狂地投机于此**。一些投资者还主要关注那些波动性和风险极高的短期、低价期权，而时间上的限制对于那些短期期权的持有者来说非常不利。还有一些人会创设无担保期权（卖出那些自己并未持有的标的股票的期权），这一做法的潜在收益很小，却要承担巨大的风险。

（19）**很少进行市价交易，而是更青睐在买卖委托中设定价格限制**。这样一来，投资者宁可在 1/8 或是 1/4（或是对应的小数）点上吹毛求疵，也不去关注股价更为剧烈、重要的变动。通过在委托中设限，你是在冒险让自己可能彻底失去市场中的良机，而且在需要卖出股票以规避巨额损失时也无法及时采取行动。

（20）**遇到问题时不能当机立断**。很多投资者根本就不知道自己该不该买入、卖出或是继续持有，这一不确定性表明他们没有制定任何投资准则。而大多数人更是没能遵循那些正确的策略、一系列严格的原则或是买卖规则，因此也就得不到正确的指引。

（21）**没能客观地看待股票**。很多人会挑选自己最为钟爱的股票，然后就祈求上天，希望能够获得可观的利润。成功的投资者不会依靠自己的希冀和个人观点来选股，而是放眼整个市场。要知道，市场一般都是正确的。

上述内容中，有多少反映出你过去的投资信条与实际行为呢？不恰当的原则和方法只能带来糟糕的投资业绩，因此，投资者只有制定合理的原则与方法才能真真切切地感受到股市的魅力。

总之，千万不要有挫败感。记住罗克尼的那句话吧："要不断克服自身的弱点，直到它们成为你的优势。"要想寻求正确的投资途径，必须付出时间和汗水，最后你会发现，一分耕耘一分收获。年轻的优秀公司层出不穷，你可以学会凭借知识与信心来投资，从而在保护自己资金的同时，还能找到恰当的方法来把握那些极其成功的公司。

| 第三部分 |

HOW TO MAKE MONEY IN STOCKS

像专家一样投资

| 第 14 章 |

解读更多典型的牛股

在这本书中，我已经罗列并讨论了许多最成功的股票案例。既然你已了解了投资的 CAN SLIM 系统，就应该知道实际上这些公司中的一部分已被我们的机构服务公司推荐给客户，或者被我们自己所购买。

不管你现有的身份是什么，也不管你的财务状况如何，你都能够通过运用 CAN SLIM 系统使自己梦想成真。可能你已听说成千上万的投资者利用这本书和《投资者商业日报》成功改变了自己的生活。这是真的，而且同样的事情会发生在你身上，不管你的投资账户有多大或是多小，只要你有决心、有无与伦比的渴望；只要下定决心、埋头苦干，同时任何时候都不要气馁，成功必将垂青于你。

这一章将为你介绍成功运用该系统的一些典型范例。当然，除此之外的成功案例还有很多。另外，这一章还会展示从 1952 年至今收益最高的股票。仔细学习这一章，你会发现这些案例在股市进程中是一遍又一遍反复出现的。如果学会早一步识别它们，你将来就有可能在投资中大大获利——尽管学会这个技巧需要一定的时间。

追溯一个小账户的成长

1961 年，运用哈佛大学的管理发展项目（Harvard's program for management development，PMD）中每位同学投入的10美元，我们以850美元的总额创建了第一个PMD基金。创立这个基金大部分是兴趣使然，每位同学最初在这个基金中都拥有10美元的股份。马歇尔·沃尔夫（Marshall Wolf）——当时效力于国立纽瓦克与埃塞克斯银行（National Newark & Essex Bank），后来又成为中大西洋国立银行（Midatlantic National Bank）的行政副总裁，担任这个小基金的秘书暨财务主管，负责投资记录、报告收益、文件整理和每年纳税，而我的工作就是管理这些资金。

这个有趣的投资账户值得研究，因为它证明了小额投入也能在投资中获胜——如果你能坚持合理的投资方法并给自己充分的时间。到1986年9月16日时（差不多25年之后），扣除先前所有税费和马歇尔保管的部分现金，这个账户价值51 653.34美元。也就是说它的收益超过50 000美元，每股价值518美元。对于不足1 000美元的初始投入来说，这是将近50倍的税后利润。

表14-1中真实的买卖记录用生动的细节，说明到目前为止我们一直在讨论的投资基本法则是怎样被运用的。

表14-1　1961～1964年PMD基金交易记录

股票份额	公　　司	买进日期	买价	卖出日期	卖价	收益或损失
5	百时美	1/1/1961	64.88	2/21/1961	78.75	
7	百时美	1/4/1961	67.25	2/21/1961	78.75	149.87
18	宾士域	2/21/1961	53.75	3/10/1961	68.00	223.35
29	瑟登帝	3/10/1961	42.1	4/13/1961	39.75	−104.30
24	标准柯尔斯曼	4/13/1961	45.75	6/27/1961	45.00	
	标准柯尔斯曼		45.75	6/27/1961	43.38	−82.66
25	艾德维克集团	4/26/1961	13.00	5/25/1961	17.50	102.96
10	洛克希德公司	6/13/1961	44.88			
10	洛克希德公司	6/27/1961	46.38			
5	洛克希德公司	7/25/1961	48.50	8/29/1961	48.25	7.55

（续）

股票份额	公　　司	买进日期	买价	卖出日期	卖价	收益或损失
6	皇冠瓶盖公司	9/1/1961	108.50			
5	皇冠瓶盖公司	9/1/1961	110.00	10/2/1961	103.25	−100.52
20	宾士域	10/11/1961	64.25	10/24/1961	58.13	
	宾士域			11/1/1961	54.00	223.49
3	宝丽来	10/31/1961	206.75			
3	宝丽来	11/1/1961	209.00	2/21/1961	180.00	−191.68
30	科维	2/28/1962	41.00	3/30/1962	47.88	
30	科维	4/5/1962	52.25	4/13/1962	54.25	183.96
10	皇冠瓶盖公司	5/28/1962	99.25	5/22/1962	97.25	−50.48
30	洛克希德公司	6/15/1962	41.25	6/2/1962	39.75	−81.02
5	施乐	6/20/1962	104.75			
5	施乐	6/25/1962	105.25	7/12/1962	127.13	190.30
10	Homestake 矿业	7/16/1962	59.50	7/24/1962	54.25	
10	霍姆斯塔克矿业	7/16/1962	58.75	7/24/1962	54.25	−87.66
10	宝丽来	7/31/1962	105.00	7/19/1962	97.88	−101.88
30	科维（短期）	10/24/1962	21.88	9/28/1962	35.13	385.94
10	克莱斯勒	10/30/1962	59.00			
15	克莱斯勒	11/1/1962	60.34	1/15/1963	83.63	545.40
15	美国无线广播公司	1/16/1963	62.50			
15	美国无线广播公司	1/18/1963	65.25	2/28/1963	62.00	−111.02
25	滨海州立	2/28/1963	31.38	3/14/1963	32.13	−8.46
14	克莱斯勒	2/27/1963	92.50			
8	克莱斯勒	3/14/1963	93.00	4/15/1963	109.13	300.03
25	控制数据公司	4/23/1963	44.13	5/13/1963	49.63	102.55
25	国际矿业	5/6/1963	52.88	5/15/1963	54.88	11.47
22	克莱斯勒	5/13/1963	54.38	6/10/1963	61.75	
25	克莱斯勒	5/17/1963	55.63	6/10/1963	61.75	211.30
15	先达	6/11/1963	89.25	9/23/1963	146.13	
10	先达	8/7/1963	114.50	9/23/1963	146.13	

（续）

股票份额	公司	买进日期	买价	卖出日期	卖价	收益或损失
15	先达	10/9/1963	149.13	10/22/1963	225.00	2 297.71
15	控制数据公司	7/9/1963	69.13	7/17/1963	67.25	−59.62
15	美国无线广播公司	1/8/1964	102.02	2/11/1964	105.68	53.98
15	美国无线广播公司	1/9/1964	106.19	2/11/1964	105.68	−8.49
15	美国无线广播公司	1/10/1964	107.33	2/11/1964	105.68	−25.54
50	泛美航空	2/17/1964	65.53	3/9/1964	68.00	123.29
25	麦克唐纳航空	3/11/1964	62.17	5/11/1964	60.00	−54.26
25	克莱斯勒	3/12/1964	47.88	4/7/1964	43.87	−100.35
25	克莱斯勒	3/13/1964	49.27	4/7/1964	43.87	−135.06
30	克莱斯勒	3/17/1964	50.21	4/30/1964	46.08	−123.83
30	康寿雪茄	3/19/1964	49.35	4/20/1964	47.25	−62.87
25	灰狗公司	4/7/1964	55.47	5/1/1964	57.63	53.88
20	灰狗公司	4/8/1964	58.55	5/1/1964	57.63	−18.52
15	施乐	4/21/1964	95.23	5/1/1964	93.00	−33.41
15	施乐	4/29/1964	98.53	5/5/1964	95.00	−52.95
30	克莱斯勒	5/13/1964	52.14	7/8/1964	48.75	−101.69
50	克莱斯勒	5/13/1964	52.32	6/11/1964	46.50	−290.79
50	克莱斯勒	5/13/1964	52.34	6/30/1964	49.00	−166.82
50	赛罗公司	7/2/1964	49.00	9/16/1964	56.00	349.51
20	赛罗公司	7/6/1964	50.68	9/16/1964	56.00	106.50
50	纽约中心铁路	7/8/1964	41.65	11/16/1964	49.05	369.89

注意截至1964年，同时有20个成功的交易和20个失败的交易。然而，成功交易的平均收益率为20%，而失败交易的平均损失为7%。如果标准柯尔斯曼（Standard Kollsman）、宾士域和其他一些亏损的股票未被止损出局，那么之后剧烈的跌价将带来更大损失。这个小额现金账户一次只能集中买入一两只股票。如果该证券价格上涨，我们通常会进一步买入。

1962年市场行情不好，这个账户的收益毫无进展，而在1963年6月6

日买入第一笔先达制药的股份之前，收益已上涨139%。到1963年年底时，收益已经在最初850美元的投入之上暴增474%。

1964年表现平淡。值得一提的收益来自于1965年、1966年和1967年，尽管没有一年像1963年那样收益巨大——1963年实在是不同寻常的一年。我不会不厌其烦地展示长达20多页的股票交易记录，只是想重点说明，这个账户在接下的10年中有进一步的发展，尽管在1969年和1974年也出现了整体亏损。

另一个收益增长的时代由1978年买入多姆石油开始。我们收集了自买入多姆石油开始所有的相关决策并展示在表14-2中。

在为什么股票早晚都要卖出这个问题上，多姆石油提供了一个极为有价值的案例。你可以从表14-2中看出，我们在78美元的时候买入，98美元的时候卖出，而这只股票最终却跌到不足2美元！2000～2001年，历史在一些互联网投资行业的牛股身上重演，例如CMGI⊖的股价就从165美元一路跌到1美元。还要注意到1982年7月6日我们以15美元的价格卖出Pic'N'Save的股票——这使我们的小账户蒙受巨大亏损，但我们又在它涨到18美元和19美元时重新买入，尽管此时价格更高，该股还是为我们赢得了大笔收益。这是你在某些时候不得不学着做的事，如果你的卖出决策错误，在许多情况下你必须以更高的价格买回。

表14-2　1978～1986年PMD基金交易记录

股票份额	公　　司	买进日期	买价	卖出日期	卖价	收益或损失
100	多姆石油	12/28/1978	77.00			
20	多姆石油			2/26/1979	97.88	14 266.72
320	1979年6月6日股票分拆，分拆比例为4/1			10/17/1980	63.00	-3 165.82
300	福陆公司	10/17/1980	56.50	2/9/1981	48.25	

⊖　美国一家创业风险投资公司。——译者注

(续)

股票份额	公司	买进日期	买价	卖出日期	卖价	收益或损失
50	福陆公司	10/17/1980	56.88			
100	Pic 'N' Save 公司	6/4/1981	55.00			
300	1981 年 6 月 29 日股票分拆，分拆比例为 3/1			7/6/1982	15.00	-1 094.00
100	EsPey 制造	11/19/1981	46.75	6/8/1982	38.00	
50	EsPey 制造	11/19/1981	47.00	4/23/1982	46.00	-1 313.16
100	微波通信	4/23/1982	37.00	8/20/1982	36.38	-123.50
96	微波通信 1982 年 9 月 20 日股票分拆，分拆比例为 2/1	7/6/1982	45.50	1/3/1983	38.25	2 881.92
200	Pic 'N' Save 公司	8/20/1982	18.50	7/16/1984	19.25	3 892.00
45	惠普	9/10/1982	53.00	8/11/1983	82.88	1 307.35
100	Pic 'N' Save 公司	8/27/1982	19.50			
185	Pic 'N' Save 公司 1983 年 12 月 1 日股票分拆，分拆比例为 2/1	1/3/1983	38.13	2/1/1985	23.25	4 115.02
200	普尔斯会员购物仓储俱乐部	7/6/1984	39.25			
326	普尔斯会员购物仓储俱乐部	2/1/1985	53.75			
8	普尔斯会员购物仓储俱乐部 1986 年 2 月 11 日股票分拆，分拆比例为 2/1			3/25/1985 6/17/1986	57.00 49.88	26 489.87
15	普尔斯会员购物仓储俱乐部			3/20/1986	43.25	

全美投资锦标赛

1991 年，年仅 24 岁的合伙人李·福里斯通参加了全美投资锦标赛（U.S.

Investing Championship），这是 CAN SLIM 原理被成功运用的另一个生动案例。通过运用 CAN SLIM 投资技巧，他以 279% 的收益率成为当年亚军。1992 年时，他又以 120% 的收益率再次获得亚军。李的投资技巧与大卫·瑞安（David Ryan）——当时我们的另一个合伙人前些年参加全美投资锦标赛并获胜时使用的如出一辙。全美投资锦标赛不是纸上谈兵的模拟竞赛，而是用真金白银在市场上进行真实交易。20 世纪 90 年代末期，李继续成功投资并获得更大的收益。

1961~2009 年，不论行情多么艰难困苦，只要严格遵从 CAN SLIM 原理，实战投资就能取得成功。

具有指导性的更多牛股范例

下面图 14-1~图 14-50 是我们挑选出的另外一些最牛的股票走势，它们是 1952~2009 年美国最为成功的投资范例。仔细研究并常常查阅，你一定会在未来股市中发现它们的影子。股价下方那一条末尾标有 RS 的细线为相对价格强度线。当这条线上升时，股票跑赢大盘。所有的范例都展示了买入点之前的股票走势图。

透过这些线图，你将会发现一些共同的特征，你所看到的史上最牛的股票都在累积形成良好的价格形态。这些形态分五类呈现，分别为：带柄茶杯形态、无柄杯状形态、双重底形态、平底形态以及底上有底形态。你要学会辨别这些价格形态。

带柄茶杯形态范例

带杯茶柄形态范例见图 14-1~图 14-28。

第 14 章 | 解读更多典型的牛股 353

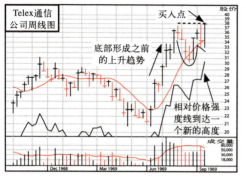

图 14-1　Telex 通信公司的市值在 27 周内上涨 283%

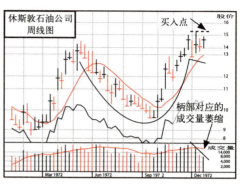

图 14-2　休斯敦石油公司的市值在 54 周内上涨 1 004%

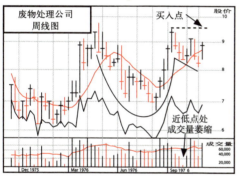

图 14-3　废物处理公司的市值在 242 周内上涨 1 180%

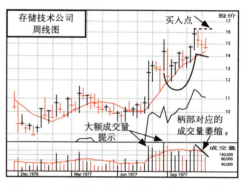

图 14-4　存储技术公司的市值在 52 周内上涨 371%

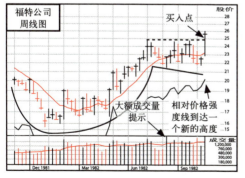

图 14-5　福特公司的市值在 262 周内上涨 889%

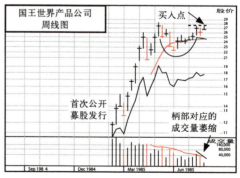

图 14-6　国王世界产品公司的市值在 116 周内上涨 588%

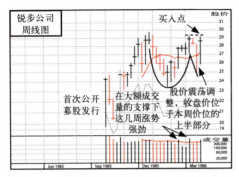

图 14-7 锐步公司的市值在 18 周内上涨 246%

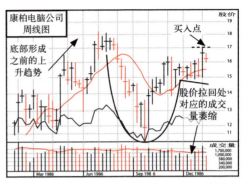

图 14-8 康柏电脑公司的市值在 46 周内上涨 352%

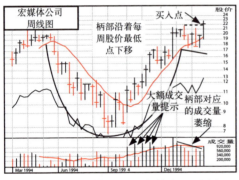

图 14-9 宏媒体公司的市值在 49 周内上涨 486%

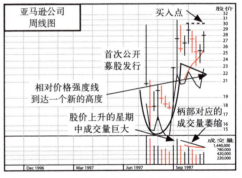

图 14-10 亚马逊公司的市值在 70 周内上涨 3 805%

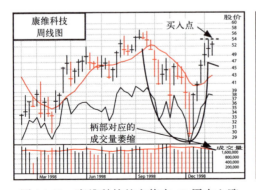

图 14-11 康维科技的市值在 67 周内上涨 564%

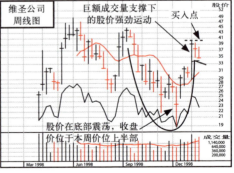

图 14-12 维圣公司的市值在 66 周内上涨 2 250%

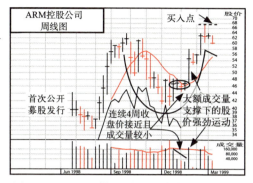

图 14-13　ARM 控股公司的市值在 57 周内上涨 1 385%

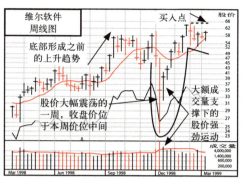

图 14-14　维尔软件的市值在 62 周内上涨 1 097%

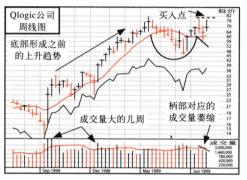

图 14-15　Qlogic 公司的市值在 44 周内上涨 803%

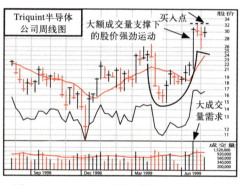

图 14-16　Triquint 半导体公司的市值在 41 周内上涨 1 078%

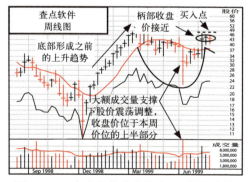

图 14-17　查点软件的市值在 40 周内上涨 1 104%

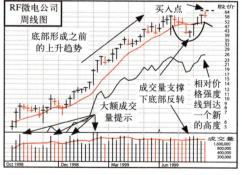

图 14-18　RF 微电公司的市值在 36 周内上涨 444%

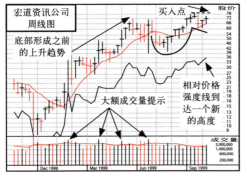

图 14-19　宏道资讯公司的市值在 30 周内上涨 823%

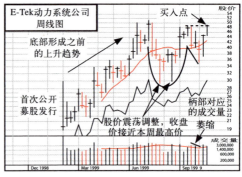

图 14-20　E-Tek 动力系统公司的市值在 139 周内上涨 328%

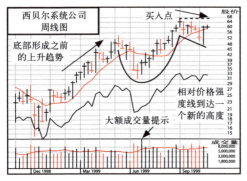

图 14-21　西贝尔系统公司的市值在 28 周内上涨 466%

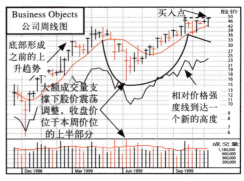

图 14-22　Business Objects 公司的市值在 26 周内上涨 480%

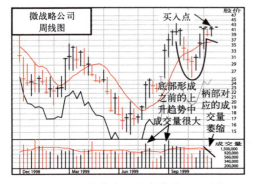

图 14-23　微战略公司的市值在 24 周内上涨 1 414%

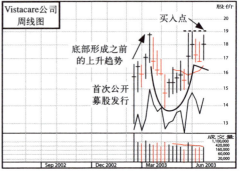

图 14-24　Vistacare 公司的市值在 31 周内上涨 115%

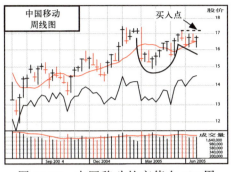

图 14-25　中国移动的市值在 131 周内上涨 484%

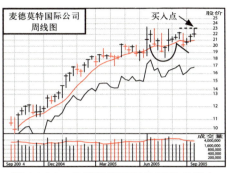

图 14-26　麦德莫特国际公司的市值在 128 周内上涨 703%

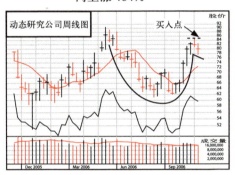

图 14-27　动态研究公司的市值在 60 周内上涨 382%

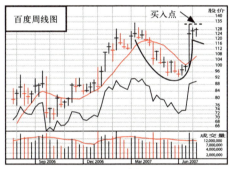

图 14-28　百度的市值在 25 周内上涨 225%

无柄杯状形态范例

无柄杯状形态（Cup-Without-Handle）范例见图 14-29～图 14-34。

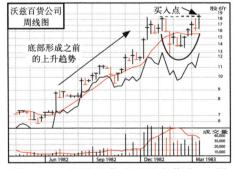

图 14-29　沃兹百货公司的市值在 38 周内上涨 267%

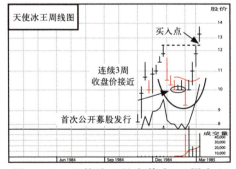

图 14-30　天使冰王的市值在 77 周内上涨 2 189%

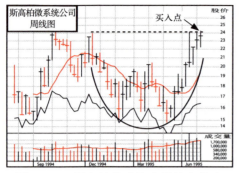

图 14-31　斯高柏微系统公司的市值在 41 周内上涨 509%

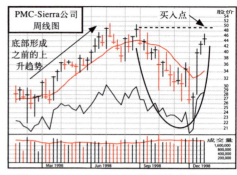

图 14-32　PMC-Sierra 公司的市值在 70 周内上涨 1 949%

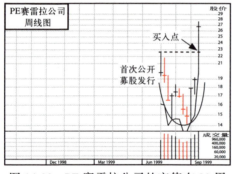

图 14-33　PE 赛雷拉公司的市值在 32 周内上涨 2 281%

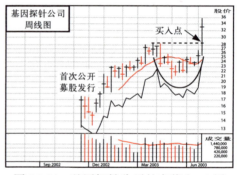

图 14-34　基因探针公司的市值在 20 周内上涨 122%

双重底形态范例

双重底形态范例见图 14-35～图 14-40。

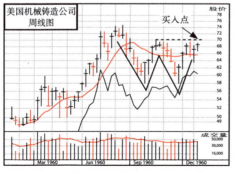

图 14-35　美国机械铸造公司的市值在 23 周内上涨 82%

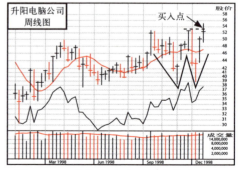

图 14-36　升阳电脑公司的市值在 74 周内上涨 701%

第14章 | 解读更多典型的牛股　359

图14-37　诺基亚公司的市值在87周内上涨486%

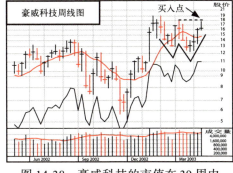

图14-38　豪威科技的市值在39周内上涨256%

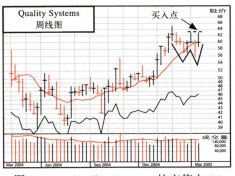

图14-39　Quality Systems 的市值在44周内上涨177%

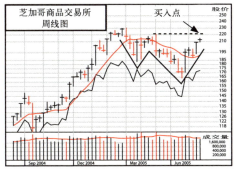

图14-40　芝加哥商品交易所的市值在132周内上涨208%

平底形态范例

平底形态范例见图14-41～图14-46。

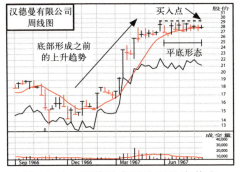

图14-41　汉德曼有限公司的市值在139周内上涨328%

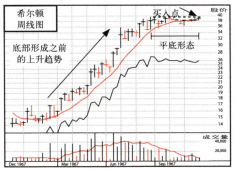

图14-42　希尔顿的市值在60周内上涨232%

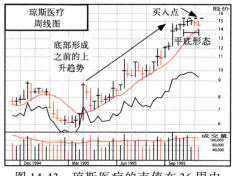

图 14-43　琼斯医疗的市值在 36 周内上涨 447%

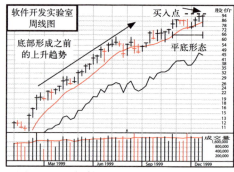

图 14-44　软件开发实验室的市值在 39 周内上涨 814%

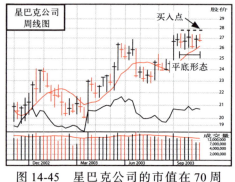

图 14-45　星巴克公司的市值在 70 周内上涨 126%

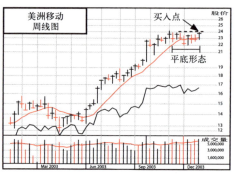

图 14-46　美洲移动的市值在 205 周内上涨 730%

底上有底形态范例

底上有底形态的范例见图 14-47～图 14-50。

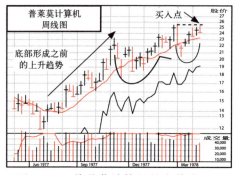

图 14-47　普莱莫计算机的市值在 169 周内上涨 1 564%

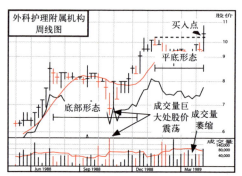

图 14-48　外科护理附属机构的市值在 150 周内上涨 1 632%

第 14 章 | 解读更多典型的牛股 361

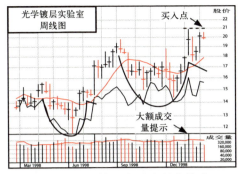

图 14-49　光学镀层实验室的市值在 58 周内上涨 1 957%

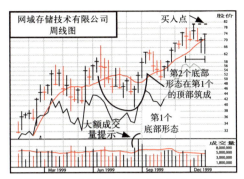

图 14-50　网域存储技术有限公司的市值在 18 周内上涨 517%

| 第 15 章 |

强势行业孕育超级牛股

通常情况下，超级牛股大部分源自领先的行业。研究表明，股价变动的 37% 与它所处行业组别的表现直接相关，另外有 12% 取决于它所在的整体行业实力。因此，可以说约有一半的股价变动是由它所处的行业势力驱动的。由于每个市场周期都由特定行业领导，你该知道在买入之前仔细考虑一下这只股票所属的行业是多么有价值的一件事情了。

为了这一章节的论述需要，我们引入三个概念：行业部门（sector）、行业组别（industry group）和亚组别（subgroup）。行业部门是公司和企业的一个宽泛集合，举例来说，它可以包括基础工业（或者说"周期性部门"）、消费品和服务、交通运输、金融和高科技。行业组别是一个范围更小、分类更具体的公司集合，通常一个行业部门中存在几个行业组别。亚组别则是一个更加具体的分类，它将行业组别细分为几个非常精细的子范畴。

比如我们要研究维亚康姆（Viacom）的股票，它可被描述如下：行业部门：休闲娱乐行业；组别：媒体；亚组别：广播／电视。为了表述清晰和使用方便，通常将行业组别和亚组别合并称为"行业组"（industry groups），例如维亚康姆所属的行业组就是"媒体—广播／电视"。

为何追踪 197 个行业组别

为何《投资者商业日报》要将所有证券分类到 197 个行业组而不是其他，例如标准普尔那样规模更小的分类呢？原因很简单，给定行业中的股票并不全是同比率变动的。即使这个行业的表现优于其他行业，这个行业股票中也有表现特别好的和拖后腿的。能够识别出行业部门中哪个行业组别表现最好非常重要，因为这意味着可以认知行业中的佼佼者和平庸者。

在研究市场的早期，我们就已认识到许多投资服务机构不能将市场充分划分到行业组，因而在特定群体中找出真正的大牛股是非常困难的。所以，我们开创了自己的行业组分类方法，把市场分解为 197 个不同的子范畴，从而能够为投资人提供更加精确、详细的行业组成见解。举个例子，医疗行业可以被分为医院、非专利药、牙科、家庭护理、遗传学、生物技术以及医疗保障组织，还有其他几个独特的新兴领域。

如何判断哪个行业组别在引领市场

我们在分析行业部门时发现，有的行业组过小，以至于这个组中趋势变动的信号不太明显。如果某分支产业中仅有两家规模小、成交量少的公司，将它们划分为一个行业组是不充分的。另一方面，有的行业中公司太多，譬如化工业和借贷业，超额供给削弱了这些行业的吸引力，除非行业环境发生非凡变化。

之前提到的 197 个行业组在每个交易日的《投资者商业日报》中都能够找到。我们按近 6 个月的股价表现为每个亚组别中的股票排序，这样你就可以轻松发现哪个行业亚组别是真正的领导者。按"低估"原理投资的买家喜欢排名在最后的行业组。然而分析家曾指出，平均来讲，排在前 50 名或是前 100 名的行业组中股票的表现往往比后 100 名中的要好。所以，为了提高投资于某出色行业中的某只出色的股票的可能性，请你把注意力集中在前 20 个行业组，尽量避免投资后 20 个行业组中的股票。

《投资者商业日报》和每日在线图服务都提供了额外的专有信息，以便帮助你判断正在考虑购买的股票是否位于一流的行业组中。行业组相对强度比率把每家上市公司的股票按照字母 A+ 到 E 划分为相应等级，A+ 是最好的。评级为 A 档，包括 A+、A 和 A−，意味着从股价变动的程度来说，该股票所处的行业组位于所有行业组的前 24%。

每天还要快速浏览《投资者商业日报》中的"股价新高点"一览表。这个不同寻常的表格将整体行业部门按前一交易日中股价创新高的个股数量排列，其他商业出版物都不会刊登这个表格。仅看一下前 6 个行业部门就可以了，特别是在牛市行情下，这些行业通常会包含大多数的领军股。

探寻什么行业组繁荣，什么行业组衰退的另一条途径是分析共同基金中行业基金的表现。富达投资是美国成功的共同基金管理者之一，拥有超过 35 只分行业组的共同基金。浏览它们的表现为判断什么行业更为兴盛提供了另一个极好的视角。我发现富达行业基金中从年初到现在表现最好的两三只基金非常值得关注，这些会刊登在每个交易日《投资者商业日报》的一个特殊小表格中。

威廉·欧奈尔公司的机构客户每周都会得到将 197 个行业组按前 6 个月股价相对强度排序的数据图。最强势的行业股收录在欧奈尔数据库图书的第一卷中，较弱行业中的股票则被收录在第二卷中。

在一段时期中，包括《华尔街日报》在内，所有日报都删减了每个交易日的主要股票行情表中涵盖的公司数量，或是说对每只股票而言，对投资者有用的日常重要资料项目都急剧减少。而《投资者商业日报》针对股票行情做出了更加深入的揭示。

《投资者商业日报》当前的股票行情表将 33 个主要行业中的股票按表现从强到弱的顺序排列，这些行业包括医疗、零售、电脑软件、服务、电信、建筑、能源、网络、银行等。每个行业中都综合考虑纽约证券交易所和纳斯达克市场上的所有股票，这样你就能比较每个行业中的所有股票，从而在一系列关键变量的基础上找出最优行业中的最优股票。

《投资者商业日报》每一个交易日都会根据经时间检验的 21 条重大依据给出包含 2 500 只股票的行情表，这比美国其他大多数日报给出的要多得多。这 21 条依据具体如下。

（1）从 1 到 99 的整体综合排名，99 是最好的。

（2）每股收益增长排名，将每家上市公司前两个季度和前三年的每股收益增长和其他所有公司进行比较。排名为 90 意味着该公司的股票表现胜过市场上 90% 的股票。

（3）相对价格强度排名，将每只股票近 12 个月来的价格波动与其他所有股票进行对比。如果一家公司的每股收益增长排名和相对价格强度排名都在 80 甚至更高，那么，它就是较好的投资机会。

（4）将某股票的销售增长率、利润率和投资收益率与其他所有股票比较的排名。

（5）一项专有的、高度精确的净流入／净流出排名，运用特定的股价和成交量公式来估测某股票在前 13 周中是"净流入"（买进）还是"净流出"（卖出）。"A"表示大量买进，"E"表示大量卖出。

（6~7）成交量变动百分比告诉你每只股票成交量的变动高出还是低于前 50 天平均成交量的百分比，以及占当天总成交量的百分比。

（8~9）每只股票所属行业板块当前和近期的相关表现。

（10~12）每只股票 52 周股价高点、收盘价和当日股价变动。

（13~21）市盈率、股息率、公司去年是否进行股票回购、该股票是否带有期权、公司是否将在 4 周内报告收益情况、股票是否上涨 1% 以上或股价创新高、股票是否下跌 1% 以上或股价创新低、该股票首次公开募股发行是不是发生在 8 年以内，同时每股盈余增长排名和相对价格强度排名都在 80 以上，以及最近投资者网（investor.com）是否转载了《投资者商业日报》中关于该公司的文章。

《投资者商业日报》不仅分析了更多的股票，提供了更多重要数据，还展示给投资者篇幅更大的、更易于阅读的行情表。

当2009年2月写下这一章时，医疗行业排名第一。随着时间推移、市场行情、新闻信息和数据的变动，这些排名会调整变动。我坚信对投资者而言——不管他们是新手还是经验丰富的行家，这些重要的相关数据比《投资者商业日报》大多数竞争者所提供的要领先一大步。

回想一下2008年由华尔街和大都市银行界导致的那些灾难吧，我们相信，我们已经并且正在通过编撰一些资料——比如你正阅读的这本书、在家研读课程、全国范围内数以千计的研讨会、讲习班以及《投资者商业日报》，为美国民众提供有效的教育、帮助以及指导。这里所涉及的领域虽然复杂，却相当关键，而且常常是连其他投资业内人士和华盛顿政府都操控不好的领域。

顺应行业趋势至关重要

假如1970年的经济形势表现出房屋建筑业将出现改进和大幅度的情况好转，那么，你所定义的建筑业板块将包括哪些股票呢？如果你已将它们罗列，你会发现当时这个行业中有数百家公司。那么该怎样缩小选择范围，仅投资于那些表现最好的股票呢？答案是：从行业组别和亚组别的层面来观察它们。

1971年牛市期间，建筑行业中投资者们需要考虑的行业组别实际上有10个。这意味着你有10种方式在建筑业的繁荣中博弈。许多机构投资者所购买的股票包括木材供应商的乔治亚太平洋公司（Georgia-Pacific）、壁板行业的龙头企业美国石膏公司（U.S. Gypsum）以及建材巨头阿姆斯特朗公司（Armstrong Corp.）。你也可以投资于管材管建行业组的马斯柯（Masco）；住房建筑商，例如 Kaufman & Broad；建材零售商和批发商，例如 Standard Brands Paint 和 Scotty's Home Builders；或是抵押贷款承保商，例如 MGIG。除此之外，还有移动房屋和其他低成本住宅制造商、空调系统供应商以及家具和地毯的制造商和销售商。

你知道 1971 年传统建筑业股票在整个市场中所处的位置吗？它们全年表现均位于所有行业组的下半部，然而，同期新兴建筑相关亚组群的股票表现却涨了不止 3 倍。

移动房屋行业组在 1970 年 8 月 14 日闯入行业组前 100 名，并在 1971 年 2 月 12 日之前都在这个范围中。1971 年 3 月 14 日，该组重回前 100 名，而后，在下一年跌落到所有行业组的后半部分，具体时间为 1972 年 7 月 28 日。在之前的行业周期中，移动房屋行业组于 1967 年 12 月进入前 100 名，而在接下来的熊市中跌到后半部分。

在这些繁荣的时期中，移动房屋业的股票价格优势是诱人的。红人工业的股价从拆股调整后的 6 美元猛涨到 56 美元，Skyline 的股价则从 24 美元涨到相当于拆股前 378 美元的价位。如果你学着识别线图并且做好功课的话，这些都是能够利用线图定位的股票。我们研究所有曾经成功的大牛股的历史模型，并且从中学习。

信息技术产业是 1978～1981 年的领导产业之一。当时许多投资经理一般会认为该产业仅包括 IBM、宝来、斯佩里－兰德（Sperry Rand）、控制数据公司以及诸如此类的一些公司。这些都是大型机制造商，而它们在这个周期中的表现并不好。因为当信息技术产业火爆时，它所包含的旧有行业组群却不兴盛，比如大型电脑。

与此同时，信息技术产业中的许多新兴亚组群中股票的表现令人难以置信。在这一时期中，你可以从行业组中挑选新兴的、相对不知名的股票，比如迷你计算机（普莱莫计算机公司）、微型计算机（Commodore International）、图形处理软件（Computer vision）、文字处理器（王安公司）、电脑周边设备（威宝）、软件（Cullinane 公司）或是分时技术（电子数据系统公司）。这些新兴的企业赢家的股价上涨了 5~10 倍（这就是 CAN SLIM 投资法则中所说的 "New"）。没有一个联邦行政部门可以长时间阻止投资者和革新者的前进步伐——除非他们真正想阻止商业和国家的发展。

1998~1999 年，电脑业再次领导市场；一年多的时间内，50~75 家电脑相关产业股票几乎每天都在冲击《投资者商业日报》中新高股票排行榜中的首位。如果你够警惕并知道寻求什么的话，这就是你要看的东西。新兴领导力来自于软件行业股中的西贝尔系统、甲骨文和维尔软件，以及局域网行业股中的博科网络和 Emulex 公司。计算机互联网行业组在思科、瞻博（Juniper）网络和 BEA 系统的领导下景气繁荣；记忆存储行业族中的易安信公司和网域存储技术公司（Network Appliance）进步巨大；与此同时，先前的市场领导者个人电脑行业组则在 1999 年止步不前。这些大牛股中的大部分在巨幅增长之后，于 2000 年同市场中的其他股票一起达到顶峰。

从那时起，市场上涌现了许多新兴的亚行业组；而随着新技术的产生和应用，将来会出现更多的亚行业组。我们正处于计算机、全球通信和空间技术的时代。新发明和新技术将催生成千上万的新型高级产品和设备。在原有大型计算机产业无止境的创造性衍生中，我们获益匪浅；而过去它们出现得如此之快，以致我们不得不更加频繁地更新数据库中的行业门类，以追上它们前进的步伐。

在美国自由的企业系统中，没有什么是"不可能"的。记住，当计算机刚刚被发明出来时，专家认为它的市场仅有两个，而其中一个就是政府。而数码设备集团的主管之后也曾说过，他没有预见到每个人的家中都会拥有一台电脑。当亚历克山大·格雷厄姆·贝尔发明电话时，他提出与西联汇款公司（Western Union）的主管平分电话的利润，而后者却回复道"我要这样一个有意思的玩具做什么呢？"沃尔特·迪士尼的董事会成员——他的哥哥和妻子,都不喜欢他创建迪士尼乐园的构想。

2003~2007 年的牛市中,1998 年和 1999 年中表现最好的美国在线和雅虎这两只大牛股错失领导地位;而新兴创新者当仁不让,上升到行业的领导地位,比如谷歌和价格在线。你要与每个新的行业周期中新的大牛股保持同步。有一个必须牢记的历史事实:牛市行情中每 8 只大牛股中仅有一个能在下一轮牛市行情中继续保持它的领导地位。市场通常会推陈出新,美国是不断发展的,新的企业家会为投资者提供新的机会。

行业变迁的历史与未来

计算机和电子类股票曾一度表现杰出;而另一时期,零售业或者说防守型股票会引人注目。通常在一个牛市行情中领导市场的行业不会在下一个牛市中继续它的领导地位,尽管也有例外。有时牛市阶段末期出现的行业组群处于自身发展阶段的早期,从而能够经历熊市的萧条,然后恢复它们的优越性,在新的牛市开始时担任领军角色。

以下是 1953~2007 年每轮牛市的领军性行业组(见表 15-1)。

表 15-1　1953~2007 年牛市领军性行业组

1953~1954 年	航空航天、铝业、建筑、造纸、钢铁
1958 年	保龄、电子、出版
1959 年	自动贩卖机行业
1960 年	食品、信贷、烟草
1963 年	航空公司
1965 年	航空航天、彩色电视、半导体
1967 年	计算机、跨行业企业集团、酒店
1968 年	移动房屋
1970 年	建筑、煤炭、石油服务、餐厅、零售
1971 年	移动房屋

（续）

1973 年	黄金、白银
1974 年	煤炭
1975 年	商品目录展售店、石油
1976 年	酒店、污染治理、私人疗养院、石油
1978 年	电子、石油、小型计算机
1979 年	石油、石油服务、小型计算机
1980 年	小型计算机
1982 年	服装、汽车、建筑、折扣超级市场、军用电子、移动房屋、服饰零售、玩具
1984~1987 年	非专利药品、食品、糖果及烘烤食品、超市、有线电视、电脑软件
1988~1990 年	制鞋、制糖、有线电视、电脑软件、珠宝商行、电信、保健门诊
1990~1994 年	医药制造、生物工程、健保组织、电脑配件/局域网、餐厅、博彩、银行、油气开采、半导体、电信、非专利药、有线电视
1995~1998 年	电脑配件/局域网、电脑软件、互联网、银行/金融、计算机——个人电脑/工作站、石油/天然气勘探、零售——折扣店/多样化经营门店
1999~2000 年	互联网、制药——生物医学药品/基因药品、计算机——存储设备、电信设备、半导体制造、计算机——网络构建、被动式光纤组件、电脑软件——企业
2003~2007 年	化肥、石油和天然气、服装、钢铁、媒体、太阳能、互联网、房屋建造

你可能想到的是，未来的产业为每个投资者创造了巨大的机会；而过去的产业尽管偶尔也会受到青睐，但表现杰出的可能性要小得多。

大量的主要产业——大多是周期性产业，到 2000 年时已经过了它们的发展高峰。然而由于来自中国的巨大需求，它们中的许多在 2003~2007 年时从萧条中恢复繁荣。

中国人的发展模式非常具有潜力。大多数中国家庭希望他们的独生子女上大学、会说英语。印度家庭也有许多同样的愿望。

以下是到 2000 年时已度过其高峰期的防御型行业的清单。

1. 钢铁
2. 铜
3. 铝
4. 黄金

5. 白银
6. 建材
7. 汽车
8. 石油
9. 纺织
10. 集装箱
11. 化学制品
12. 电气用具
13. 造纸
14. 铁路运输和铁路设施
15. 公用事业
16. 烟草
17. 航空公司
18. 老式百货商店

现在和将来的行业可能会包括：

1. 医疗设备计算机软件
2. 互联网和电子商务
3. 激光技术
4. 防守型的电子技术
5. 电信
6. 新概念零售
7. 医疗、制药、生物医学/遗传学
8. 特殊服务
9. 教育

将来可能出现的行业组还包括无线电、网络存储、私人网络、网络安全、掌上电脑、可穿戴式电脑、蛋白质学、纳米技术以及基于DNA的微芯片。

跟踪纳斯达克市场的股票意义重大

观察纳斯达克股票中具有不同寻常实力的一两只股票，并将具有相似实力的股票列示出来，归类到纽约证券交易所同样的行业组中。通过这样的方法，我们可以发现新的牛市周期中的领导行业组。

仅仅列出一只股票的初始实力还不足以吸引投资者对于这个行业组的关注，然而经过一两只同源的纳斯达克股票的证实，就能很快引导投资者相信该产业很可能复苏。要发现这些，你可以参考图 15-1 和图 15-2，它们分别是房屋建造商桑达克斯（Centex）1970 年 3～8 月场外交易的股价走势图和另一家房屋建造商考夫曼 & 布罗德（Kaufman & Broad）1970 年 4～8 月在纽约证券交易所上市股票的走势图。

（1）桑达克斯先前几年的相对强度较大，并且在股价动作之前的3个月取得了一个新的高点。

（2）1970年6月的那个季度中，收益增长（程度达到50%）。

（3）在熊市行情的底部形态中，这只股票都是在接近高点处卖出的。

（4）桑达克斯的一个强劲的底部形态与考夫曼&布罗德的同时出现。

图15-1　桑达克斯周线图

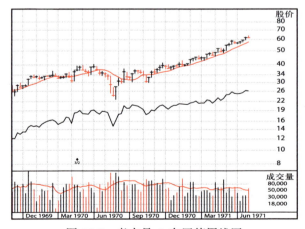

图15-2　考夫曼&布罗德周线图

在2003年的牛市行情中，我们在每周回顾股价走势图时发现，纽约证券交易所上市股票蔻驰（Coach，股票代码COH）于2月28日在底部形态中突破。4月25日它回落到股价10周移动平均线之下，这就出现了另一个买入点。然而在大盘指数的一个主要市场跟随日之后，新一轮牛市行情已经开始；与此同时，在纳斯达克市场，4月25日另外两家零售成衣行业中的领导企业城市户外公司（股票代码URBN）和迪克户外运动公司（股票代码DECK）与蔻驰一样，也都双双突破价格形态（见图15-3～图15-5）。从同一行业组中，发现了一只纽约证券交易所上市股票和两只纳斯达克股票，现在已有充分的论据来证明一个有力的新兴行业组群正为刚开始的新一轮牛市行情带来活力。《投资者商业日报》之所以将纽约证券交易所和纳斯达克市场的表格合并为按照行业板块列报的形式，还有另外一个原因，就是因为这样能使你更容易地发现所有的大牛股。

图15-3　蔻驰周线图

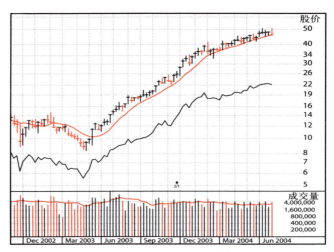

图 15-4　城市户外公司周线图

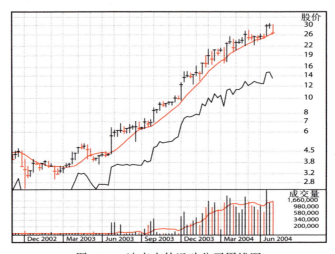

图 15-5　迪克户外运动公司周线图

核心股票与整个行业荣辱与共

　　按行业组将股票分类追踪，还能够帮助你尽快从正在弱化的投资中脱离出来。如果在一段时间的成功业绩之后，某行业组中一两只重要的股票严重受挫，这个弱势早晚会波及行业中的其他股票。例如1973年2月，一些建筑业中关键股票的弱势显示，即使是像考夫曼&布罗德与MGIG那样的"大笨象型企业"㊀也是不堪一击的，尽管事实是它们表现得还不错。那时各大主要研究公司一直看好MGIG，他们确信这家抵押贷款承保企业接下来两年的利润率将锁定在50%，而且它将不受建筑业的周期性影响，继续它的欢乐旅程。然而股票分析家们错了，MGIG随后同整个恶化的行业一起溃不成军。

就在同一个月中，美国国际电话电报公司（简称ITT）的成交价位于50～60美元，而同行业组中其他股票正处在一个长期的衰退过程中。1973年推荐ITT的4家领导性研究机构忽略了两个核心问题，即ITT所处的行业组群很脆弱，尽管股票本身并未表现出来，但股价的相对强度趋势还是会走低的。

1980～1981年石油及其服务类股票盛极而衰

1980～1981年，也能够看到行业组群的"波及效应"（wash-over effect）。石油和石油服务类股票经历长时期的繁荣之后，我们的机构服务公司运用早期警示标准，将这一类股票，例如印第安纳标准石油公司（Standard Oil of Indiana）、斯伦贝谢公司（Schlumberger）、海湾石油公司（Gulf Oil）和美孚（Mobil）等，归置到"卖出/回避"的范围内，这意味着我们觉得这些股票应该避免买入或者应该卖出。

几个月后，通过数据我们观察到整个石油板块已经转入颓势，而石油服务企业中的佼佼者斯伦贝谢公司股价也已经见顶回落。基于客观的历史数据，你会得出这样的结论：该股的颓势迟早会波及整个石油服务业。所以，我们又把休斯工具公司（Hughes Tool）、北美西方公司（Western Co. of North

---

㊀ 大卫·林奇将企业分为6种类型，分别是：稳定缓慢增长型（slow growers）、大笨象型（stalwarts）、快速增长型（fast growers）、周期型（cyclicals）、资产富余型（asset plays）和扭转困境型（turnarounds）。——译者注

America)、罗旺公司（Rowan Companies）、华高国际（Varco International）以及国家铅业（NL Industries）的股票加入到卖出／回避清单中，尽管这些公司的股价正在创出新高，而且季度收益也呈现出不断增长的趋势——有些增长甚至达到或高于100%。

这些行为震惊了华尔街和大型投资机构的资深专家，但我们已研究并记录了过去领导性的行业组群是如何见顶回跌的。我们的行为基于历史事实和过去几十年中行之有效的法则，而不是分析家的个人观点或是来自企业高管潜在的片面信息。

我们的服务与华尔街其他研究机构是截然不同的，因为我们不雇用分析员，不推荐购买或卖出的具体股票，也不撰写任何分析报告。我们运用的是从19世纪80年代直到2008年期间覆盖了所有普通股的供给－需求线图、事实和历史先例。

1980年11月至1981年6月，我们的机构服务公司建议客户避免购进或是卖出石油和石油服务类股票是当时价值较大的呼吁之一。我们甚至在1980年10月告诉出席休斯敦研讨会的听众们整个石油板块已经见顶。这些听众中75%的人都持有石油股票，他们可能一点也不相信我们所说的。在当时，甚至是接下来的几个月中，我们都没注意到任何其他机构对于能源以及相关的勘探和服务板块做出同样的悲观论调，然而，事实恰恰印证了我们的判断。由于这个决策，威廉·欧奈尔公司成为许多美国顶尖机构投资者获取历史先例理念的主要供应商。

几个月内，所有这类股票开始严重下挫。职业投资经理们逐渐认识到，一旦油价见顶，主要的石油债券进入停业清盘，那么，削减勘探活动仅仅是时间问题。

《机构投资者》杂志在1982年7月刊登了来自8个最大的、知名度最高的经纪公司的10位能源分析家的不同行动策略。他们建议买入这些证券，因为它们已经历股价高点之后的第1次调整，价格便宜。这就是在股市中赚钱并保值时，主观意见怎么老是犯错的另一个实例，哪怕这些意见来自于最高研究机构或是毕业于常春藤联盟院校的年轻聪明的 MBA 们。

2008 年，当我们于 7 月 3 日把时价 100 美元的斯伦贝谢股票首次归类到卖出 / 回避清单中时，同样的情况再次发生了。当它与其他石油股同时开始缓慢而坚定的达顶过程时，石油业的优质领导者斯伦贝谢的收盘价低于 10 周移动平均线。许多机构投资者听从了分析家的建议，在石油股的下跌趋势中过早买入，因为好像真的很便宜。同时，石油的价格正位于从每加仑 147 美元暴跌到 35 美元后又回涨到 50 美元这一过程的中期。

2000 年 8 月，调查显示许多分析员强烈推荐买入高科技股。6 个月后，在多年来行情最差的一年中，几乎还有很多分析员仍然坚持强劲买入高科技股。这些分析员的观点当然是错误的，仅有 1% 的分析员说要卖出高科技股。即使主观意见来自于专家，它通常也是错误的，市场很少与主观意见相一致。所以，要学着去倾听市场在告诉你什么，不要再听从自我经验和个人观点了。不懂这些的分析员注定会为他们的客户带来损失。我们通过历史上的市场实例来决策，而不是个人观点。

我们从不参观企业，也不与它们对话，没有分析家撰写研究报告，没有也不会相信所谓的内部信息。我们也不是一家定量分析的公司。我们告诉那些自己拥有基本分析团队的客户，让他们的分析家以他们的资源去判断我们那些基于历史先例的不同寻常的想法中哪些是对的，哪些可能是错误的。通常投资机构对它们所投资的股票具有谨慎的个人职责。我们也会犯错，因为股市变化莫测。但是，当我们出错的时候，我们尽快改正，而不是坐以待毙。

1961 年保龄行业繁荣兴旺

宾士域的股票从 1958 年开始一直到 1961 年涨幅巨大。AMF（一家制造保龄球道自动点瓶设备的公司）的股票与宾士域保持一致，大幅震荡攀升。

1961 年 3 月，在到达峰值之后，宾士域的股价又从 50 美元反弹到 65 美元，但是 AMF 没有同它一起反弹。这就是在警告我们整个行业正在构造一个长期的顶部，而宾士域的反弹也不会持久，所以，它的股票应被卖出，尽管曾经收益颇丰。

由此可见，一个实用的常识性法则，那就是除非某只股票的长处和吸引力被至少一只同行业组的其他重要股票证实，否则就要避免买入。少数情况下，当这家公司真的在做一些独一无二的事情时，你可以不用考虑其他股票的证实，但这些情况出现的次数是非常少的。从 20 世纪 80 年代末到 90 年代末，沃尔特·迪士尼就处于这样的群组中：一家独一无二的高质量娱乐公司，而不是声名狼藉的、摇摆不定、可信度无保障的电影业中的一家电影制作商。

在构建股市的历史模型时，我们发现了另外两个有价值的概念。第 1 个被我们命名为"跟进效应"（follow-on effect），而第 2 个我们称之为"亲戚股票理论"（"cousin stock" theory）。

跟进效应

有时，一个行业产生了巨大的进步后，相关行业通常会获得"跟进"的收益。例如 20 世纪 60 年代末，航空产业由于喷气式飞机的引入而进入复兴时期，这引起航空公司股票猛涨。几年后，航空公司的增长溢出到酒店业，它们乐不可支地扩张以满足日益增多的游客的需求。酒店业股票于 1967 年开始享受了一轮强势上涨，尤其是罗斯和希尔顿，成为其中的大赢家。在这个案例中，跟进效应就是航空旅行的发展制造了酒店空间的短缺。

当 20 世纪 70 年代末油价上升时，石油公司开始发疯地勘探以供应这种价格突然之间变得昂贵的商品。因此，高油价不但刺激了石油股票 1979 年的大涨，连为石油公司提供开发设备和相关服务的石油服务业股票也一窝蜂地暴涨。

1978～1981年的牛市行情中，中小型计算机制造业股票的极大成功为计算机服务业、电脑软件以及周边设备在1982年中的复兴创造了跟进效应。20世纪90年代中期，随着互联网产业的腾飞，人们发现自己对访问速度和带宽的需求是个无底洞。网络产业的股票很快就暴涨起来，而专攻光纤产业的公司也在股价上涨中享有了巨大收益。

亲戚股票理论

如果某行业组群的表现尤其突出，那么，也会有一家供应商，也就是一只"亲戚股票"受益。当20世纪60年代中期航空旅行的需求增长时，波音公司卖出了许多喷气式飞机。而每一架新的波音喷气式飞机都配有莫纳格莱姆产业公司制造的化学洗手间。随着利润增长200%，莫纳格莱姆产业公司的股价上涨了1 000%。

1983年，休闲车制造业中的领头企业弗里特伍德（Fleetwood Enterprises）是当年的超级牛股。而德克斯东（Textone）是它一个小小的亲戚股，为休闲车和移动房屋提供乙烯涂层镶板和空心座舱门。

如果你注意到一家企业的股票表现特别优异，那么彻底研究它。在这个过程中，你可能会找到一家同样值得投资的供应商。

行业基本环境的变动

大多数行业组由于行业环境的实质变动而发生变化。

1953年，第二次世界大战后被抑制的住房需求使得铝业和建筑业股票迎来一个强劲的牛市行情。当时壁板是如此紧俏，以至于有些建筑商把崭新的凯迪拉克送给石膏板销售商，只为了能够允许他们购买一车壁板。

1965 年越南战争突然爆发，预计这场战争将会耗资超过 200 亿美元，这就导致了战争中军用设备和防御产业对电子的刚性需求。类似于仙童摄影器材的公司，股价上涨超过 200%。

20 世纪 90 年代，由于纯粹的服务性公司（比如投资公司）变得越来越主流，贴现经纪公司不断获得市场份额。当时的历史表明，嘉信理财集团是最成功的贴现经纪公司，那几年的表现同整个股市的领导者微软一样杰出，然而这是鲜有人知的一个有价值的事实。

关注新的发展趋势

我们还会在数据库研究中关注上市公司的地址位于国家的哪个区域。早在 1971 年我们为上市公司排名时就特别关注那些总部位于达拉斯、得克萨斯以及其他重要的增长中心或是科技中心（比如加利福尼亚的硅谷）的公司的股票。然而，由于加利福尼亚高成本、高赋税的商业环境，导致大量企业迁往犹他州、亚利桑那州以及美国西南部。

精明的投资者还应关注人口变化趋势。从诸如不同年龄层的人口分布之类的数据来看，预言特定行业的潜在增长是有可能的。女性大量进入社会工作以及"婴儿潮"的爆发，有助于解释为何 1982~1986 年利米特百货、Dress Barn 以及其他女性服饰零售商的股票暴涨。

了解关键行业的基础自然属性也很有用。比如说高科技股的波动性是消费类股的 2.5 倍，所以，如果没有正确买入高科技股，你可能会遭受更大的损失。或者如果你将投资组合中的大部分资金集中于高科技股，它们可能会同时下跌。所以，如果你过分集中于不稳定的高科技行业或其他可能的风险区域，就要警惕风险暴露。

防御组别间或显示大盘动向

投资者了解哪些行业组的本质是"防御性的"也很重要。如果牛市行情持续两年之后,你发现买入了诸如黄金、白银、烟草、食品、杂货以及电力和电话设备之类的股票,可能就正要逼近顶部。高利率会显示公用事业中的长期弱势,而熊市行情即将出现。

1973年2月22日,黄金移动到了所有197个行业中的前半部分。当时发现这个信息的人都得到了一个如水晶般透明的警告:自1929年到现在最糟糕的市场巨变即将到来。

60%以上的牛股是行业进步的产物

1953~1993年最成功的股票之中,几乎2/3的股票是行业进步的必然产物。因此务必牢记:研究行业基础至关重要,还要注重分析行业发展的新趋势。

| 第16章 |

如何运用《投资者商业日报》寻找潜在的牛股

我们为何创办《投资者商业日报》

数十年来，只有职业投资经理能够获得探寻牛股所必需的深度信息。事实上，他们垄断了相关的投资信息。这就是我于1984年4月创办《投资者商业日报》(IBD) 的初衷：为所有投资人提供所需信息，不管他们的账户是大是小，也不管他们是股市新手还是资深股民。

威廉·欧奈尔公司早在20世纪60年代早期就以投资技能闻名，它建立了美国第一个电子化的每日股市数据库，以追踪比较股票表现。精细化的追踪深入揭示了到底是什么催生了牛股，尤其是这些股票在主要价格变动之前的实质特征。

现在这类信息许多都能在《投资者商业日报》中获取，它为每个人（职业投资者和个人投资者一视同仁）从详细的数据分析中提供了实现资本成长和获利的更好机会。由于我们的初衷是利用易于理解的数据库来学习了解国家的经济状况，所以说《投资者商业日报》首先是一个重要的信息提供者，其次才是一份报纸。

如果你真心诚意地想要成为一名更成功的投资人，那么，你绝对能够理解 IBD 的内容。如果你能投入地学习这本书中罗列的已经经过时间验证和历史事实检验的投资策略，受过相关训练并且日复一日、周复一周地努力学习，那么你已经成功了一大半。IBD 专有的研究工具提供了另一半的成功因素。对于大多数人来说，这意味着要迫使自己熟悉与原来习惯于所听、所看、所用截然不同的数据、方法和投资理念。

举例来说，根据对过往所有牛股所做的历史研究，我们发现：如果你一直根据市盈率（P/E）选股，那么，你会错失数十年来几乎所有主要的超级牛股。IBD 的信息是旨在揭示每个阶段最成功的企业在重大股价变动之前的特征。运用这些成功的有效模型，我和许多其他的人在 20 世纪 60 年代取得了成功。

《投资者商业日报》于 1984 年 4 月创刊，开始时的订户只有 15 000 人。而在我们创刊的前些年，《华尔街日报》的订户稳定增长，截至我们 1984 年创建 IBD 时，它的国内发行量已达到 210 万份的历史峰值。从那时起，连续多年《投资者商业日报》的市场占有率不断增长。在高度受欢迎的区域中，比如加利福尼亚南部、佛罗里达以及长岛、纽约，IBD 的读者数量比一般报纸要大得多。我们的许多读者以前都是《华尔街日报》的订户。《华尔街日报》和《投资者商业日报》的读者群体几乎没有重合，因为有几个调查显示，只有 16% 的 IBD 订户同时订阅《华尔街日报》。

《投资者商业日报》何以与众不同

确切地说，IBD 与其他信息来源的区别是什么呢？让我们进一步来看一下。

- **IBD 使得寻找牛股的过程更加容易**。IBD 提供股票表现情况表和经过验证的专有技术基础的股票比率以及排名情况，从而在一万多家上市公司的股票中进行选择时帮你缩小选择范围，只选那些最好的投资机会。

- **它为研判大盘提供了更快捷、更简便、更精确和更可靠的途径。** 每天交易活动的关键要素在 IBD 的"大盘分析"版面中都会进行解释,让你从有效的视角了解整个市场的运作情况,从而改进你买入和卖出决策的时机。在行情险恶的时期,比如 2000~2003 年和 2007~2009 年,这样的信息至关重要。

- **它提供给你有价值的投资教育和支持。** IBD 全部的关注点在于可靠的数据库研究和广泛的历史模型构建,从而可以作为事例服务于投资者——这些事例是事实,而不是个人观点。本报会列示大量的信息来源,从而帮你学习并了解市场到底是怎样运作的,这是基于多年的历史先例。

寻找超级牛股的全新途径

在《投资者商业日报》中,我们探索出一条寻找牛股的截然不同的方式。这是因为,在对历史事实研究 40 多年以后,我们知道顶尖的股票在成为杰出的牛股之前会表现出特定的力度信号。这使那些偏好于廉价股票的投资者迷惑——他们希望自己购买的价格低廉、少为人知的股票会腾飞,从而震惊大家。就像我们曾经说过的那样,便宜的股票自有它便宜的理由:它们具有妨碍自己价格增长的缺陷。一只股票的价格要涨得更高,需要增长的收益和稳定的销售额,再加其他因素才能构建出一只新型的大牛股。如果你在其发展的早期阶段就买入了这样一只股票,你的资本将随着它巨幅的增长而增长。

记住,一直以来最大的牛股,比如思科系统和家得宝,都是在获得了利润、销售额开始增长以及本书提到的其他因素的领导地位之后,才开始股价最大幅度的上升。你开始研究股市所需要的一些关键数据都可以在 IBD 的股票行情表中找到。

IBD 独一无二的排名系统是识别还未发迹的潜在牛股的一种方式,所以,每天浏览这些排名非常重要。IBD 的股票行情表与你在其他地方看到的都不一样，专有的智能搜索公司排名对于观察每只股票的表现以及它与数据库中其他股票的比较具有深刻的意义。我们将在这里详细介绍这些排名所参照的要素，也就是图 16-1 中的①～⑥项。

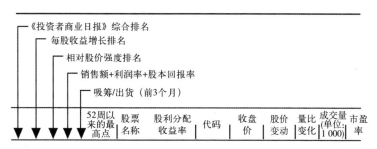

图 16-1　职能搜索公司排名

《投资者商业日报》智能搜索公司排名

在仅有一列的 IBD 智能搜索综合排名中，你可以得到的信息比从标准股价行情表中得到的任何信息都要有用且有意义。这些排名已被证实为是对股价未来价值的最具先见性的测度，它能够缩小你的投资范围，让你在过万的股票中仅仅关注顶级的候选投资对象。

你会发现这些排名很像一篇简明的统计学财经报告摘要，分析的是股票本质的优势和弱势，它们还会对每家上市公司的整体运作进行全面评估。最重要的是，这些随着每日行情表或每周行情表同时出现的排名会帮你找到更好的股票。让我们随后逐一检测每一要素吧。

每股收益的排名情况表明企业收益增长的相对比率

一只股票要成功，优异的收益增长是必不可少的，它对将来的股价表现影响最大。因此，处于智能搜索排名系统绝对首位的组成要素就是每股收益（EPS）排名，在图16-1中标注为①。

EPS排名通过赋予最近几个季度额外的权重，来估测每家上市公司近3年的收益增长和稳定性，并将其结果同股价行情表中其他的普通股比较，然后在1～99的数字范围内排序，99是最好的。

例如：EPS排名为90意味着该公司在总数约为10 000家的上市公司股票中，短期及长期的基本收益位于前10%。

这个数字显示了上市公司的相对收益表现及其股票可能的前景。这样的测量很客观，你可将一个公司的审计结果与其他任何公司做对比，比如说可以将IBM的收益增长与惠普公司、洛克希德、洛斯保险公司、沃尔玛或是苹果电脑比较。计算时不会考虑预期收益的因素，因为该因素是个人的主观臆断，就像你所了解的一样，预期收益可能是错误、善变的。

由于收益能力和收益增长是一家企业成功的最基本要素，在世界范围内激烈的竞争环境中，EPS排名对于区分真正的领导者与管理不善、满是缺点以及缺乏活力的企业来说，价值是无法估量的。

EPS排名也比广为沿用的《财富》500强排名更有意义，后者仅通过企业规模为其排名，很少会涉及创新、增长以及收益能力的因素。历史为50～100年的大型企业可能会有一个广为人知的品牌形象，但通常情况下，它们的市场占有率是逐渐流失的，流失的市场被创造出更加新颖、优异的产品的年轻、更具革新性的企业获得。想想我们的汽车企业及其盟友们的衰落吧，美国铝业、柯达（Eastman Kodak）、国际纸业（International Paper）、施乐、哥伦比亚广播公司（CBS）、甘乃特（Gannett）还有花旗集团。

相对价格强度排名显示新兴价格领导者

我们已经知道，最优秀的股票股价表现必定出众，即使是在上涨开始之前。所以，你必须寻找具有价格领导力的股票。相对股价强度（RS）排名就是通过衡量一只股票前12个月的价格表现，展示哪些股票是最好的价格表现者。然后，这一表现会与其他所有上市公司的股票的表现相比较，得出一个位于1～99之间的排名，99是最好的。请看图16-1中标为②的那一列。

例如：RS排名为85意味着该股票在上一年度的价格表现优于全部上市股票中的85%。自1952年甚至更早之前至今，最成功的股票在从它们的第1个价格调整区域（底部）突破时，呈现出的平均RS排名为87。换句话说，最成功的股票在获取最大的股价收益之前，就已经比市场上近90%（或者说9/10）的股票表现要好了。

即使是在行情不好的市场上，股价突破时相对价格强度排名低于70也会预先警告你可能会出现困境。然而，作为卖方来说，我们有卖出法则，可以指导你更加及时有效地抛出大部分股票，而不是依赖那一条通过前12个月价格表现推算出的、质量逐渐退步的相对强度线。我们的表现排名基于事实，而旧有的、不科学的方法则代表性地采纳了错误的个人意见、信条、学术理论、媒体报道、宣传手段、自我观点、内幕消息以及流言蜚语；将两者进行比较，结论就是IBD所独有的实事求是的股票排名会让你头脑更加清晰，从而在复杂的市场中逐步获益，这是无可争议的。

每股收益排名和相对价格强度排名都要非常突出

每股收益排名和相对价格强度排名要联系起来，同时加以考虑。到目前为止，你已经能够找出顶尖的每股收益领导者和相对价格强度领导者。而绩优股中的绝大多数在主要的价格运动之前，EPS排名与RS排名均在80以上

（包含80）。由于这两者中一个是基础测度，另一个是市场地位的权衡，在积极的市场环境中坚持在两者表现均优时投资会大大改进你的选择过程。

当然，也不能保证一家过去或是当前表现很差的企业不会在将来的某天突然转好。这就是为何你必须一直应用止损策略，就像我们在第10章和第11章中讨论的卖出法则一样。每天或每周察看股票走势图也是必要而明智的，这样可以看出股价是否位于一个恰当的底部，或是股价超出最近一个调整区域的幅度是不是太大（请参照第2章）。

如同之前所讨论的，整个20世纪表现最好的企业模型有两个最普遍的基本特征，就是前3年收益连续增长和近两三个季度每股收益大幅增加。

当你能够获得这些确凿的数据时，自然不能回避的一个问题就是：为何要把自己辛辛苦苦赚来的钱投入到一只EPS排名30、RS排名40的疲软股票中呢？要知道此时市场中排名比它们高的企业数以千计，其中不乏数百家排名最佳者。

不是说排名差的企业不能够表现好，只是他们中有更大比例的企业是让投资者失望的。即使某只排名较低的股票出现了像样的价格涨幅，你也很可能会发现同行业中排名较高的企业的涨幅更大。

从某种程度来说，综合考虑EPS排名和RS排名就类似于尼尔森公司（A. C. Nielsen）电视节目收视率排名。谁会继续拥护一档排名极差的电视节目呢？

现在假设你是纽约扬基队（New York Yankee，美国职棒大联盟中有名的棒球队伍之一）的经理，现在正是赛季间歇期，你要考虑为下一年度的队伍吸收新队员。那么你会换入、招募或是签约仅有0.2命中率的击球手吗？或者说你会尽可能多地选择命中率达到0.3的击球手？0.3命中率的击球手更值钱，换成股票的话也就是市盈率（P/E）更高，在接近价格顶点时卖出。0.2命中率的击球手确实价格更低廉，而平均命中率仅有0.2的一行9人，这样的队伍能为你赢几场比赛呢？当比赛进入第九局，比分咬得很紧，你想要谁上垒击球：一个命中率为0.2的击球手还是命中率为0.3的？一位命中率已确认为0.2的击球手有多少次能成为击球冠军啊？

如果以业绩表现来判断的话，挑选管理一个投资组合与经营一支棒球队没什么区别。要在你的赛区中不断获胜并以第一名的成绩结束本赛季的话，你需要所有能够获得最好成绩的运动员——那些拥有经过验证的优异记录的运动员。如果你坚持买入表现较差的股票、"便宜货"或是那些有一点积极特征但同时又具有三四个鲜为人知的缺陷的股票，只怀抱"发现"一只牛股的希望的话，你的投资也不会有起色，每一个小细节都会将赢家与输家区分开来。在股市中，希望这个东西是没用的，除非你开始投资的股票就是高质量的，从而给予你巨大的支持。所谓"支持"，就是在利润、销售额、价格和成交量方面拥有的优势，这才是未来增长的关键先决条件。不要再被那些买便宜货的想法愚弄，或是买入处于下跌趋势的股票（只因它们看上去便宜）。学会运用经过证实和检验的事实来代替你的希望和难免出错的个人观点。

这些实事求是的排名情况，有助于警醒那些浑浑噩噩的董事会成员，并给那些经营状况二流的管理团队施压，发现这个事实也很有趣。持续偏低的 IBD 相对表现比率，对于每一位高管和董事会成员而言，都是一个重要的警惕信号。

销售额 + 利润率 + 股本回报率排名至关重要

削减成本在一两个季度内有可能提高企业的利润，但要实现强劲的持续性利润增长，还需要良好的销售额增长作为支持。所以，买入销售额增长幅度最大的企业的股票同样很重要。此外，他们每销售 1 亿美元能够获利多少？运用资本的能力又如何呢？销售额 + 利润率 + 股本回报率排名综合了这些重要基本要素，是探索真正优秀企业的途径——也就是的确具备了销售额的增长和盈利的能力。这些要素都是优秀的分析家和投资经理广泛关注的。SMR 排名分为 A 到 E 五个等级，A 和 B 是最好的。大多数情况下你要避免买入 SMR 排名是 D 或 E 的股票。请参照图 16-1 中标号为③的一列。

案例：SMR 排名是 A 的企业意味着它的销售额增长、获利能力以及股本回报率在所有上市公司中位于前 20%。2000 年 3~5 月，在一波紧随纳斯达克熊市行情的短期反弹行情中，软件开发试验室一马当先，股价飞涨。就在股市确定进入新一轮的上涨趋势之时，这家光纤网络组件制造商的股价突破到新高点——买入股票的最理想时机。软件开发试验室仅8周内市值上涨112%。而它在为数众多的强势品质中，有一条就是SMR排名为A。

对于那些不常检查股票股本回报率的人来说，这一点很重要。表16-1显示的是历史上大牛股的股本回报率（简称ROE，又称净资产收益率）的情况。

表16-1 历史上领军股的股本回报率

股票名称	当时的投资收益率（%）	涨势开始的年份（年）	到达顶峰时的增长率（%）
Pic 'N' Save	28.7	1976	2 950
家得宝	27.8	1982	958
普尔斯会员购物仓储俱乐部	55.4	1982	1 086
丽资·克莱本	42.4	1984	715
利米特百货	42.3	1985	451
This Can't Be Yogurt	41.2	1985	4 515
默克	19.8	1985	870
微软	40.5	1986	340
思科	36.3	1990	74 445
IGT公司	22.9	1991	1 691
诺基亚	30.9	1998	8 620
Qlogic公司	18.8	1998	3 345
美国在线	36.3	1998	481
嘉信理财集团	29.4	1998	434
蔻驰	43.1	2002	625
芝加哥商品交易所	28.2	2002	915
Nextel通信	56.1	2003	368
谷歌	87.8	2003	536
南方铜业	47.6	2004	369
世邦魏理仕有限公司	26.4	2004	220
汉森天然饮料公司	43.6	2004	751

吸筹/出货——专业交易对股票的影响

职业投资者对股价会带来巨大的影响，所以，你应买入共同基金正在买入的股票，卖出或避免它们可能大量卖出的股票，这一点也很重要。试图去与这些大量的交易抗衡，结果只会伤害自己。追踪专业机构交易最终结果的一条快速有效的途径就是运用IBD的吸筹/出货排名（见图16-1中标注为④的一栏），这个排名以每日价格和成交量变动为基础，告诉投资人股票是在吸筹（职业性买入）还是在出货（职业性卖出）。此排名的计算公式已经经过全面的测试，错综复杂且为我们所专有，而不是简单地基于成交量上涨/下跌的运算。股票被排为从A到E五个等级，每个字母代表的情况如下所示：

A= 投资机构重仓持有（买入）

B= 投资机构中等吸筹（买入）

C= 投资机构买入和卖出的量相等（或者说是中性的）

D= 投资机构中等出货（卖出）

E= 投资机构全力出货（卖出）

如果某只股票在IBD的此项排名为A或B，则意味着总的来看这只股票是正在被买进的，然而这也不能保证它一定会上涨。购入行为正在加速，但基金经理可能面临资金头寸问题，而且他们的所作所为也可能是错误的。在一些案例中，等级为D的股票应当避免买进。我不会去买入一只排名为E的股票，然而如果在稍后的时间里大盘行情有所改善，它的排名也会变化。排名为C的股票表现中庸，可以买进。

如果观察到了重仓买入或卖出，你也不要觉得已经错失了交易时机。许多基金要花费数周甚至数月来完成在某一只股票上的建仓或是出货，这就给了你足够的时间在这样的行为中获利。当然你一定要查看每天或是每周的股票行情表，来观察这只股票是否位于一波走势的早期初始阶段，或是它是否价格上涨时间过长，买进为时已晚或是风险太大。

综合排名：以上要素的综述

位于 IBD 股票行情表第 1 栏的排名就是智能搜索综合排名，它将 4 个智能搜索排名全部综合成为一个综合排名，以对股票的整体表现得出一个快速的印象。图 16-1 标为⑤的那一栏就是综合排名。智能搜索综合排名的计算公式很简单。

- 由于收益和前期股价表现在股票价格上的影响较大，所以，每股收益排名和相对价格强度排名都被赋予了双倍的权重；将来这一权重可能会随着我们排名的继续发展而有所变动。行业组相对强度、SMR 以及吸筹 / 出货比率都是正常权重。
- 智能搜索综合排名中还应用了 52 周价差下降百分比（当前价格与之前 52 周股价高点相比，下降的百分比）。
- 以上计算结果同整个数据库中的股票比较，给出一个从 1～99 的排名（99 是最好的）来总结我们刚刚讨论的 5 个最有预见性的衡量准则。

对某些股票而言，它们的智能搜索综合排名可能会比 4 个单独的智能搜索排名都高一点，这是因为计算公式中考虑权重的影响并包含了 52 周价差下降百分比。

当你浏览股票行情表时，这一简单明了的排名为你带来了节省时间的巨大优势。顺着行情表中排名专栏从上向下看，努力寻找那些智能搜索综合排名在 80 或 80 以上的股票；当你位于一个上升的大盘趋势中时，从它们之中你可以发现潜在的卓越投资机会。

下一步就是查看 4 个独立的智能搜索排名：EPS、RS、SMR 以及吸筹 / 出货。通过对股票行情表的快速浏览，你现在更加可以坚信自己所选的是更好的股票。

量比变化追踪最大资金流

IBD 创建的另一重要测量指标是量比变化（volume percent change）（图 16-1 中标为⑥的一栏）。大多数报纸和电视以及网络上的信息提供者仅仅发布某只股票当日成交量，而这不足以代表全部有意义的信息。从他们所提供的成交量信息中，你怎么能够知道自己的投资组合中的全部股票以及正在考虑买入的股票，它们的成交量表现是正常的、出奇得低还是出奇得高？

为了得到这些信息，你必须在头脑中牢记或者书面记录在你考虑范围内每只股票的平均日成交量是多少。实际上，你可以依赖 IBD 来追踪这一供给-需求的关键指标。IBD 首创性地为投资者提供量比变化测试指标，以此来监测每只股票在近 50 个交易日以来的正常日交易水平。通常来说，大多数相关因素都是有价值的，而不应仅仅关注一堆又一堆数据。

股票在许多不同的成交量水平进行交易，任何成交量的重大变动都会给你极为重要的暗示。一只股票可能以平均每日 10 000（100 手）股的量交易，而另一只股票平均每日的成交量为 200 000（2 000 手）股，另外还有一只每日交易 5 000 000（50 000 手）股。关键不是交易了多少股，而是特定某天的成交量行为是否超出或是低于平均值的正常范围。举例来说，如果一只平均成交量为 10 000 股的股票突然交易了 70 000 股，而此时它的股价仅上涨一个百分点，也就是说这只股票在成交量有 600% 增长的情况下价格上扬。通常这是一个积极的信号——只要其他的大盘指标和基础性指标是积极的。

如果上述情况发生，股票行情表中量比变化那一栏将显示 +600%，这就及时提醒你，该股票可能引起了机构投资者的关注（在这一案例中，股票成交量以高于正常水平 600% 的量成交，那么如果价格也出人意料地大幅上涨的话，就可以作为一个重大警示信号）。量比变化就好比你在兜里揣着一个电脑，可以随时监测每只股票供给和需求的变动，你还能上哪儿去找这么卓越的关键性数据呢？

几乎所有日报都将基础性信息从股票行情表中删除，其中也包括《华尔街日报》——它的每日股票行情表中甚至连股票的成交量都不再公布了。

为何这么多位于纽约证券交易所底楼的专家、职业基金经理、顶级股票经纪商以及精明的个人投资者使用并参考 IBD 的股票行情表，量比变化就是主要原因之一。如果你懂得如何利用这些数据，就再也找不出比这更好的方式来跟踪流入或流出上市公司的现金流了。如果你审阅你的股票时仅仅关注价格的话，你就像一位仅用一根手指来演奏的钢琴家，而且从未听说过和弦和钢琴踏板开关，也从不看活页曲谱。所以，也就不会了解何时应该加快节奏，何时应提高音量，何时应将旋律放轻柔。

《投资者商业日报》不仅仅是一份报纸，还是一个巨大的雷达装置，用来监测对于成功投资者而言的所有变动因素。同时它每天都以书面和电子两种形式为你输出全部信息，电子版本可以通过互联网获得。

电子版本会让你更快获得信息——收盘之后几个小时内就可以查看了，想要为下一交易日提前准备的投资者会发现电子版本尤为便捷。其他投资者偏好于报纸，因为他们可以随身携带、在上面做笔记并将其作为一个有价值的投资指南。

如何利用《投资者商业日报》

每位读者阅读报纸的方式可能各不相同，不管他看的是印刷版还是电子版（或者两者兼看）。我偏好于从头版头条开始，然后翻到最后。

大盘综述

我在头版阅读的第一个专题就是报纸页眉下方，简短快速的大盘综述。它公布了标准普尔 500 指数、道琼斯工业指数和纳斯达克指数价格和成交量的变动；还附带两行市场热点的简短评论。另外还有关于固定收益定息债券、货币资产和商品期货的简短说明。

案例：

表16-2中，纽约证券交易所成交量下方的内容是"成交量高于平均值，较前一交易日有所上涨"。我用40秒来阅读这些摘要，从而确保没有错失有关当天行动的任何重要信息。

表 16-2

标准普尔 500指数	道琼斯 工业指数	纽约证券交易所 成交量 （百万）	纳斯达克 指数	纽约证券交易所 成交量 （百万）
845.85	8 063.07	1 619	1 546.24	2 549
+13.62（+1.6%）	+106.41（+1.3%）	+230（+16.5%）	+31.19（+2.1%）	+324（14.6%）
万事达与阿卡迈在上升趋势中突破	通用汽车与沃尔玛领导蓝筹股反弹	成交量高于平均值，较上一交易日有所上涨	重拾50日均线，连续上涨的第4天	自11月20日的股价低点以来上升最大的成交量

IBD十大新闻

我们在第1版中阅读的第2项是"IBD十大新闻"，这是让自己保持消息灵通的一个快捷、省时的方式。这一部分以简洁的语言总结了10个最重要的股市新闻，每只股票的介绍只有短短的7～9行。比如说今天排名第二的新闻告诉读者的是，上个月在大多数连锁零售商的销售额下降的情况下，沃尔玛的销售额不降反增，而且比预期好得多，这是怎么一回事。排名第三的热点是"参议员即将为刺激经济投票"，这是关于议会努力提出一项经济复苏方案的最新报道。

大盘分析

A1版中我所关注的第三部分是底部的"大盘分析"（the big picture）一栏，见图16-2。这一栏很短，却很好地总结了市场行为和关键发展动态。"把握市场脉搏"（market pulse）位于这一栏中，这一部分的新闻非常有价值，它明示出了成交量上升的大牛股和那些成交量下降的股票。这一部分还告诉你市场正位于一个上升趋势还是下降趋势。

“大盘分析”是 IBD 最有阅读价值的栏目之一。热忱的读者不断告诉我们，在剖析大盘方面，这一栏给他们的帮助是无法估量的。事实上，有 1 000 多个投资者证实，在行情开始陷入困境时，这一部分的内容帮他们做出持有现金的决策，或是判断市场何时开始一个重大的上升趋势。

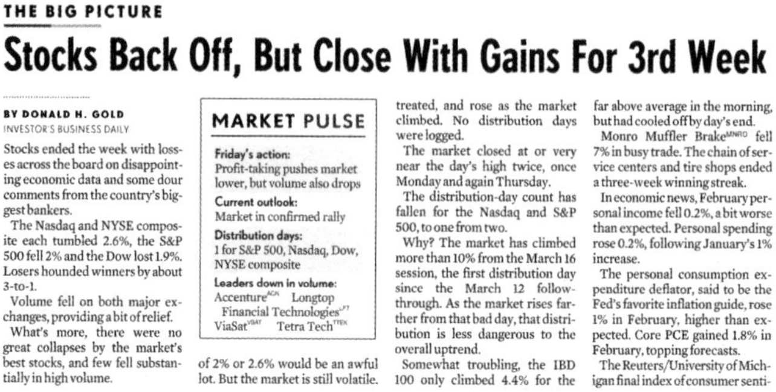

THE BIG PICTURE

Stocks Back Off, But Close With Gains For 3rd Week

BY DONALD H. GOLD
INVESTOR'S BUSINESS DAILY

Stocks ended the week with losses across the board on disappointing economic data and some dour comments from the country's biggest bankers.

The Nasdaq and NYSE composite each tumbled 2.6%, the S&P 500 fell 2% and the Dow lost 1.9%. Losers hounded winners by about 3-to-1.

Volume fell on both major exchanges, providing a bit of relief.

What's more, there were no great collapses by the market's best stocks, and few fell substantially in high volume.

MARKET PULSE

Friday's action:
Profit-taking pushes market lower, but volume also drops

Current outlook:
Market in confirmed rally

Distribution days:
1 for S&P 500, Nasdaq, Dow, NYSE composite

Leaders down in volume:
Accenture ACN Longtop Financial Technologies LFT ViaSat VSAT Tetra Tech TTEK

of 2% or 2.6% would be an awful lot. But the market is still volatile.

treated, and rose as the market climbed. No distribution days were logged.

The market closed at or very near the day's high twice, once Monday and again Thursday.

The distribution-day count has fallen for the Nasdaq and S&P 500, to one from two.

Why? The market has climbed more than 10% from the March 16 session, the first distribution day since the March 12 follow-through. As the market rises farther from that bad day, that distribution is less dangerous to the overall uptrend.

Somewhat troubling, the IBD 100 only climbed 4.4% for the

far above average in the morning, but had cooled off by day's end.

Monro Muffler Brake MNRO fell 7% in busy trade. The chain of service centers and tire shops ended a three-week winning streak.

In economic news, February personal income fell 0.2%, a bit worse than expected. Personal spending rose 0.2%, following January's 1% increase.

The personal consumption expenditure deflator, said to be the Fed's favorite inflation guide, rose 1% in February, higher than expected. Core PCE gained 1.8% in February, topping forecasts.

The Reuters/University of Michigan final index of consumer senti-

图 16-2　A1 版“大盘分析”新闻动态

新闻头条

最后我会看一下头版中两个主要新闻的标题。我是标题阅读者：如果这则新闻是我想要阅读的题目，就继续读下去；如果不是，就直接跳到下一页。

“新闻头条”(top stories) 中还常常会刊登走势图或是行情表。如果我正看的是一个包含 15 家零售商的行情表，它显示了每月销售额和同店销售额的变动情况，并估计了未来的销售额变动。阅读它我很快会知道在此领域中有 3 家企业表现杰出，而其他许多公司的表现都不怎么样。

要言妙道

第 2 版为业务繁忙的管理者和投资人节省了大量时间。它的标题为“要言妙道”（to the point)，提供了以行业板块排名的 50 条商务简讯，以及国家、世界和经济体系的简短总结。我会快速浏览每个标题，然后读我感兴趣的内容。这里还有一栏标题是"趋势和革新者"，通常我会努力阅读此栏，来了解当今社会正在发明的新事物。

这一页居中的部分对于投资者价值重大：6条简讯，内容是关于收盘后企业的收益报告和市场对盘后交易有何反应。这是确保你没有错失任何收盘后的重要信息的一条快速途径。

领导者和成功人士

第3版的"领导者和成功人士"（leaders & success）自我们创刊之初就存在，是IBD的一大特色。我通常阅读这一页最上方的"名言警句"（wisdom to live by），就是名人们说的两三句简短的话。

很多人在这一版中备受鼓舞，因为这一版描写的是那些曾获得极大成功的人——他们都做了什么，是如何做的，他们怀有怎样的信念以及他们是怎样克服困难的。

10大成功秘诀

本版另一单元叫作IBD的"10大成功秘诀"（10 secrets to success），很多家长都让他们的子女来阅读这些小故事，通过这样的方式来教育他们。举例来说，这10个秘诀的第1个是"思考方式就是成功的一切秘诀所在：一直都要很积极；想着成功，而不是失败；警惕消极的环境"。第2个是"在真正的梦想和目的之上决策：写下特定目标，并制订达到这一目标的计划"。第3个是"采取行动：没有行动，目标就什么也不是，不要害怕开始，放心大胆地去做吧"。第4个是"学无止境：回学校进修或是读书，争取训练机会并获取专业技巧"，诸如此类。直到你看到最后一个，"诚实可信，承担责任：否则的话，前9个秘诀都不会奏效"。

在这一列表下方，每天都会详细讨论这10个秘诀之一。父母发现这是子女在学校无法学到的东西，而这些能够帮助孩子们学习到在生活中如何获取成功的基本法则。

位于"领导者和成功人士"这一版的还有两个杰出人物的简介，分别是过世的和在世的名人，版面中讲解了他们是如何取得成功的。

互联网与科技

下一版的焦点是"互联网与科技"（internet and technology）。有些投资者不会在这里花费太多时间，但是如果科技股正在领导市场，你还是要阅读这一部分，以保证自己能够在高处看待争论。我们在硅谷设有一分部，该分部雇用一些资深分析员——他们与我们共事多年。他们所编写的这一版面不仅为投资者设计，也为科技行业中的工作人员（计算机程序员、工程师、系统开发人员以及其他人员）服务。

我们有一位订户在一家大型机构工作，这家机构帮助政府调查新发明怎样才能适当地应用于国防。他们的顶级研究员发现，我们的撰稿人可以更加直接地得到事实，而且比大多数商业杂志的撰稿人更懂得技术。有些电脑软件公司的 CEO（首席执行官）也因此而订阅 IBD。

每周评论

第一部分中有一个专栏叫作"每周评论"（your weekly review），它包含了 35 只当周收益最强势的股票的行情表和走势图。这个专栏中还会有一个关于一些公司的逸事。最近的一个逸事中，保罗·惠特菲尔德（Paul Whitfield）就通过插入一些有趣的新闻，讲述了奈飞（Netflix）、爱德华生命科学（Edwards Life Sciences）、Matrix Initiative 和麦当劳是怎样表现出众的。

地产内幕

接下来我会翻到"地产内幕"（inside real estate）这一版。我不常看这一页,但是,对房地产感兴趣的投资者必须要看一下。

今日美国

下一版是"今日美国"(THE NEW AMERICA)版(见图16-3)。专注于研究新型的、富有企业家精神的公司,每天都会有一家公司获得广泛关注。在这一页顶部,有时会刊登一些简短的信息。譬如,我正在看的那个信息标题为 Neutral Tandem 第 4 季度收益激增"的报道,报道说"电信传输装备制造商 Neutral Tandem 股价跳空上涨,成交量高于平均值 7 倍以上",然后又引用了一些分析家的说法。当这些不同寻常的公司行为的小栏报道吸引我注意时,我会在电脑上检索它。你也许不会知道在阅读 IBD 的过程中能学到多少投资理念,但每一期都会有你想要检索的新闻。第 1 次出现公司名称时在电脑上输入位于它右边的股票代码,然后检索这只股票的历史表现、收益以及其他几个关键基础要素。国内有些最好的基金经理就是用这种方法快速检索股票,来决定他们要关注哪些公司或是得到哪些信息。这是挑选股票清单的一个很好的方法。

图 16-3 "今日美国"版新闻动态

共同基金与交易所交易基金

我常常会查看“共同基金与交易所交易基金”版第 1 页上的两个资料栏，见图 16-4。它们关注记录良好的增长型基金。这两栏还公布了这些基金上一季度持有份额最大的股票名单，另外还有新买进和新卖出量最大的股票名单，新买进可能是有意义的。我们还公布前 5 年中，每年基金相对大盘表现如何。你拿到这张报纸后，就能知道哪些基金更好。判断的途径之一就是观察它们持有量最多的股票是哪些。如果一家基金持有三四个表现更好的大牛股，我就能知道这家基金的经理的确知道他在做什么。

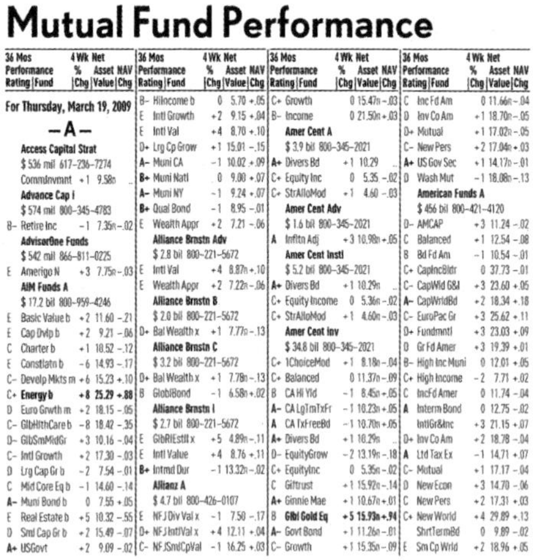

Mutual Fund Performance

36 Mos Performance Rating	Fund	4 Wk % Chg	Net Asset Value	NAV Chg
	For Thursday, March 19, 2009			
	—A—			
	Access Capital Strat			
	$ 536 mil 617-236-7274			
	CommInvmnt	+1	9.58n	..
	Advance Cap I			
	$ 574 mil 800-345-4783			
B-	Retire Inc	-1	7.35n	-.02
	AdvisorOne Funds			
	$ 542 mil 866-811-0225			
E	Amerigo N	+3	7.75n	-.03
	AIM Funds A			
	$ 17.2 bil 800-959-4246			
E	Basic Value b	+2	11.60	-.21
E	Cap Dvlp b	+2	9.21	-.06
C	Charter b	+1	10.52	-.12
E	Constlatn b	-6	14.93	-.17
C-	Develp Mkts m	+6	15.23	+.10
C+	**Energy b**	**+8**	**25.29**	**+.88**
D	Euro Grwth m	+2	18.15	-.05
C-	GlbHlthCare b	-8	18.42	-.35
D-	GlbSmMidGr	+3	10.16	-.04
C-	Intl Growth	+2	17.30	-.03
D	Lrg Cap Gr b	-2	7.54	-.01
C	Mid Core Eq b	-1	14.60	-.14
A-	Muni Bond b	0	7.55	+.05
E	Real Estate b	+5	10.32	-.55
D	Sml Cap Gr b	+2	15.49	-.07
A+	USGovt	+2	9.09	-.02

36 Mos Performance Rating	Fund	4 Wk % Chg	Net Asset Value	NAV Chg
B-	Hilncome b	0	5.70	+.05
E	Intl Growth	+2	9.15	+.04
E	Intl Val	+4	8.70	+.10
D+	Lrg Cp Grow	+1	15.01	-.15
A-	Muni CA	-1	10.02	+.09
B+	Muni Natl	0	9.00	+.07
A-	Muni NY	-1	9.24	+.07
B+	Qual Bond	-1	8.95	-.01
E	Wealth Appr	+2	7.21	-.06
	Alliance Brnstn Adv			
	$ 2.8 bil 800-221-5672			
E	Intl Val	+4	8.87n	+.10
E	Wealth Appr	+2	7.22n	-.06
	Alliance Brnstn B			
	$ 2.0 bil 800-221-5672			
D+	Bal Wealth x	+1	7.77n	-.13
	Alliance Brnstn C			
	$ 3.2 bil 800-221-5672			
D+	Bal Wealth x	+1	7.78n	-.13
B	GlobIBond	-1	6.58n	+.02
	Alliance Brnstn I			
	$ 2.7 bil 800-221-5672			
E	GlbRlEstII x	+5	4.89n	-.11
E	Intl Value	+4	8.76	+.11
B+	Intmd Dur	-1	13.32n	-.02
	Allianz A			
	$ 4.7 bil 800-426-0107			
E	NFJ Div Val x	-1	7.50	-.17
D+	NFJ IntlVal x	+4	12.11	+.04
C-	NFJSmlCpVal	-1	16.25	+.03

36 Mos Performance Rating	Fund	4 Wk % Chg	Net Asset Value	NAV Chg
C+	Growth	0	15.47n	-.03
B-	Income	0	21.50n	+.03
	Amer Cent A			
	$ 3.9 bil 800-345-2021			
A+	Divers Bd	+1	10.29	..
C+	Equity Inc	0	5.35	-.02
C+	StrAlloMod	+1	4.60	-.03
	Amer Cent Adv			
	$ 1.6 bil 800-345-2021			
A	Infltn Adj	+3	10.98n	+.05
	Amer Cent Instl			
	$ 5.2 bil 800-345-2021			
A+	Divers Bd	+1	10.29n	..
C+	Equity Income	0	5.36n	-.02
C+	StrAlloMod	+1	4.60n	-.03
	Amer Cent Inv			
	$ 34.8 bil 800-345-2021			
C+	1ChoiceMod	+1	8.18n	-.04
C+	Balanced	0	11.37n	-.09
B	CA Hi Yld	-1	8.45n	+.05
A-	CA LgTmTxFr	-1	10.23n	+.05
A	CA TxFreeBd	-1	10.70n	+.05
A+	Divers Bd	+1	10.29n	..
D-	EquityGrow	-2	13.19n	-.18
C+	EquityInc	0	5.35n	-.02
C	Giftrust	+1	15.92n	-.14
A+	Ginnie Mae	+1	10.67n	+.01
B	**Glbl Gold Eq**	**+5**	**15.93n**	**+.94**
A-	Govt Bond	+1	11.26n	-.01
C-	Growth	+1	15.35n	-.09

36 Mos Performance Rating	Fund	4 Wk % Chg	Net Asset Value	NAV Chg
C	Inc Fd Am	0	11.66n	-.04
D	Inv Co Am	+1	18.70n	-.05
D+	Mutual	+1	17.02n	-.05
C-	New Pers	+2	17.04n	+.03
A+	US Gov Sec	+1	14.17n	-.01
D	Wash Mut	-1	18.08n	-.13
	American Funds A			
	$ 456 bil 800-421-4120			
D-	AMCAP	+3	11.24	-.02
C	Balanced	+1	12.54	-.08
B	Bd Fd Am	-1	10.54	-.01
C+	CapIncBldr	0	37.73	-.01
C-	CapWld G&I	+3	23.60	+.05
A-	CapWrldBd	+2	18.34	+.18
C-	EuroPac Gr	+3	25.62	+.11
D+	Fundmntl	+3	23.03	+.09
D	Gr Fd Amer	+3	19.39	+.01
B-	High Inc Muni	0	12.01	+.05
C+	High Income	-2	7.71	+.02
C	IncFd Amer	0	11.74	-.04
A	Interm Bond	0	12.75	-.02
	IntlGr&Inc	+3	21.15	+.07
D+	Inv Co Am	+2	18.78	-.04
A	Ltd Tax Ex	-1	14.71	+.07
C-	Mutual	+1	17.17	-.04
D	New Econ	+3	14.70	-.06
C	New Pers	+2	17.31	+.03
C+	New World	+4	29.89	+.13
	ShrtTermBd	0	9.89	-.02
E	Sm Cp Wrld	+2	18.96	+.05

图 16-4 “共同基金与交易所交易基金”版

我不常看共同基金行情表，但会经常察看一两个基金家族的表现——我知道它们是优秀的，这么做的目的只是想摸清它们当下怎样投资。相对于其他的每日出版物来说，我们覆盖的基金数量要多得多，行情表中也包含了更多的数据；而许多报纸大幅削减了它们追踪的基金数量。除了当下的行为，我们还收录了每只基金 4 个星期的百分比变动和 36 个月的表现排名，甚至还收录了每个基金家族的电话号码。

基金版的两个行情表非常独特。其中之一展示了相对于小盘股的增长型基金而言，大盘股的增长型基金表现怎样；另一个则将增长型基金与收益型基金进行对比。任何的市场行情中，你都要知道领军的是成长型股票还是收益型股票，是大盘股还是小盘股。在这里你只要看一眼就能得出结论。在我手头的这张报纸中，我得出的结论是成长型股票位于领军位置。

基金投资的领军行业

你还要清楚无误地了解所有那些受欢迎的行业。所以周五我们会有两个行情表，列示表现最好的行业和板块基金，其他时候列示不同的基金类型。如果你对什么行业表现较好有兴趣的话，可以从图 16-5 中看出，黄金在最近 4 周、8 周、12 周以及 16 周的期间中，表现一直不错；而医药板则在较长的时期，即 39 周行情表中表现良好。

图 16-5 "基金投资的领军行业"版新闻动态

时事分析

你会在第一部分背面看到我们的社论性版面，标题为"时事分析"（issues &

insights）。我们拥有一支由 6 名资深撰稿人组成的杰出团队，每天都会发表 6 篇评论性文章。我本人不参与这一版的编写，韦斯·曼恩是我们卓越的天才编辑，自 IBD 创刊之初就一直负责这一关键版面，这一版对 IBD 的读者和整个国家来说都发挥着重要的角色。曼恩的助手是特里·琼斯，他也已经在此服务 25 年了，当初是辞掉《商业周刊》的工作来《投资者商业日报》的。在看过标题和总结段落之后（我以此判断自己是否对这一标题感兴趣），我常常会阅读这里的两三篇评论性文章。

我们还会有一些客座作家和来自辛迪加报业的专栏评论家们"左派"（on the left）和"右派"（on the left）的专栏，所以，你在这一版会得到不同的观点。"右派"评论家中，托马斯·索威尔（Thomas Sowell）和维克托·戴维斯·汉森（Victor Davis Hanson）不愧为两位颇具洞察力、经验丰富的观察家。来自斯坦福大学胡佛研究所的索威尔恐怕是当今美国最优秀的经济学家和史学家了，他刚刚出版了题为《应用经济学：在第一阶段之上思考》（*Applied Economics: Thinking beyond Stage One*）的新书——这是他 42 本著作之一。为我们所运营的专栏供稿的，还有来自华盛顿的保守派学者查尔斯·克劳特哈默（Charles Krauthammer）和自由党人士大卫·伊格纳修斯（David Ignatius）——他因在国际问题上的贡献而闻名遐迩。

然而，在"时事分析"这一版中，我每天第 1 个要看的还是卡通画。我们拥有全美最出色的专栏漫画家——迈克尔·拉米雷兹（Michael Ramirez），他在 2008 年为《投资者商业日报》赢得了普利策奖（Pulitzer Prize），这也是他个人第 2 次获得这一颇具威望的奖项。

此外，IBD 的内容中还有大量的公共选举运作、每月经济状况满意度的调查指导、总统领导能力的研究、年度国家重大事务以及在选举年中每天追踪候选人的得票情况。2008 年，自第 2 次总统选举投票以来，IBD/TIPP 联合调查（IBD/TIPP poll）不仅计算出与实际最接近的贝拉克·奥巴马与约翰·麦凯恩之间的得票差距，而且在具体的选票数目上都非常准确。这些预测的精准度就相当于用子弹打中子弹一样，它们让 IBD/TIPP 联合调查得到全美国最精准的调查这一殊荣，IBD/TIPP 联合调查的运营商是泰嘉乐度量市场咨询（TechnoMetrica Market Intelligence，美国权威市场研究机构）。

财运亨通

从 B1 版开始是"财运亨通"（making money）部分，这一部分中，我们尝试着为那些想成为成功投资人的读者提供所有相关的事实、技巧和投资法则。我们将《投资者商业日报》视为一个教育的媒介，而不是告诉人们买进什么股票，也不会推荐某些股票或吹捧"明天这 10 只股票必定会上涨"。我们只是在过去所有成功的股票模型的基础上，解释那些经过实践检验的投资法则，并提供行之有效的技术和方法，以此帮助你妥善地管理自己的投资组合。

股票市场动态

在 B2 版中，我会首先阅读"纽约证交所与纳斯达克股票动态"（NYSE + Nasdaq Stocks on the move）行情表——这也是 IBD 的一大特色，在其他出版物上是找不到的。我们有一个庞大的计算机数据库，每天都会监控那些成交量较前 3 个月的平均日成交量出现最大幅度上涨的股票，将这些股票真正的需求筛选出来，否则你将不会关注这些股票。在这些股票名单中，你会发现许多新兴的、富有革新精神的公司，它们的名字你很可能闻所未闻。但是，如果它们频繁出现，你最好还是找出它们正从事什么业务或是制造什么产品。要知道，它们很可能就是下一个微软，或是下一个苹果。

在图 16-6 中，我们能看到威士卡（Visa）公司位于纽约证券交易所的股票清单之中。它在成交量比信用卡公司的一般状况上涨 239% 的支撑下，股价上涨 4.6 点。在这个市场行情看跌的时期中，威士卡公司刚刚公布了收益情况。股票清单中还有几只医药板的股票。

NYSE + Nasdaq Stocks On The Move

Stocks with high volume vs. 50-day avg., reflecting heavy institutional action. 80 EPS & 80 RS or better are **boldfaced**.

SMARTSELECT® COMPOSITE RATING								SMARTSELECT® COMPOSITE RATING						
EPS Rel Acc 52-Wk			Stock	Closing		Vol	Vol%	EPS Rel Acc 52-Wk			Stock	Closing		Vol	Vol%
Rnk Str Dis High	NYSE Stock	Symbol	Price	Chg	(1000s)	Chg	Rnk Str Dis High	Nasdaq Stock	Symbol	Price	Chg	(1000s)	Chg
94 99 76 B−	**89.84**	**Visa n**	**V**	**53.74**	**+4.61**	**24,135**	**+239**	**98 99 86 B**	**23.00**	**NeutTand n**	**TNDM**	**17.74**	**+1.77**	**1,583**	**+818**
94 94 75 B−	**37.40**	**Aeropostl**	**ARO**	**22.81**	**+1.68**	**4,176**	**+53**	**85 82 82 D+**	**45.00**	**Blkboard**	**BBBB**	**29.01**	**+4.68**	**1,951**	**+532**
96 86 87 C	**29.11**	**AtmosEngy**	**ATO**	**25.40**	**+0.77**	**810**	**+42**	**99 96 95 B−**	**31.05**	**TowrGp**	**TWGP**	**26.78**	**+1.80**	**1,860**	**+382**
91 95 95 B−	**87.88**	**CmpsMn**	**CMP**	**63.45**	**+1.57**	**969**	**+30**	**99 91 90 A−**	**64.47**	**ShireLtd**	**SHPGY**	**46.14**	**+0.57**	**1,763**	**+179**
92 96 72 B	105.1	NobleEnr	NBL	53.44	+1.47	3,044	+18	**88 85 86 C+**	**41.56**	**RossSts**	**ROST**	**30.63**	**+2.38**	**5,257**	**+135**
99 99 98 B	**59.45**	**ScQmMra**	**SQM**	**29.30**	**+0.72**	**1,134**	**+15**	99 75 99 B	85.40	MyriadGn	MYGN	83.61	+0.50	1,469	+62
97 91 74 D+	60.00	ITCHldgs	ITC	42.57	+0.80	552	+15	**99 95 99 D+**	**45.07**	**LifePtnrs**	**LPHI**	**38.91**	**+2.47**	**196**	**+52**
99 91 94 B+	**52.00**	**MedcoHlth**	**MHS**	**48.50**	**+1.77**	**3,832**	**+10**	**99 96 91 B−**	**73.59**	**BiognIdec**	**BIIB**	**53.28**	**+0.53**	**4,843**	**+31**
48 45 57 C+	40.75	I D E X Corp	IEX	21.51	−1.56	2,874	+399	**94 99 91 B−**	**144.3**	**Priceline**	**PCLN**	**72.67**	**+1.91**	**1,779**	**+29**
80 83 70 B−	50.04	RegalBel	RBC	31.07	−1.92	1,689	+345	98 75 89 B	47.96	AlexionPhr	ALXN	39.18	+1.36	1,046	+23
57 53 49 C+	35.81	SonocoP	SON	20.47	−3.22	2,433	+247	97 75 99 C+	24.08	Crucell	CRXL	20.60	+0.62	373	+23
90 80 68 B−	30.95	BurgerK	BKC	20.51	−1.35	4,775	+230	**99 92 98 B+**	**33.84**	**HMS Hld**	**HMSY**	**34.12**	**−0.99**	**430**	**+18**
79 56 63 D+	63.77	CocaCFmsa	KOF	33.49	−1.10	540	+203	86 89 80 C	106.3	Itron Inc	ITRI	60.72	+0.53	842	+15
72 59 55 D	34.53	Unilever	UN	21.10	−0.87	7,453	+162	**99 85 95 C+**	**49.06**	**Allegiant**	**ALGT**	**34.38**	**+1.38**	**637**	**+15**
98 94 93 B	171.4	TerraNit	TNH	122.5	−4.55	228	+158	**98 95 86 A−**	**36.95**	**Synaptics**	**SYNA**	**25.84**	**+0.59**	**1,804**	**+14**
90 78 96 B	32.50	FamilyDlr	FDO	26.63	−1.68	9,139	+126	**96 91 98 D+**	**33.43**	**Thoratec**	**THOR**	**27.17**	**+0.63**	**1,775**	**+12**
55 77 35 E	86.91	Credicorp	BAP	37.61	−0.54	895	+123	84 75 97 C+	61.24	FuelSys	FSYS	27.04	+1.29	785	+10
90 84 81 C+	65.54	ChrchDwt	CHD	52.50	−1.45	1,319	+113								
98 93 77 B−	73.73	NovNrdk	NVO	52.73	−0.85	525	+102	91 98 61 D+	50.00	ConcurTch	CNQR	22.77	−2.46	8,955	+788
76 98 42 B−	83.81	ContlRes n	CLR	21.09	−0.90	2,779	+94	94 84 90 B−	44.32	DollarTree	DLTR	35.03	−6.72	12,381	+476
76 91 61 D	68.09	RoperInd	ROP	39.50	−0.75	1,572	+88	44 72 32 D	60.24	Varian	VARI	26.91	−2.04	1,091	+302
75 59 57 C+	34.89	Unilever Plc	UL	20.74	−0.58	2,042	+86	**99 89 89 C**	**47.94**	**QualtySys**	**QSII**	**35.23**	**−1.88**	**1,975**	**+299**
19 42 8 D−	99.46	Orix	IX	21.27	−1.21	974	+84	94 82 97 A	29.21	MultFnElc	MFLX	19.02	−1.00	646	+297
81 53 82 D	31.26	BrklyWR	WRB	24.55	−0.51	2,617	+70	88 72 72 B	44.10	PanAmSlvr	PAAS	16.60	−1.45	5,480	+255
98 98 71 B−	81.59	NwOriEd n	EDU	52.00	−2.00	894	+65	80 76 57 C	42.58	Dentsup	XRAY	26.88	−0.57	5,920	+194
84 63 76 C+	92.13	Exelon	EXC	57.11	−0.57	6,002	+64	81 82 62 B−	80.60	Dionex	DNEX	49.52	−1.22	408	+180
95 89 93 B−	67.44	Sunoco	SUN	41.12	−3.79	6,913	+63	38 48 22 D	64.22	AdvsrBrd	ABCO	16.59	−1.07	303	+150
84 78 69 D−	50.00	AON	AOC	36.45	−0.96	5,307	+63	99 82 96 A−	39.29	Athenahlt n	ATHN	35.38	−1.82	1,166	+134

图 16-6 股票市场动态

除了价格和成交量变动，这一行情表还展示了与 IBD 的主要股票行情表中所展示的相同的变量。比如说 IBD 公布威士卡公司的每股收益排名为 99，即前 3 年和最近几个季度里，它的收益增长率在我们数据库的所有上市公司中名列前 1%。这也不是说它的股价就一定会上涨，但可以肯定的是，如果你正在寻找一只富有企业家精神的股票，希望它在未来更好的市场行情中脱颖而出的话，威士卡公司的确具有一些值得投资的特征。

我已经发现这一电脑筛选系统是值得信任的；对它而言，错过一只新兴的大型领军股简直是不可能的事情。但你也要做足自己的功课，来了解你可能根本不知道名字的那些公司。IBD 还试图涵盖不同专栏的所有公司股票的信息。

大盘怎么了

B2 版的标题为"大盘怎么了"（how's the market），它里面记载的全是绝对严谨的数据，见图16-7。我们在这一版中用易于理解的线图，展示了4个关键的大盘指数——纽约证交所综合指数、纳斯达克指数、标准普尔500指数和道琼斯工业指数。我们将这些指数的走势图首尾相接堆叠在一起，这样你就能够分辨出哪个指数走势较强，而在另一些时点上，哪些指数又与其他指数的表现相左。在这些例子中我们可以发现，当1月所有的指数都走出消极的趋势时，纳斯达克指数仅仅下降2%，比其他几个指数下降的都少；这就意味着在这样一个艰难的市场行情中，它是这一阶段的领导者。

我们还拥有相对强度线、移动平均线和一条位于纽约证交所综合图下方的展示该交易所中股票交易状况的腾落线，它们能让你快速地逐日检视过去6个月中处于上升趋势的股票更多还是处于下降趋势的股票更多。甚至还有一个吸筹/出货比率来测度各大指数中哪一个拥有最大的吸筹量。在这部分阅读中，如果某只纳斯达克股票的等级为"B–"，则意味着它最近的吸筹程度高于其他股票。

B2 这一版我每天都看，你也应该像我一样。我想在逐个交易日的基础上来仔细检查近期各龙头指数的价格变动和重大成交量的变动，以探索它们是仍处于上升趋势，还是处于吸筹之中，又或是正转入一个新的下降趋势，并且表现状况非常消极。不要忽略每天的成交量，它是告知股市是否正逐步恶化的关键。如果你学习并正确理解大盘指数——这可能要花些时间，你将学会怎样避免大部分的下降趋势，因为下降趋势的早期总会呈现出增长的出货比率，就在下降趋势带来的更具毁灭性的时段之前。这样的学习有助于保存大部分资本，而且很多情况之下，它绝对是值得你努力掌握的技巧，不管它会占用你多少时间。那么你到底花了多少时间在渴望投资赚钱的事情上？而花时间学习如何有技巧地保存并保护自己的资产是否值得呢？

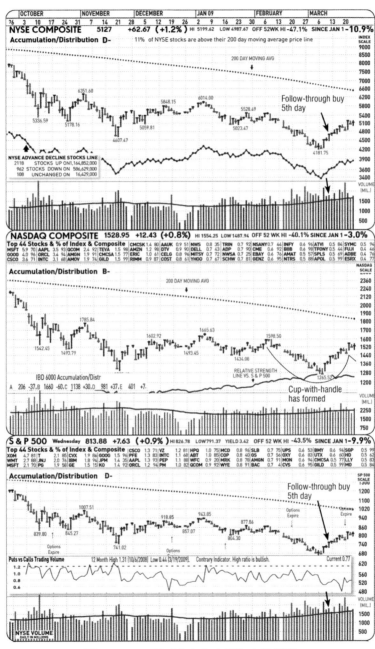

图 16-7　B2 版"大盘怎么了"中的线图

如果你学着辨别大盘趋势并应用 IBD 的大盘法则，就没有理由在熊市中损失 30%、40%、50% 或更多。我知道大部分公众投资者和这份报纸的一些读者可能在 2008 年的大盘调整中有所损失，但是 IBD 已提供了相关的法则和信息，如果读者做好功课并阅读"大盘分析"，他们就应该能发现 IBD 的方法已经在熊市衰退出现的早期就揭示出了市场的反向运动——不管是 2000 年年底还是 2008 年。

你能够并且必须要学会定位以下情形

2007 年 10 月 3 日是纳斯达克市场上的第 1 个出货日，10 月 11 日是第 2 个，10 月 15 日和 16 日分别是第 3 个和第 4 个，而 10 月 19 日是第 5 个出货日。如果你已经发现并且正确解读的话，你肯定已经卖出一些股票了。10 月 24 日是第 6 个出货日，你应该进一步减持自己的股票投资。到 11 月 1 日的时候，你应该已经得到郑重警告。所有重要的大盘调整和熊市行情都是这样开始的。如果你错过这些，对于正在发生的情况全然不知的话，回过头去再学习一下第 9 章所有的市场顶部线图吧，直到能够明白它们的意义，这样你才能够知道未来的投资中必须寻找什么。许多投资者已经发现他们需要精心管理、严肃对待，并且要学习行之有效的成功投资的基础方法。只有如此，你才能在未来做得更好。

IBD 共同基金指数

B2 这一版中还有一项独特的指标，在其他的每日出版物中都不可能找到，这就是"IBD 共同基金指数"，见图 16-8。这一指数中我们挑选了 24 只正处于领军地位的成长型基金，并通过一张图展示它们的综合表现情况。通常我会将这一指数作为决策的补充条件，因为从某种程度上来说，它就是这些基金总体的一个大型下落线，这 24 只基金中大部分是包含 1 000~2 000 只甚至更多股票的投资组合。如果在这一指数中看到一个典型的、良好的带柄茶杯形态，而且在底部形成之前有强劲的上升趋势，这一指数和大盘大多数情况下通常已经开始上涨了。

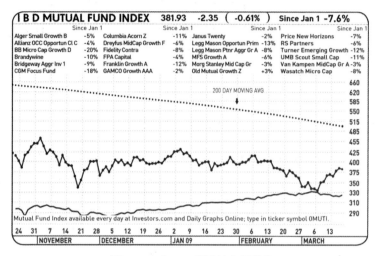

图 16-8 “IBD 共同基金指数”

IBD 的 197 个亚行业组别排名情况

在这内容丰富的一版中还有 IBD 的“197 个亚行业组别排名情况”，见图 16-9。这一清单展示了每个组别的综合排名情况、每一组相对于上一交易日的变化以及这一组别在 3 周以前、6 周以前和 7 个月以前的排名。前 20 个组别和后 20 个组别是轮流出现的，因为它们分别代表了当前表现最好和最差的行业板块。

到目前为止，你应该知道我不会购买位于底部的 20 个行业组中的任何股票，因为我们已经证实，在未来的多年之中，这些行业组群都将面临大量问题。另一方面，我们知道，在一个基金的市场之

Rank This Wk	3 Wks Ago	6 Wks Ago	7 Mo Ago	Industry Name	Subgroup Comp. Rating	%Chg Since Jan 1	Daily % Chg
1	60	38	78	Metal Ores-Gld/Silvr	90	+4.1	+1.7
2	2	8	83	Comml Svcs-Schools	95	+8.1	+0.4
3	8	12	57	Medical-Genetics	..	+16.4	+0.9
4	4	10	98	Coml Svcs-Scrty	90	-4.7	+0.1
5	18	20	80	Medical-Ethical Drgs	89	+1.7	+0.6
6	15	33	23	Telecom-Wirlss Eqp	90	-2.2	+1.7
7	3	2	134	Comptr Sftwr-Mdcl	94	-7.3	-1.4
8	7	4	133	Utility-Water Supply	89	+0.3	+0.6
9	12	14	43	Medical-Biomed/Bth	89	+5.2	+1.3
10	28	54	112	Fnancepbl Inv Fdbnd	..	+14.2	+0.3
11	6	9	118	Insrnce-Prp/Cas/Titl	81	-9.7	+1.1
12	1	1	197	Trnsprttin-Airlne	67	-22.8	+3.7
13	10	19	104	Retail/Whlsle-Food	84	-0.4	+0.2
14	17	26	77	Utility-Elctric Pwr	87	+0.3	+0.7
15	16	21	45	Utility-Gas Dstribtn	88	+1.6	+1.3
16	14	22	94	Rtail/Whlsle-At/Prts	85	-4.0	+2.7
17	72	89	101	Oil&Gas-Trnsprt/Pip	87	+16.4	+1.0
18	35	106	145	Oil&Gas-Rfing/Mkt	90	+15.9	-0.1
19	24	48	191	Mdical-Hlth Mnt Org	92	+10.5	+3.6
20	13	5	99	Cmml Svcs-Cnsltng	90	-6.8	+0.7

图 16-9 “197 个亚行业组别排名情况”展示

中，大部分领军的势力都会出现在领先的 20 个行业中。

我们将行业组别分为 197 个的原因就是，每个行业板块中，各个行业组别之间的表现是相当不同的。譬如，医药行业中的基因科学是我们本期的第 3 个行业组，而 7 个月前，它的排名是 57。

总的来说，我们拥有 10 个行情表，分别从不同的观点来测度行业表现。我每天还会查阅一下 B2 版中的两个小专栏，它们提供了关于领军行业的不同见解。其中一个展示的是 "1 月 1 日以来富达行业基金表现前 10 名"。第 2 个小专栏展示的是创股价新高的股票比例最高的行业组群。通过不同的途径来观察大盘板块，要错过那一两个将在新一轮牛市行情中成为真正领军力量的行业，几乎是不可能的事情。

紧邻这两个专栏的是一个展示 28 个不同行业板块的清单，清单中还包括每个行业当日的表现情况。

IBD 的行业主题

在 B3 版，我们有跟踪行业趋势的另一条途径——一个叫作 "IBD 行业体系"的每日专栏。每个股市都有其特定的领军行业，举个例子来说吧，投资者可能买入医药股，也可能买入科技股。那么当前市场的主题是什么呢？

我们还有一个专栏讨论纽约证券交易所和纳斯达克市场上的股票，还有一个面向长期投资者的内容。B5 版上还有另外 3 个专栏（见图 16-10），包括"底部形态解读者"，分析的是各种线图形态；"收益性投资者"以及覆盖国外股市信息的"国际领军股"。这些专栏我都不会去精读，不过我会浏览一下标题。如果在快速浏览中发现这一栏中刊登的是我感兴趣的话题，我就会去精读。

2 500 家领军股

最近 IBD 新增了一项充满活力的元素，就是我们管理并讨论的独一无二的股票行情表。我们将它们叫作“研究行情表”，因为其中每家公司的数据都是车载斗量的。IBD 追踪了 2 500 只股票，将纽约证券交易所和纳斯达克市场上的股票综合在一张图中分析。而相比之下，我们的一些竞争者仅仅分析 1 000 只股票，也不会提供我们发布的每家公司的重要排名和数据。

Groups Highest % Of Stocks At New High

Tobacco	11%
Retail/Wholesale-Food	11%
Finance-Mortgage&Rel Svc	9%
Computer Software-Medical	8%
Retail-Home Frunshngs	7%
Retail/Wholesale-Auto/Prts	6%
Retail-Super/Mini Markets	5%
Internet-Network Sltns	5%
Computer-Integrated Syst	5%
Retail-Clothing/Shoe	2%

Top 10 Fidelity Industry Funds Since Jan. 1

1. Wireless	+17%
2. Netwk&Infr	+11%
3. Telecommun	+10%
4. Gold	+8%
5. Electronics	+7%
6. Natural Gas	+7%
7. Energy Svcs	+6%
8. Commequip	+5%
9. Computers	+4%
10. Natural Res	+4%

Today's general market highlights:

Energy dominated Thursday's list of top-performing groups. Crude jumped $3.47 to $51.61 a barrel, continuing oil's recent rally. Production cuts and oil companies' reduced investments have pinched supply, countering lower global demand.

Market Indexes list sorted by % gain in last 3 months. (★ on left, top 4 indexes since Jan. 1 on right, top 4 indexes yesterday.)

Since Jan 1		3 Month % Change	Index	Value	Change	Yesterday's % Change	
+ 8.30%	★	+21.51%	**Gold Index**	91.31	+ 3.97	**+4.55%**	★
+ 9.71%	★	+ 9.95%	**High-Tech Index**	323.42	+ 2.95	**+0.92%**	★
− 4.42%	★	− 1.23%	**Amex Composite**	1335.74	+ 8.01	**+0.60%**	★
− 5.93%	★	− 4.44%	**Nasdaq OTC Comp**	1483.48	− 7.74	**−0.52%**	
− 9.44%		− 7.31%	IBD New America Index	161.96	− 2.13	−1.30%	
−11.01%		− 7.68%	**Value Line Index**	1250.09	− 4.17	**−0.33%**	
−11.00%		− 7.77%	**New Issues Index**	220.72	− 1.56	**−0.70%**	
−11.14%		− 7.99%	**S&P Midcap 400**	478.33	− 2.82	**−0.59%**	
− 9.36%		− 9.52%	**Senior Growth Index**	394.71	− 3.19	**−0.80%**	
−11.17%		− 9.89%	**Dow Jones Utility**	329.33	+ 2.77	**+0.85%**	★
−12.37%		−10.23%	**Defensive Index**	872.86	− 5.95	**−0.68%**	
− 9.83%		−11.11%	**Consumer Index**	604.03	− 3.83	**−0.63%**	
−11.29%		−11.19%	Medical/Healthcare	2870.64	−102.20	−3.44%	
−13.20%		**−11.44%**	**S&P 500**	784.04	−10.31	**−1.30%**	
−14.24%		−12.11%	**N.Y.S.E. Composite**	4937.22	−38.08	**−0.77%**	
−17.26%		−13.76%	**Russell 2000**	413.26	− 4.37	**−1.05%**	
−15.67%		−13.99%	**Dow Jones Industrials**	7400.80	−85.78	**−1.15%**	
−19.19%		−15.30%	**S&P 600**	217.16	− 2.50	**−1.14%**	
−19.16%		−15.90%	U.S. Defense Index	494.43	− 7.06	−1.41%	
−25.44%		−22.01%	**Dow Jones Trans**	2637.27	+ 4.79	**+0.18%**	
−26.77%		−24.14%	N.Y.S.E. Finance	2818.02	−116.34	−3.96%	
−29.17%		−26.86%	Bank Index	279.23	−25.81	−8.46%	
−33.63%		−30.90%	Insurance Index	220.22	− 9.74	−4.23%	

图 16-10 B5 版的 3 个专栏

你就可以看到我们的“2 500 家领军股”行情表，这一行情表是从 B3 版开始，将 33 个经济行业板块按照从强到弱的顺序排列。而几乎其他报纸的行情表都是按照字母顺序组织的。几十年来，美国人运用当地报纸或是我们竞争对手出版的股票行情表仅仅是为了寻找他们所持有的股票昨天收盘时的情况，“我的通用汽车是涨了还是跌了？”可以检查你的股票以前表现怎样还算是不错，不过现在你在互联网上随便就能得到这些信息。而我们所做的是让这些行情表成为一个先进的研究实验室，帮助你发现下一只大型领军股，你可能对它感兴趣并投资于它。这就是通过展示这些行情表我们所能够做到的。

如果你捕捉了一只看上去还不错的股票，我们会为你提供这只股票的代码，你就能够登录投资者网，查找这只股票的走势图或是其他相关的事实和线图，这些方便的检索清单能够充实你所了解的关于这只股票的一切。

浏览这些行情表时，我只寻找那些用粗体表示的股票。我们在这里也用粗体标注了一些股票，包括上涨1%以上的股票，以及价格创新高的股票。我主要的兴趣点集中在跟踪价格动作上，这样就不会错过任何可能成为新的领军力量的股票。粗体表示的股票也应该很快看完，而如果你用的是走势图，要留意在行情表中已经引起你注意的那些股票的形态。打个比方，如果你每周浏览一些行情表，那么，就要寻找强劲的基础因素支撑下的有效形态；而如果你浏览的是每日行情表中的粗体股票，你就要去看行情表中引起你注意的、刚刚开始有所动作的股票走势图。

通过排名较高的股票定位了不同寻常的动作之后，我倾向于写下B1版顶端的股票代码。每当浏览完行情表，我可能会写下8个或10个代码，之后我会检索它们的其他信息，因为从价格运作和高位排名来看，它们看上去挺有意思。你可以马上登录投资者网或是每日图像在线，评价一下相应的图像，看看这些股票的表现到底是好还是坏。

所以，相对于仅仅运用行情表寻找我的股票昨天的表现而言，我利用它们寻找潜在的、可能会在将来某个时点成为超级领军股的股票。对任何严谨的投资者而言，如果你要改善自己的投资表现，这几乎是必须要做的。

你也能做到

在B4版顶端，我们有一栏叫作"你也能做到"。这一部分引用了投资者来信，告诉我们他们已经做得很好，也会讲他们现在关注什么股票。我知道有很多的投资者可能没有取得这样的成功，或是并未做好功课，没有遵守法则，或是没有确定的投资体系。然而，这些来信大都能够鼓舞人心。

有1 000多名读者曾经写信告诉我们，他们最终可以综合使用所有的工具，以取得骄人的投资成绩。我说"最终"是因为骄人战绩要花费一些时间和努力来取得。股市中没有免费的午餐，然而一旦自己能够理解并应用，或早或晚，你都可以在经济上独立。这是值得你为之打拼以最终实现的目标吗？

新闻股票

我每天都去查阅的一个版面还包括"新闻中的纽约证交所股票"与"新闻中的纳斯达克股票",我通常称之为"迷你行情表",见图16-11。以前,在这一板块中我们一般会展示20个线图,有时候还会更多;但现在我们将数量限制到10,因为我们重新定义并改进了挑选机制。而且我们发现,如果你正处于未来的牛市中,这两个清单中的股票通常都能跑赢标准普尔500指数,并且这些线图中出现的任意一个新名字都值得你注意。

图 16-11　迷你行情表

如果你正处于熊市行情之中,就不要期待这些清单有所表现了,这样的行情中3/4的股票都会下跌,而成长股都会有重大的调整动作出现。但如果你知道自己正处于上升的市场趋势中,并且这一论断也被"大盘分析"专栏证实,那么,这些迷你行情表(每个行情表中包含20个关键数据)会成为高收益新型股票的源泉。也许它们不会全都表现突出,但如果你正处于一个积极的市场环境中,就要跟进那些有所动作的股票。如果你有耐心的话,这个市场或早或晚都会发展成为一个强势的牛市行情。而当这一行情出现时,你就应该彻底查看一下表中出现的股票。如果做好功课,你就拥有了切实改进投资表现的更好机会。

长期以来,我已经发现我们的股票行情表中排名第6、第7的行业部门会包含大部分新兴领军股。我还发现如果行业排名处于后半段,这仅仅意味着这一行业最近不会处于龙头地位,而不是说它们就永无翻身之日,其中一些随后很可能好转。

虽然这些排名很可能在几周或几个月之后有所转变,但要想了解当前的龙头行业,以及每个行业中哪些股票的基础因素和市场行为变量最优,这些内容也是值得集中精力研究的。

要想熟悉这些行情表,可能要花费一些时间。但是,几周之后,就能知道你的股票被列示在哪里了。为了简化这一过程,我们还有另外一张行情表,罗列了IBD的197个亚行业组别,它会告诉你这些亚行业组别分属33个行业板块中的哪一个。

大多数投资者都会疏忽一件事情,那就是阅读关于各种排名和测度的解释,以及它们是怎样生成并应用的那些新闻(通常在B7版中),但是我强烈推荐你去做这件事情。通过这条途径,你就会懂得运用这些先进的、精密的行情表是多好的一件事,它会告诉你通向成功的关键或在未来改进你的投资。

在如何阅读的新闻框下方,是一个"注意事项"小清单:换句话说,人们在没有进行足够的调查就投资的时候会犯下一些典型错误,而你要做的就是回避它们。

IBD省时表

"IBD省时表"是很多繁忙的投资者喜欢运用的工具,见图16-12。因为它挑选了所有价格上升或是下降的排名靠前的股票,并用一张简短的表格呈现出来，包括交易额以及其他一些排名情况。我通常会看一下这张表，而且会特别关注一下“下跌股票”（STOCKS DOWN）清单。我想避开那些已经遇到问题的股票，因为这会影响同行业的其他股票。如果某只股票在这一清单中反复出现，那它很可能已经到达顶点，而且正面临更多问题。

IBD TIMESAVER TABLE

Combined summary of key price action for NYSE & Nasdaq highest-rated stocks, a quick and easy snapshot for busy investors. Stocks up at least 1 point or making new highs, and stocks down 1 point or making new lows are boldfaced. Sorted by Composite Rating, IBD's single most useful fundamental and technical gauge.

STOCKS UP

SMARTSELECT® COMPOSITE RATING	EARNINGS PER SHARE	RELATIVE PRICE STRENGTH	INDUSTRY GROUP RELATIVE STRENGTH	SALES+PROFIT MARGINS+ROE	ACCUMULATION/DISTRIBUTION	52-wk High	Stock &	Symbol	Close Price	Chg	Vol% Chg	Vol 1000	P E
99	99	86	A	A	B–	40.3	Ebix	rEBIX	24.67	+3.86	+273	309	10
99	97	94	A–	A	C+	27.2	Netease	rNTES	22.23	+1.14	+180	3.2m	13o
99	97	85	A+	A	C+	57.6	GileadSci	GILD	45.43	+1.00	–6	8.7m	20o
99	96	98	A	A	A–	NH	ScherPlg	SGP	24.21	+1.89	+142	49m	13o
99	95	98	A	A	B	NH	HMSHld	HMSY	35.33	+1.45	+77	725	44o
99	92	84	A	A	D+	81.4	Cephalon	CEPH	66.32	+1.92	–5	1.8m	-13o
99	77	99	A+	B	A–	33.5	AmltPastan	AIPC	32.09	+1.37	–1	427	14o
98	99	97	A–	A	A–	NH	NeutTandn	TNDM	20.96	+.08	+151	1.1m	28
98	99	86	A–	A	B+	382	Baidu	rBIDU	172.7	+3.26	–32	1.7m	36o
98	99	75	A+	A	D+	77.4	Celgene	CELG	48.20	+1.04	+14	6.9m	30o
98	94	95	B+	B	C+	18.7	BeaconRfg	BECN	12.65	+1.27	+169	1.7m	10o
98	93	83	A–	B	D+	52.0	MedcoHlth	MHS	40.98	+2.26	+4	4.5m	17o
98	92	98	A–	A	B+	38.2	ShandaInt	rSNDA	36.31	+1.21	+23	1.0m	13o
98	88	97	A–	A	B–	67.0	EdwdLfSci	rEW	61.40	+2.33	+23	759	23o
98	88	97	A+	A	B+	31.0	CmptrPr	CPSI	27.75	+1.54	+71	328	19
98	87	91	A	A	B–	48.7	Teva	TEVA	45.39	+1.09	+18	8.1m	16o
98	87	87	A+	A	C+	62.4	GenProbe	rGPRO	44.86	+1.21	–29	515	23o
98	72	98	A–	A	B	35.9	CardioNetn	BEAT	28.63	+1.55	+197	905	77o
98	45	98	A	B	B	NH	Pegsys	rPEGA	17.23	+.85	+197	566	57
97	89	95	A	B	D–	39.1	EmergMedS	EMS	31.35	+1.70	–13	174	15

STOCKS DOWN

SMARTSELECT® COMPOSITE RATING	EARNINGS PER SHARE	RELATIVE PRICE STRENGTH	INDUSTRY GROUP RELATIVE STRENGTH	SALES+PROFIT MARGINS+ROE	ACCUMULATION/DISTRIBUTION	52-wk High	Stock &	Symbol	Close Price	Chg	Vol% Chg	Vol 1000	P E
97	99	80	B–	B	B+	58.0	PowellInds	POWL	32.53	–2.60	+12	102	12
97	94	63	B	A	A–	42.6	NasdaqOMX	NDAQ	22.27	–1.66	+12	4.4m	11o
96	99	76	B	A	B–	89.8	Visan	V	52.05	–2.04	+35	12m	21o
95	96	79	C	A	B–	87.9	CmpsMn	CMP	53.43	–8.24	+100	2.3m	10o
94	95	76	B–	A	C	145	Mnsnto	rMON	79.11	–2.58	+3	9.0m	18
93	90	79	B	A	C+	66.2	Stericycle	SRCL	48.42	–2.16	+55	1.8m	27o
92	88	74	B–	B	B	66.8	Syngenta	SYT	37.52	–3.47	+233	2.6m	11o
86	92	70	B+	B	C	66.9	PrefrmLn	PLPC	39.00	–3.00	+225	18	12
84	82	47	B	A	B+	526	CMEGrp	rCME	198.2	–2.80	+7	1.6m	11o
84	67	69	B+	B	B	69.2	PhilLD	PHI	42.61	–5.14	+88	339	10x
82	78	71	C+	B	B–	100	OcciPet	rOXY	54.69	–1.77	–4	8.8m	6o
75	94	39	B	A	D–	67.7	AlliancDta	rADS	30.78	–1.72	0	2.3m	6o
75	30	83	A	B	C+	355	FairfxFnl	FFH	241.0	–5.51	–27	48	3o
73	77	40	C+	A	C+	95.2	Contango	rMCF	36.64	–1.66	–31	105	5o
65	40	66	B+	B	D+	168	ArdGpA	ARDNA	91.69	–3.27	–73	0.3	11k
63	80	52	C–	C	B–	713	WashPost	WPO	344.3	–10.61	+4	42	10
63	69	60	B–	D	C+	139222	BrkHaA	BRKA	83550	- 2150	–23	1	13
62	45	51	A	B	C	249	Blackrck	BLK	108.0	–3.20	–17	710	16o
57	69	59	B–	D	D–	4700	BerkHaB	BRKB	2742	–39.00	–20	37	13
55	39	66	B–	B	E	1875	Seaboard	SEB	933.0	–6.00	–36	0.7	7

图 16-12　IBD 省时表

我曾经提到过，在龙头行业中，你有 10 种不同的方式可以重新审视。譬如，在报头处的“领军大盘指数”下添加小的行业线图，每个行业都包含一张每日价格图和每日成交量图。譬如，当前位于清单前几位的行业可能是高科技、新兴产业、休闲和消费。

位于本版靠边处的是“新高点”清单，这也是经过重新组织的。我们对于仅仅展示哪些股票创新高、哪些股票创新低毫无兴趣，而是将它们按照行业中创新高的股票数量由多到少排列。当你正在进入一轮强势的牛市行情，而且你也发现了这一行情时，如果说医药板继续处于领军地位，那么，它很可能就位于股票创新高数最多的行业中的前 3 名里。

20 世纪 90 年代，当高科技股正在领导牛市行情时，计算机业连续一年半处于这一排名的首位。与思科和戴尔类似的股票一直位于新高清单之上。如果你知道要寻找什么，也懂得一只股票在牛市中冲击新高点的含义，那么，可能你也会参与到这些股票上涨 10 倍甚至更多的过程之中。通过学习过去的市场，你会学到很多，成为股市史学家。

换句话说，一点都注意不到股市中的真正行为和真正领军股也是一件很困难的事情。它们就好像一头大象跳进浴池，将水洒的遍地都是那么明显。当整个行业变动的时候，成交量的变化和基于行业板块的动作是无法被隐藏的。2004～2007 年的能源板块中，我们就能看到这样的事实，当时几乎所有的油气股都在戏剧性地上涨。

在某些时点，所有行业都处于变化之中。而当这种情况出现时，我们的 10 条筛选领军股和落后股的不同方式会将你引入到这样的局势中——你可能会说“这些股票不再按照它们以前的方式领导市场了”。如果你只是意气用事，靠你对某只股票的信任投资，你会陷入许多问题之中。你需要进行精密的估测，来了解这个行业或这只股票当前的表现是否真的恰当。

最后一件事情：收益是股票的驱动因素，收益改善的比率相对于市盈率而言更加重要。所以你一定要查阅每一季度定期发布的“公司收益报告”（见图 16-13），找出相对于过去收益状况突然大幅增长的公司。

Company Earnings Reports

IBD's earnings reports feature stock symbols, industry groups, percent above or below consensus estimates, and EPS and Relative Strength Ratings. Earnings growth greater than 25%, a key characteristic of winning stocks, is boldfaced. The whole line is boldfaced when EPS growth is more than 25%, EPS Rating more than 85, and earnings are stronger than expected. Arrows indicate acceleration or deceleration in earnings or sales growth compared with the prior quarter. Data reported may be derived from 6-, 9- or 12-month reports. All earnings represent the current quarter. Foreign companies are not reported. Nonrecurring items may be excluded from earnings per share. Unique circumstances are taken into account for many industry groups. Sales may not apply for certain industries. Real estate investment trusts may reflect EPS or funds from operations.

Company Name	Symbol	Industry	Closing Price	Curr Qtr Erns		Prior Yr's Qtr Erns	EPS %Chg	Under /Over Est %	Sales (Mil)	Sales % Chg	EPS Rtg	Rel Str Rtg
94 Ups												
Hill-rom Holdings	HRC	Medical-Systems/Eqp	12.71	0.25	vs	0.22	+13.6↓	+25	352	+3.0↓	63	15
Horace Mann Educ	HMN	Insmce-Prp/Cas/Titl	9.92	0.51	vs	0.49	+4.1↓	+16	221	−0.2	86	70
I Two Technologies	ITWO	Comptr Sftwr-Entr	7.48	r0.31	vs	0.26	+19.2↓	+41	63.8	+0.8	64	43
IMS Health	RX	Comml Svcs-Hlthcre	15.49	0.50	vs	0.43	+16.3↓	0.0	581	−4.1	81	71
Infinity Ppty&Cslty	IPCC	Insrnce-Prp/Cas/Titl	39.44	1.78	vs	1.16	**+53.5**↑	+109	200	−25	73	86
Isilon Systems Inc	ISLN	Elec-Smicondctr Mfg	2.89	−0.04	vs	−0.11	..	..	31.8	+19↓	38	40
Kellogg	K	Food-Msc Prparation	43.68	0.47	vs	0.44	+6.8↓	−6.0	2933	+5.0↓	76	73
Knoll Inc	KNL	Hsholdoffic Furnitr	7.37	0.52	vs	0.42	+23.8↓	+27	276	−2.0	92	25
Luminex	LMNX	Medical-Systems/Eqp	21.97	0.05	vs	−0.08	**+163**↓	−17	28.2	+31↓	67	97
Mastercard Inc Cl A	**MA**	**Fnancial Srvcs-Misc**	**159.8**	**1.87**	**vs**	**0.89**	**+110**↑	**+15**	**1225**	**+14**↓	**99**	**71**
Maximus	MMS	Cmml Svcs-Cnsltng	37.89	r0.67	vs	0.56	+19.6↑	+1.5	180	+1.7↓	56	95
Mednax Inc	MD	Mdcal-Outpnt/Hm Cr	37.26	0.85	vs	0.80	+6.3↑	+9.0	298	+19↑	73	68
Merit Medical Syst	MMSI	Medical-Products	16.77	0.20	vs	0.17	+17.6↓	0.0	58.0	+6.7↓	78	88
Metavante Tech	MV	Fnancial Srvcs-Misc	16.48	0.36	vs	0.28	**+28.6**	−2.7	433	+6.2↑	79	68
Micros Systems Inc	MCRS	Cmptr-Intgrtd Syst	15.09	0.37	vs	0.34	+8.8↓	+5.7	238	−2.5	88	38
Microtune Inc	TUNE	Elec-Smicondctr Mfg	1.79	0.04	vs	0.03	**+33.3**	+100	24.0	+5.5↓	39	27
Micrus Endovasculr	MEND	Medical-Products	9.61	−0.07	vs	−0.28	..	..	18.3	−0.1	53	56
Multi Fineline Elec	MFLX	Elec-Cmpnent/Cntr	19.02	0.56	vs	0.54	+3.7↓	+9.8	217	+18↓	82	97
N C R	NCR	Cmptr-Intgrtd Syst	10.44	0.58	vs	0.54	+7.4↓	+7.4	1421	−6.6	82	19
National Bkshrs VA	NKSH	Banks-Southeast	18.15	0.52	vs	0.46	+13.0	+4.0	14.9	−1.1	72	86
Neutral Tandem Inc	**TNDM**	**Telecom-Services**	**17.74**	**0.25**	**vs**	**0.06**	**+317**↑	**+32**	**34.9**	**+41**↑	**99**	**86**
Newbridge Bancorp	NBBC	Banks-Southeast	2.18	−0.53	vs	−0.67	..	..	32.0	−16	13	11
Nutrition 21	NXXI	Cosmetics/Persnl Cre	.19	0.01	vs	−0.06	**+117**	..	12.9	−1.1	31	28

图 16-13　公司收益报告

关注那些收益情况高于预期的股票是有所裨益的——华尔街称之为"收益惊喜"。我们所学到的是去搜索那些预计收益一直稳定增长，而且每一季度的收益增长百分比都呈现出一种增速增长的状态。如同之前所提到的一样，收益增长越大越好。如此一来，我们就不会陷入这样的投资误区，即剔除股票只因为它的高市盈率。

在报纸快要结束的位置，我们刊登了比大部分出版物更多的期货期权信息。报纸还有一个债券市场专栏、一些利率线图以及不少于36个商品期货的走势图，见图16-14、图16-15。

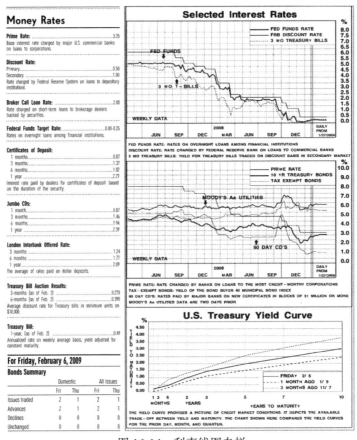

图 16-14　利率线图专栏

第16章 | 如何运用《投资者商业日报》寻找潜在的牛股 417

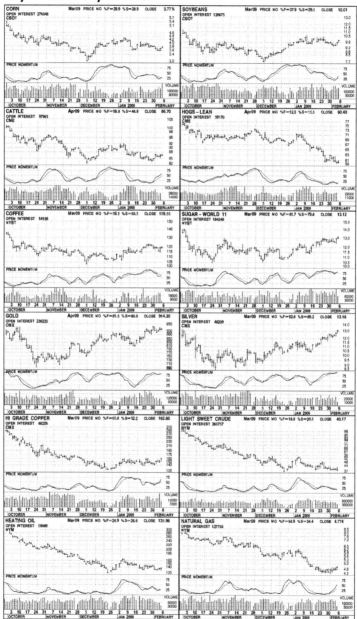

图16-15 商品期货走势图

如何利用网络 IBD

网络 IBD，即投资者网 Investors.com，它是《投资者商业日报》印刷版所对应的在线电子版。与报纸一样，它能够帮助你快速且充满自信地应用本书中描述的投资策略。不管你每天花费在投资上的时间仅仅只有几分钟还是一整天，都能够通过使用投资者网来形成一种有效、更加适合你自己日程的投资方式。

我们曾经讨论过，《投资者商业日报》的研究进程是通过对大盘、行业组群和股票的有效评估开始的。以下是一些其他的方式，利用的是 IBD 经过特殊设计的屏蔽工具和线图，使你的研究能够更加深入。

如果你为了提升自己的投资技巧而研读此书，那么，按以下方式仔细了解这些投资工具将会帮助你形成一个简单体系，在每日浏览大盘、领先的行业板块的基础上最终找到业绩领先的股票。

投资者网主页上设有 IBD 股票搜索工具，它的结构设计完全以客户为中心。图 16-16 是这一工具的图形展示，你可以运用它来跟踪"大盘走向"，还可以去"筛选""评价"并"跟踪"领军股。按照这一步骤将会帮助你找到表现最好的股票，还会让你知道买入和卖出的正确时机，也就能够从本质上改进你的投资结果。

关键是花费一些时间来熟悉投资者网的投资工具和功能。这本书中 CAN SLIM 章节的部分会帮助你理解 IBD 投资工具的基本原理，而这些投资工具的编制，就是为了寻找具备能够脱颖而出、具有典型表现特征的那些大牛股。

大盘走向

如同我们之前所讨论的，通常 3/4 的股票都会跟随整体的市场趋势，不管市场是利好还是利空。这就是为何对你而言，跟随大盘趋势而非逆大盘而行是至关重要的。点击"大盘走向"这一项，你会发现一些能够帮助你做到以上要求的功能链接。

第 16 章 | 如何运用《投资者商业日报》寻找潜在的牛股 419

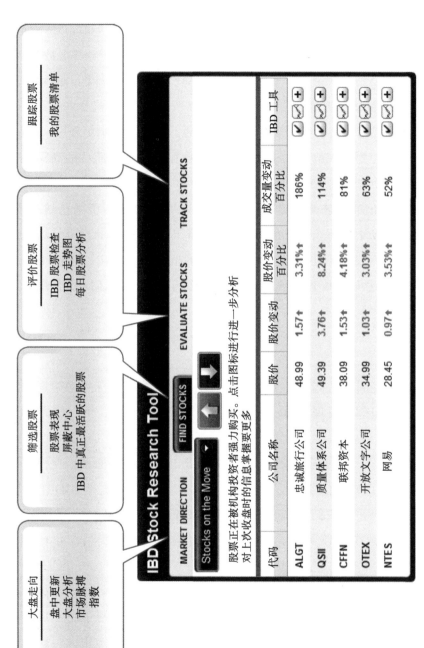

图 16-16 图形展示

另外再看一眼"大盘分析"和"市场脉搏",了解一下当前市场正处于什么阶段,可以以此作为登录投资者网的开始。你还可以点击"指数"链接,来浏览每一重要指数的最新走势图。这些走势图是根据交易日中的实况更新的,仅有 20 分钟的延迟。

市场活动发生之时,要进行时机分析的话,阅读"盘中更新",它具备 9 个当天报告。你要发现将当天事项转化为收益预期的那些简洁的高见,另外还要关注有大动作的领军股。

IBD 电视频道:"市场总结"。有规律地收看 IBD 的"市场总结"节目,是另一条在市场中保持高姿态的良好途径,同时可改进你的投资技巧。这个简短的节目每个交易日下午 6∶30 分(东部时间)都会播出,它运用线图来向你真实地传达大盘和领军股的表现,趋势如何以及要寻找的潜在买点在哪里。

筛选股票

如果你已经看完了当前的大盘局势,用"筛选股票"标签来搜索新的投资目标。在这里你会发现形形色色的刺激想法产生的视图,可以作为 IBD 印刷版的补充。

"股票表现":及时洞察投资机构可能卖出、买进哪些股票。在投资机构动作发生时,了解他们可能正买入什么或是卖出什么。这是 IBD 印刷版功能的在线形式。正如我们之前所说,只看典型的最活跃的股票清单你不会了解大盘的整体运作。必须要了解正在酝酿之中的机构性交易,才有成功的希望。

这些股票会出现在这一雷达屏幕上,而且在整个交易日中不断更新。通过了解机构行为发生的方式,你能够迅速捕捉机构投资者可能正在加持或是减持的股票。记住机构购买者如果购入一只股票,额度一定很大,这就为这只股票创造出巨大的成交量支撑。

几乎每只牛股在价格上涨过程之初都会体现出这种类型的动作，如果你正在寻找潜在领军股，就不会想错过屏幕上的这个清单。记住并不是这个名单上的所有股票都会成为牛股，还要展开进一步的研究，来确保这只股票的走势良好，而且排名情况也显示出了领导潜质——这是很重要的。在价格形态突破动作正开始或开始不长时间的时候，这是一个不错的捕捉方法。

盘中成交量变动百分比——定位潜在大牛股的另一途径。"股票动态"在线版的一个基本要素就是盘中成交量变动百分比。正如我们所看到的，股票需要有机构性买入的支撑来推动价格的进一步上涨。盘中基础上的成交量变动百分比会告诉你（如果发生的话）一只股票的成交量是高于还是低于过去50天的移动平均线。这就是一个机构性买入（或卖出）的信号和"股票动态"的关键组成要素。你还可以在投资者网的"筛选股票"中看到想要寻找的每只股票的盘中成交量变动百分比。

点击"筛选股票"链接就能够得到每天最新的"当日走势"，这是一个与众不同的股票清单，它将整个股票数据库分类，以便寻找具有各种重大表现的潜在大牛股。

这不仅是一条寻找大牛股的快速途径，也是在不同类别中寻找更具备成功可能性的理念的快捷方法。屏幕是不断滚动的，包含的类别有"相对价格强度前几名的股票""智能选股全明星"以及"收益增速最快的几只股票"。

要取得其他股票的清单，点击"筛选股票"——位于投资者网主页"股票研究"的下拉菜单中。你会从这一清单中找到更具可能性的投资理念，包括"CAN SLIM 选择""领军行业""科技领军"和"长期投资者"。

最活跃股票——纽约证券交易所和纳斯达克。这一每日专栏（印刷版中也有同一专栏）高度关注了机构认同度较高的股票的突破情况和底部形态——通常这些股票正在经历大额成交量。你还能找到关于潜在买入点的讨论，其中暗示了初始买入和第2次加持的最好时机。在股票到达顶点的时候，这一专栏还会提醒投资者潜在的消极行动。

评价股票

下面让我们看一下你要怎样评价你已经持有或是考虑买入的股票。首先要回答这些问题：

- 持有这只股票的行为正确吗？它所处的行业中还有更好的股票吗？
- 这只股票正位于领军行业还是落后行业？
- 如果你拥有这只股票，会长时间持有它吗？
- 如果这只股票看起来基础状况很强势，你也想投资于它，那么这个投资行为会不会太晚或是太早呢？
- 我们正处于牛市行情还是熊市行情？

这是在进行投资行为之前首先要回答的几个问题，两个IBD工具（"IBD股票检查"和"IBD走势图"）会帮助你解决选股的困惑。

"**IBD 股票检查**"。"IBD 股票检查"评价并比较了6 000多家上市公司，并编写出综合排名以及一个强势、中性或是弱势的等级，让你能够恰当地预计投资结果，见图16-17。基本上这是一个由几项因素构成的数据总结报告，包括：

- 综合排名；
- 行业组群内表现；
- 领军行业；
- IBD 股票检索清单——附带一个强势、中性或是弱势的等级。

- **红灯，绿灯**

    参照"IBD 股票检索清单"中的综合排名和大部分组别清单，你会发现绿色（表现过人，通过）、黄色（中庸）和红色（失败）的标记。在历经时间检验的IBD标准的基础上，要查看你的股票是否在特定门类中基本合格，这是一条快速简易的途径。

第 16 章 | 如何运用《投资者商业日报》寻找潜在的牛股 423

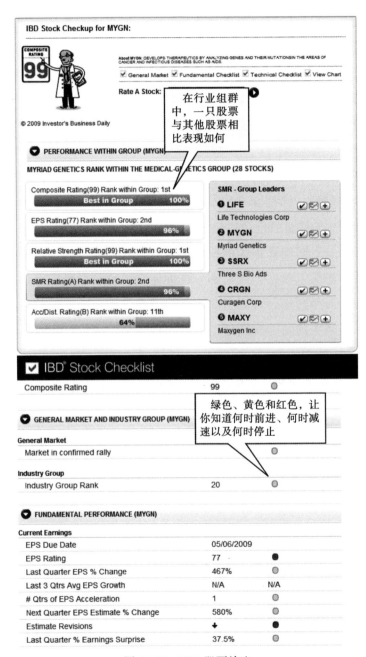

图 16-17 IBD 股票检查

综合排名。如同我们之前所讨论的一样，综合排名是一种了解应该继续前进与否的快捷方式。通过"IBD股票检索清单"中与颜色相匹配的图标，它们就像交通灯一样告诉你，在股票研究中应该前进（绿色）、减速（黄色）还是停止（红色），而且它也会把你引入到表现最好的那些公司中。

行业组群内表现——投资于领先行业中最好的股票。在"行业组群内表现"这一部分，你会发现与组内其他股票相比，表现特别出挑的那些股票。这一排名是在IBD智能选择排名基础上完成的，可以帮助你决定现在做出的决策是否是正确的。你很容易被报纸或电视上的投资窍门所动摇，但这一部分对你而言最大的优势就是强迫你面对现实。

领军行业——明确真正的潜在领军股。不管你已经买入了哪些股票，也不管你正在考虑买入哪些，这一部分告诉你真正的领军股在哪里。这些股票呈现出一定的典型特征，可能会在大盘的上升趋势中进一步前进。你可以点击智能搜索排名中的每一只股票，来看一看排名最高的行业组群中哪些股票排名靠前。

"IBD股票检索清单"。IBD股票检索清单可以帮你彻底了解每只股票的基础因素以及技术强度，另外每一组别中还附带一个强势、中性或弱势等级分类。举个例子，在股票检索清单顶部，你会看到综合排名旁边会有一个绿色、黄色或是红色的按钮，这会有助于你盯住大盘真正的领导者——并且远离拖后腿的股票。

在"大盘和行业组群"部分，你还会看到关于整体大盘与相关行业组群的强势、中性或弱势的分级情况。大盘亮起红灯时，显然不要买入股票。

IBD走势图展示买入或卖出的大好时机。如果之前没有查阅走势图，即使是IBD行情表中排名很高的股票也不要买入，有规律地查看你所持有的股票走势，包括日线图和周线图。这一步可以帮你判断即将出现的趋势，跟踪股票的变动情况，这样你就能够找到买入或卖出的恰当时机。IBD走势图（见图16-18）的表现目的，就是为了让读者（不管你是新手还是老手）都能够更加轻松、迅速地明白这些图形的真正含义。如果你在投资者网注册，这些日线图和周线图都是免费的。

图 16-18　IBD 走势图

对于那些对线图"畏而远之"的投资者来说，在投资中考虑线图可谓是"一图抵千言"，它会告诉你上市公司运作过程中一些至关重要的东西（或是进程的缺陷）。一段时间之后，你会发现浏览这些线图已经习惯成自然。日线图还有助于你定位潜在的牛股。IBD 日线图包括以下要素：

- 股价上涨时用绿色，下跌时用红色；
- 持续更新的股价和交易额变动；
- EPS 与 RS 排名；
- 相对价格强度线；
- 50 日与 200 日股价移动平均线。

再回顾一下第 2 章，学着去识别线图形态，你还可以登录投资者网，查看"投资者大学"这一板块，来学习一下线图分析。还要记住大部分股票是跟随大盘整体趋势的，所以要确保已经查看了当前的大盘趋势，来保证自己整体时机的选择是正确的。

周线图——机构性交易情报。IBD 周线图能够帮你估测机构性的买入情况。由于共同基金的动作通常需要几天，有时还要几周或是更长的时间来建仓（或减仓）。周线图中任何大额的成交量都会告诉你，共同基金可能正通过一条重要的途径投资于某只股票（或者是撤资）。

周线图包含了日线图中出现的相同信息，另外还有表现杰出的股票名单。这些线图涵盖了将近两年的价格和成交量变化情况。

为了获得最大的收益，同时使用日线图和周线图是很重要的，因为它们提供了关于同一只股票的不同观点。在日线图中你能得到更恰当的时机暗示，而在周线图中，你能对整体状况有更好的了解。

跟踪股票

一旦已经评价并买入了一只股票，跟踪它的表现是很重要的。"买入并持有"是一项危险的策略，因为所有的股票，即使是那些著名公司的股票，也可能变化无常且颇具风险。要在长期投资中成为一名成功投资人的话，你需要把自己所有的损失保持在较小的额度，还要知道什么时候卖出股票，保存利润。第 10 章和第 11 章讨论了你应该如何应用那些经过时间验证的卖出法则。投资者网中"我的股票清单"专题会帮你进行井井有条的投资，所以你可以有效地应用它们。

"我的股票清单"。通过"我的股票清单"，你可以创建 5 个清单，每个清单最多可包含 50 只股票。为了保证自己的投资井井有条并且节省时间，你可以针对不同的投资目的创建不同清单。比如你可以创建"我的投资组合"清单，里面涵盖的是你所持有的股票；"底部形态中的股票"，涵盖的是当前正在形成底部形态的领军股；还可以创建"接近买点"清单，涵盖正在接近恰当买点的股票。规律性地检查并管理你的清单非常重要，要按照需要不断增加或删除股票（见图 16-19）。

图 16-19　我的股票清单

为了帮助你跟踪股票的表现，"我拥有的最大价格变动股"专栏会自动提醒你，清单中的哪些股票正表现出最大的价格变动，不管是上涨还是下跌。

只要单击"我的股票清单"，你就可以链接到"IBD 股票检索"、IBD 中每只股票的走势图和相关档案。利用 IBD 档案，去了解 IBD 如何评论你正关注的股票，这样就可以有效洞悉股票背后的故事。运用"IBD 股票检索"与 IBD 线图可以不断评价相关股票，可以是你持有的，也可以是你正在关注的。

- **"我的习惯"：定义自己的投资习惯**

"我的习惯"可以让你一键链接到你最钟爱的工具和专题，不管它们位于投资者网的哪个页面。对于快速检查你的投资行为清单来说，这是一条方便省时的途径。

下面是一个简单的习惯管理，你可以设置这样的管理方法来跟踪大盘趋势，并寻找、评价、跟踪你的股票。

1. "大盘分析"
2. "屏蔽中心"
3. "IBD 股票检索"
4. "IBD 线图"
5. "我的股票清单"

我的习惯	修改
全局纵览	IBD
我的股票清单	基金中心
运动中的股票	网络图库
行业组别	屏蔽中心
自定义屏幕向导	股票检索
我的股票中价格波动最大的部分	我的股票清单

持续学习——投资成功的关键

"IBD 大学"。对于每一位投资者来说，没有哪天不是带着疑问度过的。而投资者网的"IBD 大学"版面提供了一个完整的股票投资课程，有助于改进你的知识和技巧。问题的关键在于定期调整，将 IBD 电视节目作为你日常生活的一部分，这样你就能看到你的投资技巧和自信是在不断改善的。要看最新的视频，请登录 www.investors.com/IBDtv。它概述了买入和卖出股票各个方面的信息，还附带有相应的表格和许多其他重要的主题。这些课程是免费的，你可以在任何地方上这些课，只要能联网。

IBD 电视节目：每日股票分析。"每日股票分析"广播节目会整体浏览一只当前的领军股技术面和基本面的优点。每天观察这些会为你带来新的投资理念，也能够帮助你自己提高识图能力和分析技巧。你还可以阅读《投资者商业日报》中的"每日股票分析"专栏，这是广播中所讨论的内容的一个关键点总结。

"投资者园地"——为自己的问题寻找答案。你可以搜索"投资者园地"的档案，来快速找出针对一些范围庞大的投资问题的详尽回答，回答包括初级、中级、高级不同等级。

"IBD 号外"每月通信。"IBD 号外"通信提供了特有的广播节目、文章和股票清单,来帮助你跟随现行的市场形势,改进投资技巧,并且领会 IBD 大部分特征和技巧的精髓。只要你在投资者网注册,这一信息就是免费的。

- IBD 电视节目样本

IBD 电视节目:看着结果的改进

IBD 电视节目提供了一条独特的途径,以此可以掌握本书中概括的投资战略。

IBD 市场概述和每日股票广播节目告诉你怎样在现行股市环境中应用 CAN SLIM 模型——这些都是在每日基础上完成的。我们还应大家的需要制作了特有的音频或视频,为你在市场的重大事件中导航,比如说 2008 年的经济危机。

问题的关键在于定期调整,将 IBD 电视节目作为你日常生活的一部分,这样你就能看到你的投资技巧和自信是在不断改善的。要观看最新视频,请登录 www.investors.com/IBDtv。

利用 IBD 社区

自从 1984 年创刊开始,IBD 社区已经帮助无数的人在经济方面取得成功。它已经创造出了一个活力洋溢的系统,使投资者们主动去分享自己的看法和知识,可以在线上,也可以在线下。以下是两条你可以参与其中的方式,并从 IBD 社区中获益匪浅。

IBD 网下会面为你提供了与同一个城市中的几个 IBD 投资者面对面接触的机会。这是一个与志趣相投的使用 CAN SLIM 系统的投资者们分享投资方法和经验的绝佳机会。全世界范围内这样的群体超过 400 个,而且成员身份是不用付费的。要寻找你所处区域内的 IBD 网下会面机会的话,请登录

http://ibd.meetup.com 查看。

IBD 论坛是使用 CAN SLIM 的投资者们的官方在线信息留言板。在 IBD 论坛中，你可以发布、阅读或是回复大量的投资信息以及其他相关主题。你可以在投资者网注册这一论坛。

| 第 17 章 |

紧跟大盘采取行动

看盘的情绪化

一天到晚紧盯行情显示系统、个人电脑上的股票走势或是在电视上关注市场动态会使人变得情绪化,而这样的情绪化对投资来说是很危险的。有时候,一只股票持续上涨,直到每个人(也包括你在内)坚信它将一飞冲天。这就是最需要投资纪律的时候,因为这只股票很可能正在见顶。当一只股票的价值如此明显,以至于看上去对每位投资者都是一个难以置信的好机会,你可以肯定几乎所有能够买入它的人都已经买入了。不过,值得记住的是,在股市中大多数人的观点是错误的。

股市中的赢家需要远见、纪律,还有更重要的自控能力。那些终日坐在动态行情显示机或是个人电脑前面的投资者会承受情绪化决策的风险,因为行情显示机同时显示许多股票的价格变化,而电脑会监控处于价格变化中的数百只股票。

是底部形态还是过分延伸

当你的视线集中在行情显示机或是个人电脑上时,有一个简单的方式可以让你保持镇定。

当发现股市中出现让你印象深刻的行为时，通常要参照一张周线图，看看这只股票是不是正在筑底，或者说它是不是已经过分延伸，超出买入点或中轴点太远。如果它过分延伸，就让它这样吧，此时买入为时已晚，追逐股票就像无畏地犯罪一样，是毫无意义的行为。

如果这只股票正在筑就一个底部形态，那么应用 CAN SLIM 投资法则。当前收益的上涨幅度是不是富有意义？近 3 年的收益记录好吗？你是否已经检查过所有其他的 CAN SLIM 判断标准？

行情显示机上看起来吸引投资者的股票，有一大半不能通过 CAN SLIM 测试，而且被证实是有缺陷、平庸的投资机会。然而或早或晚，使人信服的市场行为会指引你通向一个千载难逢的投资时机，符合潜在明星股的所有判断标准。

每周浏览图册，罗列买入时机

有效应用股市行情和大盘动态的另一途径是每周浏览一本易于理解的走势图册，罗列出符合技术面和基本面选择标准的所有股票的买入时机。然后，大体记下每次考虑购进股票时的买入点，还要关注你的预测名单中每只股票的日平均成交量，这样就能轻松核对任意一次值得关注的成交量上涨行情。

接下来两周中，每当关注大盘分析时，每天都要保证随时携带这个购买清单。时机成熟时，会有一两只清单上的股票开始接近你的买入点。这就是蓄势待发买入的时机，即在你的买入点进行股票交易，买入当天的成交量至少会超过平均值的 50%，同时大盘导向是积极的。在买入点时股票的需求量越大越好。

行情显示机和大盘分析的观望者希望市场活动的步伐在纽约的午餐时间中会减缓（美国东部时间 12∶00～13∶00）。他们也知道股市通常会在交易日当天的最后几个小时暴露本色；要么继续上涨强势收盘，要么突然衰落，无法保持这个市盘早期获得的收益。

买股票时别相信传闻和秘密消息

我购进股票时绝不相信秘密消息、传闻传说或是内部消息，单单依据这些来投资股市是不会奏效的。当然，秘密消息、传闻传说以及内部消息正是大多数人努力发掘的信息，但我必须再次提醒你，大多数投资者在股市中所信赖的和他们的作为并不十分奏效。因此，必须当心陷入典型的股市陷阱。

某些投资建议服务机构和商业类报纸的专栏是由华尔街的绯闻、传言和秘密消息支撑起来的，还伴随着植入式的个人观点或内部消息。在我看来，这些服务机构和专栏非常不专业，并且不够精密。对于信息采集来说，有许多远比这有效且安全的方法。

年底和 1 月初要警惕市场扭曲

与期权相关的股票在期权到期日会发生一定的反常行为，而在每年 12 月，有时甚至贯穿整个 1 月直到 2 月初，所有股票也会有非常大量的年底反常行为。

年底对任何人来说，都是一个棘手的时机，因为大量交易都考虑了税收基础。许多等级较低、赔钱的股票会突然看上去很强势，而原来的领军股却原地踏步或是开始调整。随后不久这一误导行为消失，同时真正的领军股重现。

大盘抛售行为也会在新的一年开始之后随机开始，这又进一步增加了投资难度。如果一个大涨的交易日之后出现一个大跌的交易日，而这一交易日之后只是另一个大幅上涨的交易日，就会发生诱骗投资者的假动作。这个 1 月效应，即小盘股和中型股票在 1 月中会得以增长，会成为具有误导性的、以假乱真的提示，但它充其量只在一个短暂的时期中有作用。

理解重大新闻并随之反应

当国内或国外新闻的影响冲击华尔街时，能干的市场侦察员有时极少关心这些新闻是好还是坏，他们更专注于分析它对市场的影响。比如说出现了一个坏消息，而市场反应平平，你就会感到更加积极；因为行情正告诉你，潜在的市场可能比许多人相信的更强势。另一方面，如果高度积极的新闻冲击市场，而股票却稍有失利，行情分析家可能断定市场比先前想象的要脆弱。

不管是对于利好的消息还是令人失望的新闻，市场有时会过度反应，有时又会背道而驰。1983年11月9日星期三，有人在《华尔街日报》刊登了一整版广告，预告通货膨胀即将蔓延，另一个1929年那样的大萧条就要开始。但这一警告如此荒谬，以至于股市迅速升温，并且连续反弹数日。

股市面对新闻的影响而有所退避，这很可怕，但易于理解和解释。有的时候，在完全没有表面新闻的情况下股市却明显下跌。这两者之间是有明显区别的。

经验丰富的市场研究员会记住很久以前市场上发生的事情，他们会记录过去的重大新闻事件以及市场的反应。重大事件的清单中可能会包括总统艾森豪威尔心脏病的发作、古巴导弹危机、肯尼迪遇刺、战争爆发、阿拉伯石油封锁、预期政府行为（比如薪水限制和价格限制）、"9·11"事件、中东战争等，最近时期的重大事件是，2008年9月初关于房地产次级贷的新闻越来越糟，股市中的投资者希望能够选举出一位非常开明的新总统。

老新闻对新消息

重复几次之后，好新闻和坏新闻都会变成老新闻。与初次报道时的影响相比，通常老新闻会对股市起反作用。

当然，相对于中央集权的独裁统治国家中盲目宣传和不实咨询的运作方式而言，这是相反的一种情况。在那些国家中，谎言或是歪曲事实的信息向公众重复的次数越多，就越会被作为真相接受。而在美国，当新闻普遍被获取或预知时，市场中经验丰富的投资人贬损了它的作用，削弱了它所释放出的影响，当然，除非新闻一直低于预期，变得更糟糕。

对于股市新手来说，新闻可能似是而非、令人费解。举个例子，某上市公司公布一个糟糕的季度收益报告，它的股票却可能会在报告公布时价格上涨。发生这种情况通常是因为在发布之前，这一新闻就已被知晓或预测到了，而几个职业投资人可能决定一旦所有坏消息最终公布，就购入该股票或是补进空头数额。"在坏消息中买入"被一些狡猾的投资机构奉为信条。其他人觉得应该介入其中，从而在困难时期提供巨大的持仓量支持。

分析全国新闻媒体

全国新闻是如何编辑、出版或查禁的，这戏剧化地影响着经济状况和公众信心，也会影响公众对于政府、选举、总统和股市的观点。

有几本优秀的书籍主题就是分析全国新闻。汉弗莱·尼尔（Humphrey Neill）是1931年的杰作《行情解读和市场策略》（*Tape Reading and Market Tactics*）的作者，他还写过一本书叫作《逆向思考的艺术》（*The Art of Contrary Thinking*），这本书中仔细验证了这样一个观点，即同一新闻信息在不同报纸的头条中报道方式大相径庭，以及这一行为如何误导股票持有者和公众。尼尔发展出一系列逆向理论，这一理论的基础在于要怎样频繁地在全国媒体上发布传统智慧或是一致意见，它们会变成拙劣的构想或者仅仅是错误的想法。

1976年，媒体专家布鲁斯·赫申松（Bruce Herschensohn）写了一本名为《天线之神》（*The Gods of Antenna*）的书，讲述了一些广播电视网如何操纵新闻以影响公众观点。这一主题的另一著作是《即将到来的媒体之战》(*The Coming Battle for the Media*)，由威廉·拉舍（William Rusher）于1988年撰写。

这一领域最杰出的著作是斯坦利·罗思曼（Stanley Rothman）和罗伯特·林奇特（Robert Lichter）撰写的《媒体精英》(*The Media Elite*)。罗斯曼与林奇特采访了240名记者和高级编辑，他们来自三大主要报纸（《纽约时报》、《华尔街日报》和《华盛顿邮报》）、三大新闻杂志（《时代》、《新周刊》和《美国新闻与世界报道》）和四大电视网络（美国广播公司，简称ABC；哥伦比亚广播公司，简称CBS；美国全国广播公司，简称NBC；美国公共广播公司，简称PBS）的新闻部门。他们发现这些全国最好的新闻工作者中，平均85%的人是无党派人士，在1964年、1968年、1972年和1976年的选举中投了民主党的选票。另一调查显示，全国新闻工作者中仅有6%的人曾为共和党投票。

一项自由论坛中的民意测验强化了《媒体精英》的结论，它得出的结论是在1992年的大选中，华盛顿的记者和新闻机构官员中，有89%（差不多9/10）的人把选票投给了克林顿，而只有7%的人选老布什。

来自加州大学洛杉矶分校和斯坦福大学的蒂姆·格罗斯克洛斯（Tim Groseclose）以及来自芝加哥大学的杰夫·米尔奥（Jeff Milyo）最近发表"媒体偏好测试"。他们统计了特定智库中的语句被新闻媒体引用的次数，将其与议会成员站起来讲话时引证统一智库中语句的数量对比。

通过比较二者引用模式，他们为每个新闻媒体建立一项美国民主行动（Americans for democratic action，ADA）打分。他们发现在抽取的调查样本中，《福克斯新闻特别报道》(Fox News Special Report)是仅有的一家公正的中央新闻媒体。自由主义倾向最严重的是《CBS晚间新闻》，接下来依次是《纽约时报》、《洛杉矶时报》、《今日美国报》、《NBC晚间新闻》和ABC的《今晚世界新闻》。

更令人惊讶的是，在这些调查中主流媒体的自由主义倾向远远高于投票选举的普通大众，而且超过的程度令人瞠目结舌。

1984年的总统选举是候选人蒙代尔与里根的对决，从劳动节到大选日期间，ABC、CBC和NBC黄金时段所有的新闻节目都是由毛拉·克兰西（Maura Clancy）和迈克尔·鲁宾逊（Michael Robinson）录制并编辑的；他们只关注那些对候选人或是赞成、或是反对，态度明确的新闻。《民意》杂志发现关于里根的负面新闻有7 320秒，正面新闻仅有730秒；而蒙代尔则享有1 330秒的正面新闻和1 050秒的负面新闻。

作为里根连任总统的准备，应用经济研究所调查了在1983年下半年强劲的经济复苏中，广播电视网络是怎样对待经济新闻的。调查发现将近95%的经济数据是积极的，而86%的媒体报道则基本上是消极的。

艾美奖得主伯纳德·戈德堡（Bernard Goldberg）在CBS工作近30年，他的书《偏见》详细收录了广播电视网络是如何提供片面、毫无均衡或公平的新闻。这是一本值得所有年轻人一读的好书。

戈德堡在书中讲述了新闻工作者如何决定他们想发表的新闻和意欲发布的片面报道，更为有害的是，他们还决定将哪些新闻的影响降至最低或直接保持沉默。他们偏袒一方，为人们贴上标签。

微软全国有线广播电视公司（简称MSNBC）的克里斯·马修斯（Chris Matthews）是传媒业领军人物，曾任吉米·卡特的演讲稿撰写人，并担任众议院院长蒂普·欧奈尔（Tip O'Neill）的助手。NBC的蒂姆·拉塞特（Tim Russert）曾为前任纽约州州长马里奥·科莫（Mario Cuomo）的政治顾问。ABC的杰夫·格林菲尔德（Jeff Greenfield）是罗伯特·肯尼迪的演讲稿撰写人；PBS的比尔·默亚斯（Bill Moyers）是林顿·约翰逊的新闻秘书，而ABC的新闻主播乔治·斯蒂芬诺帕洛斯（George Stephanopoulos）是克林顿的"政治化妆师"。这些都是典型的例子。不管是作为个人投资者或是作为一个国家，要成功的话，必须学会从个人政治观点和大部分带有强烈的政治偏好的国内媒体中筛选真相。从某种意义上来说，这应该算是当前美国的第一大问题。

除了全国媒体单方面的偏好，设计侵蚀或宣传鼓吹以暗中破坏国家和人民的行为也会危及自由的实现，意图是混淆国家事务，挑拨离间两大党派，煽动阶级敌人、恐惧和仇恨，以及铲除或贬低某些特定的重要人物或权威机构。

单方面的媒体最值得质疑的行为是他们如何挑选新闻和事实来报道，并且进行持续的宣传。更重要的是，他们选择不予报道不支持他们的意图、带有批评色彩的相关新闻和事实，或是他们会为报道赋予主观的色彩。

2008年年底，公众害怕当时仍处于衰退中的经济会变得像1929年的大萧条和20世纪30年代危机的逐步扩大一样，而大部分美国人不是那个时代出生的，对其知之甚少。有两本关于20世纪30年代和40年代初的书籍不同凡响，每个人都应该读一下。它们是：弗雷德里克·刘易斯·艾伦（Frederick Lewis Allen）写的《崛起的阵痛》(Since Yesterday, The 1930s in America)，它生动描绘了那一时期发生的事情，罗伯特·戈德斯通（Robert Goldston）写的《纳粹德国的生与死》(Life & Death of Nazi Germany)，此书从20世纪20年代末希特勒和纳粹的出现写起，到1945年第二次世界大战结束。

当今的状况与1929年不同却更像1938年

我将"一切皆有可能"的20世纪90年代到2009年3月的纳斯达克综合指数走势图叠加到从繁荣的20世纪20年代到30年代萧条时期的道琼斯工业指数走势图之上（见图17-1）。结果发现，它们基本上是重合的。这里之所以运用纳斯达克指数，是因为当前它的成交量大于纽约证券交易所，并代表了更多富有企业家精神的美国公司——而这些公司正是近些年市场的驱动力。1998年9月到2000年3月那个疯狂的顶点时，纳斯达克指数恰恰为1928～1929年股价飙升之后道琼斯指数顶点的2.5倍，纳斯达克市场的泡沫就好比1639年时荷兰人对郁金香的狂热。就在道琼斯指数1929年跳水89%时，纳斯达克指数在相应的位置暴跌78%。

图 17-1　1992 年 2 月至 2009 年 3 月的纳斯达克综合指数走势图与 1921 年 11 月至 1942 年 12 月道琼斯工业指数走势图比较

历史总以这一惊人的方式重复的原因在于，股市由数百万投资者构成，而这些投资者大部分完全依赖于人类情感决策。这就是群体心理学（crowd psychology）：这么多决策的背后是人们的希望、贪欲、傲慢和自我中心。今天人类的本性与 1929 年时大同小异，这两个时代中间隔 70 年，将近一个人生命的长度，所以当今很少有人知道那时发生了什么。就像现在一样，当时银行过度借贷给农民，并且股票以过高的杠杆作用购入。1932 年大萧条最低点时失业率达到 25%，要知道在 1939 年第二次世界大战爆发之前，美国的失业率也只有 20%。

从 1932 年的低点到 1936～1937 年的峰值，与最近纳斯达克指数由 2002 年低点反弹到 2007 年的高点相比，两者持续时间相同，而且峰值之后都下跌了约 50%。

现在是 2009 年 3 月，但是它不像 1929 年的行情，而是像 1938 年的。

那么，1938年又发生了什么？

1930年纳粹赢得了德国议会中的107个席位；1933年2月，希特勒担任德国总理，他已经拥有了暴风突击队、希特勒青年团和其他纳粹组织。仅仅几个月之后，德国议会将全部的立宪权力都给了希特勒，而当年7月之前，希特勒宣布其他所有政党均不合法。希特勒一再重申他所感兴趣的只有和平。

1938年，英国和法国与希特勒和谈，它们试图做出让步，使希特勒的情绪有所缓和。英国坚信它们已与希特勒达成和平协议，即"我们这个时代里的和平"（peace in our time）。于是，群众欢呼雀跃。丘吉尔在英国国会中说"我们已遭遇可耻的失败"，没有人相信他，丘吉尔被蔑视了。1939年第二次世界大战爆发，德国仅用两周时间就攻占了法国。

现在，世界依然面临着核武器和战争的威胁。我们有没有从20世纪30年代的历史中学到什么？我们还要再相信内维尔·张伯伦（Neville Chamberlain，第二次世界大战爆发前的英国首相）错信的一纸和平协议吗？

对此，托马斯·索威尔（我在前面第16章提到过他）发表过两篇文章，他的作品常常显示出意想不到的事实和智慧。在此，我们不妨拜读一下他的文章。

罗马帝国比美国持续的时间更长，但它也湮灭了

托马斯·索威尔

2008年12月9日

恐怖分子在孟买发动的恐怖袭击，包括政府监听国际长途电话和在关塔那摩监狱关押的恐怖分子，会引发那些急于削弱当前美国安全系统的人的其他想法吗？

可能会吧！但不要把华盛顿各大党派人士或主流媒体当成瞎子。如果布什政府这么做了，那就一定是错的。

相对于国家政府理应有所作为的一些令人作呕的理念来说，国家政府的首要任务是保障人民安全。"9·11"事件之后，没有人能想到在漫长的7年之中，看不到这个国家任何具有可比性的变化。

许多人似乎已经遗忘"9·11"事件之后，每一个重大的全国事件（世界大赛、圣诞、元旦、超级碗）是笼罩在怎样的恐惧之中的，人们担心恐怖分子会再次发动袭击。

他们没有再次袭击美国，尽管已经袭击了包括西班牙、印度尼西亚、英格兰和印度在内的一些其他地区。有人会觉得这是因为他们不想再度袭击美国了吗？

这与所有安全防护措施有关吗？自由主义者一直以来强烈谴责这些防护措施，譬如窃听国际长途电话或者严刑逼供被捕的恐怖分子。

有太多人拒绝承认任何收益都是需要成本的，即使这个成本仅仅意味着打国际长途或发送电子邮件时无法保密，而在这个世界中黑客比比皆是。有些人拒绝放弃任何东西，甚至是为了挽救自己的生命。

对于西方社会的堕落，向来都带有敏锐观点的观察家——英国作家西奥多·达尔林普尔（Theodore Dalrymple）说过："这种精神疲软是颓废的，而同时又没有任何东西可以摧毁我们这一傲慢假设的证据。"

可以毁灭我们的物体数量一直在增加。罗马帝国持续的时间比美国要长得多，而它最终也毁灭了。

之后的几个世纪中，千百万生灵遭到摧残，因为毁灭罗马的野蛮人根本不能以具有可比性的任何事物来替代罗马帝国。而当今威胁说要毁灭美国的那些人也无法替代美国。

要毁灭美国的话，其实不用大量核弹以毁灭全美国的城市和乡村。毕竟只要两颗核弹、摧毁它的两所城市，就足以迫使日本人投降。要知道相对于当今大多数美国人而言，当时日本人战斗和牺牲的意识要强烈得多。

有多少美国人会选择拒绝恐怖分子的任何要求，宁愿眼睁睁地看着纽约、芝加哥和洛杉矶在核武器的蘑菇云中灰飞烟灭。

无论奥巴马，还是他身边的人，都会在华盛顿被包围，宣布会采取行动严肃对待，先发制人阻止这一潜在的恐怖袭击，绝不给恐怖主义任何实现核化的时机。

一旦自杀性恐怖袭击者拥有了核弹，那就是万劫不复的时刻。我们、我们的子女、我们的子孙后代会生活在毫无怜悯之心、拥有一长串虐待狂记忆的恐怖分子的慈悲之下。

我们无法做出让步，以笼络充满仇恨的恐怖分子。他们为了让自己拥有自尊，不想在那个多方面都落后的世界中忍辱偷生几个世纪，他们想要的是羞辱我们的人格，也包括自我羞辱。

即使杀害我们也不足以满足他们，就像杀死犹太人不能够满足纳粹一样，他们必须首先使犹太人受到灵魂创伤的屈辱，再在集中营中灭绝他们。

大多数美国人可能不太熟悉这种憎恨，但是，9月11日发生的事情提示了我们——而且是一个警告。

那些驾驶飞机冲进世贸大楼的人们不会被任何让步所收买，即使是当下我们以援助金方式支出了数千亿美元。

他们想得到我们的灵魂，而如果他们乐于牺牲而我们不敢于牺牲的话，他们将如愿以偿。

错误的解决方式与真正的症结所在

托马斯·索威尔

2009年3月7日

有人曾说过，参议员休伯特·汉弗莱（Hubert Humphrey）是上一代人的自由主义偶像，他解决问题的方法总是存在过多的问题。

在这一方面，休伯特·汉弗莱不是独一无二的。实际上，当下我们的经济危机已经训练出一些政治家，可以为根本不存在的问题提供解决方案，而结果就是，他们的存在是一切痛苦的真实根源。

什么是不存在的问题呢？无法负担住房压力是一个全国性的问题。对于经济适用房的政治改革在20世纪90年代高速发展，导致按揭贷款业务领域全然转变；这反过来又导致了房产热，而房产泡沫破灭之后，就把我们留在一个烂摊子中，现在我们正试图挖一个通道，走出这个烂摊子。

通常来说，房地产支付能力是按照支付公寓租金或是按揭贷款月供的人均收入来测度的。

各处都有那种仅仅是头上的一片屋顶，就要花费整个家庭一半收入的情况。许多这样的家庭位于加利福尼亚州沿海，也有少数分布在东部沿海和其他各地。

但是，与经济适用房政治改革开始10年之前相比，居住在美国广阔的中部地区的人们（对东海岸和西海岸的精英人士来说是"飞越之区"）⊖面临的房价并没有占人均收入的更大比例。

为何当时华盛顿的官员在这一局部地区问题上推行全国范围内的改革呢？可能最好的答案就是"这在当时看上去是一个好主意"。如果政府官员不一直忙于解决各种问题，我们怎么能知道公众选举出来的官员是多么富有同情心、多么重要？

房价飞涨的问题，对于存在这一问题的地区来说，实在是太现

⊖ 飞越之区，即 flyover country，指的是美国中部。因为美国的富人、名人或是追逐时尚的人们都居住在东海岸或西海岸，他们不会到中部区，而只是常常在旅行之中飞越该地区。——译者注

实了。如果你只能靠收入的一半来过活，因为另一半要供房，那就太令人沮丧了。

几乎无一例外地，这几个地区问题都有相应的原因，因为通常当地对于住房建设有严格的限制。这些限制有一系列颇具政治吸引力的名称，如从《开放空间法》和"精明增长"政策到"环境保护"和"耕地保护"。

就像大多数听起来精彩的政治标语一样，这些崇高的目的没有一个从"成本"的角度来考虑。在彬彬有礼的政治社会中，人们是不会用到这两个字的。

举个例子，《开放空间法》会为每间住房的平均价格带来几十万美元的涨幅吗？没有人质疑。然而实证研究已经发现，在全国数十个地区，用地限制至少为每间住房的价格增加了10万美元。

在一些地区，比如加利福尼亚沿海，这些限制带来的平均房价增长达到几十万美元。

换句话说，问题存在于哪里，哪里的政策就是根源所在。而全国的政治家却试图将此描述成一个他们会解决的全国性问题。

他们如何来解决这一问题呢？通过向银行和其他信贷机构施压，降低按揭贷款的门槛限制，这样就会有更多人买得起房了。联邦住房和城市发展部（Department of Housing and Urban Development，HUD）限制了国有企业之一的房利美公司对于为中低收入人群发布的按揭贷款的收购额度。

就像大多数政治性的"解决方法"一样，经济适用房"问题"的解决极少考虑，或者说根本没有考虑到可能会承受更广泛的影响。

许多经济学家和其他方面的人士一再警告说，放低借贷标准意味着按揭贷款变得更加危险。他们给出了银行和其他财经机构之间的复杂关系，包括许多华尔街的大公司。一旦债务人违约，拖欠贷款，之后所有经济、金融方面的多米诺骨牌就会开始倒下。

政治家对这些警告置之不理，因为他们实在是太忙了，没有工夫解决这么一个根本不存在的全国性问题。在这个过程中，他们制造出一些真正的问题。而现在，他们正出台更多的解决方法，而毫无疑问，这将导致更大的问题。

| 第 18 章 |

投资共同基金成为百万富翁

共同基金是什么

共同基金就是一个多样化的股票组合，由一家职业的投资公司管理，通常会索取小额管理费用。投资者买卖基金本身的份额，通过基金组合中股票综合的收益或损失情况确定是赚钱或是赔钱。

买入一只共同基金时，你买入的就是在股市中为你决策的长期专业管理。操作共同基金的方式，很可能会与买卖个人股票的方式不同。

一只股票的价格很可能会下跌到永远不会回涨起来的地步，这就是要有一个止损策略的原因。相反，一只精心挑选、品种多样、由确定的管理机构运营的国内增长型股票基金，在经历了熊市行情必然会发生的急剧调整之后，通常会及时恢复元气。共同基金复原的原因在于它们广泛的多样性，通常美国经济的每一个复苏周期它们都能参与其中。

成为百万富翁的简单方法

一旦学会如何正确利用，共同基金将会是卓尔不凡的投资工具。然而，许多投资者不懂得怎样管理它们，以发挥它们的优势。

首先要明白，要在共同基金中赚大钱，就要在几个经济周期（大盘的涨跌）中持续持有它们。这意味着10年、15年、20年、25年，甚至更长的时间；在如此漫长的时间中静观其变要求你拥有巨大的忍耐和信心。就像房地产投资一样，如果买了一栋房子，然后就紧张兮兮，仅过了三四年就卖出，你不会赚钱的。要知道，资产升值是需要时间的。

作为精明的基金投资者，应该怎样制订计划并投入资金呢？我认为应该做到以下几个方面。首先，挑选一只多样化的国内成长型基金，它在前3年或是前5年的收益表现应该在所有基金产品中处于前25%。它每年的平均投资回报率很可能是15%或20%。这只基金还要在最近12个月中比许多其他国内成长型基金表现更好。你要通过可靠的渠道查找这些信息，许多投资相关的杂志会调查基金的季度收益表现。你的股票经纪人或是图书馆中都应该有独特的基金表现排名服务，所以，对于你感兴趣的基金可以得到一个公正的评价。

《投资者商业日报》按照最近36个月的表现记录为共同基金排名（名次范围由A+到E），并且还会提供共同基金其他不同时期的业绩表现百分比。你要集中研究IBD排名为A+、A或是A-的共同基金。在熊市行情中，成长型基金的排名情况会稍微被低估，你所选择的基金不需要每年收益表现都是前三前四，不是只有这样才能在10~15年中获利丰厚。

其次，你还应把股利和利得分红（来源于共同基金出售股票或债券的利润）进行再投资，这样才能经过多年的投资从复利中获利。

神奇的复利

在共同基金的投资中，要发财必须要通过复利。如果你的投资收入（投资收益、分红和再次注入的资本）自身能获取更多的收入，这种情况就是复利，它使运作中的总资本越来越大。经历的时间越长，复利产生的效果越惊人。

为了在复利中获取最大的利益，你需要精选一只成长型基金，并且随着时间推移长期持有。举个例子，如果你买入 10 000 美元的多样化国内成长型基金，它在过去 35 年中平均年收益率约 15%，以下是可能出现的投资结果的大概值，从中可以体会到复利的神奇效力。

- 第 1 个 5 年：10 000 美元可能会变成 20 000 美元。
- 第 2 个 5 年：20 000 美元可能会变成 40 000 美元。
- 第 3 个 5 年：40 000 美元可能会变成 80 000 美元。
- 第 4 个 5 年：80 000 美元可能会变成 160 000 美元。
- 第 5 个 5 年：160 000 美元可能会变成 320 000 美元。
- 第 6 个 5 年：320 000 美元可能会变成 640 000 美元。
- 第 7 个 5 年：640 000 美元可能会变成 128 万美元。

再假设你每年另外投入 2 000 美元，也让它按复利计算，到时候你的总资产很可能会超过 300 万美元！

那么，在持续 6~12 个月的熊市行情中，基金价格会比最大值低 30% 左右，如果此时再多买一点，你觉得自己的资产会再增加多少呢？

这个世界上没有什么事是板上钉钉的，总会有税费的负担。然而，对于前 50 年较好的成长型基金业绩表现，以及如果你正确规划投资于共同基金会获得怎样的收益来说，这是一个代表性事例。在任何的 20 年期或是 25 年期中，你的成长型基金收益平均为储蓄账户利息收益的 2~3 倍，这绝对是有可能的。

购买基金的最佳时机

任何时机都是购买基金的最佳时机。尽管谁都不会知道最佳时机是何时，但等待通常只会导致你付出更高的价格。你应该集中精神马上开始，有规律又不间断地投入资金购买基金，让它们在之后多年中利滚利。

应当持有多少基金呢

随着时间的推移，你可能会发现你想要开展另一个长期计划。如果是这样，就这么干吧！在 10 年或是 15 年后，你可能在 2 只基金甚至 3 只基金中都积累了强大的资本。然而，不要做得过火，没有必要在共同基金的投资中广泛多样化。拥有数百万美元的投资组合的投资者可以在一定程度上分散投资，从而可以在一个更为多样化的基金范围中分配总资本。为了这样的操作可以正确进行，你要试图去拥有管理模式不同的基金。比如你可以将资金平分用于购买一只价值成长型基金、一只积极增值型基金、一只小盘股基金以及其他诸如此类的基金，等等。许多基金机构，包括富达、富兰克林坦伯顿、美国世纪以及其他机构，都推出了由各种目的不同的基金组成的基金家族。在大多数情况下，仅支付一笔象征性的交易费用，你就有权将资本转入同一家族中的其他基金。比起买入多年之后才小心谨慎地改变持有的基金，这些基金家族可为你带来额外的灵活性。

月度投资计划适合你吗

那些自动从你的工资账户上定期提取资金的投资计划（如果你将这部分资金投资于精心挑选的、多样化的国内成长型股票基金）通常会比较有效。然而，最好同时进行更大额度的初始投资，这样才能带来更有效的复利效应，让你在财富积累的道路上行进更快。

别让熊市动摇长期投资的决心

熊市行情通常会持续 6 个月到两三年的时间，不过，两三年的情况发生在一些少见的案例中。如果你想在共同基金领域成为一名成功的长期投资者，你需要勇气和远见来度过一些令人气馁的熊市行情。要有先见之明来为自己制订一个资本庞大的长期成长计划，然后坚持执行。每当经济衰退，报纸和电视不断强调事态多么严重时，你要考虑在低于最高值30%的价格时点处增加所持有的共同基金份额。如果你感觉熊市已经结束，你可能会到借钱以多买入一点基金的程度。如果你有耐心，价格应该会在两三年中再回涨起来。

投资于表现更加积极的股票成长型基金，在牛市行情中会比大盘涨幅更大；然而，在熊市行情中，它们也跌得更深。不要忧心忡忡，相反，试着把目光放长远一点，考虑几年后的情况。要知道，黑暗之后就是黎明。

你可能会觉得，在像大萧条那样的时代中买入共同基金是一个糟糕的主意，因为价格突破原值要花费你30年的时间。然而，在调整通货膨胀之后的一个基础上，从标准普尔500指数和道琼斯工业平均数的表现来看，即使是投资者恰恰在1929年的大盘顶点处买进，也只用14年就可以突破了。如果这些投资者在1973年的顶点处买入，只需要11年就可以突破。如果他们还在这些行情不好的时期中摊低成本购入基金（意味着他们在价格降低的时候买入额外的基金份额，这就降低了每份基金的成本），那么可能仅用一半的时间就可以完成价格突破。

1973年纳斯达克指数从137的顶点开始下跌，这花了3年半的时间恢复；而到2009年2月的时候，纳斯达克指数已经从137恢复到1 300。甚至在行情最差的两个历史时期中，成长型基金也会反弹，而它们完成这样的行为所花费的时间比你想象的要短得多。换句话说，如果你经历了20世纪最糟糕的市场时期，也就是大萧条，而你在大盘顶部买入，然后购买基金的美元平均成本就下跌了，那么即便出现最坏的情况，也仅需花费7年就可以完成突破，而在接下来的21年中，你可能会看到自己的资本增长将近8倍。投资共同基金可以使成本平均化，而长期持有将是一项英明的决策，这就是有力的证据。

有些人可能会发现这令人迷惑，因为我们曾说过投资者不应该在股票投资中降低平均成本。它们的区别在于一只股票可能会跌到零点，而一只国内的、广泛多样化的、专业管理的共同基金会在市场最终转好之后重整旗鼓。通常来说，共同基金的业绩衡量标准会参照标准普尔 500 指数和道琼斯工业指数的变动。

共同基金的巨大收益来自多年的复利效应，生命有多长，基金投资就应该持续多久。

俗话说"钻石恒久远"，投资基金就该是这样。所以，买入适当的基金并坚持持有吧！

开放式基金与封闭式基金

如果投资者想买入，开放式基金会不断发行新的份额，并且是最普遍的基金类型。不管净资产价值是多少，只要当前持有者想出售，基金份额通常都是可以按照单位资产净值赎回的。

封闭式基金发行固定数量的份额，通常从持有者的选择权方面来说，这些基金是不可赎回的。但赎回行为可以通过二级市场交易发生，大多数封闭式基金在交易所上市交易。

开放式基金会带来更好的长期投资机会。封闭式基金价格易受不确定因素和贴现的影响，从而低于实际的基金单位净值。

收费基金与免收费基金

你所挑选的基金可能是一只收费基金，即需要收取一定的交易费用，或者是免收费基金。许多人更喜欢免收费基金。如果你买入的基金要收取交易费用，基金管理者会按你投入资金的规模提供相应的折扣。有些基金是后收费型的（当投资者赎回基金的时候收取交易佣金，目的在于不鼓励赎回行为），那么，衡量一只基金的交易价值时，你可能还要考虑这一因素。无论如何，基金的交易费用比你贷款、买新车、西装或是食品杂货所花的要少多了。你可能还要签署一项意向书，来买卖规定额度的基金，这些基金在接下来的13个月中，任意一项未来交易都可以收取较低的交易费用。

即使是积极应用时间基础、移动平均线以及特定的基金转换服务，成功的免收费基金投资者也是少有人在。大多数投资者不应该试图交易免收费基金，因为很容易在买卖点的时机上犯错。还有，要长期投资于一只共同基金，交易费用也就微不足道了。

收益型基金

如果需要分红收入，你会发现不买入收益型基金对你而言更为有利。相反，你应该挑选能买到的最好的基金，并制订一项赎回计划，每季度赎回1.2%或是每年赎回6%。赎回资金的一部分来自红利收入，另一部分来自你投入的资本。如果你选择了正确的基金，经过多年的投资它会成长到足够的规模，从而足以补偿每年赎回的总资本的6%。

板块基金和指数基金

避开那些集中投资于一个行业或一个板块的基金。这些基金的问题在于行业板块一直都是时好时坏。然而如果你买入一只股票基金，那么在熊市行情的冲击中，或是该板块陷入低谷时，你很可能会遭受严重的损失，除非你决定在获得值得的收益时卖出它们。大多数投资者不会卖出，也就不会停止赔钱，这就是为何我不建议大家购买板块基金。如果你想要在共同基金的投资中赚100万美元，你的基金投资应该被长期多样化。板块基金通常不适于长期投资。

如果你比较保守，指数基金会是你不错的选择。指数基金的投资组合与确定指数对应的投资组合非常匹配，比如标准普尔 500 指数。指数基金在长期中已经跑赢了许多颇具吸引力的主动管理型股票基金。不过，我个人倾向于选择成长型股票基金。

债券型基金与对冲基金

我觉得多数人不应该投资于债券型基金或是对冲基金。通常股票型基金的表现会胜过债券型基金，然而如果将这两者结合起来，结果只能是冲淡投资收益。然而，有些退休了的投资者如果希望少一些波动，可能会考虑债券基金。

全球基金与国际型基金

这些基金可能会带来一定程度的风险分散，将你投资于风险更高的板块的基金投资总额的百分比限制在 10%。国际型基金在一个表现不错的时期之后，会由于某些国家滞后的资本市场而遭遇几年的困境，而投资外国机构创造了附加的风险。从历史上看，欧洲和日本的股市表现都不如美国。

大型基金的规模问题

资本规模对于许多基金来说都是个问题。如果一只基金拥有数十亿美元的资本，那么对于基金经理而言，一只股票的大额持仓或建仓都将变得更难。而且，在退出市场或是有意图地获取较小额的、表现更好的股票持仓时，这只基金会不如以前灵活。出于这个原因，我会避开大部分规模最大的基金。如果你拥有规模最大的基金中的一只，它在多年内表现不错，而且它现在的表现依然相当不错，你才应该继续有它。记住，大钱通常都是在长期持有中赚来的。由威尔·丹诺夫运营的富达反向基金多年来都是管理最优秀的大型基金。

管理费用与周转率

有些投资者花费大量时间计算某只基金的管理费用和投资组合周转率，然而，在大多数情况下，这样的吹毛求疵是不必要的。

在我的经验中，表现最好的成长型基金中，有些周转率比较高（投资组合周转率是一年之中所有买卖行为的总价值与总资本价值之间的比率）。富达麦哲伦基金在表现最好的 3 年中，平均周转率高达 350%。肯·希伯纳（Ken Heebner）管理的 CGM 资本发展基金（CGM Capital Development Fund）是 1989~1994 年中表现最好的基金；在 1990 年和 1991 年，它的周转率分别为 272% 和 226%。而之后集中投资于 20 只积极管理的股票的 CGM 精选基金中，希伯纳再次表现卓越。

不进行交易，你就不会成功，也就难以超越大盘。当他们认为某只股票被高估，或是担心大盘行情或特定板块运作，或是发现另一只更具吸引力的股票时，好的基金经理会卖出这只股票。雇用专业人员就是来做这些事的。而且基金公司支付的机构性交易佣金率是非常低的，买入或卖出股票，一股只收几分钱。所以，不要过于担心周转率，基金数年中的整体表现才是关键。

共同基金投资者最常犯的 5 个错误

（1）较少坚持持有 10~15 年。

（2）担心基金的管理费、周转率或它支付的红利。

（3）本应进行长期投资的时候却被市场上的新闻影响。

（4）在糟糕的市场行情中卖出。

（5）过早地不耐烦、失去信心。

其他常见错误

共同基金典型的投资者倾向于买入表现最好的、上一年度收益颇丰的共同基金，而他们没有意识到在接下来的一两年中，历史实际上并不会重复，这只共同基金的表现结果很可能会糟糕得多。如果经济进入衰退，结果可能会更惨淡。这样的情形通常足以吓退那些不够自信或是想很快就变得富有的投资者。

有些投资者会转向另一只基金（通常在错误的时间），因为有人向他们保证这只基金更加稳定或是近期的表现记录更热门。如果你手头的基金真的很糟糕，或是你选择的基金类型错误的话，转换基金也是可以的，但是过于频繁的转换很快就会摧毁你的投资，因为必须确保这是一项长期投资才能够从中享受复利带来的好处。

美国长期的未来状况通常是一项精明的投资，美国股市自1790年以来一直在增长，而这个国家未来也会不断成长，尽管可能会有战争、恐慌或是深度衰退。投资共同基金（一条正确的途径）是在美国成长中获利的一种方式，可以在20年以上的长期中，保障你个人或是你家庭的财政前景。

怎样利用IBD购买交易所交易基金

说实话，我并不热衷于交易所交易基金（以下简称ETF）的投资，因为我觉得关注领军股能赚更多的钱。但由于ETF已经不只受到个人投资者的广泛欢迎，连职业投资经理人也不能幸免，所以，我们从2006年2月开始，在《投资者商业日报》上添加了这部分内容。

ETF 基本上是一种交易方式类似于股票的共同基金，但它的透明度更高，具有税收优惠，而且花费更低。

共同基金每天都会公布一次价格和净资产值（NAV），而 ETF 的价格是整天不断起起落落的，就像股票的价格一样。你能怎么对待股票，就能怎么对待 ETF，比如说卖空或是交易期权。

由于它特定的交易原理，ETF 相对于共同基金来说更具有税收友好性。当做市商需要创造或赎回股份时，他们会收集期权标的股票，然后与基金发行者交易新的 ETF 份额。相反，他们也会用期权标的股票赎回 ETF 份额。其中没有资金换手情况，因为 ETF 份额是以实物交割的。

与共同基金不同，持有者赎回自己的份额不会影响 ETF。如果有太多投资者从共同基金的投资中撤出，基金经理可能会被迫卖出他们持有的股票，以增加现金持有量，从而会导致一个应纳税问题。ETF 会持续经营直到资本额度最低，所以几乎没有需要纳税的利润。

ETF 的管理费从 0.10% 至 0.95% 不等，这显然要比共同基金少，共同基金的平均管理费为 1.02%⊖。

然而购买一只好的共同基金，你就可以得到顶尖管理者的服务，他会为你进行投资决策。而投资 ETF 要求你自己决定买入或卖出的时机。

不要幻想 ETF 的多样化会在某种程度上保护你的资产。就拿 SPDR 金融业基金（SPDR Financial Sector，纽约证券交易所代码 XLF）来说吧，2008 年银行业垮台时，这只 ETF 骤跌 57%。

跟踪标准普尔 500 指数的 SPDR（纽约证券交易所代码 SPY）是美国第一只上市的 ETF，它于 1993 年开始在美国证交所交易。纳斯达克 100，现在名字叫作 Power Shares QQQQ 信托基金（纽约证券交易所代码 QQQQ），与钻石信托基金（纽约证券交易所代码 DIA）跟踪的是道琼斯工业平均数，这两只基

⊖ 投资公司档案（投资公司协会，2008）。

金都是 20 世纪 90 年代末推出的。

现在 ETF 不仅追踪基准指数，还可以追踪债券、商品、货币、衍生品、信用额度、投资战略（比如低市盈率股票的战略）以及其他更多的标的物。在 2007 年和 2008 年，发行 ETF 类似于当年的互联网泡沫，发行商令 ETF 在某些难以理解的指数基础上浮动，这些指数将市场划分为荒谬的子类，比如说沃尔玛的供应商，衍生公司，拥有专利的公司，参与赌博、酗酒、烟草等罪恶的事业公司，等等。

ETF 已经改变了许多人交易的方式，尽管没有全部改变其方式。它们拉近了普通投资者与国外市场的距离（比如，印度市场是限制国外投资者进入的）。它们还允许投资者在不开设单独的期货账户或外国交易所交易账户的情况下投资商品和货币。而反向 ETF 的出现，则让那些拥有禁止短期交易账户的投资者通过买空来持有一个空头头寸。

自 2004 年 2 月开始，ETF 的月度交易总量占纽约证券交易所交易总量的份额已经由 25% 上升到 44%。

自上而下的选择

IBD 收录了近 50 天平均成交量最高的 350 只 ETF，并按照美国股市指数、板块/行业、全球、债券/固定收益股票以及商品与货币将它们分类，每一类别中的 ETF 再按照我们自有的相对强度排名按降序排列。通过相对价格强度为 ETF 排名，可以凸显出每一类别的领军 ETF，从而方便你比较它们。ETF 的行情表还收录了年初至今的回报情况、吸筹/出货排名、红利回报率、前一交易日的收盘价、价格变动以及相对于日平均值的成交量变动情况。

除了要阅读 IBD 对于 ETF 的报道，你还要关注 ETF 版面的"赢家与输家"行情表。每天我们都会列示一个给定时期中领军的 ETF 和滞后的 ETF，每天按照以下顺序循环公示。

周一：一周的百分比变化。
周二：一个月的百分比变化。
周三：三个月的百分比变化。
周四：半年的百分比变化。
周五：一年的百分比变化。

| 第 19 章 |

熟悉专业机构的投资管理

由于曾经管理过个人投资账户、养老基金和共同基金，也曾经与许多顶尖的投资组合管理者共事过，所以，我对于专业的资金管理还算有点洞察力。

在我看来，个人投资者也需要尽可能多地了解机构性资金管理者。毕竟，这些管理者代表了 CAN SLIM 公式中的"I"，而且在重大的价格变动中，他们负有主要责任。他们对于价格的影响，与专家、做市商、日交易者或是咨询服务机构相比要大得多。在以前犯下的大量错误中，我获益匪浅，而这就是我们所有人通过学习投资变得更为明智的途径。这些经验是我的切身体会，涉及市场的方方面面，经历了许多经济周期，可能它们会令你有所顿悟。然而，我从未在华尔街工作过，这可能也是一大优势。

机构投资者概述

你所持有的共同基金或是参与的养老基金是由机构性的投资经理运营管理的。了解这些经理管理得好还是坏，关系到你的既得利益，不过，懂得他们工作的方式也是有价值的。

当今市场是由这些职业投资者主宰的，并且大多数的机构性买入是利用 100% 的现金完成的，而不是用借来的资金（保证金）。因此，与投机性的差价账户相比，这样的投资行为在某种程度上会使基础市场更加有效。比如在1929年，公众极度热衷于股市，用10%的现金和90%的保证金借款。这就是这么多的投资者在市场溃败的时候受打击的原因之一，因为他们负债累累。

然而，纽约证券交易所中保证金借款占市场资本总额的百分比在2000年3月底又一次达到极高的水平。

1929年的银行还持有过度的债务，而这一回银行有的是低质量的按揭债务。然而，这些低质量的债务是在政府的强烈施压或劝说之下才推出的，政治家们不想承认这一点，他们推动相关研究，试图谴责别人，而不是为他们在制造次贷金融危机中所扮演的重要角色承担责任。

在衰退被延迟之后，职业投资者通常不像公众投资者那样恐慌。事实上，机构性购买的支持通常发生在价格下降的时候。股市在1969～1975年面临的最严苛的问题与机构性投资者和公众投资者都毫无关系。

它们是华盛顿特区的政客们制定的错误的、糟糕的经济和政治政策导致的后果，股市就像一面巨大的镜子，能够反映实体经济状况、政治有效管理（或者管理不善）以及国家心理学。

投资经理之间激烈的竞争，以及对于他们表现记录的详细审查，可能已经使得当今最好的机构投资经理比四五十年前的业务熟练一些了。

演变为WONDA的第一本数据图书

我们为机构投资者开发的第一款产品是欧奈尔数据库数据图书，包含几千家上市公司非常详细的走势图。它们是这类产品中的第一个，代表了机构投资界的一项创新。

我们可以每隔一周及时出版这些书籍，每周五收盘时更新它们。这些易于理解的书籍周末会被送到机构投资经理手中，让他们及时为周一的开市做好准备。之所以能够做到这样快速的周转（指它的时间而言），不但归功于我们编辑的证券数据库以及坚持以每交易日的基础计算，还归功于我们高速的微缩胶片绘图设备。我们1964年起步时，这一昂贵的计算机设备对我们来说如此新奇，以至于没有人知道如何利用它绘图。一旦我们突破这个障碍，就可以通过一个自动运行的程序，输出复杂、最新的图，速度可以达到每秒钟一张。

今天，科技进步得如此之快，以至于我们可以生成最复杂的股票数据图，欧奈尔的数据库书籍也已经成为全球许多领导性的共同基金组织主要参照的书籍。最初时，每张数据图展示了股价和成交量的信息，除此之外就是几个技术性和基础性的数据项。如今，每张数据图展示了96个基础性项目和26个技术性项目；我们自有的197个行业组群中有8 000多只股票，每只股票的上述项目都可以查到。这意味着一位分析家或是基金组合经理能够快速将一家公司与任意同行业组中的或是整个数据库中的另一家做比较。

作为整个机构性投资业务的一部分，我们还向机构客户提供包含600张数据图的欧奈尔数据库书籍。随着互联网的进步和计算机技术的高精尖发展，这些技术陈旧、拷贝原始的书籍正被我们最新、最具革新的旗舰服务所替代，即WONDA。WONDA代表的是威廉·欧奈尔直接访问（William O'Neil Direct Access），而它为我们所有的机构客户提供了通向欧奈尔数据库的直接通道。当前欧奈尔数据库包含8 000多只美国股票的3 000多个技术性和基础性数据项，而WONDA允许使用者利用这些数据项目的任意组合，来选拔并监督这一数据库。

起初我们想将WONDA发展成一项可以用来管理自己资金的内部系统。在20世纪90年代，经过多年的实际使用、完善和升级之后，这项服务作为威廉·欧奈尔公司的最新服务推出，提供给职业的、机构性投资团体。

由于WONDA是依据我们自己的投资组合经历和计算机程序员的构思创建的，这一服务认真考虑了机构性投资经理的需求。当交易日中自己的证券受到攻击时，机构性投资经理通常要做出快速决策，而WONDA提供了一个宽泛的考虑因素范围，允许使用者随着大盘变动即时访问并监控关键的股票数据以及相关信息。

有些使用WONDA的机构客户说，他们简直可以用这一系统"印钞"，这些用户涉及各个领域的机构投资者，从非常保守的价值型经理人到对冲基金经理。当然，计算机系统不能印钞票，但是，来自于我们最大的也是最优秀的机构客户的这种评论，指出了WONDA的功能性和有效性。

理解多姆石油公司的数据图

要成为一名成功的个人投资者，绝不能忘记的秘诀之一就是要在一只股票的潜力明显为其他人所知之前买入它。当大量的研究报告呈现了这只股票的潜力时，事实上，这可能就是你考虑卖出的时机了。如果对每个人来说它的价值都非常明显，买入可能为时已晚。

图19-1是多姆石油的数据图，通过几种分析方式以及基础性和技术性信息的运用，我们将它标注，并加以强调。当1977年11月，多姆石油的股价位于48美元时，我们向机构投资者推荐了这一股票，但基金经理们不喜欢这个建议，所以我们就自己购买了这只股票。多姆成为当时我们收益最大的股票。这个例子以及接下来的实例都是我们实战成功的案例。

Pic 'N' Save ⊖ 的故事

1977年6月，我们推荐了一只任何投资机构都不愿碰的股票：Pic 'N' Save。多数机构投资经理觉得这家公司实在太小了，日交易额仅为500股，所以，几个月后我们开始自己买入这只股票。我们拥有成功的历史性计算机模型，包括1962年的凯马特，当时它每天交易1 000股；以及1967年4月的艾克德公司，当时它每天交易500股。因此，我们知道，在优秀的基础因素和历史先例的基础上，Pic 'N' Save会成为一只真正的牛股。

⊖ Pic 'N' Save，全称为 Pick and Save，没有对应的中文解释，或可译为"买到就是赚到"。——译者注

第 19 章 | 熟悉专业机构的投资管理 463

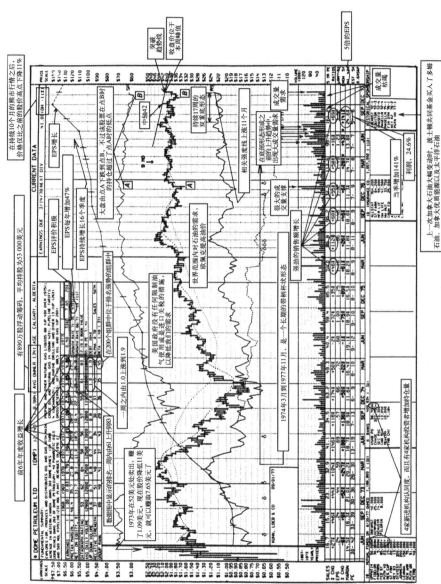

图 19-1 多姆石油在 1977 年 11 月的 30 个积极因素

历史先例印证了我们的判断。凯马特和艾克德公司都在被发现之后不久就变成了大牛股，从而平均日成交量也有了稳健的增长。同样的事情在 Pic 'N' Save 身上又一次发生，这家总部位于加利福尼亚州卡森市的无名小公司，呈现出连续 7~8 年稳定的非凡表现。事实上，Pic 'N' Save 的税前利润、股本回报率、年度收益增长率以及资产负债率当时比其他认同度更广泛、机构认同度增长更高的公司（比如沃尔玛）股票要好一些，虽然我们也推荐了沃尔玛。

一直以来，我都相信要寻找一只出色的股票，然后在其每一上升趋势的时点买入，这差不多就是我对 Pic 'N' Save 所做的。连续几年中，差不多每一两个上升趋势中，我们都会寻找恰当的时点买入。我喜欢这家公司，因为它为清贫的家庭提供了一条途径，以可以负担的低价购买大部分生活必需品。总的来说，我们在 285 个不同的交易日买入了 Pic 'N' Save 的股票，当我们最后卖出它的时候，它还在上涨，我们的抛售并没有影响大盘。我们早期的交易赚取了超过 10 倍的利润。

无线电器公司的查尔斯·坦迪

1967 年，我们首次披露了坦迪集团的信息，当时我们能证实的是仅有两家机构投资者购买了这只股票。不买入它的原因包括它不会支付股利，以及查尔斯·坦迪仅仅是一个推销商（1996~1998 年，高通公司的股票是另一只被认为过于具有推销性的股票。就在 1998 年年底，我们将其直接从周线图中筛选出来。它于 1999 年成为具有领军地位的牛股，涨了 20 倍）。

当在位于得克萨斯州沃思堡市市中心的办公室见到坦迪的时候，我的反应是非常积极的。他是一名卓越的金融人才，同时又恰恰是一个杰出的推销商。他拥有创新性的奖励机制、分部门财务报表以及高度细节化的每日销售计算机报告，包括每家店铺的每样商品，涉及商品型号、价格和分类等方面的信息。他公司中已实现自动化的存货清单和财务控制，这在当时而言简直是不可思议的。

在这只股票价格涨到 3 倍的时候，华尔街的分析家开始认识到它的存在了。甚至有几个研究报告将坦迪置于一个价值被低估的状态。有些投资者在股票大涨之后才后知后觉，难道这不奇怪吗？

投资组合管理的规模问题

许多投资机构认为它们的主要问题在于规模。因为它们管理着数十亿美元的资产，而资本却也绝不会大到可以轻易做出买卖股票的决策。

当我们直面这个问题：规模绝对是一个障碍。管理 1 000 万美元要比管理 1 亿美元容易；管理 1 亿美元又比管理 10 亿美元容易；而相对于运营 100 亿、200 亿或是 300 亿美元的资产，10 亿美元又是小菜一碟了。在一个小型或中型公司中，规模障碍通常意味着购入或减持大额股票比较困难。

然而，我坚信机构投资者将投资行为完全限制在大型股公司上面是错误的。首先，大盘股必定不是在任何时候都表现突出，值得大家去投入资本的。为何要买入一只慢热的股票呢，就是因为可以轻而易举地取得许多股吗？为何要买入一只年增长率只有 10%～12% 的大盘股呢？如果机构投资者将自己的投资范围限制在大盘股上，他们会错失股市真正强劲的成长机会。

1981～1987 年，里根总统执政期间，3 000 多家富有活力、积极进取的公司合并为企业集团，或者是首次公开募股发行股票。这种情况之所以首次发生，主要原因在于 20 世纪 80 年代初资本利得税率的几次下调。这些小型或中型的富有企业家精神的公司中，有许多家成为未来市场的巨大领军企业，并为 20 世纪八九十年代空前的技术蓬勃与新工作岗位的大扩展承担了驱动作用。当时这些公司中有许多是小型的、默默无闻的，然而，现在它们的名字家喻户晓，因为许多已成为规模最大的公司与当时收益最大的公司。下面的名单是这数千家具有创造性的革新者中的一部分，直到 2000 年 3 月股市到达顶部之前，它们都重新燃起了美国增长的热潮。

奥多比系统、阿尔特拉（Altera）、美国在线、美国电力转换公司、安进制药、嘉信理财集团、思科系统、清晰频道传播公司、康柏电脑、康维科技、好市多、戴尔电脑、数字交换机公司、易安信、Emulex 公司、富兰克林资源公司、家得宝、IGT 公司、凌特公司（Linear Technology）、美信集成产品公司（Maxim Integrated Products）、美光科技（Micron Technology）、微软、诺威尔（Novell）、诺发系统（Novellus Systems）、甲骨文、仁科软件、PMC-Sierra、高通公司、太阳微电子、联合健康集团（United Health Group）、美国卫生保健机构（US Healthcare）、维尔电脑、威帝斯半导体（Vitesse Semiconductor）、赛灵思（Xilinx）。

正如之前所提到的，我们的政府应该郑重考虑再次降低资本所得税，并将征税期间缩短到 6 个月，来为具备企业家精神的公司在新一轮周期的启动助燃。

与过去的股市相比，当今的股市流动性要高得多，许多中等规模的股票平均日成交量就在 500 000~5 000 000 股。另外，投资机构之间还有大宗股票交易结算机制，这也增加了市场的流动性。因此，建议掌管着数十亿美元资本的机构投资经理最好将投资目标扩展到 4 000 多家可供交易的创新性企业之上，比起局限在同样的、数百家大型的知名公司或是法定清单类型（legal-list-type）的企业而言，这样的投资行为要更好一些。全美最大几家银行中的一家的研究部门曾一度仅跟踪 600 家公司的股票。

与拥有 100 家大型的、成熟的、增长缓慢的公司股票相比，一家规模较大的投资机构持有 500 家各种类型的公司股票可能会更好。然而，集中投资表现优异的小盘股的共同基金要更加小心。如果它们的运营资本仅有几百万美元，这一战略可值得一试。

但是，如果这些基金通过自己成功的运营能够成长为数十亿美元资本的大型基金，就不能继续将注意力仅仅集中于快速增长的、投机性更强的小型股上了。原因是这些股票在一个阶段表现很好可随后就会见顶回落了，它们中的一些价格再也不会回涨，而另一些则原地踏步许多年。骏驰基金和普特南基金在20世纪末21世纪初一度陷入这个问题。成功会滋生过度的自信。

通过将资金分散给几个具有不同投资风格的基金经理应该明白养老基金可以自行解决规模问题。

规模不是关键问题

对于机构投资者而言，规模不是首要问题。通常他们的投资理念和投资方法会妨碍他们充分利用市场的潜力。

许多投资机构买入股票依靠的是他们的分析师对于公司目标价值的观点，其他一些依赖小道消息，还有另外一些依赖的是经济学家对于理应表现良好的行业板块自上而下的预测。我们坚信，自下而上（集中定位具有大牛股特征的股票）进行投资会产生更好的结果。

过去，这些投资机构多年沿用相同的股票清单，而很少改变他们的验证名单。如果一个名单拥有100只被大家广泛接受的股票，那么，可能要每年加入四五只股票。许多决策已经被投资委员会批准，然而，委员会做出的市场决策显然是拙劣的，让事情更糟糕的是，有些委员会成员根本没有丰富的投资经历。这就是值得质疑的投资政策。

甚至在今天，许多机构投资者的灵活性依然受限于陈腐的规矩。比如，有些比较保守的机构是不会购买不支付红利的股票的。这好像是走出黑暗时代的正确方法，然而有许多杰出的成长性股票是有意不支付红利的，相反，它们将收益再次投入到公司之中，从而继续维持它们高于平均水平的增长。还有其他约束条件，譬如规定必须要把一半或一半以上的资本投资于债券。大多数债券的投资组合在长期中表现较弱，过去，有些债券投资组合还运用误导性的会计方法,从而使投资组合的价值不以当前的市场价格计算。

在这些情况下,组合的投资结果报告只是偶尔为之,而且整体真正的表现也不清楚。对于投资组合的收益表现有太多的估计成分,而组合中资产市场价值的上升或是下降也没有得到充分考虑。

主要问题是,这些陈腐的、制度方面被广泛接受的投资决策程序还有一个深厚的法律渊源。它们已经变得(如果用一个词语来形容)过分"制度化"。在制定投资决策时,许多机构被强制执行法律概念,比如"尽职调查"(due diligence)和"信托责任"(fiduciary responsibility)。在大多数情况下,信托机构需要对不当的或是被遗弃的投资决策承担法律责任,然而,决定一个投资决策是否不恰当或是否需要被遗弃,与投资行为自身的表现并无关系。

如果一家投资机构能够公开地说,挑选一只要投资的股票,这一决策是基于原有的"谨慎人"原则(意味着这家投资机构投资时,表现得像一个谨慎的人在处理自己的钱财那样),它所考虑的投资价值是基于某家公司所处基础环境的静态观点,或者它是整个"资产配置"模型的一部分,或是在债券适当评价之前又出现其他一些类似的原因;那么,这家投资机构可以适当展现它行使的信托责任,从而回避任何法律责任。

多年以前,投资机构可以挑选的基金经理还相对较少,但是,现在有许多杰出的职业投资经理团队,它们通过一系列不同的系统来投资。然而,许多经理都不会买入一只预先核准的清单上没有出现的股票,除非它有一个来自机构分析家的长期的、增长型报告。由于投资机构已经拥有数目可观的上市公司名单,要坚持由自己的分析师来持续地跟随并更新。所以,一名分析师要对核准证券清单上的新名字感兴趣,并编写这些公司的表现报告的话,会花费更多的时间。

优越的表现来自新鲜的理念,而不是那些老套的、使用频繁的、过时的上市公司或是上一市场周期的宠儿。举个例子,1998~1999年,科技股的超级领军地位很可能会在21世纪初被许多新兴服务业或是防守板块的领军股所取代。

底部买家的天赐之福

许多机构会在股票的下行趋势中买入，但是底部进场并不总是获得卓越表现的最好方式。它会将决策者置于这样一个处境之中：买入表现慢慢变坏的股票或是增长速度减缓的股票。

其他资金管理机构运用价值模型，限制对市盈率处于历史范围较低点的股票的投资行为。这样的验证方法对于一些能力不同寻常的、保守的专业人士来说有用，但久而久之，它很少会产生良好的结果。美国中西部的几家大银行就是运用这样的验证方法，它们的表现一直停滞不前。

总的来说，烦恼于市盈率的分析师太多了，他们想卖出市盈率上涨而且看起来较高的股票，同时又想买入市盈率下降的股票。50多年来最成功的股票案例告诉我们，较低的或者是"还过得去"的市盈率不是价格巨幅上涨的原因。那些钟爱低市盈率的投资者，很可能错失了半个世纪以来每一个股市中的大牛股。

在股票选择中运用低估理论的投资者，他们大多数人的表现都不如当今一个平庸的投资经理。有时候这些被低估的情形会变为价值更为低估的状况，或是在市场上长期停滞不前。在2008年年末到2009年年初的市场自由落体中，我发现几家价值型基金也随着成长型基金一起下跌，这是不同寻常的。

成长型和价值型的结果比较

在之前12个商业周期之中，我的经验是一个周期中最为优秀的投资经理，他带来的年度综合总收益率为25%～30%（30%是少数几个案例中的情形）。这个小群体中包含的要么是成长型股票的经理，要么是那些擅长投资成长型股票以及少数经济状况出现重大转机的经理。

同时期最成功的价值型投资经理的平均收益率为15%～20%，他们之中有几个年收益率超过了20%，但这毕竟是少数情况。然而，大多数个人投资者只要做好足够的准备工作，也能使年度投资收益率达到 25% 或 25% 以上。

在下跌或是萧条的市场年景中，价值型基金的表现会更好。它们投资的股票在先前的牛市行情中没有上涨太大的幅度，所以调整的也就比较少。然而，试图证明价值型案例的大多数人在比较价值型投资理论与成长型投资理论时，会选择一个市场顶部作为 10 年或 10 年以上的投资期间的起始点。这就导致了一种不公平的比较方式，从而"证实"价值型投资优于成长型投资。而事实真相是，如果你公平地看待这一情况，在大多数时期，成长型投资通常是胜出的。

价值线投资服务公司导出了低估理论系统

从 20 世纪 30 年代到 60 年代，价值线投资服务公司就一直把它所追踪的股票分为被低估的和被高估的两种情况，这家公司一直表现平平，直到 60 年代的时候它推导出这一系统，然后开始将股票通过收益增长和相关市场行为排名。这一转变之后，价值线投资服务公司的表现有所改善。

相对于标准普尔指数，持仓权重宜高还是宜低

许多机构仅仅投资标准普尔 500 指数中涉及的股票，并且试图在特定板块中持仓份额超过它的权重，或者是低于它的权重。这一行为保证了相对于标准普尔 500 指数而言，它们的表现不会太好或是太坏。然而，作为一名杰出的小型或是中型的成长型股票经理，几年之内他的表现应该能达到标准普尔 500 指数的 1.25~1.5 倍。对于共同基金实质的投资行为而言，标准普尔 500 指数是一项韧性指数，因为它实际上是一个被管理着的投资组合，不断地加入更新的、表现更好的公司，同时删除表现滞后的公司。超越标准普尔 500 指数的另一条途径是，买入表现优异的新兴成长型股票或是未列在标准普尔股票清单中的股票。

行业分析系统的弱点

另一个广泛使用但同时又价格昂贵且收效甚微的方法是雇用大量的分析师，然后，按照行业分摊他们的工作。投资银行这样做有时是为了发展和巩固客户关系，然而从最低限度来说，分析师们拥有的忠诚度不高。

典型的证券研究部门拥有汽车行业分析师、电子行业分析师、石油行业分析师、零售业分析师、医药业分析师等诸如此类的行业研究人员。但这样的分配方式是没有效率的，而且趋向于导致永远存在的中庸表现。如果一名分析师被分配了两三个不受市场青睐的行业，他要怎么做呢？在所有表现平平的股票中推荐一只不那么糟的吗？

另一方面，恰好被分配到去跟踪年度表现最好的行业组的分析师却只能推荐两三只牛股，从而就错过了其他的投资机会。当1979年和1980年石油业欣欣向荣的时候，这一板块中所有的股票都在翻番，或是上涨到原价格的3倍，最牛的股票甚至上涨了5倍甚至更高。

分行业进行研究的理论依据是，这样可以让一个人成为特定行业的专家。实际上，华尔街上的公司已经从化工公司雇用一位化学家作为他们化工业的分析家，或是雇用一名底特律的汽车专家作为他们的汽车行业分析师。这些人可能知道他们所处行业的具体细节，但是很多案例中，他们对于大盘分析以及什么因素使得领军股上下波动知之甚少。可能这就可以解释为什么2000年9月之后，出现在CNBC（全球财经媒体中公认的佼佼者）中的分析师会继续推荐大家买入高科技股，即使这类股票已经处在下跌80%~90%的走势中。如果投资者听从这些电视上的免费建议，他们会损失大笔金钱。类似的事情在2008年的时候再次发生了，当石油板和银行板的股票下跌时，基础因素分析师建议投资者买进，因为这些股票看上去很廉价，然而它们在这之后变得更便宜了。

投资公司喜欢吹嘘它们的分析师人才济济，它们有最大的分析部门，或者是顶级的"全明星"分析师。我倒是宁愿拥有5名通才型的优秀分析师，而不是50名、60名或是70名仅仅局限于特定领域的专家。要找到50多名分析师，全部都精于在股市赚钱或是能够想出赚钱的主意，你的机会有多少呢？

华尔街分析师们的缺陷所造成的机构投资者和个人投资者的痛苦，从没有像 2000 年熊市行情中那么惨痛。市场持续卖空，就纳斯达克指数的下降百分比来看，行情已经成为 1929 年以来最为糟糕的年景；而且之前高涨的科技股和互联网行业的股票也持续下跌。但是此时，华尔街的分析师们还在继续发表言论，推荐投资人"买进"或"强力买进"这些股票。

2000 年 10 月，华尔街上一家重要的公司刊登整版的广告，鼓吹说市场环境正处于历史上"买进股票最好的 10 个时机之一"。而据我所知，市场持续暴跌，而且这种情况一直延续到 2001 年和 2002 年，使得这一时期成为历史上买进股票最糟糕的时机之一。直到科技牛股和互联网牛股中的许多自峰值跌落 90% 甚至以上的时候，这些分析师才最终改变了他们的论调——这已经是很多天以后的事情，也已经是损失了很多钱之后了。

2000 年 12 月 31 日，《纽约时报》的分析师推荐专栏文章中引用了查克斯投资研究（Zacks Investment Research）的言论："在分析师们推荐的、涵盖了标准普尔 500 指数成员的 8 000 家上市公司的股票中，只有 29 家现在能够卖出去。"同一文章中，美国证券交易委员会主席阿瑟·莱维特（Arthur Levitt）强调："投资银行之间的业务竞争如此激烈，以至于分析师们很少建议银行客户卖出股票。"一名共同基金经理在《时代》中说道："华尔街通过的研究结果对我来说简直令人震惊。那些所谓的分析家提供给投资人的言论，不是帮助他们保持在距离悬崖足够安全的位置，而是通过发明一些新的股票价值评价标准，逼得投资者离悬崖越来越近，这些新标准没有任何现实基础和好的实践标准。"《名利场》（Vanity Fair）2001 年 8 月也刊登了一篇有趣的文章，是关于分析师这一团体的。显然，在证券市场的历史上，"购者自慎"（caveat emptor）这一警语对投资者而言，绝不会有更多的意义，无论是机构投资者还是个人投资者。

证券监管委员会对于金融衍生工具规定的实施，要求上市公司重大信息的披露必须是公平的，不管是对机构投资者还是个人投资者。2000 年，这一规定限制了主要证券经纪商的研究分析人员的权力，使他们不能在信息未向华尔街的其他人士公布之前，就从公司内部获得信息。这一规定后来又进一步削弱了华尔街大部分分析师的特权。我们宁愿仅仅参考事实和历史模型，而不是臆测的价值观点。2000年和2001年的许多研究分析人员从事这一行业还不足10年，也就是说他们从未经历过1987年、1974～1975年以及1962年的惨痛的熊市行情。

换个话题说，与大型的资金管理团体打交道的研究公司可以说太多了。一方面来说，没有哪家公司有大笔的研究投入，而处理二三十家公司的信息会冲淡信息的价值性，也会影响少数有用的信息。在关键的转折时刻，相互矛盾的建议会创造出迷惑、怀疑和恐惧，而这些体会被证明是昂贵的。有多少分析师在他个人的投资行为上是非常成功的呢？知道这个肯定非常有意思，这是一个最根本的测试。

《金融世界》对顶级分析师的震撼调查

《金融世界》杂志1980年11月1日刊登的一篇文章也发现，机构投资者所挑选的号称是华尔街最优秀的分析师，其实是虚有其名且所得过多，实际上他们的表现连标准普尔指数的平均值都不如。作为一个团体，"超级明星"分析师中有2/3的股票选择是失手的，不管是相对于大盘整体情况，还是相应的行业平均值。他们的建议很少是让投资者卖出，而仅仅局限在买入或是继续持有。《金融世界》的研究验证了我们在20世纪70年代初发表的调查结果，我们发现华尔街发表的建议中仅有一小部分是成功的。我们还得出一个结论，就是在迫切需要卖出意见的时候，仅有1/10的报道会建议投资者卖出。

还有一个问题是，华尔街中的许多调查都是在一些不合理的公司中完成的。每个行业的分析师都要得出确定数量的推荐证券报告，但在某一特定的市场周期中，仅有小部分行业组群起领导作用。不存在有效的前端评比系统或是控制方式,来决定哪些公司表现过人,从而值得去撰写相应的研究报告。

数据库的效力

每天,大部分的机构投资经理都会收到一大堆研究报告,可谓汗牛充栋。要尽数阅读它们,从中找到一只表现良好的股票通常是一件耗时耗力的事情。如果幸运的话,他们会在20只股票中发现1只是值得买入的。

相反,那些使用WONDA系统的投资经理能够快速浏览我们数据库中所有公司的股票。如果防守行业的股票即将爆发,成为领导性产业,他们就能够调出基本业务处于这一领域的84家公司。典型的投资机构会参考波音、雷神(Raytheon,《财富》500强,总部位于美国,主要经营电子电气)、联合技术(United Technologies,《财富》500强,总部位于美国,主要经营航空航天),或者其他两三家大型知名企业的股票行情。由于WONDA系统为这84家企业的每一家都提供了3 000个技术性和基础性的变量,这些变量能够追溯到多年以前,同时还可以在同样的图形中快速展示这些变量,所以对于一名机构投资经理而言,在20分钟内从整个行业中挑选出5~10家具备突出特征、值得深入研究的上市公司,是有可能实现的。每个最好的投资经理始终如一地运用这一系统,因为它有助于节省大量时间。

换句话说,机构分析师可以用有效得多的方式来分配自己的时间。然而,很少有人组织研究部门去利用这些颇具优势和纪律性的程序。

这一方法如何有效地运作呢? 1977年,我们引入了一项机构性服务,叫作"股市新观念与理应避免的前期领军股"(new stock market ideas and past leaders to avoid,NSMI)。现在这项服务的标题为"新兴领军股与滞后股总览"(new leaders and laggards review),每周都会公布一次,而且附属的图标中还会展示归档的、年限为30年的长期表现记录。这些业绩回报是由美国最具权威的独立会计公司之一编辑并分类的,如图19-2所示。

第19章 | 熟悉专业机构的投资管理 475

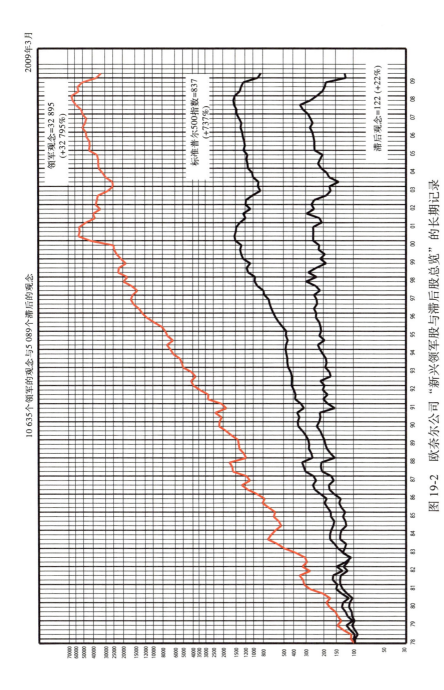

图19-2 欧芬尔公司"新兴领军股与滞后股总览"的长期记录

注：计算反映了每周的综合排名情况。计算中不会考虑股利分配和佣金。所有持仓配置都会被平衡为每周开始时相等的美元份额。所有证券都不会计算损益或收益的百分比，而且会保留在每周结束时的"领军观念"或"滞后观念"上。表现结果不会体现出确定的交易情况。尽管这些因素在真正要管理客户资金的时候对投资决策的制定过程有所影响。以上观点并不意味着未来的表现可比性，投资者要认识到大多数普通股投资在本质上灵敏具有投机性。

在过去的 30 年中，积极挑选出来的股票表现胜过应避免买入的股票 307 倍还要多，并且积极挑选出的股票在这 30 年里胜过标准普尔 500 指数的成分股 40 多倍。在 30 年的时间中，复利会生成一项卓越的长期记录，这是有可能发生的。对于以 2008 年为结束点的 30 年来说，被列为应该避免买入的股票的 30 年总收益仅仅为 19%。投资机构可以为自己的表现带来戏剧性的改进，哪怕仅仅是远离我们避免买入清单中所有的股票。作为一项针对机构型客户的服务，我们为他们提供"股市新概念"里"购买和避免"建议所涉及的股票的季度表现报告，这些报告都是计算机生成的。我们的竞争对手中，有多少家会提供在一个较长的时期内这些股票详尽的百分比变化呢？

通过掌握每家上市公司的海量翔实数据和 100 多年中经过验证的历史先例线图模型，在一只股票开始改进或是陷入困境之前早得多的时候，我们就可以发现它，而且不用参观这家企业，也不用与之对话。企业一直都会告诉你它们什么时候将开始陷入困境，相信这个是多么幼稚啊！通过运用自有的事实数据和历史研究，我们不鼓励投资人依赖窍门、流言和分析师的个人观点。同样，我们自己也不需要这些信息，我们也没有投行客户或任何造市行为。我们不会为其他人员管理资金，也不会雇用研究分析人员撰写研究报告。所有那些潜在具有偏好或私下交易的行为在我们的服务中都不会找到。

1982 年与 1978 年：整版广告都是行情看涨

通常我们不会试图警示市场短期或是中期修正调整，对于机构投资者而言，这难免有点愚蠢或是目光短浅。我们最初的关注点聚焦于在每个牛市或熊市新生成的初始阶段就能够认识它们，并且有所反应。这一工作包括寻找特定的市场板块和行业群体，既有应该买入的还有应该避免买入的。

在1982年年初，我们在《华尔街日报》刊登了整版的广告（见图19-3），陈述了通货膨胀的黑暗已经被驱散，重要的股票也已经见底回升。1982年5月，我们为机构型客户寄去了两张走势图，一张是防守型的电子行业股票，另一张是我们认为在牛市中首当其冲的、可能对他们具有吸引力的20只消费增长股。我们还坚持亲赴纽约和芝加哥会见了几家大型机构的人员。在这些会面中，我们强调了看涨的观点，并提供了一系列可以交易的股票清单，之后这些组织对清单上的股票进行了尽职调查。

当时，我们所持的立场与大部分机构研究公司的立场截然相反，同时全美的媒体上每天都会涌现出新的消极信息。大部分投资公司是彻头彻尾利空的，它们预期市场上将会出现一次大规模的下跌。由于政府大量的借款会将私人资本的部分挤出市场，它们还因此预言说利率和通货膨胀将继续暴涨，重回一个新的高点。

这些值得怀疑的论断产生了恐惧和迷惑，对大型投资者的威吓非常大，以至于他们犹豫不决。因此，他们没有将全部资本投入我们确定的那两个即将到来的牛市中的领军行业。职业经理人好像已经被华尔街出产的所谓专家的消极言论频频轰炸，以至于他们发现要相信我们那些积极的结论是相当困难的。而对于我们来说，我们在1982年夏天注入全部资本买空，之后就迎来了有史以来最好的业绩表现。1978~1991年，我们的账户增加了20倍。从1998年年初到2000年，我们公司的账面价值增长了1 500%，超越了我们独立控股的公司。这样的结果提醒我们，总部不设在充满流言蜚语和躁动情绪的华尔街，未尝不是一项优势。在我的投资生涯中，我从未在华尔街工作过一天。

要成为一名精明的个人投资者，不用去听从50个有强大支持却又各不相同的意见，这就是你巨大的优势。你能够从这一例子中发现，大多数建议很少在市场中有所作用，而股票似乎需要怀疑和不信任来制造出有意义的进步。股市的步调通常就是让大多数人大跌眼镜。

图 19-3　1982 年 2 月牛市行情广告

我们第一次在《华尔街日报》上刊登整版广告是 1978 年 3 月的事情，它预测了新一轮的牛市行情将出现在中小型成长股中。我们早就写好了这一广告，就等着时机恰当的时候将其发布出去。当市场正在制造新低点时，恰当的时机来临了，这条广告意外地吸引了投资者的注意力。我们刊登这条广告唯一的原因就是以印刷品的方式向大家说明，在这一转折性的时刻，我们确切的位置应该是怎样的，这样的话机构型投资者就不会对接下来发生的事情一无所知了。

在处于极端困境的市场行情的转折时刻中，一家机构型公司的价值是最大的。在此时，许多人不是由于恐惧而毫无作为，就是被过多的基础信息牵着鼻子走。

我们拥有超过 500 家领导性的机构账户，不但有美国的，还有世界各地的。2000 年 3 月、4 月和 9 月的时候，几家公司告诉它的客户应该避免买入或直接卖出科技股，改为持有现金，而我们就是这为数不多的几家公司之一。

机构投资者也是人

在市场行情持续萧条之后，如果你认为恐惧和情绪不会困扰大量的职业投资者的话，那么再考虑一下吧。记得 1974 年大盘见底的时候，我会见过一家大银行的三四个最高级的投资经理，他们都像正常人一样，疲惫不堪、士气低落且充满迷惑（他们应该这样，因为当时市场上普通股普遍下降 75%）。差不多同一时期，我回忆起与另一名高级经理的会面，他也已经彻底精疲力竭了，而且从奇怪的脸色判断，他正遭受市场疾病的困扰。而另一名波士顿的顶尖基金经理看上去好像刚刚有辆火车从他身上跑过去（当然，所有这些与 1929 年比起来已经是好得多了，1929 年的时候，由于灾难性的市场衰退，很多人从办公楼上纵身跃下，结束了自己的生命）。

我又回忆起 1983 年在旧金山举办的一次高科技研讨会，参与者是 2 000

名受过高等教育的分析师和基金经理。那里的每个人都兴致勃勃、充满自信，而当时却恰恰是高科技股的市场顶点。

我也还记得我们曾在另一个大型城市中给一家银行做报告，所有的分析师被带进会议室，环坐在一张令人记忆犹新的桌子四周，但报告会自始至终，都没有一名分析师或是基金经理提出一个问题。显而易见，与更加惊醒的、更愿意冒险的竞争对手相比，这家机构的表现必然处于较差的部位中。交流和对新观念的开放态度是非常重要的。

多年以前，我们为一家中型银行提供咨询服务，这家银行坚持宣称我们向他们推荐的股票应该从他们自有的、有限的核准清单中挑选。我们花了3个月的时间，每个月与这家银行的经理接洽，并申明他们的核准清单中没有股票能够符合我们的选股标准，我们不得不研究他们核定的股票。几个月后我们认识到，这些信托部门的关键行政人员在工作中已经倦怠了，这就导致了他们滞后的表现。

我们曾向另一家中西部的投资机构提供服务，但是这家机构对我们的服务始终持怀疑态度，因为它拥有一个如混凝土般坚定的信仰，就是任何潜在的投资机会都应该通过一个低估值模型来筛选。而不管是什么样的低估值模型，都很少能够显示出最优秀的投资机会，也就是说这家机构绝不会有一流的投资结果，除非它抛弃低估值模型。对于大型机构而言，这样做绝非易事，这好比让一名浸礼会教徒变为天主教徒，或是让一名天主教徒变成浸礼会教徒一样。

许多记录平平的大型资金管理机构有这样一种趋势，就是辞退投资部门的负责人，随后再寻找一名投资方式与之极其相似的替代者。显然这并不能解决投资方法和投资理念方面的缺陷。洛杉矶的太平洋证券银行（Security Pacific Bank）是这一规则的例外。1981年7月，它整改了投资管理部门的高层，引进了一名新成员，这名新人具备截然不同的投资方式、优越的投资理念和出色的投资记录。结果是戏剧性的，好像一夜之间就完成了华丽转身。

1982 年，太平洋证券旗下的 G 基金在全国排名第一。

聪明反被聪明误

有些公司过于强调节省管理费用，特别是在管理金额巨大的基金时。通常会有一名精算师向他们保证，只要管理费用削减 0.125%，他们的养老基金就能从中节省出来。

如果一家公司要管理数十亿美元的资本，增加费用开销和激励措施是有意义的，因为这样就可以雇用这一业务中最好的投资经理。较好的经理会将额外付出的 0.25% 或是 0.50%，10 倍、20 倍地赚回来。股市中你最不想要的东西就是廉价的建议，如果你正要接受一项心脏手术，你会去找那个收费明显最低的医生吗？

怎样筛选并评价投资经理

对于想要将基金业务外包给几名资金经理的公司和机构来说，有些小窍门要牢记。

通常情况下，应该给投资组合经理人整个周期的时间，之后再去检视他们的表现，从而做出是否换人的决策。给他从一个牛市时期的高峰到下一个周期高峰，或是一个周期的谷底到下一个周期的谷底的时间。这通常会涵盖一个 3 年期间，或是 4 年期间，而且这也允许所有的经理都能够经历一个上涨的股市行情和一个下跌的股市行情。这一时期结束的时候，整体表现最差的 20% 左右的经理会被替代。在这之后的每年或是每两年，前 3 年或是前 4 年业绩表现处于倒数 5% 或 10% 的经理会被淘汰。这就避免了在短短几个季度或一年基础上的、由于个别经理人表现不佳而做出的草率辞退结论。给定了时间，这一过程会选拔出一群表现杰出、经过实践检验的资金经理人。由于这是一个有效、长期、自我修正的机制，应该继续保持，如此一来，就没有必要在人事变动方面浪费那么多咨询人员了。

选拔投资经理的时候，应该要考虑他们最近3年或是5年的表现数据，以及最近这一时期的表现。投资经理的类型、风格和所在地的多样性应被加以考虑。调查范围应该广泛一些，没有必要局限于一名咨询人员狭隘、既定的思考范围或是投资经理的稳定性。

需要管理资金的企业或养老基金一定要注意，在经济状况处于重大转折点时，当心被外界影响，比如说决定何时应加大投资组合在股票或债券上的比例，又或是决定应该强调价值被低估的股票。

拥有基金需要投资的城市或是国家必须要小心谨慎，因为它们的人员中很少在投资领域拥有丰富的经验。这些缺乏经验的人可能轻易就说去投资债券吧，因为债券被宣传为安全的投资方式，但是，这样的投资行为过后就会引起巨大的亏损。譬如，在2008年房地产业AAA次级贷款一揽子计划中，这样的情况就发生了。

客户们也会被"佣金应该支付的方向"或是"坚持将管理资金的权力赋予收费最为低廉的经理人"这样的想法影响。之后，本来是意图良好的想要节约资本的行为，往往下场是要面对这样一名投资经理——要么提供的服务很糟糕，要么根本不做具有实际价值的任何调查。这一缺陷花费了投资组合中的资本，就如同把相同甚至更多的钱花在一项由缺乏经验的人所执行的交易上。

指数基金是可行之路吗

最后，这个词语可以代表证券投资组合。有这样一个假设，说养老基金的目标与大盘指数的表现匹配就可以了，这在理论上可能会成为一个危险的论调。

如果我们再一次来看 1929 年股市崩盘的时候，大盘指数的市值下降 90%，没有一个有头脑的受托人能够相信他的基金投资目标应该是下跌 90%，没有人会因为基金完成了与大盘指数灾难性的表现相匹配的目标而高兴。

1974 年时，我见过这件事情的一个小版本，当时我被叫去评估一家基金的市值，这只基金已经损失了整整 50% 的资产，原因是它的管理机构是专门研究并促进推广指数基金的。人们都非常失落，但他们感觉过于尴尬，而不愿意公开自己的投资结果。

大家为什么要期待大多数投资经理在工作中的表现，比大多数音乐家、球员、医生、教师、艺术家或木匠在自己的本职工作中要更好呢？事情的真相是，典型的人在给定的领域中，表现是稍微欠佳的。资金管理中的回答与其他职位中的回答是一样的：要得到超越平均状态的结果，你需要突破自己的逻辑，去寻找那些总是能够一致突破大盘指数的少数资金经理的投资方式。

有些人会说：这不可能，但他们的说法是不正确的。如果抱怨所有的信息天下皆知，不可能有一种选股方式胜过大盘平均的表现，这是没有意义的。

1965 年开始启用的价值线排名系统，对于胜过大盘的选股方式的实际存在性而言，是一个客观的证据。我们自有的高级数据图排名股票已经戏剧性地跑赢了大盘。

一次在纽约大学公休时，艾奥瓦州立大学的教授马克（Marc Reinganum）（后来他成为南方卫理公会大学的教授）指导了一项独立的研究，标题为"挑选超级证券"。为了这一研究，他挑选了 9 个变量，与本书中提及的可以相提并论，并且在 1984～1985 年，投资结果胜过标准普尔 500 指数 36.7%。无独有偶，我们现在已经收到了 1 000 多封来自投资者的鉴定书，证明他们也已经跑赢了大盘指数。

那些说股市在随机漫步的投资者非常可惜，因为他们接受了错误的信息。有大量的系统或服务能够并且的确已经跑赢了大盘指数。不幸的是，有太多基础贫乏的观点、错误的理解、毁灭性的情绪也要来股市中插上一脚。只是有时候大家的判断是错误的或肤浅的；有时候又会有太多复杂的变量；有时候时代变化太快以至于我们来不及反应；而最终结果就是，有太多基础因素和技术型的研究报告在推荐一路下跌表现平庸的股票。这就是在每个熊市行情开始的时候，卖出建议很少出现的原因。

如果未来能够创造出恰当的规则，能够保证政府不受投资决策影响，全社会的证券投资中有一小部分指数化是可能最终实现的。毕竟，社会中现存的证券投资表现实在不堪，甚至在20年这样的长期区间中，连通货膨胀率都不能够弥补。

你可以发现，即使是职业投资人也需要权衡自己正在做什么，而且如果先前的投资方法没有成效的话，他们还需要转变投资方法。我们都会犯错，但关键在于，一旦发现有什么不对的时候，就要马上追究是什么导致了这样的结果。历史会给你坚实的例子，这将在投资道路中引导你前进。只有通过谨慎的学习和研究，而且还不能接受传统的智慧，我们才能够发现这些有价值的结论，运用它们并且获利，你也能做到。认真学习一下第1章的实例，这样你就可以更好地指导未来的投资。

| 第 20 章 |

谨记重要的投资法则

1. 不要买入廉价的股票。买入的股票应主要是纳斯达克市场上每股售价在 15~300 美元与纽约证券交易所中每股售价在 20~300 美元的股票。大部分牛股会从售价为 30 美元的底部形态中脱颖而出,并持续上涨。避开 10 美元以下的垃圾证券。

2. 要购买这样的成长型股票:过去 3 年的年度每股收益至少上涨 25%,而且根据一致认同的盈利预测,它下一年度的收益将会上涨 25% 或更多。许多成长型股票的年度现金流量也通常会高于每股收益 20% 以上。

3. 确保最近的两三个季度每股收益有大幅上涨。筛选投资于每股收益上涨了 25%~30% 的股票。在牛市行情中,要找寻每股收益上涨 40%~500% 的股票(每股收益越高越好)。

4. 最近 3 个季度的销售额增长的百分比要呈现增速趋势,或是上一季度的销售额至少上涨 25%。

5. 买入股本回报率不低于 17% 的股票。一般来说,表现优异的公司呈现出的股本回报率是 25%~50%。

6. 确保最近一个季度的税后利润率是增加的,而且接近于这只股票最高点时的税后利润率。

7. 大多数的股票应该位于前 6 位,或是 IBD 每天的"股价新高点"名单对应的行业板块中，又或是在 IBD 的"197 个亚行业组群排名"中位列前 10%。

8. 不要按照股利分红或是市盈率来买入股票。购买它的原因应该是它就是特定领域中排首位的公司，不管是收益和销售额的增长、股本回报率、利润率还是产品的技术优势。

9. 买入的股票应该是在《投资者商业日报》的智能排名系统中相对价格强度不低于 85 分位。

10. 任何规模的资本都会成功，但你大部分金钱应该投资于平均每日成交量在十几万股以上的股票。

11. 学会阅读图，要能够识别出恰当的底部形态和确切的买入点。运用每日或每周的交易图，以实质性地改进你的选股方式和相机抉择的能力。长期的月度走势图也能够有所帮助。在股票刚开始从有效且恰当的底部形态中突破的时候果断买入，这时的成交量还应该高于正常成交量 50% 以上。

12. 谨慎地提高你的平均投资成本，不要摊低成本加码买入股票，而且当个股股价下跌达到买入价格的 7% 或 8% 时，就要及时止损该股，不允许有例外情况存在。

13. 写下你的卖出法则，以决定什么时候卖出、什么时候在股票中确定获取收益。

14. 确保知晓有一两家表现较好的共同基金在上一个报告期间已经买入了你所持有的股票。你还要希望你的股票在最近几个季度中，机构认同度一直在增加。

15. 上市公司应该具有一个优秀的、新型的、卓越的产品或服务，并且当前它的销售状况良好。而且它的产品还应该具有一个大型的市场以及重复销售的机会。

16. 大盘趋势应该在上升中，而且不是对小盘股有利，就是对大盘股有利（如果你不知道如何理解大盘指数的话，应该每天阅读 IBD 中的"大盘分析"专栏）。

17. 不要在期权投资、境外交易的股票、债券、优先股或是大宗商品投资中浪费时间。变成一个"投资万事通"或被过多的资产配置困扰是没有任何价值的。要么完全避免期权投资，要么将这部分投资的比例限制在投资组合的 5% 或 10%。

18. 上市公司的高层管理人员应持有部分股票。

19. 主要在"今日美国"这一版面中寻找具备企业家精神的上市公司（最近的 8 年或 10 年中开发出新产品的那些公司），而不是关注太多反应滞后的老牌公司。

20. 忘掉你的骄傲和自我主义吧，市场才不会关心你想什么或是你想要什么。不管你觉得自己有多聪明，股市都会比你更聪明。高智商和硕士学历都不能够保证在股市中获得成功，你的自负会使你赔一大笔钱。不要与市场作对，不要试图去证明你是对的，而市场是错误的。

21. 每天阅读 IBD 中的"投资者园地"和"大盘分析"。学会怎样识别大盘的顶部形态和底部形态。研读你持有其股票或计划购入其股票的公司，了解它的故事。

22. 去寻找那些最近公布说他们正要回购 5%～10%，或更多普通股的公司名单。找出这家公司是否聘请了一名新经理，他又是从哪里来的。

23. 不要买入一只正处于底部形态的股票，或是价格处于下跌趋势的股票，也不要让自己的平均成本下降（如果你在股价位于 40 美元的时候买入，如果这只股票下跌到 35 美元或是 30 美元，不要再买入更多了）。

人们错失大牛股买入时机的关键原因

1. 不信任、恐惧和知识的匮乏。大部分牛股是比较新兴的公司（最近的 8～10 年内才首次公开募股发行）。大家都知道西尔斯百货和通用汽车，但大多数人对于每年新进入股市的数百家新公司的名称，通常都不会有过多警惕。新兴公司是美国经济成长的发动机，创造出具备革新精神的新产品、新服务以及大部分的新科技（线图服务就是一条简单的途径，至少能从中读出这些引人注目的新兴公司的价格、成交量、销售和收益趋势等方面基本因素的变动）。

2. 偏好市盈率。相对于传统的智慧，表现最出色的股票很少处在低市盈率的状态下。就像最优秀的球员赚取最高的薪水，更优秀的上市公司的股票也是在更好的（更高的）市盈率之上交易的。如果将市盈率作为选股的一个标准，将会妨碍你买到大部分最牛的股票。

3. 不理解真正的领军股，它们往往是在接近或位于新的股价高点之上时才开始大规模涨势的，而不是在接近新的低点或是从高点巨量跌落之后才转跌为升的。投资者喜欢购买看上去廉价的股票，因为这些股票比它们几个月前的价格更低，所以投资者买入的就是处于下跌趋势中的股票，还认为自己捡了大便宜。他们应该买入处于涨势中的股票，就在它们从一个恰当的底部形态或是固定的价格区间中突破到达一个新的价格高点之时。

4. 卖出太快，要么是因为投资者有所动摇，要么是由于卖出太快而不能够获利。而且如果必要的话，可以在更高的价格上买回之前卖出的股票，当然在心理学上要经历一段艰难的时期才能够下定这样的决心。还有一个失败的原因就是卖出太晚，从而让小额的损失转化为灾难性的亏损，只是因为没有在下跌8%的时候止损。

最后的思考

只要学会进行适当的储蓄和投资，你必然能够在财务上实现独立。我的最后忠告是：要有勇气、积极参与，不要轻言放弃。美国每年都会出现大好时机，时刻准备着学习、研究，然后去寻找这些机遇吧！你将发现小小的种子会成长为参天大树，而通过持续不断地学习和努力研究，一切皆有可能。

有志者，事竟成！

在一个自由的国度中，成功是普遍存在的。

取得一份工作、获得一次受教育的机会，还要学会精明的储蓄和投资方法。

任何人都能做到，你当然也不例外！

投资领域的成功范例

在过去的25年中，不计其数的《投资者商业日报》读者表示，依靠CAN SLIM和IBD方法，他们在金融领域取得了极大的成功，整个人生也因此发生了改变。以下是我们从成千上万个成功范例中选取的一小部分，这些投资者涵盖了各个年龄段，经验水平也各不相同。只需一点努力、耐心和付出，任何人都能学会这一体系从而来改善自己的投资业绩，以下这些范例就是有力的证明。

市场时机的把握

IBD是一个经得起实践检验、恰当合理的投资方法。我借助这一体系在市场上扬时找到了大牛股，更重要的是，它还帮我在市场下跌时规避了巨额损失。由此带来的可观收益，让我可以在50多岁时就退休。现在，我能多陪陪家人，做点自己感兴趣的事情，生活非常幸福。

迈克尔，佛罗里达州，退休工人

2007年，IBD在"大盘分析"专栏建议投资者抛出股票以保持现金，我把它分享给了自己那些"聪明的朋友们"（律师和咨询公司经理）。而且，IBD在2000年1月时也给我们敲响了警钟。当我的朋友和同事都在追加购买下跌的金融股时，我和妻子却在恰当的突破点买入了优质的符合CAN SLIM规则的股票。不用说，2008年大部分时候，我们都将股票换成了现金，享有了不错的收益。

肯，加利福尼亚州，金融顾问

我追随 IBD 已有 17 个年头，过去 4 年里更是对其深信不疑。2007 年，我的交易账户取得了至少 56% 的收益，而 2008 年，我在大部分时间里都置身股市之外，因此也做到了盈亏相抵。IBD 提供的方法从未令我失望，而且，过去几年中，这份报纸的内容、排版以及所教授的内容越来越好了。

艾里克，伊利诺伊州，工程师

我从 2005 年开始就一直阅读 IBD，而且靠它取得了巨大的收益。不仅如此，我还至少参加了 5 次 IBD 的研讨班，内容由浅至深，每一次学习都让我变得更有原则性。而且，不论市场行情好坏，CAN SLIM 这一体系都适用。

拉杰什，得克萨斯州，电气工程师

我首先表达一下自己对 IBD 的"大盘分析"和"市场展望"这两个专栏的感激之情。我是一名政府员工，参与了被称作节约储蓄计划（Thrift Savings Program）的 401（k）退休计划。我们只能拥有 5 个基本的资金账户。其中，G 资金账户投资于政府证券，因此是我们的避风港；C 资金账户用于投资标准普尔 500 股票；F 资金账户则用于投资公司债券；S 资金账户用于投资低市值股票；I 资金账户则用于境外投资。在"大盘分析"和"市场展望"专栏的帮助下，我得以遵循市场走势，并将全部资金从股市中撤出，全部放到 G 资金账户里面去。当大盘下跌近 35%，大部分同事都承受了巨大损失时，我在整个 2008 年却赚得了 4% 的利润。其实，我只是每天关注一下"大盘分析"专栏，并利用"市场展望"中的信息来决定是否该将股票抛出。请允许我再次感谢你们的辛勤努力。

布赖恩，佛罗里达州，特别探员

相信事实，而不是他人观点

IBD 无疑是能为投资者提供金融类信息的最好资源之一。这里，你看不到华尔街对市场的观点，只能看到事实。我的意思是说，IBD 会让你清楚市场、经济、政治事件等对股市产生影响的真相，不管它们是积极的还是消极的。在当前环境下，能做到这一点真不容易，因为现在有太多不靠谱的信息，不断将金融垃圾塞给消费者。而 IBD 却会把真相呈现给我们，很值得信赖！

史蒂夫，得克萨斯州，眼科医生

IBD 和 Investors.com 网站让你在任何时候都能关注市场动态，所以不必再听取外界那些预测大盘的杂音。

诺姆，加利福尼亚，个人投资者

IBD 可以让我节省很多时间。现在，每个交易日里，即使什么都不看也要读读 IBD，这已经成为我日常生活中的一部分。它能帮我迅速洞悉市场走势，不断补充新的知识，并且学习成功的秘诀，而正是成功二字推动我不断前行。你还能找的别的什么方法，能让你在短短 15 分钟内获益这么多吗？这个刊物实在是太棒了！

乔治，加利福尼亚州，行政人员

对我来说，《投资者商业日报》是一个优秀的市场分析来源。因为它完全基于客观的实证研究，并且在买卖股票方面摒除了专家观点和个人情感。它最大的优势在于，能把市场相关信息直接、清晰地呈现在读者面前，这比其他报刊所提供的令人头昏眼花的方法要好多了。

艾伦，康涅狄格州，博士

CAN SLIM

自从使用 CAN SLIM 和 IBD 以后，当然，现在还多了一个投资者网站，我竟然能在第一笔投资中就赚了359%！IBD 的很多特性帮我找到了优质股。我非常感激你们为投资者做的一切。

芭芭拉，加利福尼亚州，个人投资者

光是研究 IBD 和 CAN SLIM 就能知道，如果找到了恰当的方法，你也可以取得成功，从此不必再向那些所谓的专家求助，我也不喜欢投资经理人那种咄咄逼人的气势。投资是有风险的，但只要有了 IBD 和 CAN SLIM，胜利的天平是偏向我们这一边的。

卡萝尔，马萨诸塞州，麻醉师

受威廉·欧奈尔《笑傲股市》一书和 IBD 的影响，我从 2003 年就开始全职炒股。我已经读过本书很多遍了，而且正在又一次品味。我在书中用各种颜色做了标记，因为每读一遍都会有新的发现。我必须说，《笑傲股市》、订阅 IBD 以及网上的一些工具，对于成功的股票交易来说至关重要。正如人们会在房子着火时抢着拿走亲人的照片一样，如果我只能挑选一样事物来保证日后的成功的话，那就是威廉·欧奈尔的《笑傲股市》。

史拉夫，加利福尼亚，炒股者

经得起实践检验的规则

《投资者商业日报》提供了有关市场运作方式方面准确、有用的信息。我发现，遵循其中的买卖规则确实很奏效。如果遵循这些看似简单有时却很难操作的规则来进行投资，肯定可以赚钱。

赫伯，密歇根州，个人投资者

只有当我开始合理应用 IBD 抛出规则时才发现，行情不好时，止损并且远离市场这一策略的力量是如此强大。一天不看 IBD，就会错失良机。

丹尼斯，佛罗里达州，退休经纪人

通过遵循IBD投资规则，我的投资业绩从2003年以后就一直不错。唯一亏钱的一次，是因为我过于相信自己而违反了这些规则！当朋友让我提供建议时，我只是推荐他们去订一份IBD，还告诉他们要每天研究这份报纸，学习并严格遵守IBD所制定的那些成功交易规则，当然了，还要学会解读线图。感谢威廉·欧奈尔先生和IBD的全体员工办了这么好的一份报纸，我现在除了它什么报纸都不读。

爱德华，亚利桑那州，退休医生

威廉·欧奈尔教给我的两条规则，现在已经成为我投资方案的基石了：①始终将损失保持在较低水平；②提高平均投资成本而永远不要降低平均成本。这两个简单的准则曾多次救我于危难之中。一旦偏离了这些准则，就一定会亏钱。比尔，谢谢你为普通投资者所做的一切。

彼得，加利福尼亚州，行政人员

尽力帮投资者汲取更多的知识

为了学习如何投资，我费尽周折。我本科和研究生期间都就读于商学院，曾为零售经纪商和支持机构性客户的低市值研究公司工作过。即使有这些经历，我却直到拜读了《笑傲股市》后才开始明白如何在股市中获得成功。

安德鲁，纽约，副总裁

我的学生曾参加了模拟炒股比赛，却损失惨重。之后，他们开始研究《投资者商业日报》。IBD帮助他们反败为胜，并在比赛中获得了第三名。IBD鼓励我的学生以简单易用的方式获取重要的信息。它还为他们提供了相关工具，以便进行研究并做出合理的投资决策。在IBD的帮助下，这些学生最后成为独立的投资者。

史蒂芬，纽约，高校教师

我从 1991 年起就一直订阅《投资者商业日报》，它会尽力帮助投资者汲取更多的知识。我在订阅 IBD 两周后就把经纪人炒掉了，并且告诉他，自己再也不需要其帮助了。现在，我每年的成交量超过 150 000 股。在 IBD 的帮助下，曾经一无所有的我现在已经身家过百万美元了，而我对待炒股的态度就像做生意。我只是一个普通人，并不是什么天才，只是经常研究并使用 IBD 而已，这就是我成功的秘诀。IBD 不仅是一份报纸，更是一个工作文档。

乔治，佐治亚州，飞行员教练

如果没有威廉·欧奈尔那些很棒的著作、《投资者商业日报》以及 Investors.com 网站的话，炒股对于我来说是完全不可能的。若想寻找可以买入的优质股，IBD 中新加的附录为你提供了一个绝佳的场所。每天，在 Investors.com 网站上观看"每日股票分析"和"市场总结"视频是我学习过程中的重要一环。谢谢你们办了这么有教育意义的报纸，它给我们提供了无尽的金融智慧，还会在头版中展现理智的分析视角。在每天的各篇文章中，IBD 融合了现实、历史以及对国家发展的建议。你们做得真棒！

艾米，加利福尼亚州，个人投资者

阅读 IBD 以前，我的炒股生涯没有任何头绪。我都不知道还需要进行学习，是 IBD 开拓了我的眼界和思维。我会一直学下去！

玛丽莲，俄亥俄州，已退休

不使用 IBD 来进行投资，就好像生活中没有水一样。IBD 会提供合理的结构，让你对大盘或是某一具体股票做出明智的决策。过去 4 年中，我将 IBD 中的原则教给了几百名学生，而他们也都成绩斐然。我们是绝对不会在没有 IBD 的情况下进行交易的。

詹姆斯，佛罗里达州，大学讲师

应该用一年的时间来学习 IBD 中一切值得学的东西。这就类似于，不需要转战 4 所学校就可以拿到博士学位了。无论你有多少钱用于投资，这都将是成为睿智投资者最为简便快捷的方法。

朱莉，科罗拉多州，营养师

自从1990年左右开始研究股票以来，我一直订阅IBD，可以说缺了它就不行，每天都要读这份报纸，它已经成为我的左右手。

艾弗瑞，佛罗里达州，已退休

我在初中、高中以及大学长达18年的教学生涯中，曾使用了很多教科书、视频、网站、报纸、杂志、电脑和桌面游戏，用以教授学生如何进行投资。毫无疑问，不论从学生所取得的投资业绩还是从他们使用资源的积极性来说，IBD都是我用过的最为恰当的资源。

迈克，得克萨斯州，教师

业绩斐然

经纪人在6个月的时间内没能给我带来任何收益时，我找到了《投资者商业日报》。我的初始资金为50 000美元，这笔钱在出清之后达到了174 000美元。真要谢谢你们了。

拉里，伊利诺伊州，医生

我觉得，以IBD为每日信息来源的情况下，我在股市中赚的钱比在过去10年中做注册会计师（CPA）赚得还多。

罗伯特，伊利诺伊州，注册会计师

在比尔·欧奈尔的指引下，我成功实现了自己的梦想。作为一名在家全职炒股的单身父亲，我现在可以养活自己两个12岁的双胞胎儿子，并且非常享受和他们在一起的时光。比尔在股市中的智慧让我可以保护自己辛苦赚来的血汗钱，并能令其不断增长，而且还能过上更加惬意的生活。

蒂姆，加利福尼亚州，投资办公室负责人

从 IBD 创刊到现在，我一直是它的忠实粉丝。我的初始资金为 5 000 美元，而 3 年后，它则飙升至 50 000 美元。为什么呢？因为 IBD 啊，难道还会有别的原因吗？

弗雷德，纽约，仲裁人

我是退休之后才开始订阅《投资者商业日报》的。我开始用它为投资组合提供指导，因为那些经纪人实在不能让我满意，他们只会给我带来亏损。在 IBD 的帮助下，一段时间后，我的投资收益又回升了 20%～30%。多亏了 IBD，才能使价值 400 000 美元的投资上涨为 700 000 美元。我爱 IBD，不论走到哪里都对其赞不绝口。

唐，华盛顿，饭店老板

我们的年收益已经连续 10 多年达到 57% 了，CAN SLIM 和 IBD 为这一成功做出了不可磨灭的贡献。

弗洛伦斯，得克萨斯州，投资者

十几年前，我就开始投身股市。但在使用《投资者商业日报》之前，投资行为都比较零散，但此后，我的收益可就一直不错了。

阿什，夏威夷，生意人

读了 IBD 及其创始人比尔·欧奈尔所写的书，并学会了 CAN SLIM 投资体系之后，我在股市中所取得的成功足以让我安心在家做一名全职父亲。多亏了 IBD 和 CAN SLIM，我的梦想才得以实现。

艾里克，伊利诺伊州，个人投资者

我从 20 世纪 90 年代末期开始就一直是 IBD 的忠实读者。对 CAN SLIM 规则的应用，使我可以从去年 5 月开始享受惬意的退休生活。这是我在金融投资建议方面读的唯一一份报纸，并会继续向所有投资方面的朋友推荐它。

弗雷德里克，密歇根州，已退休

在 2008 年竟能赚到 130% 的利润，这样的投资者很棒吧？是《投资者商业日报》帮我实现这个奇迹的！！！

约翰，伊利诺伊州，房地产经纪人

通过遵循 IBD 规则，2003 年 5 月以来，我账户里的钱已经涨了 3 倍。IBD 还建议在今年这种严峻的熊市中按兵不动，这确实帮了我大忙。最好的一点是，这些规则都简单易学而且便于操作，只有在我想要自作主张的时候才会赔钱。

爱德华，亚利桑那州，退休医生

多亏了《投资者商业日报》和欧奈尔先生的 CAN SLIM 准则，我的 401（k）养老金账户里的钱仍然增加了 10% 还要多。我总是将损失限定在 8% 以内，再加上取得 20%～25% 的利润时赶紧收手，当然，偶尔也会将这一比例提高。正是这些做法让我在股市中取得了成功，谢谢。

唐，密歇根州，退休麻醉师

1999 年，我凭借 5 000 美元的积蓄和 7 000 美元的婚礼礼金开始炒股，而到了 2008 年，CAN SLIM 准则让我身家达到了 7 位数。

乔纳森，田纳西州，个人投资者

幸亏有你们这个报纸，我才能够保住自己从 2003 年的牛市中赚取的大部分收益。IBD 是一个优秀的市场数据来源，而且可以帮助个人投资者以及专业人士在投资方面做出更好的决策。

布鲁斯，加利福尼亚州，律师

凭借从 IBD 那里学到的知识，从 20 世纪 90 年代末到 2007 年 10 月，我取得了杰出的投资业绩。

博克，夏威夷，机械工程师

网络泡沫破灭和"9·11"事件之间，我的投资组合在两年多的时间里亏损了近一半。尽管我当时订阅了《华尔街日报》，也没能避免亏损。我之后又订阅了《投资者商业日报》，发现它在投资方面更具有信息性。不久后，我发现自己读的已经不是 WSJ，而是 IBD 了。它更为切中要点，并且提供了很多单个股票的信息，而不只是国际市场或是共同基金。我从此一直研读《投资者商业日报》，凭借从 IBD 那里学到的有关线图解读和市场趋势方面的知识，我买进了很多带来了两位数甚至三位数收益增长的股票。我从 CAN SLIM 和其他一些信息中学到了太多，IBD 真的是物超所值。谢谢，IBD！我会一辈子支持你的。

肯尼思，密歇根州，公用事业策划人

我相信结果：在 IBD 的指引下，我在三天之内就赚回了一个月的工资，因此成为 IBD 虔诚的信徒。我曾看过很多投资方面的信息，却只有 IBD 和 Investors.com 价值连城。

肯特，加利福尼亚，经理人

我曾卖掉了一家公司，多年以来一直由高盛公司（GS）来管理其资金，但我决定开始依靠自己。不久之后，我们便发现，IBD 是唯一一个真正愿意帮助投资者在股市中赚到钱的报纸。这也是我们会如此忠于它的原因。我们从不参考任何其他种类的信息，这只会混淆视听，但完全拒绝那些媒体的信息灌输还是挺难的。IBD 实在是太棒了，由于看到了投资组合的实际表现，我们每年都会取得更好的投资业绩。使用 IBD 的第 2 年，我们取得了 26% 的收益，之后更是成绩斐然了。

迈克尔，加利福尼亚州，已退休

2006 年，我使用了一些刚学会的 CAN SLIM 技巧来进行投资。我买进了汉森天然饮料公司的股票，并采取了金字塔操盘策略，这使我的收益达到了近 80% 之多。遵循 CAN SLIM 原则，我在 2006 年 5 月 11 日出清了全部股票，择机近乎完美。但是，这一笔交易就足以弥补接下来两年糟糕的市场行情了。要不是 IBD 的指引，我哪会成功进行这次交易啊。

约瑟夫，宾夕法尼亚州，行政人员

从金融角度来看，《投资者商业日报》是我们家遇到过的最好的事情之一。

罗杰，艾奥瓦州，教师

行之有效的工具

"大盘分析"专栏让我可以集中精力对大盘平均表现进行恰当的解读。我还使用"IBD 100"，以便确定是否 IBD 的专家也和我一样，认为某些股票该买。整个 B 版面我也都很喜欢："股票动态"让我了解股票行为；行业内排名让我知道应该关注哪些股票；而领军股研究图更是使得"股市中谁主沉浮"这一问题变得十分简单明了。这些专栏的好处真是说也说不完啊。A 版面则用于报道重要的新闻，这一点做得也十分优秀。总之，这份报纸的结构实在是太好了。

马克，华盛顿，个人投资者

我喜欢阅读 IBD "大盘分析" "IBD 十大新闻"专栏的新闻报道，还有很多其他的专栏，我都喜欢。它让我关注那些股市和经济中发生的变化。IBD 不仅为我们在寻找业绩好的股票方面提供了大量的信息，它版面的空间也利用得很好，让我们省时省力，想把它带到哪儿就带到哪儿。谢谢 IBD 员工为我们办了这么好的一份报纸。

保罗，马里兰州，投资者

"IBD 100"为我的投资组合奠定了基础。它提供了很多股票，我可以根据基本面或是技术方面来进行挑选。这些优质的股票使我的收益尽可能地达到最大。

史蒂夫，科罗拉多州，股票交易经理人

"大盘分析""投资者园地""新闻中的纳斯达克股票"以及投资者网站中的"市场总结"和"每日股票分析"的视频,"股情关注"和"IBD大学",是我关注最多的栏目。它们帮我充分了解市场信息,挑选强势股,并且学习如何成为一个更好的投资者,这些都是至关重要的。

亚历克斯,加利福尼亚州,学生

我最先读的是"大盘分析",因为它能最早让你嗅到市场动态。一旦掌握了这些信息,就可以在投资选择方面做出理智的决策。IBD是最重要的投资材料,它为每个人都提供了各自所需的所有信息,从投资新手到最高级的投资者,无一例外。充分利用各个专栏,会让你的成功概率变得更高。

克利夫,得克萨斯州,退役美国空军

成功的信心

IBD改变了我的整个人生,作为一名自我指导的投资者,它让我充满信心,而且,IBD还提供了正确的信息,让我得以扩大并保护自己的投资收益。这份以教育为初衷的报纸点燃了我的激情,人生也将因此发生改变。

马里,田纳西州,房地产经纪人

我曾经对股市一无所知,现在涉足这一领域也并不久。通过学习比尔·欧奈尔的《笑傲股市》中24条最为关键的准则,以及IBD和投资者网站所提供的优秀报道、知识传授和投资窍门,我觉得自己比我所知道的大多数投资老手懂的还要多了。

金,加利福尼亚州,个人投资者

威廉·欧奈尔帮我实现了就连注册会计师的资格都无法实现的梦想:掌握自己的金融财务。

迈克,佛罗里达州,注册会计师

1990年，看完你们的第2期报纸以后，我开始炒股，而这份报纸带给我的帮助真是令人难以想象。你们把市场的每一个方面都解释得很好。从那一年以后，我就成为《投资者商业日报》的忠实拥戴者，每天要花2个小时仔细研究。能让我在进行投资时有安全感，真的要谢谢你们。

鲁恩，加利福尼亚州，个人投资者

使用《投资者商业日报》和投资者网站，除此以外，还有每日图表在线（Daily Graphs）和我自己进行的研究，这使我非常有信心能在股市中继续盈利。

达里尔，得克萨斯州，计算机编程员

对我来说，IBD和投资者网站真的是非常好的老师和投资帮手。IBD不仅以容易理解的方式提供了相关信息，还教给人们解析这些信息的方法，能做到这一点的投资信息资源可谓少之又少。IBD消除了人们对于投资的恐惧心理，谢谢！

谢瑞，内华达州，投资者

IBD和CAN SLIM提供了很多我所需要的信息，这会使我在管理资金方面取得进一步的成功。由于要管理自己的资金，我必须知道应该如何进行投资，这一点至关重要，而IBD正好可以帮我一把。知识就是力量，这也是我会阅读IBD的原因。

卡罗尔，俄勒冈州，策划员

经典范例

《笑傲股市》第3版中介绍了一些投资成绩斐然的IBD读者，或者是同大家分享了他们使用IBD和CAN SLIM原则的方法。我们觉得有必要在本书中再将其中的一些范例呈现给大家，这也许会带来一些有益的帮助。

2001年劳动节，

亲爱的威廉·欧奈尔先生和《投资者商业日报》

作为《投资者商业日报》和您所有著作的狂热追随者，我无法用语言表述它们如何改变了我的整个人生。

1997年秋季，我在亚马逊网站（Amazon.com）上看书评时，初次知道了《笑傲股市》这本书。我当时在危地马拉教书，却希望可以涉足投资领域。最后，我订了《笑傲股市》，还有几本别的书，但是，您这本基于历史研究的书最为吸引我。我当时觉得，您在40多年的投资生涯中肯定经历过市场的大起大落，而其他的书所进行的研究大都只是基于1990年之后的时期。不仅如此，您在书中既用了技术性分析，又用了基本面分析，而不像我读过的其他书那样，只推荐一种分析方法。

当您谈到大卫·瑞安和李·弗里斯通是如何应用CAN SLIM原则赢得美国投资大赛的冠军时，我变得更加确信，您的交易体系非常适合我。

《投资者商业日报》对《笑傲股市》这本书进行了有益的补充。我曾剪下书后的优惠券，换取了两个月的IBD免费体验，而第一次拿到报纸时我就发现，其中的整个体系非常适合我。凭借IBD的帮助，找寻CAN SLIM股票变的简单得多，而且报纸中还有很多优秀的文章，包括"领导者和成功人士""今日美国""新闻中的股票"，还有我最喜欢的"投资者园地"，它们都加深了我对股票交易的认识。虽说180美元当时对我来说确实不是小数目，但免费体验期结束后，我还是立即订阅了这份报纸。即使在危地马拉收到的报纸一直会有3天的延迟，我还是将其中有价值的信息用于研究中了。

我将报纸中所有能看的内容都看遍了，并决定将它应用于教学中。当年，我在危地马拉教授英语作为学生的第二语言，同时还要教一些有天赋的五年级学生。

我把IBD介绍给了学生，他们如饥似渴地汲取着其中的知识。这些学生，还有我之后又教的一些学生，都特别喜欢股票图，因为每一只股票都被评了1~99间的某一分数，就像学生们被评为A~E一样，当然，F也时有出现。学生们总会跑过来对我说类似这样，"看这个啊！它是99分哦，99，而且还是AAA呢！"，我甚至还教学生寻找带柄茶杯形的价格形态，他们也都从这一挑战中得到了不少乐趣。

1998年夏季，我回到了丹佛，并继续使用IBD来进行投资和教学。在这里我同样取得了成功，和很多学生之间的关系甚至也同在危地马拉时一样。去年，也就是2000~2001学年，我在一个全部由6~8年级学生组成的课后商业俱乐部中担任教师。通过使用IBD，我还让学生们参加了《丹佛邮报》举行的一年一次的炒股竞赛。其中一个由两名埃塞俄比亚男孩和一名菲律宾男孩所组成的小组，获得了全国第二！要知道，这些孩子才刚来美国一年啊。实际上，IBD在我的课堂上所造成的唯一问题就是，学生们会为了能在周五看"本周回顾"这个版面而争吵不休。

将IBD引入课堂的做法取得了极大成功，我也由此对将IBD应用于教育这一问题产生了很多其他想法。如果你想成立一个课程补习班的话，我可以同你分享自己的观点。IBD会给学校带来很多益处！

至于我自己的投资嘛，我仍然每天阅读IBD，并且成为每日图表在线网站的用户。我变得更加自信了，而且强烈地感觉到，如果当前的熊市能慢慢转变为牛市，我一定能在中轴点上找到并买进像曾经的高通、捷迪讯光电或是Qlogic那样的牛股（我花了整整3年的时间来理解中轴点的重要性）。最初，我跟其他新手没什么两样，一点原则性都没有，会将 CAN SLIM 规则抛到脑后，随心所欲地买入股票，而不管图上的信息是怎样的。我还会买进任何打着互联网旗号的股票，而且，我尝试了很多一夜暴富的方法。总的来说，在投身股市的前两年中，我把账户里的钱折腾得所剩无几，自尊心也受到了很大的伤害。

最后，我总算制定了一些原则来限制自己的投资行为，而且，列了一张 CAN SLIM 规则清单，并发誓不再违背其中任何一条准则。如此一来，我的投资业绩也越来越好了。即使市场形势在过去的一年半中都很艰难，我却进行了几次不错的交易，例如，投资于 Techne、斯凯奇（Skechers）、国际游戏科技公司（International Gaming）以及 Direct Focus 这些股票。我还把《笑傲股市》中的第 10 章反复研读了 20 多遍，从而让自己耐心等待下一个牛市的到来。到那时，像您在 1962~1963 年期间的做法一样，我会选择那些明星股票。

总而言之，基于您对美国的热爱和尊敬，我想向您表达我的敬意。我曾在很多国家游历、讲学，说实在的，美国确实并不完美，但我同您一样认为，如果你能在美国努力打拼的话，结果自然会不错。1950 年，我的父亲移民到美国，身无分文的他仅凭自己的双手，建立了一家杰出的石工公司。他总是告诉我，如果努力奋斗并保持乐观心态的话，能够实现任何梦想。我觉得您和 IBD 每天也都在向读者传达这样的理念。不知您信不信，我帮父亲也订了一份 IBD，并作为生日礼物送给他，他非常喜欢这份礼物，每天都要翻翻，还会引用其中的观点呢。

但是，本封信最为重要的目的是，感谢您的辛勤工作，以及每天都会为我们带来的优质信息。太谢谢了！

您最真诚的读者
戴维（投资者）

我从1999年3月开始研究股市。长达6个月内，经纪人没能给我带来半点收益。后来，我在图书馆发现了《投资者商业日报》，并决定学习如何靠自己来进行投资。去年9月，我投进了50 000美元。而今年3月，读完您最新出版的一本书后，我将股票全部出清，账户里居然有174 000美元。我取得的大部分收益都是通过寻找带柄茶杯价格形态的股票，并阅读您的著作《笑傲股市》所赚来的。我是一名牧师，因此想要将钱用于在伊利诺伊州修建教堂，目标是在未来几年内建起13座教堂。非常感谢您能够与他人一起分享成功的投资策略。

拉里，牧师

我的儿子通过其投资收益进行了一次环球旅游，而他所学到的大部分投资知识都来自于IBD。我觉得，IBD就是你不断学习如何进行投资的过程中的一个工具。新手必须要明白一点，学习是你向前的动力（而不是选股诀窍），而IBD则会为你提供学习的机会。

Ed S.，投资者

你使我可以在各种不同的市场中进行投资，我们全家的未来也都将因此发生改变。因此，我想借此机会好好谢谢你。我发现，你提供的信息不但吸引人，而且简单易懂，使用正确的话，还会带来可观的利润。我的一些朋友和亲戚也都订阅了IBD，而他们的投资业绩也很不错。从整体理念到具体执行，你的这套投资方法都非常棒。任何时候，只要成功应用了你所提供的信息/见解，我都会取得不错的收益。对你提供的信息的理解越深，取得的收益就越可观。我现在正在学习使用一些工具，以便确定某只股票应不应该抛出，当然，最重要的是，知道应该在何时抛出股票。光是这一点就已经是至关重要的了。

迈克尔，投资者

20世纪80年代末，我在CNBC频道上看到过比尔·欧奈尔，并且响应了他对市场的号召，买进了一些股票。事实证明，他的确是对的！真是让我大开眼界啊！借助于欧奈尔先生的CAN SLIM原则，我丈夫和我都能够提早退休，建造了一直梦想拥有的房屋，还准备花几年时间去欧洲旅行。在研究IBD之前，我们可从来不敢梦想自己能像现在这样惬意地生活。行情看好时，投资组合会带来100%的年收益，而行情糟糕时，则保险地置身市场之外，对于这一投资业绩，我们已经感到非常适应而又满足了。

玛丽莲

译者简介

宋三江 男，经济学硕士，现任深圳久久益资产管理有限公司董事总经理，首席合伙人。国内知名投资理财专家，先后在国有商业银行、证券公司、公募基金公司、私募基金公司工作26年，曾任中央电视台理财教室特约讲师，中国金融理财标准委员会特聘讲师，上海交通大学高级金融学院职业导师。先后撰写出版《三江讲基金》《基金理财之道》两本专著，牵头翻译出版《彼得·林奇教你理财》《贵宾理财之道》《投资者宣言》《投资先锋》《投资还是投机》《笑傲股市》六本名著。

王洋子 女，经济学硕士，毕业于复旦大学经济学院，研究方向为世界经济学及行为金融学。曾赴美国阿巴拉契亚州大学交流访问，具有较为开阔的国际视野，并一直专注于金融行业的投资研究工作。

韩靖 女，经济学硕士，毕业于复旦大学经济学院，研究方向主要集中于行为金融学。曾协助撰写《与投资恋爱》以及"投资理财分析师"系列丛书，部分书籍已在中国台湾地区出版发行。

关旭 女，经济学硕士，毕业于复旦大学经济学院，研究方向为投资学及行为金融学。先后在国际国内知名基金公司、商业银行、咨询公司有过资本市场的实际研究和工作经验，对中国资本市场特别是股票和基金市场有深入和独到的见解。

推荐阅读

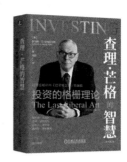

序号	中文书名	定价
1	股市趋势技术分析（原书第11版）	198
2	沃伦·巴菲特：终极金钱心智	79
3	超越巴菲特的伯克希尔：股神企业帝国的过去与未来	119
4	不为人知的金融怪杰	108
5	比尔·米勒投资之道	80
6	巴菲特的嘉年华：伯克希尔股东大会的故事	79
7	巴菲特之道（原书第3版）（典藏版）	79
8	短线交易秘诀（典藏版）	80
9	巴菲特的伯克希尔崛起：从1亿到10亿美金的历程	79
10	巴菲特的投资组合（典藏版）	59
11	短线狙击手：高胜率短线交易秘诀	79
12	格雷厄姆成长股投资策略	69
13	行为投资原则	69
14	趋势跟踪（原书第5版）	159
15	格雷厄姆精选集：演说、文章及纽约金融学院讲义实录	69
16	与天为敌：一部人类风险探索史（典藏版）	89
17	漫步华尔街（原书第13版）	99
18	大钱细思：优秀投资者如何思考和决断	89
19	投资策略实战分析（原书第4版·典藏版）	159
20	巴菲特的第一桶金	79
21	成长股获利之道	89
22	交易心理分析2.0：从交易训练到流程设计	99
23	金融交易圣经II：交易心智修炼	49
24	经典技术分析（原书第3版）（下）	89
25	经典技术分析（原书第3版）（上）	89
26	大熊市启示录：百年金融史中的超级恐慌与机会（原书第4版）	80
27	敢于梦想：Tiger21创始人写给创业者的40堂必修课	79
28	行为金融与投资心理学（原书第7版）	79
29	蜡烛图方法：从入门到精通（原书第2版）	60
30	期货狙击手：交易赢家的21周操盘手记	80
31	投资交易心理分析（典藏版）	69
32	有效资产管理（典藏版）	59
33	客户的游艇在哪里：华尔街奇谈（典藏版）	39
34	跨市场交易策略（典藏版）	69
35	对冲基金怪杰（典藏版）	80
36	专业投机原理（典藏版）	99
37	价值投资的秘密：小投资者战胜基金经理的长线方法	49
38	投资思想史（典藏版）	99
39	金融交易圣经：发现你的赚钱天才	69
40	证券混沌操作法：股票、期货及外汇交易的低风险获利指南（典藏版）	59
41	通向成功的交易心理学	79

推荐阅读

序号	中文书名	定价
42	击败庄家：21点的有利策略	59
43	查理·芒格的智慧：投资的格栅理论（原书第2版·纪念版）	79
44	彼得·林奇的成功投资（典藏版）	80
45	彼得·林奇教你理财（典藏版）	79
46	战胜华尔街(典藏版)	80
47	投资的原则	69
48	股票投资的24堂必修课（典藏版）	45
49	蜡烛图精解:股票和期货交易的永恒技术（典藏版）	88
50	在股市大崩溃前抛出的人：巴鲁克自传（典藏版）	69
51	约翰·聂夫的成功投资（典藏版）	69
52	投资者的未来（典藏版）	80
53	沃伦·巴菲特如是说	59
54	笑傲股市（原书第4版.典藏版）	99
55	金钱传奇：科斯托拉尼的投资哲学	69
56	证券投资课	59
57	巴菲特致股东的信：投资者和公司高管教程（原书第4版）	128
58	金融怪杰：华尔街的顶级交易员（典藏版）	80
59	日本蜡烛图技术新解（典藏版）	60
60	市场真相：看不见的手与脱缰的马	69
61	积极型资产配置指南：经济周期分析与六阶段投资时钟	69
62	麦克米伦谈期权（原书第2版）	120
63	短线大师：斯坦哈特回忆录	79
64	日本蜡烛图交易技术分析	129
65	赌神数学家：战胜拉斯维加斯和金融市场的财富公式	59
66	华尔街之舞：图解金融市场的周期与趋势	69
67	哈利·布朗的永久投资组合：无惧市场波动的不败投资法	69
68	憨夺型投资者	59
69	高胜算操盘：成功交易员完全教程	69
70	以交易为生（原书第2版）	99
71	证券投资心理学	59
72	技术分析与股市盈利预测：技术分析科学之父沙巴克经典教程	80
73	机械式交易系统：原理、构建与实战	80
74	交易择时技术分析：RSI、波浪理论、斐波纳契预测及复合指标的综合运用（原书第2版）	59
75	交易圣经	89
76	证券投机的艺术	59
77	择时与选股	45
78	技术分析（原书第5版）	100
79	缺口技术分析：让缺口变为股票的盈利	59
80	预期投资：未来投资机会分析与估值方法	79
81	超级强势股：如何投资小盘价值成长股（重译典藏版）	79
82	实证技术分析	75
83	期权投资策略（原书第5版）	169
84	赢得输家的游戏：精英投资者如何击败市场（原书第6版）	45
85	走进我的交易室	55
86	黄金屋：宏观对冲基金顶尖交易者的掘金之道（增订版）	69
87	马丁·惠特曼的价值投资方法：回归基本面	49
88	期权入门与精通：投机获利与风险管理（原书第3版）	89
89	以交易为生II：卖出的艺术（珍藏版）	129
90	逆向投资策略	59
91	向格雷厄姆学思考，向巴菲特学投资	38
92	向最伟大的股票作手学习	36
93	超级金钱（珍藏版）	79
94	股市心理博弈（珍藏版）	78
95	通向财务自由之路（珍藏版）	89